365 힐링묵상

밤에 부르는 아침의 노래

365 힐링묵상
밤에 부르는 아침의 노래

류호준 지음

초판 1쇄 발행   2014년 12월 1일
초판 3쇄 발행   2017년 12월 4일

발행처   도서출판 이레서원
발행인   문영이
출판신고   2005년 9월 13일 제2015-000099호

기획   이혜성
편집   송혜숙, 오수현
영업   박생화
총무   곽현자

경기도 고양시 일산동구 중앙로 1160 오원플라자 701호
Tel. 02)402-3238, 406-3273 / Fax. 02)401-3387
E-mail: Jireh@changjisa.com
Website: Jireh.kr / Facebook: facebook.com/jirehpub

책값은 표지에 있습니다.

ISBN 978-89-7435-462-6 03230

신저작권법에 의해 한국 내에서 보호받는 저작물이므로 저작권자의 서면 허락 없이 이 책의 어떠한 부분이라도 전자적인 혹은 기계적인 형태나 방법을 포함해서 그 어떤 형태로든 무단 전재하거나 무단 복제하는 것을 금합니다.

이 도서의 국립중앙도서관 출판예정도서목록(CIP)은 서지정보유통지원시스템 홈페이지(http://seoji.nl.go.kr)와 국가자료공동목록시스템(http://www.nl.go.kr/kolisnet)에서 이용하실 수 있습니다. (CIP 제어번호: CIP2014034563)

류호준의
365일
힐링 묵상
나누기

365 힐링묵상

밤에 부르는 아침의 노래

이레서원

프롤로그

　북반구에 사는 내게, 벽에 걸려 있는 달력은 한겨울로 시작하여 봄을 지나 여름 그리고 낙엽 지는 가을에서 다시 추운 겨울로 순환합니다. 봄, 여름, 가을, 겨울은 아닌 셈입니다. 겨울에서 겨울로 가는 삶인 듯합니다. 어쨌든 1년 365일 사계절의 순환은 창조의 시간적 틀인 동시에 소리 없이 삶의 덧없음을 깨우쳐주는 알람이기도 합니다. 1년을 인생에 비유하여 산 사람이 있으니 바로 에녹입니다. 그는 365년을 꽉 차게 살았습니다. 마치 365일을 넉넉하게 걸어가듯 말입니다. 물론 그도 다른 사람들처럼 자녀를 낳고, 기르고, 일하고, 놀고, 슬퍼하고, 기뻐하며 살았던 평범한 사람이었습니다. 그러나 그에게는 다른 사람들과 다른 것 하나가 있었습니다. 아니 그들의 삶과는 근본적으로 다른 삶의 방식이 있었습니다. 성경의 저자는 그것을 이렇게 표현합니다. "에녹이 하나님과 동행하더니 하나님이 그를 데려가시므로 세상에 있지 아니하였더라."(창 5:24)라고 말입니다. 하나님과의 동행이라!

　그는 365일, 365년을 하나님과 함께 걸었던 사람이었습니다. 하나님의 이야기를 들으며 걸었던 사람이었습니다. 누군가 그리스도인의 삶을 가리켜 천성을 향해 길을 걷는 순례자라고 합니다. 혼자 걷는 길이 아닙니다. 그리고 분명 그에겐 방향을 가리켜주는 이정표가 있어야 할 것입니다. 인생길을 걸으며 우리가 반복적으로 기억해야 할 진리는 신앙의 길은 속도가 아니라 방향이 중요하다는 사실 때문입니다. 우리는 하나님의 이야기를 담고 있는 성경이 순례자 그리스도인에게 삶의 방향을 제시해주는 이정표라고 믿습니다. 그래서 어두운 인생길을 걸으며 "주님의 말씀은 내 발의 등이요 내 길의 빛입니다."라고 말하는 사람은 행복한 사람입니다. 그는 주님의 말씀을 씹고, 뜯고, 맛보고, 즐거워하는 참 행복의 맛과 멋을 아는 사람이기 때문입니다. 주님의 말씀을 통하여 힘과 용기를, 위로와 치유를, 삶의 의미와 희망을 얻기 때문입니다.

이 묵상집은 신앙의 길을 걷는 분들을 위해 정성껏 준비한 365일 분량의 만나입니다. 히브리어 '만나'의 뜻이 '이것이 무엇입니까?'라는 사실을 아시는 분들은, 만나가 단순히 의문사가 아니라 감탄사라는 것을 알아차릴 것입니다. 광야와 사막을 지나는 나그네들은 언제나 하늘에서 내려온 양식을 통해 만족과 위로, 치유와 희망을 얻습니다. 만나는 이처럼 "하나님, 내일은 또 무엇을 주시려 합니까?" 하며 하늘 양식에 대해 기다림과 설렘으로 반응하는 대답이며 질문이며 감탄사입니다. 부디 바라기는 이 글을 읽는 모든 순례자 위에 하늘 위로가 있기를 소원합니다.

이 묵상집을 사용하는 방법을 알려 드립니다. 개인이든지 그룹이든지 하루 치 양식만 드십시오. 꼭꼭 씹어 드십시오. 먼저 주어진 성경 본문을 읽으십시오. 그리고 묵상을 위한 글을 차근차근 소리 내어 읽어보십시오. 혹시 마음에 울림이 있는 글귀가 있거든 읊조려 보시거나 개인 공책에 적어보십시오. 영혼의 만족과 치유를 경험하시기 바랍니다.

이 묵상집은 제가 20년 동안 저술했던 20권의 책에서 선별한 글들입니다. 매력적인 형태로 책을 만들어낸 이레서원의 김기섭 사장과 모든 편집진에게 감사를 표합니다. 부디 이 묵상집이 신앙의 길 위에서 길을 묻는 그리스도인들에게 영혼의 내비게이션 역할을 잘 감당하기를 희망합니다.

류호준
대림절(Advent)에

목차 contents

프롤로그 4

1월   위로와 소망 9

2월   변화와 도전 43

3월   죄악과 그리스도 73

4월   십자가와 부활 107

5월   성령과 가정 139

6월   그리스도인의 삶 173

365 Biblical Meditation for Healing

7월	소명과 순종	205
8월	은혜와 긍휼	239
9월	말씀과 기도	273
10월	교회와 사회	307
11월	감사와 찬양	341
12월	믿음과 사랑	375

1월

위로와 소망

365 Biblical Meditation for Healing

이달의 기도제목

어둠 속에서 부르는 노래

"아브라함이 이르되 내 아들아 번제할 어린 양은
하나님이 자기를 위하여 친히 준비하시리라." _창 22:8

우리는 현재 일어나는 일들이나 사건들에 대해 쉽게 절망을 노래하거나 신음합니다. 이것은 신앙이 없는 사람들, 하나님의 주 되심을 믿지 못하는 사람들이 하는 일이기도 합니다. 그리고 종종 우리도 그런 사람들의 음악에 맞추어 악기를 두드리는 경우가 있습니다. 그러나 우리가 연주하는 신앙의 현(絃)은 다른 곳으로부터 신호를 받습니다. 신앙은 왕의 오케스트라를 들으면서 최후의 위대한 잔치에 음을 맞추는 것입니다.

예수님은 이사야의 격정적인 음조를 건네받아 제자들에게 이렇게 말씀하셨습니다. "세상에서는 너희가 환난을 당하나 담대하라. 내가 세상을 이기었노라"(요 16:33). 그런 희망 때문에 바울은 빌립보 감옥의 어둠 속에서 노래를 부를 수 있었던 것입니다. 그런 희망 때문에 순교자들은 사자 앞에서나 화형대 위에서도 힘차게 노래할 수 있었던 것입니다.

희망을 품고 사는 것이 항상 쉬운 것은 아닙니다. 그러나 바울이 아브라함에 대해 말한 것을 기억해 보십시오. "그는 바랄 수 없는 중에 바라고 믿었습니다. 그렇게 해서 그는 모든 민족의 조상이 된 것입니다"(롬 4:18).

그렇습니다. 모든 희망이 사라지는 가운데서도, 아니 절망의 한복판에서도 아브라함은 희망하고 믿었습니다. 그리하여 아브라함은 우리 신앙의 조상이 된 것입니다. 아멘!

『뒤돌아서서 바라본 하나님』

어두운 밤에 부르는 아침의 노래

"내가 주님의 얼굴을 찾습니다. 오 주님, 당신의 얼굴을 내게서 숨기지 마시고 나를 버리지 마소서, 나를 저버리지 마시옵소서!" _시 27:9(저자 사역)

시인은 하나님의 손을 붙잡으려고 팔을 내밀고 있습니다. 그리고 이렇게 기도합니다. "나를 평탄한 길로 인도하소서. 내 원수들이 너무 많습니다. 나의 대적자의 손아귀에 나를 던져 넣지 마시옵소서"(시 27:11-12).

이렇게 간절하게 하나님과 밀고 당기면서 시인은 마침내 고백에 이릅니다. "나는 내가 살아 있는 자의 땅에서 주님의 선하심을 보리라 믿습니다. ⋯⋯ 태양이 다시 내 머리 위로 떠오르리라 믿습니다"(시 27:13). 400인의 군대를 거느리고 자신을 찾아오는 형 에서를 기다리는 야곱의 밤이 생각납니다. 밤은 깊어가고 그는 어둠 속에 홀로 남게 됩니다. 그때 야곱은 사람의 형체를 가진 자와 밤새도록 필사의 싸움을 이어갔습니다. 마침내 동이 터 올 시간에 그는 자신이 밤새 싸운 이가 하나님이심을 깨닫습니다. 그에게 새벽 여명이 밝아오고 있었던 것입니다.

시인은 누구입니까? 그는 하나님을 끝까지 붙들고 싸우는 사람입니다. 그는 어둠 속에서 부르짖는 사람입니다. 그때에 하나님이 허락하신 은혜의 아침이 시인 머리 위로 동터 옵니다. 그러자 그는 노래합니다. "내가 아직 그것을 보지 못하여도 나는 믿습니다. 나는 살아있는 자의 땅에서 주님의 선하심을 볼 것이라고 믿습니다." 그리고 그는 우리를 향해 이렇게 말합니다. "하나님은 당신에게도 동일한 일을 행하실 것입니다. 그러므로 너무 황급히 낙망하지 마십시오." 참을성 없이 급히 서두르며 하나님께서 당신의 속도에 맞추어야 한다고 생각하는 사람들을 기억하십시오. 주님을 기다려야 합니다. 마음을 강하게 하고 주님을 앙망(仰望)해야 합니다. 아멘.

『우리의 기도가 천상의 노래가 되어』

소망을 상실하지 않는 믿음

"구원에 이르게 하기 위하여 죄와 상관 없이 자기를 바라는 자들에게
두 번째 나타나시리라."_히 9:28

하나님이 계신 '참 하늘'(히 9:24, 개역개정 '그 하늘')에 들어가신 예수 그리스도는 영원한 대제사장으로서, 이미 드려진 자신의 희생적 피를 하나님께 내어 보이시며 중보의 사역을 지금도 계속하고 있습니다. 그리고 그분은 반드시 자기의 백성을 불러 모으기 위해 다시 오실 것입니다. 이번에 오실 때는 죄와 상관이 없는 자들, 즉 믿음을 시작하게 하시며 온전하게 하시는 예수님을 바라보고 꾸준히 그 길로만 갔던 자들을 모으실 것입니다. 우리의 기대하는 바는 영원한 왕, 영원한 주님이 분명히 오신다는 것입니다. 아니 우리는 오히려 적극적으로 그분의 오심을 바라고 갈망해야 합니다. 그렇게 갈망하는 자들에게 구원이 주어질 것입니다.

진정한 샬롬, 에덴동산에서 하나님이 최초의 인류에게 의도하셨던 그러한 평화와 안식의 상태로 그분은 우리를 인도하실 것입니다. 한 번 죽는 것이 사람에게는 정해진 것이요 그 후에는 심판이 있다는 말씀이 어떤 이들에게는 두려움의 경고로, 또 다른 이들에게는 기대와 소망의 음성으로 들려올 것입니다. 종말을 기다리는 마음, 그리스도의 영광스러운 귀환을 갈망하는 가슴에는 고난과 절망의 파도 속에서도 소망을 상실하지 않는 믿음이 그 영화로운 꽃을 피울 것입니다.

하늘을 바라봅시다. 그리로 먼저 들어가신 그리스도를 생각하십시다. 그리고 그곳으로부터 다시 오실 만왕의 왕, 만유의 주를 갈망하십시다. 그분은 다시 오실 것입니다! "내가 진실로 속히 오리라" "아멘 주 예수여 오시옵소서!"(계 22:20)

『우리와 같은 그분이 있기에』

January 4

희망의 근거

"주 여호와여 주께서 내게 은으로 밭을 사며 증인을 세우라 하셨으나
이 성은 갈대아인의 손에 넘기신 바 되었나이다."_렘 32:25

예레미야가 토지 한 필지를 구입한다는 것은 매우 의도적인 희망의 행위입니다. 다른 모든 희망의 행동들처럼, 이런 행동 역시 웃기는 일이지만 말입니다. 나라가 망하고 있는데 땅을 사다니 얼마나 바보 같은 짓입니까? 예레미야의 행동은 사람들의 눈에는 한낱 웃음거리에 불과했을 것입니다. 그러나 이것은 사람의 눈에 보이지 않을 뿐이지, 실상은 하나님이 만들어 가시는 새로운 일입니다.

희망은 '하나님이 당신의 약속들을 반드시 이루실 것'이라는 확신 위에서 살아 숨을 쉽니다. 현재 눈으로 볼 때 전혀 불가능한 상황처럼 보인다 하더라도, '하나님의 약속들은 반드시 실현된다.'라는 확신 위에서 희망은 작동합니다. 예레미야는 희망의 예언자입니다. 그는 자신의 희망의 근거를 예레미야 30장과 31장에서 분명하게 표현하고 있습니다.

"그러나 그 시절이 지나고 나서, 내가 이스라엘 가문과 언약을 세울 것이니, 나는 나의 율법을 그들의 가슴 속에 넣어 주며, 그들의 마음 판에 새겨 기록하여, 나는 그들의 하나님이 되고, 그들은 나의 백성이 될 것이다." 나 주의 말이다. "그때에는 이웃이나 동포끼리 서로 '너는 주를 알아라.' 하지 않을 것이니, 이것은 작은 사람으로부터 큰 사람에 이르기까지, 그들이 모두 나를 알 것이기 때문이다. 내가 그들의 허물을 용서하고, 그들의 죄를 다시는 기억하지 않겠다." 나 주의 말이다.(렘 31:31-34)

존 브라이트(John Bright)라는 주석가는 이 구절을 가리켜 예레미야 신학의 정점(頂點)이라고 불렀습니다.

『인간의 죄에 고뇌하시는 하나님』

가장 큰 위로

"우리에게 있는 대제사장은 우리의 연약함을
동정하지 못하실 이가 아니요." _히 4:15

예수님이 인간으로 오신 것은 인간이 두려워하는 가장 무서운 원수, 즉 죽음으로부터 인류를 자유케 하기 위함입니다. 인간이셨기 때문에 그는 죽음의 공포가 인간들에게 무엇을 의미하는지 잘 알고 있었으며, 또한 그는 친히 죽음의 공포를 경험하기도 하셨습니다. 마태의 기록에 의하면, 예수님은 죽음의 공포 앞에서 전율하시면서, 세 번씩이나 '죽음의 잔'이 자신으로부터 '지나가기'(逾越, passover)를 기도했습니다(마 26:36-46). 한 가지 특이한 역설은 예수님께서는 자신의 죽음을 통하여 마귀를 죽이셨다는 것입니다. 히브리서 2:14-15에서 마귀는 곧 '죽음'과 동의어로 사용되고 있다는 사실을 생각한다면, 결국 예수님은 자신의 죽음으로 '사망'(Death)을 죽이신 것입니다.

우리가 예수님을 신뢰할 수 있는 것은 그분이 우리와 다른 초월적 존재이거나 능력의 신이었기 때문이 아닙니다. 그분은 우리 중의 하나였습니다(just like us). 이처럼 '사람됨'을 친히 경험하시고 체휼하셨기 때문에 그분은 우리의 신뢰의 대상이 되는 것입니다(히 4:15). 우리는 다음과 같이 바울과 함께 큰 소리로 외칠 수 있습니다. "사망아, 도대체 너의 승리가 어디 있는가! 죽음아, 너의 힘이 어디 있단 말인가!"(고전 15:55)

인간으로 오신 예수님은 인간의 연약함을 친히 경험하시고, 모든 유혹을 받기도 하시고, 시련과 고난을 당하기도 하셨기 때문에, 온갖 시련과 유혹을 당하는 우리를 진정으로 도우실 수 있는 분이십니다. 우리를 진정으로 이해하고 계신 분이 우리 곁에 있다는 사실이 얼마나 큰 위로가 되는지요!

『우리와 같은 그분이 있기에』

6 January

그분의 약속에는 부도(不渡)가 없다

"앞에 있는 소망을 얻으려고 피난처를 찾는 우리에게
큰 안위를 받게 하려 하심이라." _히 6:18

창세기 22장의 내러티브는 그 절정을 향해 긴박하게 달립니다. 청천벽력과 같은 하나님의 명령, 신속하게 준비되는 여행길, 삼 일간의 심연의 침묵, 이삭이 던지는 비수 같은 질문, 아들과 함께 다시 돌아올 수 있으리라는 아버지의 확신, 결박된 아들을 향해 내리꽂는 아버지의 칼, 매우 급하게 제지하는 하나님의 음성 등으로 급진전하는 이 내러티브는 모든 시대를 통틀어 가장 서늘한 긴장감 가운데 하나를 독자들에게 전달하고 있습니다. 아브라함을 덮친 하나님의 공포는 결국 아브라함의 영혼을 파괴하지 못하였습니다. 히브리서 저자는 "그가(아브라함) 하나님이 능히 이삭을 죽은 자 가운데서 다시 살리실 줄로 생각한지라. 비유컨대 죽은 자 가운데서 이삭을 다시 돌려받은 것이라."(히 11:19)라고 말하고 있습니다.

히브리서 저자가 창세기 22:16-18을 언급하는 표면적 목적은 아브라함으로 대표되는 참 신앙인들의 하나님을 향한 신뢰와 인내를 강조하는 데 있습니다. 그러나 한 걸음 더 나아가서 히브리서 저자는 그런 신뢰와 인내심의 근거는 하나님의 약속의 확실성과 신실성에 있다고 선언합니다.

하나님의 맹세는 자신의 약속이 확실하고, 자신은 신뢰할 만한 분임을 강조하는 기능을 가지고 있습니다. 그렇습니다. 하나님의 약속은 결코 부도가 나지 않는 보증수표와 같습니다. 성령이 보증을 서고 계시기 때문입니다. 하나님이 발행하는 '약속'이라는 수표는 결코 다시 돌아오는 법이 없습니다. 소위 '두 가지 불변의 일들'(히 6:18), 즉 하나님의 '약속의 말씀'과 그분의 '맹세'는 변치 않는다는 사실은 우리의 확실한 소망이요 미래입니다.

『우리와 같은 그분이 있기에』

그분이 우리 생각의 공간에 함께 계실 때

"만일 내가 하늘 위로 올라간다 해도, 주는 거기 계십니다. 내가 깊은 곳에 눕는다 해도,
주는 거기 계십니다. 만일 내가 새벽의 날개 위에 오른다 해도,
내가 바다의 저 끝 쪽에 자리를 잡는다 해도"_시 139:8-9(쉬운성경)

피하려 해도 도저히 피할 수 없는 하나님은 나의 창조자이십니다. 우리의 가장 밝고 행복한 순간들에도, 가장 어두운 순간들에도 그분이 우리와 함께 계신다는 사실 때문에 우리의 인생은 달라지는 것입니다.

하나님의 눈이 항상 우리를 쳐다보고 계신다는 것, 하나님이 항상 우리의 생각들과 마음들을 살펴보고 계신다는 사실은, 어쩌면 하나님에게 끔찍스러운 일이 될 수도 있을 것입니다. 우리에게도 끔찍하기는 마찬가지일 것입니다. 우리는 우리의 악취를 제거하고 좋은 냄새를 내뿜고자 온갖 종류의 방향제를 뿌립니다. 우리는 우리를 좀 더 크게 보이게 하는 온갖 상징(사회적 지위와 명함, 고급 차종, 주택의 평수, 주거하는 지역, 학벌, 외모 등)을 얻으려고 부단히 노력합니다. 우리는 우리를 좀 더 낫게 보이려고 여러 가지 선한 행위와 자선을 합니다. 그러나 이 모든 것은 아무것도 아닌 것(zero)으로 드러나게 될 것입니다. 언제 그렇다는 말입니까? 하나님께서 우리의 생각들을 읽으실 때, 하나님께서 우리가 정말로 누구인지를 알게 되실 바로 그때 그러합니다. 이것은 매우 두렵고 무서운 일입니다. 사람들은 자신이 그렇게 철저하게 발가벗겨지기를 원하지 않기 때문입니다. 사람들은 자신의 어두운 뒷모습을 보여 주고 싶어 하지 않습니다. 언제나 자신의 진정한 자아를 숨기려고 합니다. 심지어 자기 자신에게마저도 그러합니다. 만일 우리 자신에게마저 알려지기 원하지 않는다면, 다른 사람에게는 더더욱 그러할 것입니다. 그러니 하나님께 우리 자신에 대해 모든 것이 낱낱이 알려지는 것을 원하는 사람이 어디 있겠습니까? 그렇다고 하나님의 눈을 피하여 도망할 곳이 있는 줄 아십니까?

『영혼의 겨울에 부르는 희망의 교향곡』

너희를 홀로 두지 않을 것이다

"내가 너희를 고아와 같이 버려두지 아니하고 너희에게로 오리라." _요 14:18

"**내가** 너희를 고아와 같이 버려두지 않을 것이다. 내가 너희에게 오리라." 예수님이 이 말씀을 하실 때, 제자들은 외롭고 고독했습니다. 주님이 말씀하시는 고별사를 듣고 있었기 때문입니다. 자신들이 지도자 없이 버려진 상태가 될 수 있을 것이라는 두려움이 엄습하고 있었습니다. 아무런 프로그램도, 아무런 계획과 목표도, 아무런 희망도 없이 그들을 그저 고아처럼 버려둔 채로 주님이 떠나시게 되었다는 것을 알게 되었기 때문입니다.

"내가 너희를 고아와 같이 버려두지 않을 것이다."라고 예수님이 약속하십니다. 예수님은 제자들이 떨어질 수 있는 깊고 깊은 구덩이에 대해 말씀하는 것입니다. 하나님에게 버림을 받는다는 것에 대해 말입니다.

고아와 같이 버림을 받는다는 것은 마치 "오, 도대체 내가 어디서 그분을 찾아야 한다는 말인가?" 하고 부르짖었던 욥의 심정과 같은 것입니다. 고아처럼 홀로 남겨진다는 것은 지옥으로 내려가는 것이며, 하늘 아래 돌봐줄 사람이 아무도 없음을 경험하는 것입니다.

그러나 여기에 복음이 있습니다. 희소식이 있습니다. 성령은 우리 안에 계시는 예수님의 현존과 임재입니다. 성령의 함께하심은 예수님이 계속해서 우리에게 오고 계신다는 것을 뜻합니다. 우리가 결코 홀로 있지 않다는 보증이 바로 성령입니다. 성령의 오심을 통해, 예수님은 언제 어디서라도 우리와 함께 계실 수 있게 된 것입니다.

『생명의 복음』

언젠가 어둡고 캄캄한 날들이 오거든

"오 내 영혼아, 어찌하여 슬퍼하는가? 왜 그렇게 속상해 하는가?
하나님께 희망을 가져야 할 것이다. 나를 구원하신 분이시며 나의 하나님이신 그분을
마땅히 찬양해야 할 것이 아닌가?" _시 42:11(쉬운성경)

우리가 이 시인을 좋아하는 이유는 그가 솔직하고 정직한 사람이기 때문입니다. 그는 자기의 기분이나 느낌하고 게임을 하는 사람이 아닙니다. 그는 '낙심이라는 기분은 지금 없지!'라고 생각하는 교만하거나 어리석은 사람이 아닙니다. 그는 마치 이렇게 말하는 것 같습니다. "보시오. 정말 허망하고 어쩔 줄 모르겠습니다. 나는 지금 심히 낙심하였습니다. 정말로 괴롭습니다. 나는 바보가 아닙니다. 나는 하나님이 계신 것 같지도 않은데도, 지금 나와 함께 계신 것처럼 행동하는 그런 어리석은 사람이 아닙니다. 그러나 내가 가진 이러한 느낌은, 느낌 너머에 있는 실체나 사실을 알 수 있는 믿음직한 실마리가 아닙니다. 하나님이 안 계신 것 같이 느껴진다고 해서 하나님이 실제로 안 계신 것은 아닙니다!"

우리는 어리석게 내 기분이나 느낌에 의존해서는 안 됩니다. 내가 기억하는 하나님을 신뢰해야 합니다. 하나님께서 내게 정말로 계셨던 때를 기억해야 합니다. 하나님은 신실하시다는 사실을 기억해야 합니다. 그러므로 언젠가 내가 다시 그분을 찬양할 날들이 올 것이라는 사실을 기억해야 합니다. 심지어 지금은 하나님을 찬양할 마음이 전혀 없다 할지라도 반드시 내가 그분을 찬양할 날이 올 것이라는 사실을 기억해야 할 것입니다.

비 오는 날을 위해 우산을 준비합시다. 그런 날들은 우리에게 언젠가 최소한 한 번 이상은 올 것입니다. 어둡고 캄캄한 그날들이 오거든 바로 그때, 시편 42편에 귀를 기울이십시다.

『영혼의 겨울에 부르는 희망의 교향곡』

오늘 너희가 그의 음성을 듣거든

"오늘 너희가 그의 음성을 듣거든 너희 마음을 완고하게 하지 말라." _히 4:7

그리스도인들에게 '오늘'은 영원한 현재입니다. 그래서 바울 사도는 고린도 지역의 교인들에게, "보라, 지금은 은혜 받을 만한 때요. 보라, 지금은 구원의 날이로다."(고후 6:2)라고 선언하였습니다. 믿음이란 매일매일, 한 걸음 한 걸음, 한순간 한순간을 하나님 앞에서 사는 것입니다. 하나님의 신실하심과 성실하심을 신뢰하며 믿는 것입니다. 믿음이란 순간적 경험으로 끝나는 것이 아닙니다. 인내성, 계속성, 일관성, 신실함, 성실함, 깊은 소망들이 요구되는 것이 믿음입니다. 하루하루가 매우 중요합니다. "오직 오늘이라 일컫는 동안에 매일 피차 권면하라"(히 3:13). 이런 의미에서 우리의 믿음은 처음 시작할 때부터 그것이 완성되어 활짝 꽃을 피울 때까지 지속적인 믿음을 요청합니다. "우리가 시작할 때에 확신한 것을 끝까지 견고히 잡아라."(히 3:14)라고 성령은 우리에게 권고하십니다.

우리의 매일매일의 순간들은 하나님의 은총을 경험할 수 있는 기간들이요 기회들입니다. 이 '오늘'이라는 시간 속에서 우리에게 필요한 것은 계속적인 신뢰와 순종하는 믿음의 삶입니다.

순례의 길 위에 서 있는 여러분은 지금 어떤 모습으로 하나님의 말씀에 반응하고 계십니까? 처음 시작할 때 지니고 있던 확신, 즉 하나님의 신실성에 대한 굳은 믿음을 여러분의 순례의 길을 다 가도록 끝까지 견고하게 붙잡고 가십시오. 이 여정은 결코 여러분 홀로 가는 외로운 길이 아닙니다. 당신과 함께 가는 수많은 그리스도인이 있다는 사실을 기억하십시오. 그러나 가장 큰 위로와 용기는, 밤에는 불기둥으로 낮에는 구름기둥으로 하나님께서 여러분과 동행하신다는 사실로부터 올 것입니다.

『우리와 같은 그분이 있기에』

이미 승리한 전쟁에 참전하다

"그러나 이 모든 일에 우리를 사랑하시는 이로 말미암아
우리가 넉넉히 이기느니라." _롬 8:37

우리 주위를 돌아보십시오. 이 세상과 시대정신을 읽어보십시오. 무슨 일들이 일어나고 있습니까? 반기독교 정서가 걷잡을 수 없이 난무하고 창궐합니다. 교회와 기독교는 조롱거리가 되고 있습니다. 누구도 당당하게 자신이 그리스도의 군사임을 자랑스럽게 드러내지 못합니다. 대화와 배려와 관용이라는 미명 아래 점점 늘어나는 종교 다원주의의 세력들, 새로운 종류의 무신론주의가 득실거리고 있습니다. 기독교 신앙은 점점 위축되어 갑니다. 맥이 풀린 민초를 자극하고 동기 유발하려고, 군대들의 사기를 높이려고, 교인 수를 늘리려고 저와 같은 설교자들이 이곳에 저곳에 전선(戰線)을 구축하고 있습니다. 이쪽 전선에서, 저쪽 전선에서 치열한 전투가 일어나고 있다고 부추기면서 교인들을 전투에 투입시키고 있습니다. 그러나 아닙니다! 그런 것이 아닙니다. 우리는 두려움에 이끌려, 혹은 선동에 이끌려 전쟁에 출정하는 군사들이 아닙니다.

왜 그렇습니까? 전쟁은 하나님께 속했기 때문입니다. 전쟁은 하나님의 것이기 때문입니다. 그리고 전쟁의 승리는 이미 십자가와 부활에서 얻어졌습니다. 환난과 곤고함, 박해와 기근과 벗음과 위험과 칼, 혹은 지는 전투, 혹은 하나님의 부재와 침묵 등과 같은 것들 가운데서, 우리가 구원을 소망하고 바라는 것은, 아무것도 하나님의 사랑에서 끊을 것이 없다는 구원의 희망이 있기 때문입니다. 구원의 소망은 이미 하나님께서 우리를 위해 모든 것을 십자가와 부활을 통해 이겨 놓으셨기 때문에 우리는 넉넉한 승리자요 정복자라는 확신에서 나오는 것입니다.

『십자가의 복음』

환멸과 절망을 넘어 배워야 하는 것들

"사람이 먹고 마시며 …… 하나님의 손에서 나오는 것이로다." _전 2:24

전도자는 삶에 대해 광대한 여행을 했던 것 같습니다. 그리고 끝에 가서 어렸을 적 가정에서 배웠던 지혜보다 더 가치 있는 지혜가 없다는 결론에 도달합니다. 이것은 전통적인 지혜와 그가 도달한 지혜가 다르지 않다는 것을 의미합니다.

그에 의하면 하나님을 두려워하는 것과 계명을 지키는 것은 의무 그 이상입니다. 이것은 우리의 인간성을 구성합니다. 전도자는 환멸과 절망을 완전히 경험한 사람입니다. 그는 노년과 죽음을 눈 하나 깜짝하지 않고 바라보았기 때문에, 침착해지고 두려움도 없습니다. 단지 전도자는 다른 어떤 성경 저자들 이상으로 하나님을 두려워하는 것이 '해 아래 있는' 것과 비슷하다는 사실을 우리에게 제시합니다. 이것이 완벽한 겸손함의 자세—즉, 땅에 기초를 둔 자세—입니다.

우리는 삶을 순전한 선물로 받아들이는 것을 학습하면서, 점차 하나님마저 받아들일 준비를 하게 됩니다. 중세 기독교 신비주의자 '마이스터 에크하르트'(Meister Eckhart)는 전도서에 대한 주석 수준의 공헌을 했을 만큼의 탁월한 가르침을 우리에게 주고 있습니다.

> 하나님은 사람들이 선물을 간직하고 선물에서 만족감을 느낄 수 있게 하려고 선물을 주시지 않으며, 결코 선물을 주신 적도 없다. 그러나 주어진 모든 것—그분이 지금까지 땅과 하늘에 주신 모든 것—에 한 가지를 더 주셨다면, 바로 그분 자신이다. 그러므로 우리는 모든 선물과 모든 사건을 통해 하나님을 바라보는 법을 배워야 하며, 일이나 사물 자체에 만족하지 말아야 한다.
>
> 『등불 들고 이스라엘을 찾으시는 하나님』

빌립보서의 마스터키(master key)

"내가 다시 말하노니 기뻐하라. 너희 관용을 모든 사람에게 알게 하라. 주께서 가까우시니라." _빌 4:4-5

주 안에서 항상 기뻐하고, 사람들로 하여금 우리의 친절함과 유순함을 알도록 하고, 아무 일에든지 염려하지 않게 하려면,

- 우리는 "주님께서 가까이 오고 계신다."라는 것을 믿어야만 합니다.
- 다른 말로 하자면, 우리는 미래에 대해 희망을 가져야 한다는 것입니다.

미래에 대한 희망이 없는 곳에는 현재에 대한 기쁨도 없습니다. 희망이 없는 곳에는 지옥만이 있을 뿐입니다. 왜냐하면, 지옥은 희망이 없습니다. 지옥은 절망적입니다. 아니, 절망 그 자체입니다.

희망을 포기하는 순간, 소망을 버리는 순간, 여러분은 이미 지옥에 있는 것입니다. 우리가 교회에 나오는 이유 중의 하나가 바로 이 때문입니다. 왜냐하면, 교회에 나옴으로써 우리는 희망을 버리지 못하게 되기 때문입니다.

- 왜냐하면, 교회는 절망의 한가운데 있는 희망의 오아시스입니다.
- 교회는 사람들이 희망의 하나님께 귀를 기울이는 곳입니다.
- 교회는 사람들이 산 소망, 살아있는 희망을 품고 새롭게 태어나는 곳입니다.
- 교회는 죽은 자들 가운데서 살아나신 그리스도의 부활을 선포함으로써 사람들로 하여금 희망을 품고 새롭게 태어나도록 하는 곳입니다.

"주께서 가까우심이라!" 이 말씀이야말로 오늘의 본문 안에서 뿐만 아니라 빌립보서 전체를 통해, 모든 것을 조절하는 마스터키(master key)라 할 수 있습니다.

『하늘 나그네의 사계』

우리의 원초적 위로

"내가 너를 모태에 짓기 전에 너를 알았고 네가 배에서 나오기 전에 너를 성별하였고"_렘 1:5

이 말씀은 예레미야의 인생의 신비를 묘사할 뿐 아니라, 우리가 소유하는 삶과 생명의 신비에 대해 통찰력을 던져 주고 있습니다.

하나님은 우리를 알고 계셨습니다. 그러므로 우리는 결코 우연한 존재가 아닙니다. 하나님은 우리를 아셨고, 우리는 하나님의 뜻에 따라 생긴 존재입니다. 하나님은 우리의 이름을 부르고 계셨습니다. 그러므로 우리는 결코 무명(無名)한 사람들이 아닙니다. 우리는 모두 유명(有名)한 사람들입니다. 우리는 영원의 품속에서 있으면서, 하나님의 이야기 속에서 자그마한 역할을 하도록 지어진 사람들입니다. 그 이야기 안에서 몇 줄의 대사를 말하도록 지음 받은 존재들입니다. 우리는 육신의 혈통이나, 육체의 의지로 태어나지 않았습니다. 우리는 사람의 뜻으로 태어나지도 않았습니다. 우리는 하나님에게서, 하나님에 의해 태어났습니다.

예수님의 제자들이 첫 번째 선교여행에서 돌아왔을 때의 일입니다. 그들은 예수님께 그들이 행한 일들을 열정적으로 보고하기 시작했습니다. 심지어 악한 영들도 그들에게 순복하더라는 보고도 했습니다. 그때 예수님께서 무어라고 대답하신 줄 아십니까? "귀신들이 너희에게 굴복한다고 해서 기뻐하지 말고, 너희의 이름이 하늘에 기록된 것을 기뻐하라"(눅 10:20).

내 이름이 하늘에 기록된다는 사실을 아는 것, 내 정체성이 저 영원에까지 이른다는 것을 아는 것, 이러한 '앎'이야말로 우리가 얻을 수 있는 가장 심오한 '앎'입니다. 이러한 '앎'이야말로 우리가 소유할 수 있는 가장 힘 있는 위로이며 소망의 근원입니다. 하나님이 우리를 모태에 만드시기 전에, 그분은 우리를 알고 계셨습니다.

『인간의 죄에 고뇌하시는 하나님』

탄식하는 희망

"우리 곧 성령의 처음 익은 열매를 받은 우리까지도 속으로 탄식하여
양자 될 것 곧 우리 몸의 속량을 기다리느니라." _롬 8:23

하나님은 우리를 큰 소리로 부르시고 소집하십니다.

- 봉사하라고, 찬양하면서 살라고 부르십니다.
- 반드시 도래할 하나님 나라를 가르치라고 부르십니다.
- 그리고 그 나라를 위해 기도하라고 하십니다.

이런 하나님의 부르심 안에 우리의 갈망과 탄식과 희망이 있습니다. 온전한 구원을 갈망하는 탄식과 신음입니다. 우리의 탄식은 절망하는 탄식이 아닙니다. 우리의 탄식은 '희망하는 탄식'입니다. 아니, '탄식하는 희망'이라 불러도 좋습니다.

- 피조물이 탄식하는 희망
- 우리 자신들이 탄식하면서 갈망하는 희망
- 하나님의 영이 탄식하면서 기다리는 희망입니다.

이 희망은 예수 그리스도 안에 있는 구원을 향해 속에서 끓어대는 외침이며 탄식이며 신음이며 간절한 열망이며 바람이며 그리움입니다. 탄식하는 희망은 예수 그리스도 안에 있는 구원을 향해 손을 쭉 내밀어 뻗치는 희망입니다. 그러므로 우리는 현재의 고난은 장차 얻을 영광과 족히 비교할 수 없다는 것을 압니다. 우리의 고난 가운데 함께 고통하시는 하나님이 계시며, 우리를 위해 대신 기도하실 뿐 아니라 우리의 비틀거리는 기도에 '탄식과 신음'이라는 목발을 짚게 해주시는 성령께서 계시기에, 우리는 넉넉히 이겨 나갈 수 있는 것입니다. 힘을 내십시오. 아멘!

『십자가의 복음』

희망의 주소지

"무엇이든지 전에 기록된 바는 우리의 교훈을 위하여 기록된 것이니 우리로 하여금 인내로 또는 성경의 위로로 소망을 가지게 함이니라." _롬 15:4

누군가 여러분에게, "이 세상은 침울한 장소야, 도무지 희망이 안 보여!"라고 말한다면, 뭐라고 대답하시겠습니까?

그런 사람들에게 추천할 만한 곳이 있습니다. 희망의 주소지를 추천합니다. 그 희망이 사는 주소지는 성경 안에 있습니다. 바울이 로마서 15:4에서 하는 말을 필립스(J. B. Pillips)의 번역으로 읽어보겠습니다.

"오래전에 기록된 이 모든 글은 오늘날 우리에게 가르치기 위해서입니다. 즉, 우리가 구약성경에서 사람들의 견딤과 또한 하나님께서 '그 당시에' 그들에게 베푸신 모든 도움에 대해 읽을 때마다, 그것이 옛날만의 일이 아니라 '지금에도' 그 말씀이 우리에게 지속적인 희망을 품게 하신다는 것입니다."

- 성경에 기록된 모든 것은 여러분과 제가 희망을 품도록 기록된 것입니다.
- 우리가 삶의 희망을 잃고 마치 일일 멜로드라마처럼 살아갈 때, 찾아가야 할 데가 있도록 마련된 곳입니다. 찾아가야 할 곳이 있는 사람은 삶의 큰 힘과 위로를 얻을 것입니다.
- 여러분과 제가 갈 곳이 없어 막막하여 멈추고 섰을 때, 발걸음을 옮길 수 있게 하려고 기록된 것입니다.
- 여러분과 제가 하나님을 잃어버렸을 때, 하나님을 다시 찾을 수 있는 곳으로 인도하려고 기록된 것입니다.

『십자가의 복음』

17 January

지금은 비록 칠흑 같은 한밤이라도

"내가 예루살렘을 즐거워하며 나의 백성을 기뻐하리니
우는 소리와 부르짖는 소리가 그 가운데에서 다시는 들리지 아니할 것이며" _사 65:19

고통받고 신음하는 세상에 살고 있는 우리로서는 새 하늘과 새 땅에 대한 비전은 꿈과 희망을 품고 사는 원동력이 됩니다. 아무리 힘들고 어려워도 내일이 있다는 희망이 있다면 결코 좌절하거나 낙심하지 않을 것입니다. 이사야는 환상적인 나라의 도래를 이렇게 그려내고 있습니다. 백세에 죽는 자를 젊은 자라고 할 정도로 장수하는 나라, 살 집들을 지으려 분주한 건설 현장의 소리, 풍년가를 부르는 들녘, 대가족을 이루어 행복하게 사는 마을 풍경들, 흥겨운 잔치의 풍악 소리가 끊이지 않는 거리입니다. '회복된 낙원'(Paradise Regained)의 도래입니다.

"이리와 어린 양이 함께 먹을 것이며……나의 성산에서는 해함도 없겠고 상함도 없으리라"(사 65:25).

그리스도인들은 새 하늘과 새 땅에 대한 간절한 기대와 그리움을 간직하며 살아야 합니다. 비록 지금이 어둡고 캄캄하여 불투명하고 불확실하다 할지라도 하나님이 보여주시는 나라에 대한 약속을 끝까지 인내하며 기다려야 할 것입니다. 예수님의 열 처녀 비유를 기억하시겠지요? 이 비유는 하나님 나라의 대연회를 기다리고 갈망하는 사람들의 길고 긴 밤에 대한 것입니다. 지혜로운 사람들은 길고 긴 밤의 지체(遲滯, delay)를 준비했던 사람들입니다. 잔치가 늦어질지도 모른다는 것을 마음으로 준비했던 사람들입니다. 누가 지혜로운 신자들입니까? 교회 안의 지혜로운 자들은 칠흑 같은 한밤에도 신앙을 굳게 붙잡는 사람들입니다. 신랑이 오는 것이 보이지 않는다 할지라도 그래도 봉사하고 섬기고 희망하고 기도하고 하나님의 약속하신 승리를 기다리는 사람들입니다.

『이사야서 묵상』

적대감으로 깊어지는 어둠 속의 빛

"그때에 그 환난 후 해가 어두워지며 달이 빛을 내지 아니하며 ……
그때에 인자가 구름을 타고 큰 권능과 영광으로 오는 것을 사람들이 보리라." _막 13:24, 26

신약성경에서 구름 가운데 오시는 그리스도의 귀환에 대한 가르침보다 더 우리의 신앙에 생소한 것은 없는 것 같습니다. 프레더릭 뷰크너(Frederick Buechner)는 이렇게 쓰고 있습니다. "우리와 같은 사람들에게는, 이런 소망은 너무도 희망적이고 환상적입니다. 우리는 그러한 환상적인 희망을 더는 희망할 수 없을 것입니다. 적어도 정말로 자주 그런 환상적인 희망을 꿈꿀 수 없습니다."

우리가 그러한 환상적인 희망을 바라려면 우리 둘레의 세상이 어두워야만 합니다. 예수님께서 말씀하셨던 것처럼 세상이 어두워야만 환상적인 희망을 간절하게 소망할 수 있을 것입니다.

예수님은 자신의 십자가 처형 전날에 마가복음 13장의 말씀을 하셨습니다. 그때가 언제입니까? 악마적인 적대감이 심하게 솟아오를 때였습니다. 둘레의 어둠이 점점 더 짙어지고 있을 때였습니다. 제자들이 그들의 스승보다 위에 있지 않기 때문에, 우리의 길 역시 십자가를 통과하는 길이 될 것입니다. 전쟁들, 전쟁의 소문들, 기근과 굶주림들, 세상의 증오와 미움들, 박해들, 이 모든 것들은 렘브란트 그림 속의 어둠과 같습니다. 그것들은 그곳에 있어야만 합니다.

그것들은 그곳에서 빛을 드러냅니다. 그것들은 하나님이 그리는 명작 위의 어두운 색깔들입니다. 이런 어두운 색깔들은 점점 더 어두워질 것입니다. 그래서 이런 어둠 가운데서 빛나는 빛은 점점 더 밝아질 것입니다. 모든 것이 다 상실된 것처럼 보일 때, 혼돈과 암흑이 이 세상을 지배할 때, 하나님의 빛이 비칠 것입니다. 그때에 예수님께서 큰 능력과 영광으로 오십니다.

『예수님을 따르는 삶』

원수의 눈앞에서 상(床)을 기다리기

"주께서 내 원수의 목전에서 내게 상을 차려 주시고"_시 23:5

출애굽기 14장은 어둠과 죽음의 그늘을 걷고 있었던 이스라엘 백성을 보여줍니다. 그들은 두 방면의 치명적인 적들 사이에 갇혔습니다.

- 앞쪽에는 홍해의 무시무시한 물들이었고,
- 뒤쪽에는 잘 훈련된 바로의 군대였습니다.

이스라엘 백성은 모세에게 말했습니다. "도대체 애굽에 장사 지낼 무덤이 없어서 이곳 광야까지 끌고 나와 우리를 죽이려는가?"

그때 모세의 입으로부터 나오는 말이 있습니다. 성경 가운데 가장 위대한 말씀 중의 하나입니다. "두려워 말라! 굳게 서 있으라! 주의 구원을 보라! 두려워 말라, 굳게 서라! 하나님의 구원하시는 능력을 보라!"

이 말씀은 하나님께서 자신의 구원의 손을 펼치실 때마다, 두려워하는 당신의 백성을 향하여 하신 말씀입니다. 예를 들어, 아브라함을 보십시오. 하나님은 그에게 말씀하십니다. "두려워 말라! 굳게 서 있으라! 너를 들어 커다란 민족을 이룰 것이니, 주의 구원을 보라!"

마리아의 약혼자 요셉도 들었습니다. "마리아를 네 아내로 맞아들이기를 두려워 말라! 굳게 서 있으라! 그녀의 잉태는 성령으로 된 것이니, 주의 구원을 보라!"

우리가 해야 할 일은 이제 담담한 심정으로 '기다리는 것'입니다. 하나님께서 자신의 이야기를 어떻게 결말 맺으실 것인가를 기다리는 것입니다. 오 이스라엘이여, 주님을 기다리십시오. 주님으로부터 구원하시는 위대한 능력이 올 것입니다.

『옛적 말씀에 닻을 내리고』

우주 바깥으로부터 오는 소망

"우리가 이 소망을 가지고 있는 것은 영혼의 닻 같아서
튼튼하고 견고하여 휘장 안에 들어가나니." _히 6:19

히브리서에서 '소망'이란 단어는 인간의 주관적 태도를 가리키는 단어가 아니라 항상 소망의 객관적인 대상을 가리키는 용어라는 사실을 기억할 필요가 있습니다. 따라서 우리의 소망은 우리가 바라고 희망하고 갈구하는 감상적인 낙관주의가 아닙니다. 이러한 희망과 소망은 흔히 이 세상에서 말하는 종류의 것들입니다. "나는……을 소망합니다." "나는……을 바랍니다." "나는……일들이 이뤄지기를 희망합니다."와 같은 문구들이 이러한 종류의 이해를 반영합니다. 그러나 히브리서 저자는 선언합니다. 하나님 그분 자체가 소망의 실체이며, 그분의 약속 자체가 소망이라고. 소망의 기원은 우리 자신 속에 있지 아니합니다. 그것은 외부로부터, 위로부터, 바깥으로부터 옵니다.

우리의 소망은 하나님의 객관적인 약속들 위에 놓여 있습니다. 그리고 이러한 하나님의 약속은 아브라함의 언약을 최종적으로 이루신 예수 그리스도 안에서 그 충만한 완성을 보게 됩니다. 믿음을 통해 그리스도 안에 있는 자들은 이제 확실한 소망의 실체를 붙잡은 것입니다. 히브리서 저자는 은유적 표현으로 소망의 실체를 우리의 '영혼의 닻'이라고 말합니다. '닻'은 흔들리지 않는 깊은 안전을 가리키는 은유어입니다. "우리가 이 소망을 가지고 있는 것은 영혼의 닻 같아서"(히 6:19).

영원한 닻은 영원한 소망의 상징어입니다. 의심, 박해 그리고 근심의 풍랑에 흔들리는 영혼의 배가 안정을 유지하는 것은 보이지 아니하는 닻이 있기 때문입니다(마 8:23-27 참조).

『우리와 같은 그분이 있기에』

우리의 가장 깊은 중심부에서 신앙하기

"내 영혼아 네가 어찌하여 낙심하며 어찌하여 내 속에서 불안해 하는가
너는 하나님께 소망을 두라." _시 42:5

필립스(J. B. Phillips)는 심혈을 기울여 신약성경 전체를 현대 영어로 번역한 그리스도인입니다. 그러나 그는 여러 해 동안 우울증에 시달린 적이 있습니다. 그의 자서전에서 그는 이렇게 질문하고 있습니다. "우울증에 빠졌을 때, 낙담했을 때, 도대체 신앙이 얼마나 큰 도움이 된다는 말인가?" 그리고 그는 이에 대해 이렇게 대답합니다. "이 문제에 대해 기독교 신앙은 정서적으로는 별로 도움이 되지 않는다." 다시 말해, 감정과 정서적인 차원에서 이 문제를 바라보고 처리하려 한다면 기독교 신앙은 이 문제에 대해 아무런 도움도 주지 못한다는 것입니다. 그렇다면 언제 어떻게 해야 신앙이 우울과 침체에 빠진 우리에게 도움이 될 수 있습니까? 필립스는 이렇게 말합니다.

"비록 우울과 낙심의 수많은 공격을 받는다 할지라도 우리 존재의 바로 가장 깊은 중심부에 있을 때, 우리는 비로소 영원하시고 변함이 없으신 하나님께 기대어 안식을 얻을 수 있습니다. 그러므로 우리는 위로를 받는다는 '기분'이나 '느낌'에 우리의 신앙을 의존할 것이 아니라 이런 기분이나 느낌에 상관없이 살아계신 하나님을 신뢰하는 것을 배워야 할 것입니다."

물론 이것은 쉽게 배워지지 않습니다. 그러나 하나님이 멀리 계시는 것처럼 보일 때 이러한 사실이 당신에게 큰 확신을 주기를 바랍니다. 아니면 적어도 많은 위대한 성인들 역시 우울과 낙심의 기간을 거쳐 갔다는 사실만은 아시기를 바랍니다. 나 혼자 이런 경험을 하는 것은 아니라는 사실을 꼭 기억하시기를 바랍니다.

『영혼의 겨울에 부르는 희망의 교향곡』

우리에게 일용할 양식을 주소서

"오늘 우리에게 일용할 양식을 주시옵고" _마 6:11

예수님은 우리에게 매일의 양식과 하나님의 다스림을 위한 기도를 함께해야 한다고 가르치셨습니다(마 6:11).

자, 여러분의 마음의 스크린 위에 하나의 영상을 그려보십시다. 광부들이 갱도 속에 갇혔다고 합시다. 그래서 그들은 그곳에서 벗어나려고 삽으로 덮인 흙을 파고들어 갑니다. 여러 시간을 팠지만 결국 그들 마음속에는 점점 회의가 들기 시작하였습니다. 도대체 우리는 어디를 향해 파고들어 가는 것일까? 얼마나 외부 세계가 가까이 오는 것일까? 그래서 그들은 거의 탈진 상태에 이르렀고 이제 포기할 지경에 다다르게 되었습니다. 그때 어디선가 멀리서 희미하게, 그러나 지속적으로 땅이 울리는 소리가 그들 귀에 들려왔습니다. 그들은 그들의 귀를 의심하였습니다. 그러나 점점 그 소리가 가까워지고 있었습니다. 그러자 그들은 다시 힘을 얻어 흙을 파기 시작하였습니다.

하나님 나라는 이와 같습니다. 그 나라는 점점 더 가까이 오고 있습니다. 하나님 나라가 가까이 오는 것을 그 누구도 막지 못하며, 막을 수도 없습니다. 우리가 해야 할 것이 있습니다. 하나님의 다스림이 이루어질 것을 기대하면서, 우리는 우리 쪽으로부터 파고들어 가는 일을 시작해야 합니다. 이 일을 계속하기 위해 우리에게 에너지가 필요합니다. 다시 말해서 매일의 양식이 필요하단 말입니다. 빛이 있는 곳을 향해 파고들어 가는 일을 계속하려고 우리는 기도해야 합니다. "오늘 우리에게 매일의 양식을 주시옵소서."

『옛적 말씀에 닻을 내리고』

요동치 않는 땅은 하나님밖에 없다

"여호와와 같이 거룩하신 이가 없으시니 이는 주밖에 다른 이가 없고
우리 하나님 같은 반석도 없으심이니이다." _삼상 2:2

러시아의 문호 레오 톨스토이(Leo Tolstoy)의 감동적이면서도 가슴 두드리는 단편이 하나 있습니다. 아이들뿐만 아니라 어른들도 좋아하는 단편입니다. 『사람에게는 얼마만큼의 땅이 필요한가?』가 그것입니다.

톨스토이는 땅의 유혹은 모든 인간이 가진 원초적 욕망이라고 말합니다. 사람은 결코 만족하지 못하고 항상 '더'를 원합니다. 더 많은 땅을 소유한다는 것은 '세력'을 의미할 것이고, 세력을 갖는다고 하는 것은 '안전'을 확보한다는 것을 의미할 것이고, 더 많은 '안전감'을 소유할 때 사람은 본질적으로 '하나님을 덜 의지'하게 될 것입니다.

만일 당신이 무엇인가를 움켜잡고 있다면, 하나님은 그 움켜잡은 양손을 강제적으로라도 펴게 하실 것입니다. 만일 당신이 두 발을 딛고 설 수 있는 확고한 땅을 가졌다고 믿고 있다면, 하나님은 지진으로 그 땅을 흔들어 버릴 것입니다. 우리의 야곱—히브리어로 야곱은 '움켜잡다'라는 의미이다—은 이 사실을 매우 어렵게 배우질 않았습니까? 출생 때부터 한평생 양손에 움켜잡으려고 버둥거렸던 그는 하나님에 의해 양손을 풀어놓기 전까지 진정으로 잡는 자가 아니었다는 사실을 당신은 알고 계십니까?

『영혼의 겨울에 부르는 희망의 교향곡』

오셨으며 오시고 계신 용사

"나는 여호와로 말미암아 즐거워하며
나의 구원의 하나님으로 말미암아 기뻐하리로다." _합 3:18

하나님의 백성을 괴롭히는 세속의 권력이 아무리 강하고 무섭다 하더라도 하나님을 이길 수는 없습니다. 하나님의 교회가 비록 더럽고 추하고 불의하다 하더라도 하나님께서는 수치스런 심판의 풀무를 지나게 하시어 정결하고 정련하여 새롭게 하실 것입니다. 그러므로 하나님이 깨끗하게 하시고 사랑하시는 교회를 세상의 어떤 세력도 무너뜨릴 수 없을 것입니다. 지상 교회 자체가 깨끗해서가 아니라 교회를 붙들고 계신 하나님 때문입니다. 하나님은 당신의 백성을 위해 세상의 권세 잡은 세력들과 공중의 악한 영들을 무찌르시려고 오셨으며, 지금도 계속해서 오시고 계십니다.

그러므로 고통 중에 있는 하나님의 백성은 긍휼을 베푸시는 신실하신 하나님께서 위대한 전사로서 오신다는 사실을 굳게 믿고 그에 대한 신뢰를 하나님께 고백해야 합니다. 왜냐하면, 우리가 치러야 할 이 세상의 모든 전쟁은 궁극적으로 하나님의 전쟁이지 우리의 전쟁은 아니기 때문입니다. 우리는 '전쟁이 하나님께 속했다.'라는 사실을 고백해야 합니다.

하박국의 기도는 마침내 찬양으로 끝을 맺습니다(합 3:17-19). 보이는 것이 없어도, 만질 수 있는 것이 없어도, 손에 든 것 없어도, 가진 것은 없어도 나는 하나님만을 즐거워하겠다는 것입니다. 구원자 하나님을 기뻐하겠다는 외침입니다. 이것은 예언자 하박국만의 고백이 아니라 바벨론에 시달리는 유다 백성 가운데 신실하게 여호와 하나님을 굳게 의지하고 구원의 날을 기다리며 앙망하는 모든 사람의 고백이기도 합니다. "주 하나님은 우리의 힘입니다. 우리가 누구를 무서워하고 무엇을 두려워하리오!" 우리의 고백이기도 합니다.

『하박국 묵상』

염려의 무덤에서 걸어 나오라

"그러므로 내가 너희에게 이르노니 …… 염려하지 말라."_마 6:25

당신은 두 명의 주인을 섬길 수 없습니다. 이 말씀을 하신 직후에 예수님은 우리가 사는 일에 대해 걱정하는 문제를 언급하십니다. 나는 여러분이 이 두 가지가 얼마나 적절하게 연결되고 있는지를 짐작하고 있는지 자못 궁금하군요. 이제 여러분은 두 주인을 섬기는 문제가 인생의 걱정 문제와 매우 적절하게 연결되고 있다는 것을 보게 될 것입니다. 예수님은 말씀하십니다. "너희가 하나님과 재물을 함께 섬길 수 없느니라. 그러므로 내가 너희에게 말하노니, 너희의 삶(생활, 인생)에 대해 염려하지 마라."

이 두 가지 사실은 함께 갑니다. 돈을 섬기는 일과 당신의 생활에 대해 걱정하는 일. 이것들은 한 쌍을 이루고 있습니다. 오직 한 분 하나님만을 섬기는 일에 반대되는 것은 걱정입니다. 한 분 하나님을 신뢰하는 것에 반대되는 일은 염려입니다.

죽은 자 가운데서 다시 살릴 수 있는 하나님은 모든 것을 하실 수 있는 분입니다. 이와 같은 하나님이 계신다면 당신은 그 어떠한 일에 대해서도 걱정해서는 안 됩니다. 그러므로 당신의 삶과 생애를 하나님의 손안에 놓으십시오. 그러면 그분은 당신을 염려의 수렁에 빠뜨리는 모든 것들을 잠잠케 하실 것입니다.

당신의 걱정과 염려의 근저(根底)에는 하나님의 부활 능력에 당신 자신을 무조건 내어놓는 전적 항복이 없기 때문입니다. 왜 당신은 하나님의 부활 능력에 대해 내어 맡기기를 거절하십니까?

『옛적 말씀에 닻을 내리고』

역풍을 헤치는 소망

"우리가 이 소망을 가지고 있는 것은 영혼의 닻 같아서
튼튼하고 견고하여 휘장 안에 들어가나니." _히 6:19

우리가 진정으로 그리스도의 제자들이라면, 우리의 항해에는 거슬러가야 할 역풍들이 쉴 틈 없이 불어닥칠 것입니다(마 14:22-32 참조). 신앙의 조상과 선배들이 타고 갔던 배들은 늘 파고가 높은 바다 위에 떠 있었습니다. 그것은 마치 적대적 제국의 강, 나일 위에 떠 있던 자그마한 배, 그리고 그 안에 타고 있었던 어린 아기(출 2:1-10)의 운명과도 같았습니다. 그러나 그들 앞서서 이미 확실한 소망, 곧 죽음을 극복하고 부활하여 하늘에 오르신 예수 그리스도께서 계시기에, 또 그분을 영원한 닻으로 삼아 우리의 배를 띄우고 있기에, 우리는 밀물과 썰물에 휩쓸려 요동하지 않을 것입니다.

19세기 말엽에 살았던 한 그리스도인, 브리스길라 오웬(Proscilla J. Owen)은 본문을 생각하면서 다음과 같이 시를 지었습니다.

1) 풍랑이 일고 바람이 불 때 그대는 닻을 쥐고 섰는가?
   거센 조수가 몰려올 때도 요동함이 없이 서 있나?
2) 모진 비바람 부딪혀 와도 주님 손안에 붙들려 있네!
   노도 광풍 일어날 때도 우리 탄 배 요동찮겠네!
3) 우리의 눈이 어둠을 뚫고 빛나는 천국 항구 찾아서
   우리가 거할 천국 해안에 닻줄 영원토록 주겠네!

(후렴) 큰 물결 일 때도 우리의 영혼을 지키는 신 있네!
   반석 되신 주님 섬기는 우리를 지키는 닻 있네!

『우리와 같은 그분이 있기에』

소망에는 이유가 있다

"우리가 소망으로 구원을 얻었으매 보이는 소망이 소망이 아니니
보는 것을 누가 바라리요." _롬 8:24

소망은 미래와 관련이 있습니다. 바울은 우리에게 현시대의 고난들은 '우리 안에 계시될 영광'과 감히 비교될 수 없다고 말합니다(롬 8:18-25). 또한, 지금 창조세계 전체가 다른 말로 하자면, 우리의 육체(몸)가 온전하게 구원받기를 '간절하게 기다리면서' 지금 신음하고 있다는 것입니다. 바울은 이것을 설명하면서 덧붙이기를, "이러한 소망 안에서 우리는 구원을 받았습니다. 그러나 보이는 소망은 소망이 아닙니다. 이미 자기가 가진 것을 누가 소망하고 바라겠습니까? 만일 우리가 아직 갖지 못한 것을 바라고 소망한다면, 그것을 참을성 있게 인내하고 기다려야 합니다."라고 말합니다.

우리의 미래는 우리를 위해 이미 하늘에 예약되어 있습니다. 그리스도께서 계신 하늘 말입니다. 바울은 골로새의 교인들에게 이렇게 말합니다. "여러분의 믿음과 사랑은 여러분을 위해 하늘에 쌓아둔 소망으로부터 솟아난 것입니다"(골 1:3-5). 후에 그는 하늘을 '위에 있는 것들'이라고 묘사하면서, 하늘은 "그리스도께서 하나님의 오른쪽에 자리 잡고 앉아계신 곳"이라고 말합니다(골 3:1). 베드로도 그리스도인의 정체성을 말하면서, "우리는 그리스도의 부활을 통하여 '살아 있는 소망 안으로' 다시 태어났습니다. 그뿐 아니라 우리는 '우리를 위해 하늘에 잘 보관된 유업 안으로' 들어가게 된 사람들입니다. 이 유업은 '마지막 때에 드러나도록 준비되어' 있습니다."라고 가르칩니다(벧전 1:3-5). 그렇다면 그리스도를 믿는 우리 신자들은 참을성 있게 그러나 확신을 갖고 현재의 삶을 살아야 합니다. 그리스도께서 행하시고 이루신 일 때문에 우리는 소망 안에서 사는 것입니다.

『일상을 걷는 영성』

산꼭대기에서 보는 미래

"오직 여호와를 앙망하는 자는 새 힘을 얻으리니
독수리가 날개 치며 올라감 같을 것이요." _사 40:31

지난 세기, 압제 받는 흑인들을 위한 시민 운동가였던 마틴 루터 킹 (Martin Luther King Jr.) 목사의 저명한 설교인 "나는 약속의 땅을 바라봅니다."(I See the Promised Land)의 마지막 부분에서 그는 이렇게 말합니다.

"글쎄요. 나에게 무슨 일이 일어날지 나는 모릅니다. 분명히 우리 앞에는 어려운 날들이 놓여 있을 것입니다. 그러나 나는 그런 것에 전혀 개의치 않습니다. 나는 산꼭대기에 서서 약속의 땅을 바라보았기 때문입니다."

그가 담대하게 정의를 외칠 수 있었던 것은 그가 "산꼭대기에 서 있었기 때문이었습니다!"(I've been on the mountaintop!) 그가 보았던 환상이야말로 모든 난관을 극복하게 하고 그의 삶을 강력하게 이끌었던 힘이었습니다.

느보 산 꼭대기에 섰던 모세처럼, 환상과 꿈과 비전의 말씀들을 품고 킹 목사님은 한 걸음, 한 걸음씩 전진하였습니다. 수많은 난관과 장애와 위협과 박해에도 굴하지 않고 앞을 향해 걸었습니다. 미국의 남부 조지아 주 조그만 도시 몽고메리에서 출발한 발길은 수십만 인파를 동원한 '위대한 행진'이 되었습니다. 결국, 그는 미국의 심장부인 워싱턴의 추모 광장에서 저 유명한 연설, "나는 꿈을 꾸었노라!"(I have a dream!)를 사자후처럼 포효했던 것입니다.

이것이 환상이 하는 일, 꿈이 하는 위대한 일입니다. 환상과 꿈은, 우리로 하여금 앞으로 나아가게 합니다. 우리의 힘없는 팔과 연약한 무릎을 강하게 합니다. 걸어도 피곤치 않고, 달려도 지치지 않게 합니다. 독수리처럼 힘차게 날개 치며 높이 날게 합니다.

『예수님을 따르는 삶』

삶의 벼랑 끝에서 정직하게

"주님, 언제까지 나를 잊으시렵니까? ……
언제까지 나의 영혼이 아픔을 견뎌야 합니까?" _시 13:1-3

시인이 알고 있던 세계가 무너져 내렸습니다. 마치 차가 빙판에서 통제력을 상실한 것처럼 삶이 통제력을 상실했습니다. 그러나 그가 겪은 붕괴의 경험이 그를 현실주의자로 만들 것이며, 하나님께 솔직하게 할 것입니다.

안전한 삶이 우리 위로 무너져 내리는 바로 그때, 우리의 언어는 좀 더 솔직해지고 정직해집니다. 경건한 어투 속에 우리 자신을 숨기는 일을 멈추게 됩니다.

그러므로 시편을 사용하여 의미 있게 기도하기 위해서, 우리는 하나님께 솔직해야 합니다. 정직한 기도의 언어로 우리 자신을 하나님께 솔직하게 드러내야 합니다. 신앙이 벼랑 끝에 서는 것을 두려워 마십시오.

우리 중의 많은 사람이 그런 벼랑에 서서 살았을 것이고, 또 지금도 그곳에 사는 분들이 있을 것입니다. 아마 많은 분이 인생이 얼마나 쉽게 깨지는가를, 인간관계가 얼마나 취약한가를, 세상 어느 것도 그렇게 오래가지 않는다는 사실을, 우리가 사는 이 세상이 얼마나 위험한 장소인가를 경험했을 것입니다. 이러한 사실을 경험할 때, 비로소 우리는 시편의 시인과 같은 경험을 한 것입니다. 이런 경험은 우리를 시인처럼 하나님을 향해 정직하게 나아가게 할 수 있습니다.

『우리의 기도가 천상의 노래가 되어』

바람과 파도를 잠재우는 현존

"하나님이 떨기나무 가운데서 그를 불러 이르시되 모세야 모세야 하시매
그가 이르되 내가 여기 있나이다." _출 3:4

하나님은 굴욕의 골짜기를 걸어온 사람, 모세에게 나타나셔서 놀라운 표적(sign)을 보여주셨습니다. 불이 붙었으나 불에 타지 않는 떨기나무였습니다. 이것은 40년 동안 깊이 잠들었던 영혼을 깨어나게 한 큰 충격이었습니다. 그는 하나님이 그에게 보여주신 이 엄청난 징표를 잊을 수 없었습니다. 특별히 훗날 그가 이스라엘 백성을 이끌고 애굽으로부터 탈출하게 될 때에 이 징조를 기억하였을 것입니다. 좌절과 실의에 빠졌을 때, 도저히 감당하기 어려운 장애물들이 첩첩산중처럼 가로놓여 있을 때, 홍해의 커다란 파도가 그들의 앞길을 가로막고 있었을 때, 서슬이 퍼런 바로 군대의 칼날들과 창검들이 다가올 때, 죽음의 그림자만 드리워 있던 광야의 시절 동안 그를 지탱하게 해주었고, 이스라엘을 유지해 주었던 힘이 있었다면, 그것은 바로 이 징조(sign), 즉 하나님의 '현존(現存, Presence)'이었습니다. 타지 않는 떨기나무! 불은 훨훨 타오르지만, 결코 재가 되지 않는 나무! 수없는 죽음의 순간들이 닥쳐왔으나 결코 쓰러지지 않을 수 있었던 것은 바로 하나님이 보여주신 이 놀라운 나무 때문이었습니다.

하나님은 인생의 좌절과 침체 가운데 있는 사람들에게 꿈을 보여주시며 환상을 보여주십니다. 이 꿈과 환상은 곧 하나님의 자기 계시입니다. 하나님은 자신을 드러내시고 보여주시고 그분에게 우리의 삶을 맡기기를 원하십니다. 하나님의 계시가 없는 백성에게는 소망이 없고 미래가 닫혀 있습니다. 하나님의 징조로서의 이 꿈을 꾸십시오. 이 꿈은 우리가 흔히 말하는 꿈이 아닙니다. 단순히 우리가 소망하는 것들이 아닙니다. 이 꿈의 실체와 주체는 하나님이십니다.

『옛적 말씀에 닻을 내리고』

낙관주의 비관론자

"네가 그것들을 뽑고 파괴하며 파멸하고 넘어뜨리며 건설하고 심게 하였느니라." _렘 1:10

비관주의에는 두 가지가 있다는 것을 기억합시다. 먼저 낙관론자처럼 위장하면서 사는 비관론자가 있습니다. 그는 웃습니다. 즐거워합니다. 왜냐하면, 그는 내일 자신이 죽는다는 것을 알고 미래는 희망이 없다는 사실을 알기 때문입니다. 그러나 이런 비관론자와는 전혀 다른 또 다른 비관론자가 있습니다. 그는 근본적으로 낙관주의자인 비관론자입니다. 즉, 그는 낙관주의자이지만 비관도 할 수 있는 사람이라는 뜻입니다. 그에게 인간 존재는 상당 부분 비극적인 본성을 지니고 있지만, 동시에 그들 인간의 각각의 행위에는 위대한 의도를 내포한다는 것을 믿는 사람입니다.

예레미야는 낙관주의 비관론자였습니다. 그의 비관론은 결코 최종적인 대답(결론)이 되지 않았으며, 그는 밤이 지나면 기필코 새벽이 온다는 사실을 믿어 의심치 않았습니다. 바로 이런 이유 때문에, 그는 근본적으로 '희망의 예언자'인 것입니다. 그러나 그의 희망에는 언제나 상처가 있었습니다. 그가 선포한 희망은 아픔을 지니고 있었습니다. 그의 희망은 나라가 붕괴한 '후에야' 새로이 세워지는 희망이요, 먼저 뽑힌 '후에야' 새롭게 이식되는 희망이었기 때문입니다. 하나님께서는 예레미야를 예언자로 부르시면서 이렇게 말씀하신 것입니다.

"너는 이렇게 살도록 예정되었다. 먼저는 밤을 맞을 것이며, 그다음에야 새벽을 맞을 것이고, 먼저 어둠을 맞은 후에야 나중에 빛을 만나리라."

『인간의 죄에 고뇌하시는 하나님』

나의 묵상 | 말씀을 읽고 자신만의 묵상을 기록해 보세요.

2월

변화와 도전

365 Biblical Meditation for Healing

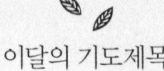

이달의 기도제목

'존재'(being)와 '삶'(living) 잡기

"너희가 부르심을 받은 일에 합당하게 행하여 …… 힘써 지키라." _엡 4:1-3

사도 바울은 그리스도의 '하나 됨'(통일)의 사역을 위해 부르심을 받았고, 그 일을 위해 자신의 온 삶을 헌신했습니다. 또한, 그것 때문에 감옥에까지 갇혔습니다. 부르심을 받는 순간부터 그는 자신이 아닌 다른 사람을 위해서 살게 되었습니다. 그리고 이런 삶을 요구하신 분이 그리스도와 성령이십니다. 그는 성령과 그리스도께 이끌려 사는 인생이었지, 단 한 번도 자신을 위해서 사는 인생이 아니었던 것입니다. 그리스도인들을 박해하기 위해 다메섹으로 가는 길 위에서 하나님의 강권적인 부르심에 굴복하게 된 사건 이후, 바울의 삶을 돌아보면 그는 정말로 미친 사람이었습니다. 전폭적으로 성령께 이끌리는 삶이었기 때문입니다.

바울은 자신의 삶을 생각하며 독자들에게 강력하게 권면합니다. 그리스도인의 공동체는 화합과 통일을 이루며 살아야 한다고, 이것이 우리 주님의 명령이라고 말입니다. 그런 권면을 따르려면, 강하고 의도적이며 세심한 노력이 날마다 필요합니다. 물론 이것이 얼마나 어려운지 모르지 않습니다. 그러나 우리는 그리스도의 명예를 위해 '하나 됨'의 아름다움을 주변에 보여야 합니다. 그렇습니다. 하나님이 우리를 그리스도인으로 부르셨다면, 그 부르심에 합당하게 행동하라는 것입니다. 여기서 '합당하다'로 번역한 그리스어 단어 '악시오스'(axios)는 저울이 한쪽으로 기울지 않도록 다른 한쪽에 균형을 맞춘다는 뜻입니다. 이를 본문에 적용하자면, 하나님의 자녀라면 그에 상응하는 삶으로 균형을 잡으라는 것입니다. '존재'(being)와 '삶'(living)은 언제나 균형을 이루어야 합니다. 하나님의 자녀는 하나님의 자녀답게 살아야 하기 때문입니다.

『통일의 복음』

'참살이'를 다시 찾아주시는 분

"연회장이 신랑을 불러 말하되 먼저 좋은 포도주를 내고 취한 후에 낮은 것을 내거늘 그대는 지금까지 좋은 포도주를 두었도다 하니라." _ 요 2:9-10

우리는 창조 때 가득하던 생명의 '선(善)함'과 창조세계 안에서 향유하던 삶의 '행복'을 거의 상실한 세상에 살고 있습니다. 우리는 '살아 있다는 것' 자체가 더 이상 즐겁고 좋기만 하지 않은 세상에 살고 있습니다. 우린 대체 어떤 세상에 사는 것입니까? 절망이 편만하고 자살이 흔한 세상, 직업의 대부분이 피상적인 행복을 열정적으로 추구하는 수단으로 전락한 세상이 아닌가요? 쾌락 자체가 삶의 목적이 되어버린 세상 아닌가요? 정치가들이 좋은 세상 만들겠다고 빈 약속(空約)을 남발하는 세상 아닙니까? 일상적이고 정상적인 노력이나 평범한 삶의 의무가 지루하고 지겨운 덕(德)이며, 구시대의 가치관이라고 업신여기는 세상이 아닌가요? 심지어 자신들의 태에 있는 생명을 낙태시키면서까지 '좋은 삶'을 회복하려고 헛되이 노력하는 세상이 아닌가요?

이런 세상을 향하여 전하는 사도 요한의 '복음'이 있습니다. 예수 그리스도야말로 우리가 상실했던 것들, 그래서 그리워하고 회복을 갈망하는 것들을 다시 찾아주시는 분이라고 말하는 것입니다. 이것이 그가 전하는 예수 그리스도의 좋은 소식입니다. 요한이 전한 복음은, 모든 창조세계가 다시금 '선하고 좋은 세계'로 회복되는 길이 오직 창조주 하나님의 아들이신 예수님을 통해서만 가능하다는 사실을 선포하고 있습니다.

그리고 이 사실을 믿는 자들 곧 예수님을 통해서만 자기 삶의 진정한 질(質)과 의미를 회복하고, 참된 즐거움과 해방의 맛을 얻을 수 있다고 믿는 이들을 '제자'라고 부른다는 것입니다.

『생명의 복음』

개선(改善)이 아니라 갱생(更生)을 위해

"그러므로 우리가 그의 죽으심과 합하여 세례를 받음으로 그와 함께 장사 되었나니
이는 아버지의 영광으로 말미암아 그리스도를 죽은 자 가운데서 살리심과 같이
우리로 또한 새 생명 가운데서 행하게 하려 함이라." _롬 6:4

우리의 세례 뒤에는 예수님의 세례가 있습니다. 우리의 세례가 의미 있다는 것은, 그것이 예수 그리스도의 세례와 함께 하나의 그림을 이루기 때문입니다. 우리가 그리스도에게 세례를 받는다는 것은 우리가 그분의 죽으심에 참여한다는 뜻일 뿐만 아니라 그분의 부활에도 동참하게 된다는 것을 의미합니다. 세례는 죽었다가 다시 일어서시는 그리스도와 우리를 얽어매는 것입니다. 세례는 그리스도가 우리를 위해 하신 모든 일을 하나로 묶어 요약하는 것입니다. 그리스도가 오신 것은 우리를 개선하고 개량하기 위해서가 아닙니다. 우리에게 하시는 그분의 말씀은,

- "나를 본받아라!"
- "나처럼 사랑스럽고 겸손한 자가 되기를 힘써라."가 아닙니다.

그리스도가 오신 것은, 우리를 물에 빠뜨려 익사시키고 그 후에 다시 우리를 소생시키시기 위함입니다. 요한이 선포한 회개는, "이제 우리에게 필요한 것이 있다면 그것은 병을 치료하는 의사가 아니라 염을 하는 장의사다. 그렇지 않다면, 가능치도 않고 상상할 수도 없겠지만, 죽은 자를 일으킬 수 있는 그 '어떤 분'이어야만 한다."라는 것을 알리는 것이었습니다.

우리가 다시 산다면, 아니 우리가 새로운 인생을 살게 된다면, 그것은 우리 삶의 옛 부품들이 다시 제자리를 잡아 작동하기 때문이 아니라, 전적으로 다른 생명이 우리의 깨어진 삶 속에 새롭게 자리를 잡기 때문입니다.

『아버지를 떠나 자유를』

곤비한 땅에 있는 큰 그늘과 같은 사람

"또 그 사람은 광풍을 피하는 곳, 폭우를 가리는 곳 같을 것이며
마른 땅에 냇물 같을 것이며 곤비한 땅에 큰 바위 그늘 같으리니."_사 32:2

프리모 레비(Primo Levi)가 겪었던 아우슈비츠(Auschwitz)에서의 생존 이야기가 떠오릅니다. 그는 1943년 12월 13일에 이탈리아의 파시스트 당원에 의해 체포되어 폴란드의 아우슈비츠로 이송되었습니다. 거기서 그는 로렌조(Lorenzo)라는 이름의 비 유대계 이탈리아인을 만나게 됩니다. 로렌조는 6개월 동안 하루도 빠지지 않고 매일같이 훔친 한 덩이의 빵과 자기에게 할당된 배급 양식 중 나머지를 레비에게 가져다주었습니다. 훗날 레비는 이렇게 씁니다.

> 내가 생존하게 되었다는 것이 전적으로 로렌조의 덕분이라고 믿습니다. 물론 그가 나에게 준 물질적인 도움 때문만은 아닙니다. 그는 매일같이 내게로 와 주었습니다. 나와 함께 있어 준 그의 모습에서, 그리고 그가 나에게 베풀었던 자연스럽고 순박한 착함의 태도에서, 나는 우리 자신 바깥에는 아직도 정의로운 세상이 있다는 사실을 인식하게 되었습니다. 그 선함을 바라보면서 고통 중에서도 생존할 만한 가치가 있다는 것을 깨닫게 되었습니다.

이사야 선지자의 말을 빌리면, 로렌조는 곤비한 땅에 있는 큰 그늘과 같은 사람이었습니다. 로렌조는 위대한 왕께서 최후의 재판정에서 호의적으로 언급하셨던 사람 중 하나일 것입니다. "내 아버지께 복 받을 자들이여 나아와 창세로부터 너희를 위하여 예비 된 나라를 상속받으라. 내가 주릴 때에 너희가 먹을 것을 주었고 목마를 때에 마시게 하였고 나그네 되었을 때에 영접하였고 헐벗었을 때에 옷을 입혔고 병들었을 때에 돌보았고 옥에 갇혔을 때에 와서 보았느니라"(마 25:34-36).

『우리의 기도가 천상의 노래가 되어』

그리스도 앞에 눕혀놓는 자아

"우리가 살아도 주를 위하여 살고 죽어도 주를 위하여 죽나니
그러므로 사나 죽으나 우리가 주의 것이로다." _롬 14:8

혹시 기회가 온다면 펜실베이니아의 베들레헴에 있는 모라비안 교도들의 공동묘지와 뉴욕의 웨스트포인트에 있는 군인묘지를 방문해 보십시오. 매우 대조적인 곳입니다. 모라비안 묘지에 가보시면 넓게 펼쳐져 있는 묘지들이 한눈에 다 들어옵니다. 모든 비석을 다 평평하게 뉘어놓았기 때문입니다. 모두 똑같은 크기의 비석들입니다. 서로에게 떨어진 거리가 모두 동일합니다. 죽음 앞에 모든 모라비안 교도들은 똑같습니다. 살아서도 그랬던 것처럼 말입니다.

- 그리스도의 주 되심 아래 모두가 똑같았던 것처럼, 서로 섬김에서 모두가 똑같았던 것처럼, 모든 비석이 같은 방향을 바라보며 누워 있습니다.
- 묻힌 모든 사람은 그리스도께서 돌아오셔서 그들을 죽은 자들 가운데서 일으키실 것을 간절히 기다리고 있습니다.

미국 육군사관학교인 웨스트포인트에 있는 묘지에서 우리는 무엇을 볼 수 있습니까? 이 묘지공원 안은 각 개인의 명예와 영광을 기념하기 위해 세워진 수많은 기념비, 피라미드, 추모관으로 가득합니다.

사도 바울은 이렇게 말합니다. "교회 안에서는 그래선 안 됩니다."

- 우리가 살아야 한다면, 우리는 주님을 위해 사는 것이며,
- 우리가 죽어야 한다면, 우리는 주님을 위해 죽는 것입니다.

그러므로 살든지 죽든지, 우리는 주님의 것입니다. 아멘.

『십자가의 복음』

기다림의 순종

"하나님의 사랑 안에서 자기를 지키며 영생에 이르도록
우리 주 예수 그리스도의 긍휼을 기다리라." _유 1:21

열 처녀의 비유에서 다섯 처녀는 따로 여분의 기름을 가지고 있었습니다. 이 비유는 우리의 세대에 매우 잘 적용됩니다. 현대는 모든 것을 단시간에 다 획득할 수 있다고 생각합니다. 무엇이든 가장 빠른 속도로, 가장 효율적으로 해낼 수 있어야 한다고 생각합니다.

유진 피터슨(Eugene Peterson)이 말하듯이, 이런 세상 속에서 복음의 메시지에 사람들의 관심과 흥미를 지속시키게 한다는 것은 매우 어렵습니다. 우리가 살고 있는 문화에서 가장 매력적으로 포장될 수 있다면, 당장 사용할 수 있는 것으로 디자인할 수 있다면, 복음을 포함한 모든 것은 성공적으로 팔릴 수 있을 것입니다.

우리 시대의 기독교는 '오락성 사고'(思考, entertainment mind set) 속에 포로가 되어 있습니다. 현대 그리스도인들 가운데 다수가 재미를 보려고 교회에 나오지, 개종하고 돌아서려 하지는 않습니다.

그들은 새로운 개성을 드러내는 인물을 보려고 갑니다. 강력한 카리스마가 있는 사람에게 매료됩니다. 신선한 프로그램을 즐기러 갑니다. 진리도 새로운 것을 좋아합니다. 새로운 경험을 얻으려고 갑니다. 그들은 즉각적이고 순간적인 것을 향한 열정이 있습니다. 그들은 급하고, 지름길을 원하고, 결과에 대해 참을성 있게 기다리기 어려워합니다.

그러나 그리스도인의 참된 삶은 이런 상태 속에서는 성숙을 기대할 수 없고, 양육되지도 않습니다. 유진 피터슨이 말한 것처럼 "그리스도인의 삶의 본질이 있다면, 같은 방향으로 오랫동안 순종하는 것"입니다.

『옛적 말씀에 닻을 내리고』

너희가 먹을 것을 주어라

"가난한 형제가 너와 함께 거주하거든 …… 네 손을 움켜쥐지 말고" _신 15:7

굶주림은 전 세계적인 현상입니다. 배고픔은 가장 인간적인 고통입니다. 배고픔과 가난은 한 인간을 인간답지 못하게, 비참하게 만드는 원초적 비극입니다. 식품들이 가득 쌓여 있는 슈퍼마켓에 자주 가는 우리로서는, 그리고 식료품 카트(grocery cart)에 가득 채워 넘치도록 소비하는 데 습관이 든 우리로서는 이 세상에 굶어서 죽어가는, 한 끼의 양식과 한밤의 잠자리가 없는 가난한 자들이 있다는 사실이 까마득한 이야기처럼 들릴 것입니다. 더 좋은 집, 더 좋은 차, 더 좋은 옷, 더 좋은 식당의 음식, 더 좋고 편리한 부엌살림 등에 깊이 관심이 있는 우리로서는 하루 한 끼니를 해결하지 못한다는 사실이 소설 속의 이야기처럼 들릴지도 모릅니다. 기아는 책상에서 학자들이 논쟁하는 문제가 아니라 수억의 사람들이 매일매일 직면하는 고통 그 자체입니다.

가난한 자들의 가난과 배고픔은 식량이 부족해서가 아니라 가진 자의 부의 분배와 그것을 사용하는 방식에 더 큰 원인이 있습니다. 그들의 가난과 배고픔은 무관심과 무정한 마음의 희생물들이며, 불친절과 이기주의의 희생물들이라 해도 과언이 아닙니다.

인도 콜카타의 성녀 테레사 수녀는 세계적 기근과 가난에 관해서 "오늘날 만연되고 있는 가장 큰 인류의 질병은 나병, 폐결핵이 아니라 소외감, 무정한 마음, 버림받았다는 느낌입니다. 가장 큰 죄악은 바로 사랑과 애정의 결핍입니다. 착취, 부패, 빈곤, 병으로 길거리에 나동그라져 쓰러져 있는 이웃들에 대한 무관심이 바로 큰 죄악입니다."라고 말한 적이 있습니다.

『옛적 말씀에 닻을 내리고』

February 8

모든 사람을 위한 한 사람으로

"여호와께서 요셉을 위하여 그 애굽 사람의 집에 복을 내리시므로 여호와의 복이 그의 집과 밭에 있는 모든 소유에 미친지라." _창 39:5

베드로 사도는 말합니다(벧전 2:9).

- 교회는 숭고한 제사장적 사역의 사명을 위하여 '선택' 받았다.

제사장적 사역을 위해 부르심(召命)을 받았다는 뜻은 무엇입니까?

- 하나님의 복을 전달하는 '도구'가 되고자 부르심을 받았다는 뜻입니다.
- 세상을 향한 하나님의 '복의 소리'(복음)가 되고자 선택받았다는 뜻입니다.
- 하나님이 우리를 위해 밤낮으로 만들어가시는 놀라운 차이점들을 다른 사람들에게 전하려고 우리가 택함 받았다는 뜻입니다.

그렇습니다! 당신 안에서, 당신을 통하여 이 세상 모든 나라와 민족이 복을 받을 것입니다! 이것이 우리가 하나님의 택함을 받은 목적입니다. 이것이 하나님이 그리스도 안에서 우리를 택하신 이유입니다.

- 한 사람 때문에 모든 사람이 복을 받을 수 있습니다.
- 한 사람이 모든 사람을 위한 복의 근원이 될 수 있는 것입니다.
- 하나님은 바로 내가 그런 사람이 되기를 원하십니다.
- 하나님은 바로 내가 그런 사람이 되라고 택하신 것입니다.
- 하나님은 바로 내가 그런 사람이 되라고 부르신 것입니다.

그렇습니다! 당신 안에서, 당신을 통하여 이 세상 모든 나라와 민족이 복을 받을 것입니다!

『뒤돌아서서 바라본 하나님』

둘 중의 하나를 선택하라

"그들이 …… 애굽의 그늘에 피하려 하여 애굽으로 내려갔으되
나의 입에 묻지 아니하였도다." _사 30:2

엘리야가 활동하던 시절의 이스라엘 백성은 하나님과 바알 사이에서 갈팡질팡하였습니다. 이스라엘은 명목상으로는 하나님을 신봉하는 나라였습니다. 당시의 왕 아합을 비롯하여 온 나라가 건강과 번영을 약속했던 바알 종교에 열광하였고, 바알과 아세라 신학교에는 신학생들로 넘쳐났습니다. 어느 날 엘리야는 갈멜 산에서 이스라엘 백성을 향해 이렇게 말했습니다. "너희가 어느 때까지 둘 사이에서 머뭇거리려느냐? 하나님을 택하든 바알을 택하든 둘 중의 하나를 택하라." 당시 이스라엘 사람들은 신앙을 택일의 문제로 인식하지 못했던 것입니다.

"둘 중의 하나를 선택하라."라는 엘리야의 말은 예수님의 말씀처럼 획기적이고 혁신적입니다. "아무도 두 주인을 섬기지 못한다." "너희는 두 가지 인생, 두 가지 삶을 동시에 살 수 없다." "하나님이든 재물이든, 하나님이든 바알이든, 너희는 상반된 두 가지 삶을 동시에 살 수는 없다." 예수님과 엘리야와 더불어 이사야도 유다 백성에게 단도직입적으로 말합니다. "언제까지 너희가 하나님과 애굽 사이에서 갈팡질팡할 것인가?"

믿음은 항상 갈래길에서 한쪽을 택하라고 요구합니다. 예언자 이사야는 수도 없이 유다에게 애굽을 의지하지 말라고 경고했습니다. 그러나 그들은 하나님과 애굽을 앞에 놓고 저울질하다가 애굽 쪽으로 기울어졌습니다. 유다는 하나님 대신에 애굽에 기댄 것입니다. 하나님은 강한 배신감을 느꼈습니다. 죄는 반역입니다. 지조와 절개와 충성을 다른 쪽에 바치는 것입니다.

『이사야서 묵상』

10 February

하나님을 위한 '자리'가 없는 이들

"그 때에 내가 예루살렘에서 찌꺼기 같이 가라앉아서 마음속에 스스로 이르기를 여호와께서는 복도 내리지 아니하시며 화도 내리지 아니하시리라 하는 자를 등불로 두루 찾아 벌하리니." _습 1:12

실천적 무신론자(practical atheist)들은 이론적 무신론자(theoretical atheist)들과는 전혀 다른 무신론자들입니다. 그들이 부인하는 것은 신의 존재가 아닙니다. 그들은 역사와 인간의 삶 안에서 하나님이 활동하고 계신다는 것 자체를 부인하는 사람들입니다. 특히 그들은 이 세상 가운데서 지금도 행하고 계시는 하나님의 도덕적 통치를 믿지 않습니다. "여호와는 선도 악도 행하지 않으신다."라는 그들의 말 속에 이러한 사실이 들어 있습니다. 문제는 이러한 실천적 무신론자들이 신앙 공동체 안에, 교회 안에 가득 차 있다는 사실입니다.

그들의 일상적인 삶은 하나님이 없는 것같이 행동하고 말하는 일들로 가득 차 있습니다. 그들의 공적 종교 생활 안에는 '하나님'이란 용어와 '하나님과 관계있는' 단어들로 가득 차 있지만 그들의 사적이고 일상적인 삶 속에는 하나님을 위한 '자리'가 없습니다. 그들은 주일 아침에 사도신경의 첫 조항을 큰 목소리로 고백하면서도, 현실 생활에서는 "뭐니 뭐니 해도 '머니'(money)가 있어야지."라고 말하는 이들입니다. 그들은 여호와 하나님과 금신(金神)을 함께 섬기려는 우상숭배자들이요, 혼합종교주의자들입니다(마 6:24). 그들은 금력이나 권력, 연줄이나 학력이 자신들의 미래를 보장해 줄 것이라고 은밀히 말하는 사람들입니다. 이러한 이들은 모두 이 세상의 것들에 '취하여' 정신이 혼미해진 세속의 사람들입니다. 바울의 용어를 빌려 말하자면, 그들은 경건의 모양은 있으나 경건의 능력은 없는 그런 사람들입니다(딤후 3:5).

『등불 들고 이스라엘을 찾으시는 하나님』

죽었던 감각을 되살리는 새 술

"만군의 주께서 이 세상 모든 민족을 여기 시온 산으로 부르셔서,
풍성한 잔치를 베푸실 것이다. 기름진 것들과 오래된 포도주, 제일 좋은 살코기와
잘 익은 포도주로 잔치를 베푸실 것이다." _사 25:6(표준새번역)

우리는 한 가지 중요한 사실을 잊지 말아야 합니다. 오순절 성령의 은사들은 매우 극적이었고, 따라서 모든 사람을 놀라게 하였습니다. 그러나 그 놀라운 현상과 은사들 자체에 의미가 있는 것이 아니라는 사실입니다. 은사들은 하나님께서 이 세상에서 이루려고 하시는 일에 대한 단순한 신호(sign)요 지침(pointer)일 뿐입니다. 그렇다면 하나님께서 이 세상에서 이루려고 하시는 일이 무엇일까요?

- 모든 것을 그리스도 안에서 통일하려는 것!
- 모든 것을 그리스도 아래로 하나 되게 묶는 것!

『나는 몸의 부활을 믿습니다』라는 책에서 루벰 앨비스(Rubem Alves)는 성령님을 가리켜 '미래를 위한 아페리티프'(aperitif, 식욕 증진을 위해 식전에 마시는 약주藥酒)라고 부릅니다.

- 성령님은 우리 안에 새로운 창조세계에 대한 식욕(갈망)을 자극합니다.
- 성령님은 미래에 대한 시식(試食, foretaste)을 제공합니다만, 그렇다고 우리의 깊은 목마름을 끄지는 않습니다.
- 성령님은 우리를 목마르게 하고 갈증 나게 하는 아페리티프입니다.
- 성령님은 우리에게
  "반드시 새로운 창조, 하나 된 인류가 있을 것이다.", "모든 백성은 메시아의 연회장에 그리스도의 손님이 될 것이다."라는 사실을 확신시켜주는 아페리티프입니다.

『하늘 나그네의 사계』

선(善)을 위해 모든 일이 필요합니다

"우리가 알거니와 하나님을 사랑하는 자, 곧 그의 뜻대로 부르심을 입은 자들에게는 모든 것이 합력하여 선을 이루느니라." _롬 8:28

하나님의 아들의 형상(모습)은 예수님의 십자가와 부활을 가리키는 말입니다. 여기서 말하는 하나님의 아들은 십자가에 달리셨다가 부활하신 그리스도입니다.

그렇다면 하나님께서 여러분과 저를 부르신 이유는, 그리스도의 죽으심과 부활하심을 본받게 하려는 것입니다. 그리고 마침내 우리는 영광스럽게 될 것입니다. 이 상태가 "모든 것이 합력하여 선을 이루다."라고 할 때의 '선'(좋음)입니다. 최상의 선이 무엇인지를 새롭게 규정하는 순간입니다. 죽으시고 부활하신 그리스도를 모델로 삼아 우리도 그와 같이 되어가는 것입니다. 이를 위해서 모든 일이 필요합니다. 지금의 나쁜 일과 좋은 일들, 괴로운 일과 즐거운 일들, 안 되는 일과 잘되는 일들 모두를 통해 우리가 죽음과 부활을 경험하면서, 하나님은 궁극적으로 우리를 영화롭게, 명예롭게, 빛나게 만들어 가신다는 것입니다. 이것이 모든 일을 통하여 선을 이루신다는 뜻입니다.

우리는 우리를 위한 '선'을 이루어가는 주체가 우리가 아니라 하나님이시라는 사실을 잊지 말아야 합니다. 그분께서 우리를 먼저 부르시고 사랑하시고 택하시고 더러움을 씻어주시고 "괜찮아!"(稱義)라고 선언하시고, 흙덩어리로 토기를 빚듯이 그렇게 우리를 빚으시고 그리스도의 형상을 닮은 명품으로 만들어가십니다. 여러분과 저의 삶을 시작하신 분이 그분이시고, 우리의 삶을 지탱하시고 유지하시고 교정하시는 분도 그분이시고, 마침내 최상의 상태로 완성하실 분도 그분이시라는 것입니다. 그것을 믿어야 합니다.

『십자가의 복음』

망각(忘却), 죽음에 이르는 병

"내가 너희를 기름진 땅에 인도하여 그것의 열매와 그것의 아름다운 것을 먹게 하였거늘 너희가 이리로 들어와서는 내 땅을 더럽히고 내 기업을 역겨운 것으로 만들었으며"_렘 2:7

이스라엘의 성소와 성전은 종교 집회만을 위한 장치들이 아니었습니다. 그들에게 그곳에서 '하늘과 땅을 창조하신 하나님', '바로를 치시고 홍해를 육지로 바꾸어 걷게 하시던 위대한 구원의 하나님'을 기억하게 하기 위함이었습니다. 이것이 예배와 종교의 본질입니다. 삶의 척박한 환경 속에서 생명을 보호하시고 유지해주시는 분이 하나님이시라는 사실을 그들(유다 백성)은 기억해야만 했고, 흑암의 절망 속에서도 미래를 가능케 하시고 구원을 베푸시는 분이 구원자 하나님이시라는 것을 그들은 절대 잊지 말아야 했습니다. 심각한 위기와 절망의 시기에도 하나님의 성실하심은 지속될 것이라는 확신을 예배를 통해 계속 확인해야만 했습니다.

유다가 주후 587년에 상실한 것은 단순히 '땅'이나 '예루살렘 성'이나 '성전'이 아니었습니다. 그들이 잃어버린 것은 그들의 진정한 왕이신 하나님이었습니다. 기억하십시오! 과거를 상실한 사람, 추억을 잃어버린 사람에게는 미래도 없습니다! 예언자 예레미야는 자기를 낳고 기르신 여호와에 대한 추억과 삶의 의미 또한 망각한 채 죽음이 임박한 도시에서 목적 없이 배회하고 방황하는 백성들을 보고 울지 않을 수 없었습니다. 기억이 사라지면 현재의 나와 과거의 나와의 관계가 끊어집니다. 현재의 나를 과거의 나와 연결할 수 없다면 미래 또한 연결될 수 없습니다. 과거를 잃어버림으로써 미래를 잃게 되기 때문입니다. 그래서 예레미야에게는 그때가 슬픔의 계절이요, 비탄의 때일 수밖에 없었던 것입니다.

『인간의 죄에 고뇌하시는 하나님』

나의 권리를 주장하지 않는다

"너희 관용을 모든 사람에게 알게 하라."_빌 4:5

'유순'(gentleness) 혹은 '관용'이라고 번역된 헬라어는, '당신의 권리들을 주장하지 않는다.'라는 뜻을 갖습니다. 유순한 사람들, 관용하는 사람들은 종종 자신들의 권리를 주장하는 일이 어떤 경우에는 그리스도인으로서 해야 할 일이 아니라는 것을 압니다.

유순하다는 것이 무엇을 의미하는지에 대해 바울은 좋은 예를 들고 있습니다. 유순하다는 뜻은,

- 당신들의 의견 차이들을 떨쳐버려라.
- 서로 다투었던 의견들이나 일들에 관해서 모두 한 걸음씩 뒤로 물러나라.
- 의견 차이나, 성격 충돌 때문에 주님 안에서의 교제가 방해를 받거나 깨어지지 않도록 하라.
- 이런 사소한 의견 차이들을 극복하라.
- 좀 더 넓은 시야를 가지고 모든 일을 바라보라.
- 그리스도께서 하늘로부터 곧 다시 오실 것이라는 생각을 가지고 이 세상 일들을 바라보라.
- 그리스도께서 당신들의 육체를 변화시킬 것이라는 관점에서 이 세상 일들을 생각해보라.

이런 권면들에 대한 우리의 즉각적인 반응은, "아하, 그렇군요."이어야 할 것입니다.

『하늘 나그네의 사계』

모순적 신앙의 영웅

"그가 아들이시면서도 받으신 고난으로 순종함을 배워서 온전하게 되셨은즉
자기에게 순종하는 모든 자에게 영원한 구원의 근원이 되시고"_히 5:8-9

여러분은 아마 아브라함을 '모순(矛盾)적 신앙의 영웅'(an absurd hero of faith)이라고 말할지도 모릅니다. 왜냐하면, 그는 이삭을 통하여 복을 주시겠다는 '하나님의 약속'을 믿을 뿐만 아니라, 동시에 이삭을 죽이라는 '하나님의 명령'에도 순종하고 있기 때문입니다. 하나님께서는 아브라함에게 하늘의 별처럼 수많은 자손을 주시겠다고 약속하셨습니다. 그러나 동시에 하나님은 아브라함에게 그의 자식의 목을 자르라고 명령하셨습니다. 생각해 보십시오. 아들 이삭의 목숨을 거두어 간다면 어떻게 하늘의 별처럼 바다의 모래처럼 자손들이 많아질 수 있겠습니까?

모순의 길을 걷는 일은, 불합리성의 길을 걷는 일은,

- 같은 방향으로 오랫동안 순종하는 것을 요구합니다.
- 고통을 통하여 정화(淨化)되고 순화(純化)된 순종을 요구합니다.

갑작스러운 슬픔에 빠진 한 여인이 다음과 같이 절규합니다. "차라리 내가 생겨나지 않았더라면!" "내가 만들어지지 않았더라면!" 그녀의 친구가 다음과 같이 대답합니다. "친구야, 너는 아직 만들어지지 않았어! 너는 지금 만들어지는 중이야. 이것이 하나님의 과정이야."

그렇습니다. 만들어져 가는 과정이 우리를 위한 하나님의 과정입니다. 왜냐하면, 우리는 그리스도의 형상으로 지금 만들어져 가는 중이기 때문입니다. 그리스도가 누구십니까? 그분은 고난을 통하여 순종을 배우셨습니다(히 5:8). 그렇습니다. 우리 역시 고난을 통하여 그리스도의 형상으로 만들어져 가는 중인 것입니다. 아멘.

『장막 치시는 하나님을 따라서』

정치로 세상을 경영하겠다고?

"하늘에 계신 이가 웃으심이여 주께서 그들을 비웃으시리로다."_시 2:4

인간의 오만함에 대한 하나님의 대답은 '웃음'입니다. '하늘의 보좌에 앉으신 분'이 세상을 내려다보시며 웃으십니다.

- 왜 하나님은 이 세상의 정치들에 대해 웃고 계신 것일까요?
- 왜 모략을 짜내고, 분주한 정치가들에 대해 웃는 것일까요? 하나님께서 그들을 보고 웃으시는 이유는, 우리와는 달리 하나님은 세상 사람들이 꾸미고 만들어 가는 일들에 대해 심각하게 생각하시지 않기 때문일 것입니다.
- 하나님의 웃음은 흔히 이 세상의 정치가 보여주는 속 빈 강정들, 잘난 체하고 뽐내는 인간의 호들갑들과 거만함을 발가벗깁니다.
- 하나님은 인간 정치의 한계성과 위선과 방자함을 드러냅니다. 사람들은 종종 정치 너머에 있는 그 이상의 것을 보지 못합니다.
- 사람들에게 정치가 전부입니다.
- 사람들에게 정치적 힘(권력)은 세계적 사건들을 만들어 가는 유일한 힘입니다.
- 그래서 사람들은 정치를 합니다. 생존을 위해, 번영과 복지를 위해, 아름다운 미래를 위해 정치를 합니다.

시인은 이스라엘의 주변 국가들에 대해 말하고 있습니다. 어떤 국가들입니까?

- 그들이 만들어 놓은 정치적 구도 속에 깊이 몰입해 있는 국가들, 하나님의 우주적 왕권과 통치에 대해서는 완전히 눈먼 국가들입니다.

『장막 치시는 하나님을 따라서』

힘도 힘 나름이다

"그러므로 내가 그리스도를 위하여 약한 것들과 능욕과 궁핍과
박해와 곤고를 기뻐하노니 이는 내가 약한 그 때에 강함이라." _고후 12:10

'힘'(power)에 대해 어떤 생각을 갖고 계십니까? '힘'이라 하면 무엇이 떠오릅니까? 어린이들에겐 '씨름', '싸움', '주먹'이 떠오를 것입니다. 어른이 되면서 힘은 다양한 의미를 내포하는 단어가 됩니다. 육체적으로 건강할 때 "힘이 있다."라고 합니다. 용기를 얻었을 때 "힘을 얻었다."라고 합니다. 누군가 나의 어려움을 해결해 줄 때 "그에게 힘이 있다."라고도 합니다. 만물의 어떤 신비로운 세력을 가리켜 말할 때 "보이지 않는 힘이 있다."라고 말합니다.

힘이 있으면 무엇인가를 통제하고 지배할 수 있어서 좋습니다. 누구나 '힘'을 원합니다. 사람은 누구도 타인이나 다른 어떤 것에 의해 지배되거나 통제를 받고 싶어 하지 않기 때문입니다. 그래서 사람들은 '힘'을 추구하고 숭상하기까지 합니다. '힘'의 정점에 서고 싶어 합니다.

그러나 힘을 사용하는 사람이 바뀌지 않으면 힘은 언제나 악한 쪽으로 경도되어 사용됩니다. 그러므로 우리 바깥으로부터 오는 힘이 필요합니다. 성경은 이것을 가리켜 성령의 힘, 성령의 능력이라고 합니다. 그분의 인도와 지배와 통제를 받을 때만이 우리는 야만성(野蠻性)을 내려놓고 거듭난 사람으로 살아가게 됩니다.

힘! 힘! 힘! 진정한 힘이 필요할 때입니다. '용서할 힘', '고백할 힘', '죄를 이길 힘', '섬길 힘', '사랑할 힘' 등. 이 모든 힘은 그분에게서 오는 선물입니다. 성령님이시여, 우리에게 오셔서 이런 힘을 주시옵소서!

〈무지개 성서교실〉

표면(表面)보다 이면(裏面)을 볼 수 있어야

"시몬아, 시몬아, 보라 사탄이 너희를 밀 까부르듯 하려고 요구하였으나
그러나 내가 너를 위하여 네 믿음이 떨어지지 않기를 기도하였노니"_눅 22:31-32

베드로가 예수님을 저버리지 않도록 지탱해 준 원동력은, 예수님을 향한 베드로의 충성심이나 지조(志操)가 아닙니다. 베드로가 예수님을 배반하지 않고 따를 수 있었던 것은 베드로를 향한 예수님의 변함없는 성실과 애정 때문이었던 것입니다.

베드로 인생의 영원한 버팀목은 예수님의 중보기도였습니다. 베드로 인생의 뒷면에는 예수님의 지속적인 중보기도가 있었기 때문에 베드로는 견고하게 설 수 있었던 것입니다. 우리는 베드로 인생의 앞면을 봄으로써, 그가 얼마나 변덕스럽고, 겁쟁이였고, 변절자였는가를 알 수 있습니다. 자기 주인인 예수님을 부인하는, 그런 비열한 인간이었지 않습니까? 그러나 이것이 베드로의 전부는 아니었습니다.

베드로의 실패와 연약함, 약점과 오점들은 베드로의 전체 이야기 가운데 중요한 부분이 아닙니다. 중요한 부분은 실패의 연속으로 보이는 표면적인 그의 삶 이면에서 무슨 일이 일어나고 있었는가 하는 점입니다. 다른 쪽에서 일어나고 있던 사건이 있습니다. 그것은 그리스도가 베드로를 굳건히 붙잡고 있다는 사실입니다. 이것이 우리가 놓쳐서는 안 될 중요한 이면입니다.

만일 우리가 이러한 뒷면에 대해 알지 못하거나 보지 못한다면, 우리는 매우 피상적으로 보고 아는 것입니다. 우리의 삶을 안정되게 하고, 우리 인생이 흔들리지 않게 중심을 잡아주고, 골판지(cardboard)로 지은 집처럼 우리의 믿음이 붕괴하지 않도록 지탱해 주는 구심점은, 우리의 신앙이 넘어지거나 스러지지 않게 해 달라는 예수 그리스도의 중보기도입니다.

『아버지를 떠나 자유를』

파괴하는 말, 건설하는 말

"오직 덕을 세우는 데 소용되는 대로 선한 말을 하여 듣는 자에게 은혜를 끼치게 하라."
_엡 4:29

그리스어에서 '더럽다'라는 단어는 '부패하다, 썩었다, 추하다, 온전치 못하다, 상했다, 맛이 갔다.'를 뜻합니다. 이 단어는 과일, 채소, 생선, 나무와 같은 것이 썩어 냄새가 나고, 부패하여 구더기가 우글거리는 상태를 표현할 때 사용합니다. 에베소서 5:4에선, 추잡하고 상스러운 말을 뜻합니다. 시궁창 냄새가 나는 더러운 말, 역겹고 구역질이 나는 말입니다. 이런 말들을 피하는 것만으로는 충분하지 않습니다. 말 자체로는 최소한 아무런 해가 되지 않는 말이라도, 말하는 상황이나 때에 적합하지 않을 때는 종종 독이 되거나 상대방의 인격과 마음을 죽일 수도 있기 때문입니다. 선(善, 착함)이라도 독불장군처럼 혼자 가면 독선(獨善)이 됩니다. 자기만 옳다고 생각하고 행동하는 '외로운 선'(獨善)은 결국 다른 이에게 상처를 주거나, 심지어 그 자신의 영혼을 죽이는 끔찍한 결과로 이어질 수도 있습니다.

더러운 말을 하는 대신에 "오직 덕을 세우는 데 소용되는 대로 선한 말을 하여 듣는 자에게 은혜를 끼치게 하라."라고 사도 바울은 권면합니다. 다른 사람들의 필요가 무엇인지 세심하게 살펴서, 그들의 삶이 잘 세워져 갈 수 있도록 꼭 도움이 될 말만 골라서 하라는 것입니다. 이렇게 하면 그 말을 듣는 사람이 힘을 얻고 영혼에 큰 유익이 될 것이기 때문입니다. 따라서, 하나님의 '창조적 말솜씨'(creative words)를 닮아야 합니다. 자신의 언어가 있는 곳에 파괴나 소멸이 아닌 생산과 창조가 일어나야 합니다. 넉넉함과 덕스러움과 은혜로움이 그리스도 안에서 사는 사람들이 하는 모든 말의 특징이 되어야 합니다. 지혜자는 말합니다. "경우에 합당한 말은 아로새긴 은 쟁반에 금 사과니라"(잠 25:11).

『통일의 복음』

지극히 현실적인 바보들

"야곱이 떡과 팥죽을 에서에게 주매 에서가 먹으며 마시고 일어나 갔으니
에서가 장자의 명분을 가볍게 여김이었더라."_창 25:34

팥죽 한 그릇에 장자의 권리를 팔 수 있었던 에서와 같은 인물들은 눈앞에 있는 것에 빠져서 하나님의 영원한 약속, 생명의 약속을 가볍게 여기는 사람들입니다. 이런 사람들은 현세에서 성공하고 잘살고 잘 먹고 출세하면 됩니다. 내세니 미래의 약속이니 하는 것들을 부질없는 것으로 생각하는 사람들입니다. 이들을 가리켜 '실질적 무신론자'들이라고 부릅니다. 이런 사람들은 주일이 되면 교회에 나갑니다. 건전한 도덕과 상식을 가지고 사는 신사숙녀 그리스도인들입니다. 그러나 그들은 입으로는 하나님을 부르나 실제로는 그분의 능력을 불신하는 이들입니다. 하나님은 지상에서의 일과는 전혀 관계가 없거나, 전혀 영향력을 행사하지도 못하는 분이라고 생각하는 사람들입니다. 입으로는 내세를 말하나 손에 잡히는 게 있어야 가치가 있고, 눈에 뵈는 게 있어야 믿을 만하다고 생각하는 이들입니다. 그들에게는 장자의 명분(예수님 덕분에 우리도 하나님의 자녀가 된 일)이란 허울일 뿐입니다. 그것은 보이지도 않고 만질 수도 없기 때문입니다.

예수님을 나의 구세주로 영접한 자에게는 하나님의 자녀가 되는 권세를 준다고 했는데(요 1:12), 하나님의 자녀가 되는 것이 정말로 중요하고 값있는 것입니까? 하나님의 자녀가 되는 것은 선물이요 축복이요, 은혜라고 합니다. 그러나 정작 그것이 우리 실생활에 얼마나 중요한 위치를 차지하고 있습니까? 당신은 이 은총을 팥죽 한 그릇에 바꾸는 사람은 아닙니까? 없어질 것을 위하여 영원한 것을 포기하는 일이 얼마나 무책임하고 바보스러운 일인가를 우리는 언제나 알게 될 것입니까?

『옛적 말씀에 닻을 내리고』

이런 사람들에게 시선을 두라

"너희 중에 누구든지 으뜸이 되고자 하는 자는 모든 사람의 종이 되어야 하리라."_막 10:44

성경은 우리에게 우리의 눈을 '스타'(star)들에 고정하지 말고 '종'(servant)들에 고정하라고 말씀합니다. 대중의 찬사와 환호를 받는 유명 인사나 스타들을 부러워할 것이 아니라, 사람들을 섬기는 일을 삶의 본업으로 생각하고 사는 사람들을 바라보라는 것입니다. 그렇다면, 누가 성경에서 말씀하는 '종'들입니까?

- 그들은 왼손이 한 것을 오른손에게 알리지 않는 사람입니다.
- 그들은 그런 선행을 이기심이나 억지 때문에 하는 사람이 아닙니다.
- 그들은 다른 사람을 나보다 낫게 여기는 사람입니다.

성경은 바로 이런 사람들에게 우리의 시선을 두라고 말씀하십니다.

- 의를 위하여 배고파하고 정의를 목말라하는 사람.
- 자비와 긍휼을 베푸는 사람.
- 평화를 지킬 뿐 아니라 평화를 만드는 사람.
- 즐거워하는 자들로 함께 즐거워하고, 우는 자들로 함께 우는 사람.
- 가난한 자와 함께 가난하고, 약한 자와 함께 약해지는 사람.

성경은 우리에게 우리가 지닌 모든 '가치'(價値, value)를 뒤엎으라고 말씀하십니다. 부자나 매력적인 사람, 유명한 사람이나 멋진 사람에 대해 관심을 두고 그들을 부러워할 것이 아니라, 우리에게 별로 도움이나 이익이 되지 않는 사람들, 예를 들어 가난하고 보잘것없고 슬퍼하는 이들과 친구가 되어 그들에게 용기를 주고 기운을 북돋아주라고 말합니다.

『영혼의 겨울에 부르는 희망의 교향곡』

영적 '타성바지'들

"세상이 그들을 미워하였사오니 ……
그들도 세상에 속하지 아니함으로 인함이니이다." _요 17:14

여러분이 세상에 속했다면, 세상은 여러분이 자기편인 줄 알고 여러분을 사랑하고 좋아할 것입니다. 그러나 여러분은 이 세상에 속하지 않았습니다. "나는 너희를 이 세상에서 불러내어 택하였다. 이런 이유 때문에 세상이 너희를 미워하는 것이다."라고 그분이 말씀하십니다. 세상이 예수님을 미워했다면 그 제자들도 미워할 것입니다. 세상이 예수님을 핍박했다면 그 제자들 역시 핍박할 것입니다.

비록 제자들이 지금 이 세상에 있지만, 그들에게는 '고국'(古國)이 따로 있습니다. 비록 여기서 살기는 하지만, 그들은 다른 곳으로부터 삶의 동력을 공급받아 사는 것입니다. 비록 이 세상에 살고 있기는 하지만, 그들은 다른 나라, 다른 곳에 계신 왕에게 충성을 바치는 자들입니다.

세상은 이 사실을 알아차리고 증오와 미움으로 무섭게 반응하는 것입니다. 세상이 예수님을 미워했으므로 제자들도 미워할 것입니다. 세상이 예수님을 핍박했으므로 제자들도 핍박할 것입니다. 제자는 결코 스승보다 더 위대하지 않기 때문입니다.

만일 여러분이 이런 증오와 미움이 옛날이야기이며, 지나간 시대에 해당하는 이야기라고 생각한다면 큰 오산입니다. 순교는 지금도 벌어지는 일이기 때문입니다. 아직도 많은 나라에서 믿는다는 이유 하나만으로, 그리스도인들이 혹독한 값을 치르고 있기 때문입니다. 1990년 3월 18일에 발행된 미국의 기독교 잡지 「크리스채너티 투데이」(Christianity Today)에 실린 편집장 사설에 따르면 매년 평균 30만 명의 그리스도인들이 세계 곳곳에서 순교를 당한다고 합니다.

『생명의 복음』

연어처럼 되어라

"푯대를 향하여 그리스도 예수 안에서 하나님이 위에서 부르신
부름의 상을 위하여 달려가노라." _빌 3:14

다큐멘터리를 보신 분들은 거친 물결과 싸우고 부딪히면서 생물적 본능에 의해 움직이는 이 연어들을 보셨을 것입니다. 그들의 어미들이 그들을 산란하였던 바로 그 강 상류의 흐르는 물에서 그들도 산란합니다. 그리고 그들이 태어난 바로 그곳에서 죽게 됩니다.

연어를 먹을 때 우리는,

• 결심(決心)을 먹는 것이며, 전념(專念)을 먹는 것입니다.

연어는 우리 그리스도인들을 부끄럽게 만듭니다. 그리스도인은 이 세상을 '한마음'으로 살도록 되어 있습니다. 한 가지 목적과 한 가지 목표를 향해 살게 되어 있습니다. 마치 우리 주님처럼 말입니다. 예수님은 한 가지 마음으로 이 세상을 사셨던 분입니다. 그분은 일편단심(一片丹心)의 마음으로 이 세상을 살았습니다.

스페인의 위대한 철학자인 미구엘 데 우나무노(Miguel de Unamuno)가 수많은 진리 위로 나비처럼 날아다니면서도 그중 한 가지 진리에도 자신을 바치지 않는 스페인의 지성인들을 향해 이런 말을 했다 합니다. "위대한 생각이 떠오르면 그것을 붙잡아라. 그리고 그것과 결혼하여 자녀를 낳아 가정을 이루라."

그렇습니다. 분명한 목적과 이유 한 가지에 여러분의 눈을 집중하십시오. 그리고 그것에 전념하십시오. 물론 그것에 따르는 모든 어려움과 위험부담을 짊어지면서 앞으로 나아가십시오. 연어처럼 되십시오.

〈무지개 성서교실〉

신앙의 경주장에서

"모든 무거운 것과 얽매이기 쉬운 죄를 벗어 버리고
인내로써 우리 앞에 당한 경주를 하며"_히 12:1

히브리서 저자가 당대의 독자들에게 "모든 무거운 것과 얽매이기 쉬운 죄"를 벗어버리라고 할 때, 고통과 박해를 통해 오는 낙심과 좌절로 말미암아 인내하기를 포기하도록 하는 상황을 가리키는 것 같습니다. 그들 앞에는 수많은 장애물이 놓여 있습니다. 그러나 현대적인 의미에서는 오히려 정반대의 현상들이 발생하고 있습니다. 경주자로서 피해야 할 우선의 요건, '몸' 자체가 무거워져 오래 달릴 수 없게 된 상황입니다.

광야 시절이 다 지나가던 마지막 해에 모세는 그의 유언과도 같은 고별 설교를 통해 가나안의 풍성한 삶이 이스라엘에게는 심각한 장애가 될 수도 있을 것임을 예언적으로 경고하였습니다. "배부르고 살찌면 돌이켜 다른 신을 섬기며 나를 멸시하여 내 언약을 어기리니"(신 31:20). 그렇습니다. 쓸모없는 살은 빼야 합니다. 우리가 신앙의 경주를 하는 데 둔하게 하거나 방해하거나 속도를 떨어뜨리게 하는 모든 것은 그것이 무엇이든지 간에 성경은 '죄'라고 선언합니다. 박해나 환난으로 말미암아 신앙의 경주장에서 이탈하거나 좌절할 수 있는가 하면(초대교회 박해 시), 부유하고 편해지자 몸이 비대해져서 경주를 완주하지 못하는 사태도 발생하는 지경에 이르게 되었습니다.

이것은 우리 모두가 동의할 수 있는 한 가지 사실에 기초하고 있습니다. 경주장에서 달리는 데 방해가 되는 모든 것은 제거해야 하는 것처럼 신앙의 경주장에서도 마찬가지라는 것입니다. 비록 그렇게 하는 일이 지금은 손해가 되고 괴롭고 힘들다 할지라도 말입니다. 영적으로 군더더기 살들을 신앙의 훈련과 단련을 통해서 빼내야 합니다.

『우리와 같은 그분이 있기에』

시대의 조류(潮流)를 거스르는 삶

"그런즉 너희는 먼저 그의 나라와 그의 의를 구하라.
그리하면 이 모든 것을 너희에게 더하시리라." _마 6:33

이 세상이 우리에게 제공하려는 모든 삶은 마치 파도와 같습니다. 파도들은 서로 앞다투어 해변을 향하여 밀려들어 오려고 아우성입니다. 그러다가 해변에 이르러 부서집니다. 그리고 다시 밀려옵니다. 그리고 또 다시 해변에서 부서집니다. 수면 위의 삶은 마치 파도의 거품과도 같습니다. 철썩거리며 크게 솟구쳐 일어나다가도 결국 해변에 이르러서는 산산조각이 나서 부서집니다. 수면 위의 파도 거품과도 같습니다.

그러나 바다 밑의 해류(海柳)를 연상해 보십시오.

- 그 밑에는 하얀 거품이 없습니다.
- 철썩거리는 요란함도 없습니다.
- 그러나 그 물살은 아주 강합니다.
- 그 물살은 파도의 방향과 반대쪽을 향해 흐르는 해류입니다.
- 그것은 파도가 해변을 향해 흐르는 동안, 넓은 바다를 향해 흐르는 역류(逆流)입니다.

예수님을 따르는 사람들은,

- 삶의 깊은 해류에 자신을 맡깁니다.
- 삶의 깊은 리듬에 맞추어 인생을 삽니다.

따라서 그들은 삶의 표면적 리듬과 부단히 싸웁니다. 끊임없이 표면의 물살을 거슬러 갑니다. 해수면 아래쪽에 도도하게 흐르는 역류는 예수님을 따르는 이들이 무엇에 대항해 싸우면서 사는지를 잘 보여줍니다.

『아버지를 떠나 자유를』

세상과 삶을 바라보는 세 관점

"여호와 우리 주여 주의 이름이 온 땅에 어찌 그리 아름다운지요.
주의 영광이 하늘을 덮었나이다." _시 8:1

아브라함 여호수아 헤셸(Abraham Joshua Heschel)은 사람들이 세 가지 관점에서 이 세상을 바라본다고 합니다.

- 첫 번째는 힘과 세력(力)의 관점에서,
- 두 번째는 아름다움(美)의 관점에서,
- 세 번째는 경이(驚異)의 관점에서입니다.

만일 여러분이 이 세상을 힘의 관점으로 바라본다면,

- 여러분은 이 세상을 경쟁과 착취와 거래의 대상으로 보는 것입니다.
- 여러분은 힘으로 얻고 싶은 것을 얻을 수 있는 공간으로 생각할 것입니다.

만일 여러분이 이 세상을 아름다움의 관점으로 바라본다면,

- 여러분은 이 세상을 육체적, 심미적 즐거움의 원천으로 바라보는 것입니다. 사실 이런 삶의 관점은 앞의 것보다는 훨씬 고상합니다.

그러나 성경의 깊은 관심은 세상을 바라보는 세 번째 방법, 즉 사물에 대한 '경이'입니다. 이 세상에 존재하는 것들에 대한 놀라움과 경탄입니다. 하나님의 손으로 지으신 피조물들에 대한 놀라움입니다.

- 경이는 이 세상 모든 것 뒤에 있는 신비를 경험하는 것입니다.
- 경이는 모든 것이 하나님과 함께 기원했다는 인식입니다.
- 경이는 소유하는 모든 것이 하나님으로부터 온 선물이라는 인식입니다.

『아버지를 떠나 자유를』

성(性)의 뿌리는 성(聖)이다

"아버지와 아들이 한 젊은 여인에게 다녀서 내 거룩한 이름을 더럽히며"_암 2:7

선지자 아모스는 성적 타락, 그리고 도덕과 윤리의 붕괴현상을 단순히 인간 사회를 불행하게 하는 일탈로만 간주하지 않습니다. 성에 관한 문화는 단순히 윤리 도덕적 현상이 아니라 근본적으로 종교적인 뿌리를 갖고 있다는 뜻입니다. 아모스에게 이스라엘의 성적 타락과 도덕적 몰락은 그들이 경배하고 예배하는 하나님을 부인하는 행동이었습니다. 특히 사람의 몸을 돈 주고 즐기는 성매매는 단순히 혼외정사와 같은 불륜의 차원이 아니라, 근본적으로 하나님의 명예와 위엄을 더럽히는 신성모독이라는 것입니다. 그런 행동은 성(性)을 사고팔 수 있는 물건으로 전락시킬 뿐만 아니라, 결혼의 신성함과 가정의 성스러움을 파괴함으로써 하나님의 창조질서의 근본을 무너뜨리려는 적대적 행위일 수밖에 없습니다.

오늘날 성(性)을 더 이상 성(聖)스럽게 생각하지 않거나, 아니면 결혼 이외의 상황에서 다른 사람과 성적 관계를 맺는 것을 대수롭지 않은 사적인 일로 치부해 버리는 풍조가 만연하는 것은 경악하지 않을 수 없는 말세적 증후입니다. 성에 관한 뒤틀린 이야기들이 버젓이 대중매체의 머리기사를 장식하고, 상업 광고를 지원하는 필수품목이 되었습니다. 처녀성과 동정(童貞)을 사전에서나 찾을 고어(古語)로 만들려 하는 이런 시대정신을 하나님은 결코 좌시하거나 가볍게 넘기지 않으실 것입니다.

하나님은 자신의 세계가 '더러움'으로 얼룩지는 것을 절대 좌시하지 않으실 것입니다. 하나님의 거룩한 이름을 더럽히는 것은 하나님의 본질 자체를 부인하는 무서운 범죄입니다. 우리 하나님은 거룩하신 분이십니다.

『시온에서 사자가 부르짖을 때』

28 February

재에서 불까지

"무릇 그리스도 예수와 합하여 세례를 받은 우리는 그의 죽으심과 합하여
세례를 받은 줄을 알지 못하느냐?" _롬 6:3

부활절을 중앙에 놓고 사순절, 부활절, 성령강림절(오순절)을 함께 묶어 본다면, 그 주제는 '재(灰)에서 불까지'(From Ashes To Fire)입니다. 재가 상징하는 인간의 '죽을 수밖에 없는 운명'을 기억하는 성회 수요일(Ash Wednesday)로부터 40일 동안 그리스도인들은 그리스도와 함께 광야 40일의 기도와 금식과 명상 시간을 기억하며 동시에 옛 이스라엘 백성의 광야 생활 40년에 참예하게 됩니다. 사순절은 옛 이스라엘이 실패한 것(하나님의 말씀에 의존하여 사는 것)을 새 이스라엘인으로 오신 예수 그리스도께서 극복하고 회복하신 사실을 기억하며 회상하는 절기입니다. 사순절은 이스라엘 백성이 체험했던 바로 그 광야에서 예수님께서 경험하신 하나님의 부재와 침묵을 묵상하는 기간이기도 합니다. 이 시즌에 우리는 그리스도와 함께 죽고 그분과 함께 일어나는 세례전적 영성을 가다듬어야 합니다.

기독교 역사를 살펴볼 때, 사순절은 부활절 주일에 세례를 받는 사람에게 신앙을 교육하고 그들이 그날에 온 회중 앞에서 신앙을 공개적으로 고백하도록 준비시키는 기간이었습니다. 교회에서 멀어졌던 이들을 다시 불러들이고, 각 그리스도인이 개인 경건 생활에 좀 더 많은 관심을 두고 노력을 기울이도록 하며, 구세주의 죽으심과 부활하심을 마음속 깊이 새기도록 준비시키는 절기였습니다. 그리스도와 함께 죽는 연습을 하면서 우리 안에 있는 죄악의 성품과 습관들, 옛 자아와 옛 습성들을 제거하는 고통의 시간을 갖는 것입니다. 그리고 성령의 도우심과 임재를 통해 그리스도와 함께 다시 새로운 생명으로 살아나는 것을 경험하는 것이 '세례전적 영성'의 모습입니다.

『하늘 나그네의 사계』

3월

죄악과 그리스도

365 Biblical Meditation for Healing

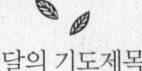

이달의 기도제목

영원한 아침을 기다리는 밤

"저녁에는 울음이 깃들일지라도 아침에는 기쁨이 오리로다."_시 30:5

사순절 기간 중 수난 주간에 발생한 최대의 비극은 예수님의 제자 가운데 한 사람이 예수님을 배반한 것입니다. 그러나 그것이 어디 가룟 유다 한 사람에 국한되는 이야기겠습니까? 사순절의 메시지는 우리 자신의 내면을 들여다보도록 합니다. 사순절의 또 한 부분인 종려주일 역시 예수님을 따랐던 군중이 종려나무 가지를 흔들며 그분을 환영하긴 했지만 왜 그들의 주님이신 예수님께서 걸어가시는 그 길의 끝을 내다볼 수 없었는지를, 생각해보라는 절기입니다. 예수님이 진정 누구이신지 알지도 못하고 볼 수도 없었던 무리의 어리석음을 기억해야 하는 것이지요.

사순절의 절정은 수난 주간과 그 안에 들어 있는 성금요일입니다. 그리스도의 죽음을 묵상하면서 우리는 십자가에서 외치신 그분의 외마디가 비극적 절규였는지, 아니면 그 이상이었는지를 살펴보아야 합니다. 그분이 비극적 절규로 숨을 거두었다면 우리에게 남는 것이 무엇이었겠는지 의아할 뿐입니다. 예수님의 수난 이야기가 기나긴 금요일 밤과 무료하고 식상한 토요일로 끝이 났더라면, 아니 요한복음에 자주 등장하는 '밤'(night)들만 계속된다면 인생은 정말 생지옥일 것입니다. 인생은 계속해서 고통과 슬픔으로 가득 찬 날들일 것입니다. 어쩌면 이 생(生)에서는 도무지 끝날 것 같지 않은 고통의 날들이 매일 우리를 집어삼키려 할지도 모릅니다. 그러나 삶은 그것이 전부가 아닙니다.

부활절의 메시지는 분명합니다. 하나님께서 모든 '밤의 시간'을 영원한 아침으로 바꾸셨다는 것입니다. "저녁에는 울음이 깃들일지라도 아침에는 기쁨이 오리로다."(시 30:5)라는 사실 말입니다.

『하늘 나그네의 사계』

나 자신을 주시(注視)하는 훈련

"광야에서 사십 일 동안 성령에게 이끌리시며 마귀에게 시험을 받으시더라."_눅 4:1-2

마귀는 우리를 넘어뜨리고 파괴하기 위해 가장 적당한 기회가 오기를 기다리고 있습니다. 그때가 언제입니까?

- 나의 자존심이 다쳤을 때,
- 내 자아가 깊이 상처를 입었을 때,
- 내가 무엇인가에 대해 두려워할 때,
- 다른 사람에게 인정받지 못하고 속이 상할 때,
- 내가 무시당하고 있다는 현실에 분노할 때.

바로 그때, 마귀가 우리를 넘어뜨릴 수 있는 절호의 기회입니다. 이런 기회들이야말로 마귀가 집요하게 전리품을 약탈하는 가장 적당한 기회, 절호의 시기입니다.

그러나 우리도 끈질기게 마귀를 대적해야 합니다. 영적 광야에서 그런 끈질김과 인내야말로 사순절의 훈련이 지향하는 목적입니다. 이 세상에서 맞닥뜨리는 악과의 갈등과 투쟁은 먼저 우리 자신 속에서 마주치는 악과의 투쟁으로 시작됩니다. 그리고 그런 투쟁은 자신이 누구인지를 아는 일로부터 시작됩니다. 즉, 우리의 한계와 턱없이 부족한 역량들을 알고 인정하는 것입니다. 그런 내면적 성찰들이 항상 우리에게 있어야 합니다.

사순절은 우리가 그런 내면적 성찰이라는 과정에 주의를 기울이게 하는 매우 특수한 교회력상의 절기입니다. 예수님께서 광야에서 자신의 사역을 준비하셨던 것처럼, 우리도 부활절에 우리와 온 땅에 찾아오는 궁극적인 갱신을 위해서 우리 자신들을 준비해야 할 것입니다.

『순례자의 사계』

모든 사람의 내면에선
부패하는 시신의 악취가 난다

"그때에 너희는 그 가운데서 행하여
이 세상 풍조를 따르고 공중의 권세 잡은 자를 따랐으니" _엡 2:2

현대인들은 인간 존재에 대해 매우 긍정적으로 평가합니다. 가능성이 많은 존재이기 때문에, 교육을 통해 그 가능성을 잘 계발한다면 매우 좋은 결과를 낼 수 있다는 것입니다. 또한, 사람은 본래 선한 존재이기 때문에, 그들에게는 서로 공존할 수 있게 하는 최소한의 상식이 있고, 공정하고 좋은 세상을 창조할 능력이 있다고 믿습니다. 이런 예는 긍정적 사고방식에서도 찾아볼 수 있습니다. 긍정적인 마음을 갖고 "나는 할 수 있다!"라고 생각하면, 못할 일이 없고 못 이룰 성취도 없다고 말합니다. 이런 생각은 모두 인간이 본래 선하다는 생각에서 기인합니다.

그러나 성경은 인간에 대해 평가할 때 상당히 부정적이고 암울합니다. 인간은 본질적으로 착하지도 선하지도 않으며, 지속적으로 죄악에 물들어 있는 존재이고, 본성상 죄로 말미암아서 죽은 자들이라는 것입니다. 죄에 대해서 꼼짝 못하는 존재입니다. 죄로 기울어지는 경향성이 있는 존재입니다. 이런 뜻에서 바울은 우리가 허물과 죄로 죽었다고 말합니다. 말하자면, 걸어 다니는 시체들과 같다는 것입니다. 모든 사람의 내면을 샅샅이 뒤져보면 견디기 어려운 부패한 냄새가 난다는 말입니다.

예수님을 만나기 전까지 우리는 이 세상의 방식들과 가치관들의 둘레를 돌며 춤을 추는 자들입니다. 사도 바울이 말하고자 하는 바는 이런 것입니다. 즉, 하나님의 구출을 받기 전까지, 우리는 이 세상의 가치관과 세속적인 원리에 따라 이리저리 휩쓸려 다니던 사람들입니다. 이렇게 우리는 하나님의 진노의 대상이 되었습니다.

『통일의 복음』

미래를 좀먹는 재앙

"주 여호와의 말씀이니라 보라 날이 이를지라 내가 기근을 땅에 보내리니 양식이 없어 주림이 아니며 물이 없어 갈함이 아니요 여호와의 말씀을 듣지 못한 기갈이라."_암 8:11

사람이 '산다'라는 의미를 언제 진정으로 알게 됩니까? 그것은 생명과 삶을 주고 또한 유지해 주는 유일한 원천이 '하나님의 입에서 나오는 말씀'인 것을 알 때입니다. 이 같은 장엄한 말씀의 신학에서 바라볼 때, 이스라엘에 닥칠 가장 비참한 불행이 있다면, '하나님 말씀의 기근'일 수밖에 없다는 것이 아모스가 들은 하나님은 선언이었습니다.

하나님의 말씀이 이스라엘 안에 없다는 것은 곧 하나님께서 그 얼굴을 돌려버리시고 이스라엘을 버리신다는 것을 의미하기도 하였습니다. 그 말씀의 부재는 곧 하나님 자신의 부재이기도 한 것입니다. 그러나 '하나님 말씀의 부재' 자체가 이스라엘에 치명적인 재난이라고 생각한 사람들이 얼마나 되었을까요?

아모스서에서 보여주는 '말씀의 기근' 현상(암 8:11-13)은 하나님 말씀의 희귀 현상이 이스라엘에 내려진 재난이었다는 의미입니다. 거짓과 왜곡된 말들로 가득 찬 사회에 하나님의 말씀이 설 자리를 잃게 되었다는 뜻이기도 합니다. 참 선지자들이 이런저런 이유로 그 땅을 떠나야 한다면 그들을 통해 선포되었던 하나님의 말씀 역시 떠날 수밖에 없지 않겠습니까?

한 교회가, 한 사회가, 한 국가가 당할 수 있는 비극 중에 이것보다도 더 큰 비극과 재앙이 또 어디 있겠습니까? 한 국가의 미래는 강력한 방위력이나 정치적 안정과 경제적 번영, 발달한 과학과 탁월한 교육 제도에 달려 있지 않다는 사실을 우리 교회들은 혹시 잊은 것은 아닌지! 하나님의 말씀을 올바로 전파하고 추구할 때 그 가정과 사회와 민족에게 미래가 있다는 사실을 기억해야 합니다.

『시온에서 사자가 부르짖을 때』

불의(不義)는 곧 부정(不貞)

"만군의 여호와는 정의로우시므로 높임을 받으시며"_사 5:16

이사야 5장은 이사야 선지자 당시의 예루살렘에서 벌어지고 있던 악행들을 그리고 있습니다. 몇몇 탐욕스런 사람들이 대규모 토지개발 사업을 통해 대다수의 영세 소작인들에게 경제적, 사회적 불의를 자행했습니다(사 5:8). 그들은 토지와 토지 소유가 단순히 경제적이고 정치적인 이슈만이 아니라 영적이고 신학적인 문제라는 것을 간과한 것입니다. 모든 토지는 전적으로 하나님의 것입니다. 그것을 통해 이득을 보려는 것은 탐욕입니다. 특별히 이스라엘에서 토지는 하나님께서 각 지파에 따라 나눠주신 것이었습니다. 누구도 자기 것이라고 주장해서는 안 됩니다.

또 다른 죄로서는 쾌락을 탐하는 삶입니다. 어떤 이들은 흥청망청 쾌락을 일삼으면서도 하나님의 정의로운 사회 구현에 대해서는 관심이 눈곱만큼도 없었습니다(사 5:11). 한편, 어떤 이들은 하나님의 권위와 능력을 우습게 여기며 하나님께서 자신의 계획에 따라 일하시고 계신다는 생각에 대해서는 콧방귀를 뀌며 냉소하였습니다(사 5:19). 어떤 이들은 자신의 취향에 따라 도덕적 판단을 내렸습니다. 절대적 진리이신 하나님이 계신다는 것을 실제적으로는 믿지 않는 실천적 무신론자들이며 도덕적 편의주의자들이었습니다(사 5:20). 무엇보다도 유다와 예루살렘에 편만한 풍조는 하나님을 신뢰하는 대신에 자신을 믿고 자신의 지혜와 학벌과 업적을 의지하는 사람들로 가득했다는 것이며(사 5:21), 사적이고 공적인 도덕성과 윤리성은 바닥을 쳤습니다(사 5:23). 법정은 뇌물로 부패하였으며 양민들의 억울함은 하늘까지 닿게 되었습니다. 정의롭지 못한 삶은 결국 거룩하신 하나님에 대한 도전이요 신성모독적이 됩니다. 이것이 어찌 이사야 선지자 당시에만 있었던 일이겠습니까?

『이사야서 묵상』

March 6

속죄 받아야 할 현대적 우상숭배들

"야곱의 불의가 속함을 얻으며 그의 죄 없이함을 받을 결과는 이로 말미암나니." _사 27:9

하나님의 심판의 막대기는 언제나 왼손에 들려져 있습니다. 이것이 우리에게 복음입니다. 하나님의 백성이 받는 벌은 그들을 공격한 원수들이 받는 벌과 같지 않습니다. 하나님의 백성을 공격하고 괴롭힌 이방 세력들에 대해서 하나님은 오른손을 사용하십니다. 그러나 하나님의 백성이 받는 벌은 회개와 정화로 열매를 맺게 하는 수단이 됩니다. 물론 정련하는 풀무의 뜨거움이 상상을 초월할 정도로 심하다는 사실을 간과해서는 안 되겠지만, 그럼에도 하나님의 심판은 하나님의 백성을 회복하고 구속하시는 정의의 실현입니다. "야곱의 불의가 속함을 얻으며 그의 죄 없이함을 받을 결과는 이로 말미암나니."라는 말의 뜻이 그것입니다.

그렇다면 속죄함을 받아야 할 이스라엘의 죄와 죄책이 무엇입니까? 우상숭배입니다. 이사야 선지자 당시 이스라엘 안에는 이방 제단들과 아세라 목상과 태양신 숭배가 널리 퍼져 있었습니다(사 27:9). 잘못된 예배가 문제의 핵심이었습니다. 하나님의 이름을 걸고 예배한다면 하나님의 이름과 그분의 위엄과 명예만이 드높여져야 하는 것 아닙니까? 죽임 당하신 어린 양 예수 그리스도만이 우리의 주님이라고 고백하는 것이 예배의 본질이 아닙니까? 그러나 예배에 어떤 특정한 종교적 이데올로기나 목회자의 종교사업 프로젝트나, 교인들의 세속적 필요와 심리적 만족감을 채워주는 일만 가득하다면, 그것이 현대적 우상숭배입니다. 교회는 더 이상 소비자가 이끌어가는 교회가 아니라 그리스도가 이끌어가는 교회가 되어야 할 것입니다. 인종과 언어와 출신배경에 상관없이 모든 하나님의 백성들이 여호와 하나님만 예배하는 날이 오기를 기대합니다.

『이사야서 묵상』

영적 위선자들의 안전지대는 한 평도 없다

"갈멜 산 꼭대기에 숨을지라도 내가 거기에서 찾아낼 것이요.
내 눈을 피하여 바다 밑에 숨을지라도
내가 거기에서 뱀을 명령하여 물게 할 것이요." _암 9:3

하나님의 집요한 추적에 관한 매우 회화적인 묘사가 주전 7세기 선지자 스바냐의 글 가운데 발견됩니다. 영적 자만과 무사안일주의를 남몰래 즐기면서도 겉으로는 진실한 종교인들처럼 행동하였던 당시의 이스라엘 백성, 그리고는 다른 사람들을 향하여서는 전혀 책임감을 느끼지 않은 채로 자신의 이익 추구를 위해 착취하고 압제하던 사람들을 찾고자 등불을 들고 예루살렘 거리를 구석구석 헤매시는 하나님의 집요한 추적이 그들의 숨겨진 위선과 자만(自滿), 무사안일과 또 다른 영적 자만(自慢)을 반드시 찾아낼 것이라 말합니다.

소위 '실제적 무신론자'는 주전 8세기의 아모스 시대나 주전 7세기 스바냐 당대뿐만 아니라 지금도 우리 가운데 너무나 많은 것을 볼 수 있습니다. 그들은 하나님이 계신다는 것을 입으로는 고백하고, 주일에는 사도신경을 낭송하고 주기도문을 외우지만 실제로는 자신들의 삶 속에 하나님께서 활동하시고 다스리고 계신다는 것을 부인하는 사람들입니다. 그들의 생각에 하나님은 천상의 궁정 속에 조용히 계신 분이시지 인간의 역사 속에 들어와 일일이 우리들의 삶을 간섭하시고 주관하시는 분이 아니라는 것입니다. 이런 신앙을 가진 이들에게 있어서 삶의 기준과 척도는 자신일 뿐입니다. 이스라엘의 수많은 종교적 불의와 윤리 도덕적 타락, 사회정의의 몰락과 같은 문제들은 모두 이러한 잘못된 신관(神觀), 즉 '올바른 신학'의 부재로부터 기인한 것이었습니다.

『시온에서 사자가 부르짖을 때』

이데올로기의 그늘

"여호와여, 주의 원수들은 반드시 망할 것입니다.
악을 행하는 자들도 모두 다 흩어지게 될 것입니다." _시 92:9(쉬운성경)

1945년, 네덜란드에서 일어났던 일입니다. 그해 5월 5일 네덜란드는 나치의 지옥 같은 폭정에서 해방되었습니다. 그리고 나흘 후인 5월 9일에 해방된 것을 감사하는 특별감사예배가 암스테르담의 왕궁 바로 옆, '새 교회'(Nieuwe Kerk)에서 열렸습니다. 교회당은 사람들로 가득 찼습니다. 예배를 인도하던 목사는 미스코테(Kornelis Miskotte) 박사로 네덜란드에서 가장 존경받는 신학자였습니다. 그날 설교를 위해 그가 선택한 본문은 다름 아닌 시편 92편이었습니다.

"아침마다 주의 인자하심을 알리며
밤마다 주의 성실하심을 베풂이 좋으니이다"(시 92:1-3).

미스코테는 청중들에게 말했습니다. 지난 5년간의 나치의 강점기 동안 하나님의 신실하심이, 어떻게 우리를 이 어두운 세계의 세력들로부터 기적적으로 구원해 주셨는지, 어떻게 악한 영적 세력들로부터 우리를 기적적으로 구원해 주셨는지, 기억하면 할수록 너무도 좋다고 말했습니다. "하나님의 신실하심이 아니었더라면 우리는 오늘까지 살아서 오늘과 같은 이날을 보지 못했을 것입니다."라고 말했습니다. 그리고 미스코테는 시편 92편을 매우 조심스럽게 읽어야 한다는 경고도 잊지 않았습니다. 그가 말했습니다. "시편 92편은, 오 주님 '우리의' 원수들이 멸망할 것이라고 말하지 않습니다. 시편의 시인은, 오 주님 '당신의' 원수들이 멸망할 것이라고 말합니다."

"나치는 우리의 원수가 아니었습니다. 나치는 무엇보다도 하나님의 원

수였습니다. 왜 그렇습니까? 나치가 이웃 나라들을 침공해서 점령했기 때문입니까? 그들이 제네바 협약을 깨뜨렸기 때문입니까? 침공한 나라의 국민을 잔인하게 다루고 수많은 사람을 죽였기 때문입니까? 아닙니다!"라고 미스코테는 힘주어 말했습니다. 이런 것들 때문에 나치가 하나님의 원수가 된 것은 아니라는 것이었습니다. 하나님의 원수가 된다는 것은 그것보다 더 큰 의미를 담고 있기 때문입니다. 단순히 살인자들, 도둑놈들, 거짓말하는 자들 그 이상입니다. 하나님의 원수가 된다는 것은 "하나님 없이 살겠다."라는 것입니다. 하나님을 제거하기를 원한다는 것입니다. 나치가 제2차 세계대전 동안 저질렀던 모든 끔찍한 사건들 뒤에는, 그들의 반(反)유대주의 뒤에는, 이스라엘의 하나님, 예수님의 아버지 하나님, 교회의 하나님에 대한 증오와 미움이 있었던 것입니다. 그러한 증오에 의해 움직인 이데올로기(이념)가 시편 92편에서 나오는 '하나님의 원수'입니다.

그런데 그렇게 끔찍한 환경과 처지에서도 하나님의 백성이 견뎌내고 살아남을 수 있게 만든 소식이 있습니다. 그 좋은 소식은, "이 원수들은 반드시 지구 위에서 사라질 것이다."라는 약속이었습니다.

『영혼의 겨울에 부르는 희망의 교향곡』

우리 본성에 들어맞는 지속적인 유혹

"그는 허물과 죄로 죽었던 너희를 살리셨도다." _엡 2:1

로버트 캐폰(Robert Capon)은 이렇게 쓰고 있습니다.

이렇게 설교할 때, 나는 미소를 짓는 회중을 봅니다. 이 복음을 듣는 그들의 얼굴이 기쁨으로 가득 차 있기 때문입니다. 그러나 예배를 마친 후에, 점심을 먹으려고 모두가 친교실에 있을 즈음이면 모든 미소는 눈살을 찌푸리는 표정으로 바뀌어 있습니다. 그리고 교인들은 나에게 이렇게 질문합니다.
"그래도 우리의 행동이 중요하지 않습니까?"
"우리가 해야 할 일이 아무것도 없다는 말입니까?"
캐폰은 대답합니다.
"사랑하는 교우들이여, 은혜의 삶은 마치 에스컬레이터를 타는 지체장애인의 삶과 같습니다. 위층으로 올라가는 일에 관한 한 그 장애인은 실제로 죽은 자와 같습니다. 그가 해야 할 일은 아무것도 없습니다."

물론 에스컬레이터를 타고 위로 오르면서 그가 도덕적이든 혹은 비도덕적이든, 그는 자기 마음대로 생각할 수 있을 것입니다. 그러나 그가 무슨 생각이나 무슨 일을 하든, 지금 에스컬레이터 위에 있다는 사실을 무효로 만들지는 못할 것입니다. 이것이 바울과 어거스틴과 루터가 우리에게 말하는 것입니다. 우리가 우리의 죄들로 말미암아 죽었을 때에라도 하나님이 우리를 그리스도와 함께 살리셨다고 그들 모두가 우리에게 말하고 있습니다. 여러분과 제가 이것으로부터 멀리 떨어져 나갈 때, 우리는 복음으로부터 멀어지는 것이며, 하나님에게서 멀어지는 것입니다. 이것이야말로 우리가 직면한 지속적인 유혹입니다.

『통일의 복음』

지옥은 이미 여기에도 있다

"이는 주께서 내 영혼을 스올에 버리지 아니하시며" _시 16:10

스올과 구덩이는 하나님께 완전히 버림받은 상태를 가리키는 용어입니다. 스올은 마치 독가스실에 들어가는 것과 같은 절망 상태입니다. 구덩이는 사람의 시신을 버려 썩게 하는 장소의 의미가 있습니다. 요셉의 형제들이 요셉을 구덩이 속에 던져 넣어 제거하려고 했던 일을 기억해 보십시오. 구덩이는 '없애버리다'라는 의미, '처분하다'라는 뜻입니다. 구덩이에 던져진 사람들은 목소리를 낼 수 없고, 입이 막혔고, 잊혔고, 제거된 사람들입니다. 구덩이는 대학살과 동의어입니다. 죽음의 캠프, 독가스실과 동일한 용어입니다.

베드로는 그의 오순절 설교(행 2:31-33)에서 시편 16편을 인용해, "하나님은 그리스도를 스올에 넘겨주셨습니다. 구덩이를 바라보게 한 것입니다. 그리스도는 비참과 죽음을 경험했습니다. 그런 일이 있은 후에야 비로소 하나님은 그리스도를 하나님의 면전으로 불러들였습니다. 하나님의 오른편에 앉히신 것입니다."라고 말합니다. 스올과 구덩이가 끔찍하고 두려운 것은 그곳에 있는 맹렬한 불 때문이 아닙니다. 지옥이 무서운 이유는 하나님에 의해 버림받았다는 사실 때문입니다. 하나님께 버림받았다는 것보다 더 두렵고 무서운 일이 어디 있겠습니까?

우리는 지옥에 대해 종종 잘못 생각하는 경향이 있습니다. 추상적으로 생각하거나 아니면 전혀 다른 세상의 무엇이라고 생각합니다. 그러나 지옥은 이미 이 생(生)에서 경험하는 현실입니다. 생지옥이란 말도 있지 않습니까? 하나님께 버림받은 삶을 경험하는 것이 지옥입니다.

『우리의 기도가 천상의 노래가 되어』

우리를 포로 삼는 삼중 세력

"그때에 너희는 그 가운데서 행하여 이 세상 풍조를 따르고 공중의 권세 잡은 자를 따랐으니
…… 우리 육체의 욕심을 따라 지내며 육체와 마음의 원하는 것을 하여
다른 이들과 같이 본질상 진노의 자녀이었더니." _엡 2:2-3

예수 그리스도께서 우리를 해방해 주시지 않는 한, 그분이 우리를 풀어 자유롭게 하시지 않는 한, 우리는 우리 안과 밖에서 작동하는 압제적인 영향력에 굴복하지 않을 수 없습니다.

- 바깥에는 '이 세상'이 있습니다. 중독성이 강하고 강력한 힘을 가진 세속적인 문화가 있습니다.
- 안에는 '육체'가 있습니다. 하나님을 거역하려는 자아 중심적 본성이 있습니다.

그리고 이 두 가지 너머에는 악한 영이 있습니다. 악마이며 마귀이고, 어둠의 왕국을 지배하는 자이며 우리를 포로로 잡은 악한 세력입니다. 바로 이 세 가지 모두에게서 우리는 구원 받아야 합니다. 기도할 때, 우리는 이 세 가지 모두로부터 구출 받게 해달라고 기도해야 합니다.

- 저 바깥세상에서 활동하는 악마로부터 우리를 구원하여 주옵소서.
- 우리 안에 있는 악마로부터 우리를 구원하여 주옵소서.
- 우리 주변의 모든 악마적 계략들과 위험으로부터 구원하여 주옵소서.

이 세 가지 모두로부터 구출 받은 경험이 있었기 때문에 루터는 노래할 수 있었던 것입니다. "이 땅에 마귀 들끓어 우리를 삼키려 하나 겁내지 말고 서 있으라. 하나님은 우리를 통해 진리가 승리하게 하시기 때문이라." 루터는 성경에 선포된 구원과 구출의 목소리를 들었습니다. 그리고 그 구원과 구출의 약속은 지금도 우리의 귀에 들리고 있습니다.

『하늘 나그네의 사계』

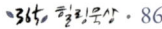

하나님의 통치 세계를 어지럽히는 구조악(構造惡)들

"여호와께서 이와 같이 말씀하시되 다메섹의 서너 가지 죄로 말미암아
내가 그 벌을 돌이키지 아니하리니." _암 1:3

아모스서의 열국 심판 선언이 보여주고 있는 것은, 한 개인만이 악을 저지르는 도구가 될 수 있는 것이 아니라, 국가와 민족의 정책과 기관도 악을 이루는 도구가 될 수 있다는 사실입니다. 소위 구조악(構造惡)이라 불리는 것들은 우리가 타락한 세계 안에 살고 있다는 가시적인 증거들입니다. 악의 세력은 단순히 한 개인의 성향, 예를 들어 악한 생각, 미움, 거짓 증언, 훼방, 음란 등에서 멈추지 않습니다. 악은 매우 미묘할 뿐만 아니라, 분별해 내기 어려울 정도의 위장된 인간 삶 속에, 사회의 구조와 권력 기관들 안에 깊이 침투하여 들어옵니다. 집단 간의 조직적인 학대나 비인간적 처우, 부정과 부패, 황금만능주의, 독재 권력의 횡포, 성도덕의 타락, 집단적 이기주의, 자연 생태계의 파괴, 계급주의, 인종차별, 인간의 삶을 경제적 가치로만 측량하는 시장 경제주의, 인종청소, 미디어를 이용한 인격 살해, 강대국의 약소국 주권침해와 경제적 유린, 문화적 우월주의와 가치관의 강요 등 다양한 모습과 형태를 띤 채 하나님의 통치 세계를 어지럽힙니다.

따라서 우리는 죄를 좁은 의미에서 종교적 문제로만-예를 들어, 성수주일, 십일조와 같은 문제-국한하거나 축소하려는 신학적 사시(斜視)를 피해야 할 것입니다. 아직 온전히 회복되지 않은 이 세상이 보여주는 세계관, 죄로 오염되어 있는 이 세상이 우리에게 은연중 강요하는 도덕관들에 대항하여 우리는 성서의 세계관, 도덕과 가치를 담대하게 선포하고, 그에 따라 살아야 하는 책임과 의무를 지닌 무리입니다.

『시온에서 사자가 부르짖을 때』

내가 믿나이다. 나의 믿음 없는 것을 도와주소서

"곧 그 아이의 아버지가 소리를 질러 이르되 내가 믿나이다.
나의 믿음 없는 것을 도와 주소서 하더라."_막 9:24

정직한 회의론자인 도마의 고민을 생각하면, 저는 러시아 작가 도스토예프스키(Fyodor Mikhaylovich Dostoyevsky)를 떠올립니다. 도마처럼 도스토예프스키도 회의론자였고, 철저하게 의심하는 사람이었습니다. 그는 자신의 의심을 소화할 수 없었기에 처절하게 고통스러워했습니다. 자신이 의심하고 있다는 사실에 대해 깊은 고뇌에 빠졌습니다. 그러나 그는 믿고 싶었습니다. 의심하면 할수록 더욱더 신앙을 갖고 싶었습니다.

도스토예프스키는 자신이 만들어낸 영웅들의 입을 통해 자기의 의심과 회의를 쏟아냈습니다. '이반 카라마조프'가 바로 도스토예프스키의 영혼을 괴롭히는 의심을 대변하는 인물 중의 하나입니다. 카라마조프는 말합니다. "나는 하나님을 받아들일 수 없다고 말하는 것이 아닙니다. 내가 받아들이지 못하는 것은 하나님이 창조하셨다는 이 세상입니다!" 부조리와 고통이 가득한 세상을 받아들일 수 없다는 것이었습니다.

그래도 도스토예프스키의 마음은 신앙을 갈망했습니다. 그의 가슴은 그리스도를 갈망했습니다. 도스토예프스키는 다른 곳에서 이렇게 썼습니다.

"나는 그분보다 더 위대한 것은 존재하지도 않고 존재할 수도 없다고 나 자신에게 말합니다. 누군가 나에게 그리스도가 잘못되었다는 것을 증명한다면, 그분에게 진리가 없다고 증명한다면, 나는 진리를 얻기보다는 차라리 그리스도를 붙잡을 것이며, 그리스도 없이 잘되는 것보다는 차라리 그리스도를 모시고 잘못되는 쪽을 선택하겠습니다."

『생명의 복음』

그분은 그대들처럼 대충대충 하지 않는다

"여호와께서는 복도 내리지 아니하시며 화도 내리지 아니하시리라 하는 자를 등불로 두루 찾아 벌하리니." _습 1:12

실천적 무신론에 대한 비판은 구약성경의 오래된 전통입니다. "그 마음속으로 하나님은 없다고 말하는 어리석은 자"(시 14편)는 다름 아닌 실천적 무신론자입니다. 하늘이 문을 닫은 것처럼 사는 신앙인들에 관한 이야기입니다.

등불을 들고 예루살렘 거리를 샅샅이 뒤지시는 하나님에 대한 표상은 우리를 소스라치게 합니다. 예루살렘이 어디입니까? 하나님의 보좌가 있는 도시, 장차 모든 민족이 여호와의 가르침을 받게 될 도시, 정의와 공의가 있는 도시, 신실함과 진실이 통용되는 도시가 아닌가요? 그러나 예루살렘은 빛을 잃었고 불의와 부정의 어둠이 깊게 드리우고 있었습니다.

안일과 자만으로 찌들은 예루살렘 주민들, 낮에는 여호와 하나님을 찾았지만, 밤에는 금고를 쳐다보며 흡족한 미소를 지었고, 주일에는 신앙고백을 암송하였으나 주중에는 바알 신전을 기웃거렸습니다. 이방 풍습을 모방하는 자들, 협박과 폭력으로 힘없는 이들을 착취하는 자들, 혼합주의 종교를 신봉하던 자들, 신앙에 대해 무관심과 냉소로 일관하던 자들, 하나님보다 은과 금을 더 신뢰하던 자들로 가득한 영적 소돔과 고모라였습니다. 그곳에는 껍데기 경건 안에서 영적 도피와 위안을 삼으려는 실천적 무신론자들이 활보하고 있었습니다.

이런 자들을 향해 선지자는 선언합니다. "하나님께서 실천적 무신론자들을 샅샅이 찾아내어 제물로 삼을 것이다"(습 1:12-18). 여호와의 날의 도래(到來)입니다!

『등불 들고 이스라엘을 찾으시는 하나님』

문 앞에서 듣고 계시는 분

"아직도 거리가 먼데 아버지가 그를 보고 측은히 여겨
달려가 목을 안고 입을 맞추니" _눅 15:20

프레드릭 뷰크너(Frederick Buechner)는 한 설교에서 탕자의 비유(눅 15:11-24)가 반향(反響)되고 있는 이야기 하나를 들려줍니다. 그것은 열 두서너 살 된 한 소년에 관한 이야기입니다.

침울한 한 소년이 화가 나서 흥분한 나머지 총을 집어 들고 자기 아버지를 쏩니다. 총에 맞은 아버지는 결국 죽게 됩니다. 조사를 담당한 경찰이 왜 그런 짓을 했느냐고 물었습니다. 그러자 그 소년이 대답합니다. "아버지 때문에 견딜 수 없었습니다. 아버지가 너무 많은 것을 요구하고 항상 내 뒷조사를 하셨습니다. 나는 아버지를 증오했습니다." 결국, 소년은 청소년 보호소에 갇히게 되었습니다. 어느 날 늦은 밤이었습니다. 교도관이 감옥 복도를 순찰하고 있는데 어디에선가 울먹이는 소리가 들려왔습니다. 소년의 방에서 흘러나오는 울음소리였습니다. 멈춰 서서 귀를 기울였습니다. 그 소년이 어둠 속에서 흐느끼며 하는 말은, "아버지! 아버지! 아버지가 계셨더라면!" 하는 것이었습니다.

뷰크너는 우리에게, 이 이야기는 우리 모두의 인생에 대한 일종의 비유라고 말합니다. 우리가 우리 '아버지'(하나님)를, 우리 사회가 그분을 살해한 것입니다. 어느 사상가도, 작가도, 영화감독도, 제작자도, 아무도 하나님을 심각하게 생각하지 않습니다. 그들에게 하나님은 고리타분한 옛 유물일 뿐입니다. 그러나 그 하나님은 거기에 계십니다. 그분은 문에서 듣고 계십니다. 우리의 흐느낌을 듣고 계시며, 우리의 상실감에서 흘러나오는 절규와 비탄을 듣고 계십니다!

『아버지를 떠나 자유를』

내 눈으론 내가 보이질 않는다

"보라, 세상 죄를 지고 가는 하나님의 어린 양이로다!" _요 1:29

우리에게 죄는 일차적으로 부도덕한 것을 의미합니다. 예를 들어, 결혼하지 않은 두 젊은 남녀가 함께 동거한다고 할 때, 우리는 그들이 '죄' 가운데 산다고 말합니다. 이처럼 일반적으로 죄는 부도덕한 것을 의미합니다.

그러나 성경이 강조하는 것은 이런 것이 아닙니다. 물론 부도덕한 것은 곧 죄입니다. 그러나 곰곰이 생각해보면, 우리가 말하는 도덕성 역시 의심스럽습니다. 우리가 말하는 도덕성에는 종종 자만, 교만, 자기중심성과 같은 독약들이 들어 있기 때문입니다. 예수님의 원수들은 대부분 부도덕한 사람들이 아니었습니다. 오히려 그들은 지나치게 도덕적인 사람들이었습니다. 그런데도 그들과 예수님 사이를 가로막고 있었던 것은 다름 아닌 그들의 '도덕성'이었습니다. 그렇습니다! 죄는 본질적으로 우리가 '행하는' 그 무엇이 아닙니다. 죄는 본질적으로 '우리 자신'인 그 무엇입니다. 그래서 죄는 우리가 볼 수 없게 숨겨진 것입니다. 이런 이유로 우리는 죄에 대해 눈이 멀어 있습니다. 마치 눈이 그 눈 자체를 볼 수 없듯이, 우리도 우리 자신의 죄 된 성품 자체를 볼 수 없습니다. 이래서 우리는 이 죄로부터 구출을 받아야 합니다. 이 목적을 이루고자 예수님이 이 세상에 오셨습니다. 그분은 우리의 죄를 짊어지고 죽음 속으로 들어가셔서 그 죄를 파멸시키셨습니다. 이것이 기독교 신앙의 핵심입니다.

만일 이 이야기를 읽으면서 하품을 했다면, 아마도 여러분은 이 말씀을 너무 많이 들어서 그럴 것입니다. 그런 영혼 위에 하나님의 자비가 임하기를 바랄 뿐입니다!

『생명의 복음』

흑암과 혼돈의 대양 위에서 읽는 복음

"바벨론 왕의 어전 사령관 느부사라단이 예루살렘에 이르러 여호와의 성전과 왕궁을
불사르고 예루살렘의 모든 집과 고관들의 집까지 불살랐으며"_렘 52:12-13

창세기 1장은 위대한 '복음', '좋은 소식'(Good News)을 전하는 선언문입니다. 창세기 1장은 하나님이 혼돈을 압도하시는 능력을 갖추고 계신다는 사실을 믿도록 초청합니다. 창세기 1장은 복음을 선포합니다. 곧, 우리의 삶과 생명은 하나님의 창조적 말씀으로 유지되고 지탱되고 있다는 사실을 선포하고 있는 것입니다. 창세기 1장은 우리의 삶과 생명을 밑에서 떠받치고 감싸 안는 '영원한 팔'이 있다고 선언합니다. 창세기 1장은 우리가 사는 이 위험천만한 세상 안에 하나님이 우리를 위하여 안전지대를 만들어 살 수 있도록 하셨다는 사실을 선포하고 있습니다. 창세기 1장은 하나님이 우리를 파괴하려는 이 세상의 세력들 앞에서 우리를 내버려 두지 않으신다고 선포합니다.

이스라엘의 '추방 경험'(바벨론 포로)은 말로 다할 수 없을 만큼 고통스러운 것이었습니다. 자신의 뿌리로부터 잘려나갔고 집과 유산을 잃어버렸으며 어둠의 대양 위에서 표류했습니다. 이스라엘은 탄식했고 절망했습니다. 그러나 창세기 1장은 선언합니다. "절망하지 마라! 기억하라! 주님은 너를 지키시는 분이시며, 그분이 너를 모든 악에서 지키시고, 너의 생명을 보호하시고, 너의 출입을 지키시며, 너의 시작에도 너의 끝에도 계실 것이라는 사실을!"

때론 우리의 삶이 이대로 끝나는 것처럼 보이는 때도 있습니다. 그러나 파산과 죽음이 삶의 끝이 될 수 없음을 우리는 확신하고 있습니다. 우리에게는 하나님의 '창조'가 있기 때문입니다. 그렇습니다. 우리에게는 하나님의 '새 창조', 죽음의 권세를 물리치신 예수 그리스도께서 계십니다.

『인간의 죄에 고뇌하시는 하나님』

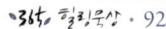

주여 어찌 주무시고만 계십니까?

"우리가 죽게 된 것을 돌보지 아니하시나이까?" _막 4:38

우리의 삶은 파상적인 문제와 짐들에 쉴 틈 없이 눌리는 여정이 아닌가 합니다. 때로는 우리도 주님처럼 그리고 주님과 함께 올라가 누워 쉬고 싶은 배가 필요할 때가 있습니다. 주님과 함께하는 여정임에도 우리 신자들도 감당할 수 없는 위험에 직면할 수 있습니다. 이때 우리의 입에서 자동으로 탄식이 나옵니다. "주여 어찌 주무시고만 계십니까?"

신자의 두려움은 성난 파도가 아니라 근본적으로 그분이 함께하고 계시지 않는다는 느낌으로부터 옵니다. "그분이 과연 나를 돌보실 것인가?" "보잘것없는 내 인생으로부터 관심을 거두신 것은 아닐까?"

그러나 우리는 우리의 부정확한 '느낌'과 영적 '실제'를 분별해야 할 필요가 있습니다. 삶에서 일어나는 다양한 폭력들 앞에서 두려움에 휩싸여 분별력을 잃는 것은 옳지 못한 모습이기 때문입니다. 주님께서 즉시로 신자에게 질문하십니다. "너는 왜 두려워하는가?" 믿음은 풍랑을 피하는 수단이 아님을 아십시오. 믿음은 신기하게도 안전지대만을 디디고 걷는 처세와 관련된 것이 아닙니다. 믿음은 우리의 두려움과 관련이 있습니다. 믿음은 '노'(櫓, 배를 젓는 막대기)보다는 '시선'(視線)과 관련된 것입니다.

이것을 명심하십시오. 신자를 전복시키는 것은 물리적인 파도가 아니라 내적인 요동입니다. 많은 경우 두려움 때문에 내린 결정이 잘못된 길로 우리를 인도합니다. 두려움으로부터 나온 오류가 우리를 무너뜨립니다. 이를 막기 위한 우리 싸움의 승패는 '약속을 바라보는' 것에서 결판납니다. 오직 임마누엘의 약속을 부여잡음으로써 두려움이 가져다주는 공황상태에서 벗어날 수 있습니다.

〈주일 설교〉

천국을 그리워하지 못하겠거든
지옥이라도 두려워하라

"살아 계신 하나님의 손에 빠져 들어가는 것이 무서울진저" _히 10:31

지옥과 영원한 형벌에 관한 성경의 권고들은 너무도 많아서 열거하기 어려울 정도입니다. 복음서에 기록된 예수님의 가르침들이나 신약성경의 나머지 부분에서도 지옥과 영벌에 관한 경고들이 많이 나옵니다. 이러한 경고들을 반드시 기억하라는 권면을 예수님은 다음과 같이 하셨습니다.

"육체는 죽이지만 영혼을 죽일 수 없는 자들을 두려워하지 말라. 영혼과 육체를 모두 지옥의 파멸에 이르게 할 수 있는 분을 두려워하라"(마 10:28; 눅 12:4-5).

이런 경고들은 예수님의 제자들에게 주신 것입니다. 제자들은 하나님을 경외해야 합니다. 우리는 하나님을 두려워해야 합니다. 그분은 육체뿐 아니라 영혼도 지옥에 던져 파멸시킬 수 있는 분이시기 때문입니다. 이 본문은 지옥이 그 자체로서 독립된 주제가 아니라, 복음에 대한 충만한 선포와 모든 사람이 들어야 할 보편적 설교의 일부분으로서만 제시되어야 한다는 말도 되는 것입니다. 물론 사람들에게 지옥을 피하라는 경고는 지옥이 실체라는 것을 의미합니다. 그저 협박하기 위한 경고가 아니라 지옥은 정말로 있다는 것이지요. 그러나 지옥에 관한 경고들은 그 자체로서 중요한 메시지가 아니라 복음에 대해 순종하고 복음을 믿으라는 초청의 일부분으로서 귀담아듣고 조심해야 한다는 것을 의미합니다.

하늘에 소망을 두고 사십시오. 그리스도와 함께 집에 있기를 갈망하십시오. 집으로 돌아가기를 소원하십시오. 아멘!

『일상을 걷는 영성』

우리를 악에서 구원하소서

"다만 악에서 구하시옵소서." _마 6:13

우리가 본성적인 자아의 상태 그대로 있는 한,

- 우리는 이 세상의 길들과 방식들을 따라갑니다.
- 우리는 이 세상의 가치들과 물줄기를 따라 떠내려갑니다.
- 우리는 우리의 자연적 자아의 열망과 욕정들을 탐닉합니다.
- 우리는 악마의 포로입니다.
- 우리는 불순종의 영에 의해 통제됩니다.
- 우리는 공중의 나라를 다스리는 지배자에 의해 조작되는 꼭두각시입니다.

예수 그리스도가 우리를 해방하시지 않는 한, 그분이 우리를 풀어 자유롭게 하시지 않는 한, 우리는 안과 밖에서 작동하는 압제적인 영향력에 굴복하지 않을 수 없습니다. 바깥으로는 '이 세상'이 있습니다. 지극히 중독성이 강하고 매우 강력한 힘을 가진 세속적인 문화가 있습니다. 안으로는 '육체'가 있습니다. 하나님을 거역하려는 자아 중심적 본성이 있습니다. 그리고 이 두 가지 뒤에는 악한 영이 있습니다. 악마이며, 마귀이며, 어둠의 왕국을 지배하는 자이며, 우리를 포로로 잡고 있는 악한 세력입니다. 우리는 바로 이 세 가지 모두로부터 구원받아야 합니다. 우리가 "악에서 구원해주옵소서."라고 기도할 때 우리는 바로 이 세 가지 모두로부터 구출해달라고 기도하는 것입니다.

"이 땅에 마귀들 들끓어 우리를 삼키려 하나 겁내지 말고 서 있으라. 하나님이 우리를 통해 진리가 승리하게 하시기 때문이다." 루터는 성경에 선포된 구원과 구출의 목소리를 들었습니다. 그리고 그 구원과 구출의 약속은 지금도 우리의 귀에 울리고 있습니다.

『통일의 복음』

우리가 왜 여기서 살아야 하는가?

"신 포도를 먹는 자마다 그의 이가 신 것 같이
누구나 자기의 죄악으로 말미암아 죽으리라." _렘 31:30

인류는 우리가 왜 에덴의 동쪽에 살아야 하는가에 대한 대답을 해야 합니다. 이 물음은 우리 자신에게뿐만 아니라, 우리의 자녀에게도 질문하고 그들도 대답해야 하는 '본질적 물음'입니다.

하나님은 그들-바벨론 포로 공동체이든, 집을 떠난 혹은 떠나지 않은 아들이든, 유대인이든, 헬라인이든, 우리든, 누구든 상관없이-에게 미래를 보여 주기에 앞서, 먼저 그들의 과거를 철저하게 드러내 보이기를 원하십니다. 과거의 문제를 해결하지 않고서는 미래가 시작될 수 없기 때문입니다. 이것은 마치 그분께서 예수 그리스도를 십자가에 죽이심으로 인류의 과거 역사를 공개적으로 드러내신 이유와 같습니다. 이제 인류는 그들이 왜 지금 에덴의 동쪽에 살고 있는가를 생각해야만 합니다. 그것은 단지 그들의 조상이 신 포도를 먹었기에 자신의 이가 시리다는 냉소주의와 무관심으로 항변할 것이 아니라, 그들 자신도 신 포도를 먹었음을 인정해야 합니다. 즉, 우리가 원죄라고 부르는 것으로 말미암아, 조상 때문에 우리가 불공평하게도 죄업을 다 뒤집어쓴다고 항변할 것이 아니라, 그 죄에 우리들의 더 큰 죄들을 쌓아 올렸음을 인정해야 합니다.

에덴의 동편으로 스스로 자유를 찾아 나온 인류, 마치 아버지의 집을 떠나 자유의 땅을 찾은 아들처럼, 우리는 우리의 현주소가 어디인가를 알아야만 합니다. "왜 우리는 이곳에서 살아야만 하는가?" 이 물음에 대한 진정한 대답이 있을 때에야 비로소 미래가 열리기 시작하는 것입니다. 아니, "왜 우리는 여기서 살아야 하나요?"라는 질문을 하고 난 다음에야 비로소 "우리에게 미래가 있는가요?"라는 질문이 가능한 것입니다.

『등불 들고 이스라엘을 찾으시는 하나님』

죽음과 부활 사이의 광야에서 사람은 무엇으로 사는가?

"예수께서 대답하시되 기록된 바 사람이 떡으로만 살 것이 아니라 하였느니라." _눅 4:4

사순절이 무엇입니까? 한 줌의 재로 상징되는 '성회(聖灰) 수요일'(Ash Wednesday)이 시작되는 사순절, 즉 인간의 죄의 편만함과 철저성, 그리고 모든 인간이 직면할 수밖에 없는 죽음의 불가피성을 강력하게 상기시키는 성회 수요일로부터 시작된 40일간의 영적 광야에서 고민하고 갈등하고 투쟁하는 우리 자신의 모습을 성찰하는 기간입니다.

이스라엘은 홍해를 마른 땅처럼 건넜던 하나님의 백성이었지만 광야로 나온 직후부터 그들은 하나님의 백성 됨과 이방인 됨이라는 갈림길에 서게 되었습니다. "사람은 무엇으로 사는가?"라는 가장 근본적인 질문에 대답을 정직하게 해야 하는 장소에 이른 것입니다. 하늘과 땅을 지으신 전능하신 창조주 하나님 아버지를 믿어야 할 것인가 아니면 그분 외에 다른 신들에게로 눈을 돌려야 할 것인가 하는 중대한 신앙적 질문에 봉착하게 된 것입니다. 그들은 그 질문에 모두 실패했습니다. 광야 40년은 불평과 불만과 원성으로 가득 채워진 역사였습니다.

그러나 여기에 '새 이스라엘'로 오신 예수님이 계십니다. 그는 옛 이스라엘이 겪었던 동일한 광야의 유혹과 대결하면서 승리하셨던 것입니다. 그는 순수한 '토라-영성'(Torah Spirituality)으로, 즉 하나님의 가르침에 전적으로 의존하심으로써 사탄의 공격을 물리치신 것입니다. 이 전쟁은 결국 '마음의 전쟁'의 전쟁이었습니다. 그리고 이 전쟁은 오늘날 영적 광야에 사는 우리 그리스도인들에게 '하나님의 자녀 됨'의 의미를 다시금 깊이 생각하게 하는 전쟁입니다.

『하늘 나그네의 사계』

예루살렘 스타일

"예루살렘에서 찌꺼기 같이 가라앉아서 마음속에 스스로 이르기를
여호와께서는 복도 내리지 아니하시며 화도 내리지 아니하시리라." _습 1:12

이 은유는 분명합니다. 새 포도주는 걸쭉한 찌꺼기와 함께 시간이 흐르면서 포도주의 색깔과 맛을 내게 됩니다. 그러나 어느 정도 시간이 지나고 나서는 그 찌꺼기들을 걷어 냅니다. 그렇지 않으면 포도주가 진해지거나 시럽처럼 끈적거리게 되기 때문입니다. 찌끼를 그대로 둔 채로 숙성한 포도주는 찌끼를 걷어 낸 포도주보다 좀 더 달콤하기는 하지만 쉽게 맛이 가버리고 썩습니다. "찌끼 위에 앉다."라는 문구는 게으름(懶怠), 무관심, 진흙탕 같은 마음을 가리키는 일종의 잠언적인 표현입니다.

선지자 스바냐는 하나님의 도성 예루살렘에 이러한 사람들이 가득 차 있다고 고발하고 있습니다. 그들은 선남선녀(善男善女)들이었습니다. 적어도 대낮에는 그랬습니다. 그들은 많은 사람이 보는 곳, 사람들이 모이는 예배 장소에서는 신실한 여호와 숭배자들처럼 행동하고 말했습니다. 그러나 밤이 되면 그들의 행동과 말은 전혀 다른 모습을 띠었습니다. 그들은 마음속으로, "여호와는 복도 화도 내리지 않는다."라고 중얼댑니다. 물론 그들은 공개적으로도 결코, 신성모독적인 언사를 입 바깥에 내뱉지 않습니다. 오로지 혼자 있을 때, 아무도 없을 때, 밤에 그렇게 말합니다. 그것도 속으로만 중얼거립니다.

- "하나님은 이곳에 계시지 않는다."
- "그분은 우리의 삶과 역사 속에 들어와 일하시지는 않는다."
- "그분은 하늘 저편의 옥황상제처럼 가만히 앉아 계신다."

이런 사람들을 가리켜서 우리는 '실천적 무신론자들'이라고 부릅니다.

『등불 들고 이스라엘을 찾으시는 하나님』

회개, 고향으로 돌아가는 길

"내가 높고 거룩한 곳에 있으며 또한 통회하고 마음이 겸손한 자와 함께 있나니"_사 57:15

현대 교회에서 '회개와 통회'라는 용어가 매우 생소하게 들리는 말이 되어 버렸습니다. 개인의 감정을 중요시하는 현대인들에게 자기들이 무엇인가 큰 죄를 지었다고 말하는 것은 자존감이 없는 병약한 사람이라는 뜻과 상통합니다. 긍정적인 마음, 강한 마음, 하면 된다는 생각, 그리스도 안에서는 능치 못할 일이 없다는 극히 유아기적 신앙이 대중적인 모토가 되어버린 세대입니다. 게다가 종교적 열정으로 하나님의 일을 하고, 하나님의 마음을 기쁘게 해드림으로써 종교적 성취감을 얻으려는 생각들이 많아지게 된 세대입니다.

바벨론에 포로로 잡혀 와 있는 이스라엘 백성들에게 중요한 문제는 '해방'이었습니다. 그러나 해방은 단순히 사로잡힘에서 풀려나는 것만을 가리키지 않습니다. 풀려나 원래 있던 곳으로 돌아가는 귀향(歸鄕)을 의미했습니다. 그러나 고국으로의 귀국은 평탄한 길이 아니었습니다. 바벨론에서 예루살렘으로 돌아가는 길은 험난한 사막과 광야와 산들이 가로놓여 있었기 때문입니다. 그래서 하나님은 그들을 위해 광야에 대로(大路)를 만드시겠다고 약속하셨습니다. 산들을 낮춰 평지가 되게 하고 낮은 곳을 높여 평탄하게 만들겠다는 것입니다.

그러나 진정한 귀향은 마음의 귀향에서 시작됩니다. 하나님께로 돌아가는 것입니다. 다른 신(우상)들에게 바쳤던 마음을 하나님께 바치기로 하고 그분에게로 돌아가는 것입니다. 그분께 돌아가려면 거치적거리는 것들, 무겁게 하는 것들, 옛것에 대한 집착들, 자신을 향해 굽어졌던 성향 등을 내려놓아야 합니다. 그리고 위에 계신 하나님의 얼굴을 쳐다보아야 합니다. 이것이 회개입니다.

『이사야서 묵상』

회개는 사과가 아니다

"또 그의 이름으로 죄 사함을 받게 하는 회개가 예루살렘에서 시작하여
모든 족속에게 전파될 것이 기록되었으니" _눅 24:47

오늘날 복음주의적 그리스도인들조차 하나님을 진정으로 '직면'하지 않고도 행복하고 건강한 신앙생활을 할 수 있다고 믿습니다.

- 그들이 알고 있는 하나님은 기껏해야 '친구'에 지나지 않습니다.
- 그들이 알고 있는 구세주는 기껏해야 '모범적인 분'일 뿐입니다.
- 그들이 알고 있는 성령님은 기껏해야 '힘의 근원'에 불과합니다.

그리고 그런 이들이 흔히 빠지는 치명적인 착각은, 그렇게 의미 있고 건강한 신앙생활이 회개 없이도 가능하다고 믿는다는 데 있습니다.

그러나 그리스도인들이 제대로 알아야 할 게 있습니다.

- 회개는 하나님께 "미안합니다."라고 말하는 것이 아닙니다.
- 회개는 하나님께 "제가 좀 더 잘하겠습니다."라고 약속하는 것이 아닙니다.
- 회개는 하나님께 "제가 이제 변화되겠습니다."라고 말하는 것이 아닙니다.

만일 회개가 그런 것이라면, 그것은 여러분이 하나님 앞에서 여러분 자신의 힘으로 사태를 바꿀 수 있다고 말하는 것입니다. 그것은 결코 회개가 아닙니다. 회개와는 전혀 다른 것입니다.

- 참된 회개는 내 자신의 의지의 한계를 겸손히 인정하는 것입니다.
- 참된 회개는 "나 스스로는 삶을 바꿀 수가 없습니다."라고 말하는 것입니다.
- 참된 회개는 "나는 죄에 대해 어찌할 수 없는 무력함을 통감합니다. 나는 내 인생을 감당할 수도, 다스릴 수도 없습니다."라고 고백하는 것입니다.

『아버지를 떠나 자유를』

죽음, 새 창조의 출발선

"너나 나나 할 것 없이 꼭 같은 운명이 기다리고 있다."_전 9:2(공동번역)

죽음 앞에서,

- 왕은 그 왕관을, 장군들은 훈장을, 박사들은 학위증을, 연예인과 스타들은 트로피를 모두 손에서 놔야 합니다.

죽음 앞에서,

- 우리의 훈장들과 상장들과 상패들은 사소하고 하찮은 것이며, 궁극적으로 그런 것들은 휴지조각이나 먼지에 불과합니다.

죽음 앞에는,

- 지혜로운 자나 어리석은 자나,
- 부자나 가난한 사람이나,
- 힘없는 사람이나 세도가나 모두 똑같습니다(시 49편).

그러므로 '죽음'이라는 주제에 대해, 이 사회가 쉬쉬하면서 입을 다물고 있고, 사람들은 죽음에 대해 말하기를 꺼립니다. 사실은 결코 놀랄 만한 일이 아닙니다. 그러나 그리스도 안에 있는 사람들은 그렇지 않습니다. 그들은 당당하게 죽음의 얼굴을 쳐다봅니다.

- 그들은 희망을 창조하는 시각에서 죽음을 쳐다봅니다.
- 그들은 죽음을 그리스도 안에서 모든 것들을 하나로 모으는 과정(엡 1:10) 안으로 들어가는 걸음이라고 생각합니다.

『십자가의 복음』

배반을 끌어안는 승리자

"이르되 주님 그러하나이다 내가 주님을 사랑하는 줄 주님께서 아시나이다.
이르시되 내 어린 양을 먹이라 하시고" _요 21:14

예수님이 체포되었을 때, 잡혀가시는 예수님을 따라 베드로만 혼자 담대하게 대제사장의 집으로 들어갔습니다. 그러나 누군가 베드로를 보고 예수님을 따르는 일당 중 한 명이라고 소리치자, 베드로의 용기는 비겁함으로 바뀝니다. 그는 즉시 자기와 예수님은 아무런 관련이 없다고 발을 뺐습니다. "내가 그 사람을 알았다면 차라리 나를 죽여주십시오." 얼마나 뻔뻔한 모습입니까? 얼마나 치사한 모습입니까? 조금 전까지 뭐라고 큰소리를 쳤습니까? "여기 모든 사람이 주님을 배반하고 버린다 할지라도, 나는 끝까지 당신을 따르겠습니다. 당신을 위해서라면 기꺼이 목숨도 내놓겠습니다."라고 하지 않았습니까?

마태가 복음서를 쓰면서 마음에 두고 있던 교회에-많은 그리스도인이 핍박과 박해의 압력 때문에 자신들이 섬기던 주님을 부인했던 교회에-베드로의 부인(否認) 이야기는 깊은 고뇌와 부끄러움, 그리고 많은 생각을 불러일으키기에 충분했습니다.

꼬리를 내리고 뒤로 움츠리며 물러갔던 그리스도인들은 베드로의 배반과 배신으로부터 위안을 받았습니다. 그들은 베드로의 옆에 서서, 때로는 베드로의 뒤에 숨어서, 베드로를 절대 내버리시지 않고 오히려 그를 감싸 안으시고 다시금 온전한 사귐으로 회복시켜 지도자의 위치로 올려놓으신 예수님을 보았던 것입니다.

왜 예수님이 그런 일을 하셨습니까? 예수님은 세상을 이기신 분이기 때문입니다. 그분은 가장 헌신되고 충성스러운 제자들 안에 있던 세상을 이기신 것입니다.

『생명의 복음』

십자가, 전 인류의 스캔들

"내가 복음을 부끄러워하지 아니하노니
이 복음은 모든 믿는 자에게 구원을 주시는 하나님의 능력이 됨이라." _롬 1:16

"십자가의 메시지, 즉 예수님께서 우리를 위해 죽으셔야만 했다는 메시지는 아직도 교회가 직면하는 가장 큰 걸림돌(스캔들)입니다. 우리는,

- 도덕적, 영적으로 파산했다는 소리를 듣고 싶지 않기 때문입니다.
- 십자가가 반드시 필요했다는 소리를 듣기 싫어하기 때문입니다.
- 그리스도께서 나를 위해 죽어야만 했다는 소리가 듣기 싫기 때문입니다.
- 사실 예수님께서 죽으실 필요가 없었을 것이라는 이런 말을 믿고 싶어 하기 때문입니다.
- 예수님께서 십자가형을 피하실 수 있었을 것이라는 말을 믿고 싶어 하기 때문입니다.
- 우리가 모두 그렇게 나쁘지는 않은 사람, "괜찮은 죄인"이란 소리를 듣고 싶어 하기 때문입니다.
- 사람은 본래 고귀한 존재라는 소리를 듣고 싶어 하기 때문입니다.

그러나 그분이 말씀하시기를, 인자는 많은 고난을 받은 후에 배척을 받아 죽임을 당하게 될 것이라고 하셨습니다. 예수님은 말씀하시기를, 나의 십자가는 하나님께서 부과하신 필수라고 하셨습니다.

바울은 말하기를, 대부분의 사람은 그리스도께서 십자가에 달리셨다는 복음을 부끄러워하지만, 자기는 그렇지 않다고 합니다. 왜냐하면, 그리스도께서 십자가에 달리신 일은 하나님께서 우리를 구원하시는 방식이었기 때문입니다.

『십자가의 복음』

기일(忌日)과 생일(生日)이 같은 종족

"너희 각자가 어린 양을 취할지니 각 가족대로 그 식구를 위하여 어린 양을 취하되" _출 12:3

출애굽이 시작되던 그 밤, 죽음의 천사들이 애굽의 장자들을 치던 밤, 그러나 문설주에 어린 양의 피를 바른 집은 죽음의 사자가 넘어갔던 (逾越, passover) 그 밤을 이스라엘 민족이 역사의 원년(元年)으로 삼았던 것을 생각해 보십시오. 하나님의 구원 행동은 이스라엘의 출생 원년을 결정짓는 유일한 동인이었습니다. 마찬가지로, 참 이스라엘인 교회와 그에 속한 그리스도인들은 예수 그리스도의 대속적인 죽으심을 통해 그들의 첫 생명, 첫 출생의 원년을 시작한 것입니다. 어린양이신 그리스도가 없이는 우리의 출생 기록도, 우리 삶의 역사도 시작될 수 없습니다. 하이델베르크 신앙교육문답서의 제1문항이 그것을 감동적으로 고백합니다.

"우리는 우리 자신들에게 속한 것이 아니라 우리의 신실한 구세주 예수 그리스도께 속해 있습니다. 이 사실이야말로 내가 소유할 수 있는 최상의 위로이며 최고의 힘입니다."

세례자 요한은 예수님을 하나님의 어린양이라고 부릅니다. 그가 예수님을 진정한 유월절의 어린양으로 보기 때문입니다. 그뿐이 아닙니다. 요한복음 전체도 그렇게 바라보고 있습니다.

- 보라, 유월절 어린양이로다!
- 보라, 도살장으로 끌려가는 어린양이로다!
- 보라, 세상 죄를 지고 가는 어린양이로다!
- 보라, 그분이 채찍에 맞으심으로 우리가 나음을 얻었도다!

『생명의 복음』

지금이라 불리는 이 시간에

"하물며 영원하신 성령으로 말미암아 흠 없는 자기를 하나님께 드린 그리스도의 피가 어찌 너희 양심을 죽은 행실에서 깨끗하게 하고 살아 계신 하나님을 섬기게 하지 못하겠느냐." _히 9:14

그리스도가 흘린 언약의 피는 곧 죽음인 동시에 생명의 상징이었습니다. 죽음이 죄로 말미암아 시작되었다면 그리스도의 죽음은 죄에 대한 속죄의 죽음이었고, 그 죽음은 동시에 생명을 가져오게 되었습니다. 그분의 심장을 이식받은 사람마다 새로운 생명이 약동하게 된 것입니다. 이러한 의미에서 '피'는 인간을 온전히 '씻어'주는 역할을 합니다. 새로운 심장을 이식받아 새로운 피를 수혈받고 온갖 더러웠던 혈관이 정결케 되고 깨끗해지는 것과 같습니다. 비로소 사람은 건강을 되찾아 새로운 제2의 삶이 시작되는 것입니다. 이것이 구원이 아니고 무엇이겠습니까? 그리스도의 성육신과 속죄 사역은 종말론적 사건입니다. "이제 자기를 단번에 제물로 드려 죄를 없이 하시려고 세상 끝에 나타나셨느니라"(히 9:26).

하나님의 최종적인 말씀으로 오신 그리스도께서는(히 1:1-2) 우리의 응답을 요구합니다. 하나님의 마지막 말씀이시기에 예수님은 종말 그 자체이십니다. 이제 그분께 어떻게 응답하고 반응하는가에 따라, 한 개인, 사회, 국가 그리고 인류 역사의 운명이 결정될 것입니다. "한번 죽는 것은 사람에게 정해진 것이요 그 후에는 심판이 있으리니."(히 9:27)라는 선언은 유일한 구원자이시며 하나님의 마지막 말씀이신 예수 그리스도에 대해 응답하라는 준엄한 촉구이기도 합니다.

지금이라 불리는 이 시간, 생명이 있는 지금 이 순간 우리의 영원한 제사장 되신 예수 그리스도께 응답해야 합니다. 이것이야말로 진정한 의미에서 인생을 책임감 있게 사는 길이기도 합니다.

『우리와 같은 그분이 있기에』

패배를 이기는 위대한 패배

"예수께서 대답하시되 기록된 바
주 너의 하나님께 경배하고 다만 그를 섬기라 하였느니라." _눅 4:8

사람은 힘과 권력에 대한 욕망이 원초적 본능처럼 강합니다. 힘이 있으면 무엇인가를 통제하거나 조절할 수 있기 때문입니다. 마귀가 예수님을 이끌어 높은 산으로 데리고 갔습니다. 그리고 세상의 모든 나라를 보여주었습니다. 만일 그가 자기에게 엎드려 절을 하고 자기에게 존경과 경의를 표한다면 그 모든 나라와 왕국을 주겠다는 것이었습니다.

사실상 마귀가 제공하는 것은 땅이나 나라들이 아닙니다. 지금 그는 그 안에서 자기 마음대로 힘과 세력을 누리고 싶어 하는 인간의 욕망에 호소하는 것입니다. 참으로 물리치기 어려운 시험입니다.

무엇인가를 움켜잡으려는 욕망은 야곱적인 본성입니다. 그가 지닌 수많은 소유는 그에게 큰 힘과 세력이 되어주었습니다. 그러나 얍복 강가에서 낯선 자로 나타난 하나님은 그의 움켜잡는 손을 펴게 하십니다. 치명적인 일격을 당한 그는 비로소 그 낯선 자의 바짓자락을 결사적으로 붙잡습니다. 이 '붙잡음'은 이전의 움켜잡음과는 전혀 다른 붙잡음이었습니다. 하나님을 절박하게 붙잡는 모습에서 우리는 새로 거듭나는 야곱을 보게 됩니다.

옛 야곱이 이스라엘이 된 것처럼, 참 이스라엘이신 예수님은 위대한 패배를 통해서 그의 권능이 가장 강해진 것입니다. "그의 권능이 약함 가운데서 온전하여졌다."라는 말이 이것을 가리킵니다. 사순절은 높음이 아니라 낮음을, 명예가 아니라 섬김을, 권세가 아니라 십자가의 길을 추구하는 계절입니다. 그리스도와 함께 죽는 길이야말로 그와 함께 사는 길임을 배우는 계절입니다.

『순례자의 사계』

4월

십자가와 부활

365 Biblical Meditation for Healing

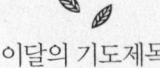
이달의 기도제목

자신을 통해 악을 마주 본다

"예수께서 …… 성령에게 이끌리시며 마귀에게 시험을 받으시더라." _눅 4:1–2

마귀는 우리의 연약함에 가장 호소력 있는 모습으로 위장하여 다가옵니다. 유혹은 학생들에게는 쉬운 학점으로, 교수들에게는 정년 보장이나 학문적 평판으로, 기독교인들에게는 마치 바리새인의 부드러운 음성, 즉 "나는 내가 저 사람들과 같지 않다는 것을 하나님께 감사드립니다."라고 말하는 목소리로 다가옵니다. 마귀와의 노골적인 대치국면이라면 가장 매력적이겠지만, 그러나 그것이 자신과의 대결로 찾아온다는 점에서 힘겹고 위험한 것입니다.

정교한 사회적 화장(化粧)을 통해 자신을 보호하거나, 자신들의 허영을 위장하려는 것이 우리이기 때문에 우리의 진솔한 영혼을 바라보는 것이야말로 우리가 깊이 생각해야 하는 자신과의 '대치'입니다. 우리 내면 밑바탕에 깔린 자신(ego), 야심과 야망 혹은 두려움 등과 직면하는 일입니다. 이것이야말로 궁극적으로 마귀와의 대결이며 마귀가 성육신하고 있는 악과의 대결입니다. 물론 그러한 내면의 고민과 갈등의 실제를 부인하는 것은 즐거운 일일지는 몰라도, 그렇다고 그것들이 사라지거나 없어지는 것은 아닙니다. 만일 삶이 회피에 의해 완전해지는 과정을 의미한다면, 수도원이나 기도원이 사람들로 가득 차야 할 것입니다.

그러나 예수님은 마귀를 피하시거나 그렇다고 마귀를 무시하거나 가볍게 생각하지 않았습니다. 마찬가지로 우리 역시 마귀의 실제나 악의 실제성을 과소평가하거나 우습게 생각해서는 안 될 것입니다. 예수님은 영적인 땀을 흘리는 고뇌 가운데 마귀와 다투셨고 그와 씨름을 하셨습니다.

『순례자의 사계』

파열된 심장

"그러므로 형제들아 우리가 예수의 피를 힘입어 성소에 들어갈 담력을 얻었나니
그 길은 우리를 위하여 휘장 가운데로 열어 놓으신 새로운 살(living) 길이요
휘장은 곧 그의 육체니라." _히 10:19-20

복음서의 가르침에 의하면, 특히 마태복음에 따르면 예수님의 죽으심을 통해 어둠이 온 땅을 뒤덮었고, 성전 휘장이 두 갈래로 찢어졌으며, 땅이 진동하고 바위가 깨어지는 종말론적 사건이 발생하였습니다(마 27:45-54). 이것은 옛 성전의 종말을 고하는 우주적인 사건이었습니다(겔 10:18-19). 히브리서에 의하면 예수님의 죽으심을 통한 성전 휘장의 '갈라짐'은 로마 병사들의 창에 의해 예수님의 심장이 '터지는' 사건(요 19:34)과 관련을 맺는 것으로 기록하고 있습니다.

분명히 히브리서는 성전 휘장을 그리스도의 육체를 가리키는 상징으로 해석하면서, 그리스도의 육체가 십자가에서 '열어졌다'라고 했습니다. 이러한 표현은 위에서 언급한 것처럼, 로마 군인들의 창에 의해 예수님의 심장이 '터진' 표현을 연상시키기에 충분합니다. 그러므로 예수님의 심장(가슴)이 새로운 성전이 된 것입니다. 그런 까닭에 예수님은 새로운 언약을 중재해 주시는 분이며 대제사장입니다.

따라서 세상의 모든 사람이—피부색이나, 사회적 계급이나, 남녀 성별에 상관없이—이곳으로 들어오도록 초청되고 있습니다. 그분은 죽음으로 죽음을 이기시고 공중의 권세 잡은 자를 무장 해제시킨 하나님의 거룩한 전사(戰士)이셨습니다. 그분의 죽음을 통하여 비로소 새로운 시대가 열리기 시작한 것입니다.

『우리와 같은 그분이 있기에』

너희에게 주기 전에 나는 먼저 찢겨야 했다

"이것은 너희를 위해 찢는 내 몸이다."_고전 11:24(유진 피터슨의 「메시지」)

성찬을 시행하면서 축하할 때마다 그리스도는 빵을 나눠 떼는 행위 가운데서 자기 자신을 우리에게 내어 주십니다.

- 성찬의 핵심은 빵이 아닙니다. 빵은 그리스도의 몸으로 변화하지 않기 때문입니다.
- 성찬의 핵심은 빵을 '찢는 것'입니다. 빵을 찢어 나누는 행위에 있습니다.
- 성찬에서 우리가 받아 드는 것은 온전한 빵이 아니라 '찢긴 빵'입니다.
- 찢겨진 빵은 그리스도의 찢긴 몸을 상징합니다.
- 찢긴 빵을 먹는 것은 우리가 그리스도에 동화되어 가는 방식을 상징하는 것입니다. 즉, 우리가 성찬에 참여할 때, 그리스도께서 우리에게 이렇게 말씀하십니다.

"이것은 너희를 위해 '찢긴' 내 몸이다. 내 몸은 너희를 위해 찢겨야만 했다. 이 빵을 통째로 먹어서는 안 된다. 이 빵은 먼저 작은 조각들로 찢어져야 한다. 그래야만 너희에게 소용이 있다."

그리스도께서 계속해서 말씀하십니다.

"이처럼 나를 너희에게 주기 전에 나는 먼저 찢겨야 했다. 나는 반드시 죽어야만 했다. 나는 죽기 위해 태어났다. 만일 너희가 내 찢긴 몸을 먹지 않으면, 나는 아무 소용없이 찢기고 있는 것이다. 찢기고 조각난 상태로 너희 삶 속에 온전하게 섞이지 않는다면, 나는 헛되이 찢기고 있는 것이다."

『십자가의 복음』

문은 닫혔는데 주님께서 들어오셔서

"제자들이 유대인들을 두려워하여 모인 곳의 문들을 닫았더니 예수께서 오사"_요 20:19

부활하신 예수님께서 닫혀 있는 문 안쪽으로 들어오셨습니다. 예수님과 그의 제자들 사이에 있던 문들입니다.

교회가 이 세상에 있어 오는 동안, 놀랍게도 교회 안에는 언제나 닫힌 문들이 있었습니다. 첫 번째 부활절 주일 저녁에 "제자들이 함께 모였을 때 유대인들이 두려워 문들을 닫고 있었습니다. 그때 예수님께서 그들 가운데 오셨습니다." 그렇습니다. 예수님은 우리의 두려움들로 인해 닫힌 문들을 통과하여 들어오신다는 것입니다.

두려움이 우리의 삶 속 깊이 들어와 있습니다. 그런데 그런 두려움은

- 우리의 정신을 쇠약하게 합니다.
- 우리로 하여금 다른 사람들에게 대항하여 살게 합니다.
- 우리의 삶을 궁지에 몰린 듯 살아가게 합니다.

그러므로 두려움은 항상 '안전'(安全)을 추구하게 합니다. 두려움은 마치 문들을 걸어 잠그고 모여 있던 제자들처럼, 생존하기 위해 모인 무리에게 안전을 추구하게 합니다. "샬롬!" 이것이 우리의 두려움에 대한 예수님의 대답이십니다. 두려워 떨고 있는 제자들에게 오신 예수님! 다시 말해서, '그분 자신'이 우리의 두려움에 대한 응답이요, 그분의 현존(現存)과 임재(臨在)가 우리의 두려움에 대한 그분의 대답입니다. 예수님께서 말씀하십니다.

- 이 세상이 너희를 결코 파괴하지 못하리라.
- 나는 '살아 있는' 자니라.

『순례자의 사계』

부활절에 드리는 기도문

"장사 지낸 바 되셨다가 성경대로 사흘 만에 다시 살아나사"_고전 15:4

생명의 주인이신 창조주 하나님이시여!
우리의 항아리를 깨뜨려 진실과 정직을 흘리게 하옵소서.
남김없이 나의 주님 그리스도께 붓게 하옵소서.
우리들의 향기로운 포도주를 쏟아 부어
생명의 잔치가 풍성하게 하옵소서.

하늘을 향해 꽃송이는 그 봉오리를 열고
봄날의 기쁨을 바라보고 있습니다.
대지는 동토의 낡은 옷을 벗기 위해
부활의 생명을 기다려왔습니다.

우리로 하여금 슬픔의 회색 옷을 벗어버리고
아름다운 생명의 연회복으로 갈아입게 하옵소서.
헝클어진 머리를 빗어 화관(花冠)으로 장식하게 하옵소서.

슬픔에 젖어 무거웠던 발걸음 대신 생기 있게 뛰게 하옵소서.
마음을 한껏 열어 낙락한 기쁨을
이 부활의 날에 맞게 하여 주옵소서.

오늘 이날부터 우리의 영혼이 아침마다 영원한 부활을 맞게 하시고
생명의 잔치로 우리를 풍요하게 하옵소서. 아멘.

『순례자의 사계』

어둠에 관한 것은 모두 과거의 일

"예수께서 이르시되 여자여 어찌하여 울며 누구를 찾느냐?" _요 20:15

동이 터오기 시작할 때 예수님은 마리아에게 나타나셨습니다. 아니 예수님께서 마리아에게 나타나실 때 동녘은 밝아 오고 있었습니다. 밤은 물러가고 있었던 것입니다. 요한복음서에 나타난 상징주의를 연구한 학자들에 의하면, 이것이 요한의 메시지의 일부분이라는 것입니다. 즉, 이제 아침이 영원토록 계속된다는 것을 선포하는 메시지라는 것입니다.

어둠은 지나갔습니다. 흑암은 과거의 일입니다. 믿는 자에게는 결코 어둠이 없을 것입니다. 부활하신 예수님의 빛은 어둠 속에 비춰졌으며 어둠이 그것을 이기지 못했습니다. 우리는 종종 이 사실을, 이 메시지를 잊어버리는 경향이 있습니다. 이제 아침이 영원토록 계속된다는 메시지 말입니다.

그러므로 우리가 해야 할 일이 있다면,

- 그녀의 눈물을 통하여 부활하신 예수님을 바라보고 있는 마리아의 이야기를 '기억'하는 것입니다.
- 예수님께서 첫 열매라는 사실을 기억하는 것입니다.
- 예수님은 장차 올 것들에 대한 '현재적 약속'이라는 이 사실을 '기억'하는 것입니다.

『하늘 나그네의 사계』

더 이상은 밤이 없는 나라가 도래한다

"야곱 족속아, 오라 우리가 여호와의 빛에 행하자." _사 2:5

요한복음에는 저녁이나 밤 장면들이 많이 나옵니다. 니고데모는 밤에 예수님을 찾아옵니다. 대제사장들과 바리새인들이 예수님을 죽이려는 음모를 꾸미고 있었을 때, 예수님은 마리아와 마르다와 나사로의 집에서 저녁식사를 하고 계십니다. 자신이 배반당할 것을 예수님 스스로 예고하신 최후의 만찬 때도 밤이 깊어가고 있었습니다. 유다가 군인들을 이끌고 예수님을 잡으러 왔던 겟세마네 동산의 밤도 역시 그랬습니다. 예수님이 십자가에 못 박힘을 당하시고 후에 백일(白日)이 무광(無光)하며 천지를 덮었던 어둠을 여러분은 기억하실 것입니다. 이것들 모두 어둠으로 덮인 장면들입니다.

그러나 어둠이 지나가면 더 이상 밤이 없을 것입니다. 부활의 아침에 돌아보는 어둠은 과거입니다. 아무리 세상이 어두워 보인다고 하더라도, 그리스도께서 이 세상을 통제(統制)하고 계십니다. 볼 수 있는 눈을 가진 사람들, 그리고 믿을 수 있는 가슴을 가진 사람들에게 다시는 어둠이 없을 것입니다. 결코, 그들에게는 진짜 어둠, 참으로 숨 막히게 하는 암흑이 더 이상 존재하지 않을 것입니다. 왜냐하면 빛이 어둠을 극복했기 때문입니다. 광명(光明)이 흑암을 정복했기 때문입니다.

- 이것이 부활의 메시지입니다.
- 이것이 부활절의 약속입니다.

밤은 영원히 사라졌습니다. 그리스도께서 태양과 같이 떠오르셨습니다.

『생명의 복음』

너희보다 먼저 갈릴리로 가시나니

"예수께서 너희보다 먼저 갈릴리로 가시나니 …… 너희가 거기서 뵈오리라." _막 16:7

그리스도께서 살아나셨다면,
그리스도께서 별들을 주관하고, 우주를 운행하신다면
그렇다면 그리스도는 우리도 주관하십니다.
그렇다면 그리스도는 항상 우리보다 먼저 가 계십니다.
그렇다면 내가 어디로 가든지, 내가 무엇을 하든지,
내가 누구에게든지 그분의 이름으로 말하거나 방문하든지,
그리스도는 언제나 나를 기다리고 계십니다.
그리스도는 나보다 먼저 그곳에 와 계십니다.
그렇다면 살아나신, 일어나신 그리스도는
바로 그 장소에, 그 방 안에, 그 대화 속에 이미 계십니다.
내가 오늘 아침 일어날 때마다, 천사의 메시지는,
"그리스도께서 이미 일어나셨다."라는 것입니다.
그분은 나보다 먼저 교회당에, 나보다 먼저 예배에 와 계신다는 것입니다.
거기서 나는 그분을 뵐 것입니다.

이것이 부활이 구체적으로 의미하는 바입니다. 즉, 우리가 어디로 가든지, 우리가 무엇을 하든지, 그리스도는 우리를 기다리고 계십니다. 우리는 언제나 부활하신 그리스도께서 이미 활동하고 계신다는 것을 기억해야 합니다. 그리스도께서는 언제나 우리보다 앞서 가십니다. 앞서 갈릴리로 가십니다. 그분이 말씀하셨던 대로 거기서 우리는 그분을 뵐 것입니다. 아멘.

『예수님을 따르는 삶』

부활을 묘사하기엔 세상의 말이 모자라다

"여자들이 몹시 놀라 떨며 나와 무덤에서 도망하고 무서워하여
아무에게 아무 말도 하지 못하더라."_막 16:8

부활은 마치 바다와 같습니다.
우리는 그 위로 걸을 수 없습니다.
우리는 그 위에 집을 지을 수 없습니다.
그것은 산과 같습니다.
우리는 그것을 통과해서 바라볼 수 없습니다.
우리는 그것을 넘어서 쳐다볼 수 없습니다.
우리는 그 뒤에 무엇이 있는지 알 수 없습니다.

　부활은 다른 세계에서 온 그 무엇입니다. 신비로 가득 차 있습니다. 부활에 직면해본 사람들은 그들의 눈과 귀와 마음의 역량을 넘어서는 그 무엇이라는 사실을 경험합니다. 사람들의 눈은 그것을 볼 수 없습니다. 사람들의 귀는 그것을 들을 수 없습니다. 사람들의 마음과 생각은 그것을 받아들일 수 없습니다.
　부활을 묘사한다는 것은 마치 숟가락으로 대양의 물을 푸는 것과 같이 불가능합니다. 아니면 30센티미터 자로 하늘을 측량하는 것과 같이 불가능합니다. 예수님의 부활에 대해 우리가 할 수 있는 일이라고는 그 부활에 대한 사람들의 반응을 설명하는 길밖에 다른 길이 없습니다. 이런 이유 때문에 마가는 예수님의 부활에 대해 여인들이 보여주었던 놀람과 비명을 기록하는 것입니다. 이런 이유 때문에 마가는 부활절 주일에 대한 첫 반응의 단어를 "기뻐하고 즐거워합시다!"가 아니라 "놀라지 마십시오."라고 한 것입니다.

『예수님을 따르는 삶』

나타나신 그대로 보기 원합니다

"내가 볼 때에 그의 발 앞에 엎드러져 죽은 자같이 되매" _계 1:17

그리스도의 회중으로서 매주일 모일 때마다 우리는 마음에 주님의 나타나심을 갈망하는 기도를 드립니다. "예수님을 보고 싶습니다!" "예수님을 보려고 나왔습니다."라고 기도하는 것입니다. 우리에게 자신을 기꺼이 '나타내시는 그분'(주현, 主顯)을 보려고 주일마다 교회로 오는 것입니다.

- 말구유에 있는 예수님만이 아니라, 십자가에 달리신 예수님을 보기 원합니다.
- 죽음 가운데서 살아나신 예수님만이 아니라, 하나님의 오른편에 즉위(卽位)하신 예수님도 보기 원합니다.
- "내 평안을 너희에게 주노라."라고 말씀하신 예수님만이 아니라, "내가 세상에 온 것은 평안이 아니라 칼이다."라고 말씀하신 예수님도 보기 원합니다.
- 지친 사람들에게 "오라!"라고 초청하시는 예수님만이 아니라, 그 제자들에게 "가라!"라고 하신 예수님도 보기 원합니다.
- 선한 목자 예수님만이 아니라, 심판주로 오실 예수님도 보기 원합니다.
- 나를 구원하실 '개인적 구원자' 예수님으로만이 아니라, 하나님께서 '교회의 머리'로 삼으신 예수님도 보기 원합니다.
- 유대의 수많은 길을 걸으시고 갈릴리 바다 물길을 노 저어 다니셨던 예수님만이 아니라, 태초에 하나님과 함께 계셨고 "모든 것들이 그를 통해 창조되고"(요 1:3), "만물을 함께 묶는"(골 1:17) 바로 그 예수님도 보기 원합니다.
- 복음서들과 서신서들의 예수님만이 아니라, 율법서와 예언서들과 시편과 사도행전과 요한계시록의 예수님도 보기 원합니다.

『순례자의 사계』

그가 죽던 그날 내가 살아났다

"하나님이 죄를 알지도 못하신 이를 우리를 대신하여 죄로 삼으신 것은 우리로 하여금 그 안에서 하나님의 의가 되게 하려 하심이라."_고후 5:21

바라바 예수는 감옥에 갇혀 사형집행일만 기다렸습니다. 죄목은 방화, 강도, 선동, 살인이었습니다. 독방에 갇혀 있던 어느 날, 바깥에서 군중의 무서운 외침이 그의 귀를 세차게 때렸습니다. "죽여라, 그를 죽여라!" 광풍 노도와 같은 군중의 분노의 함성에 강철 같았던 바라바 예수의 마음도 무너지기 시작했습니다. 오늘이 생을 마감해야 할 날이라는 생각이 들자 그는 독방에 털썩 주저앉았습니다. 잠시 후 감옥 복도로 로마 군인의 육중한 군화 소리가 들렸습니다. 죽음의 사자가 가까이 오는 소리였습니다. 천하를 주름잡던 바라바 예수의 눈가에도 이슬이 맺혔습니다.

"어서 이리 나와!" 잠시 적막의 순간이 흘렀습니다. 기어들어가는 소리로 바라바 예수가 "예."라고 대답을 합니다. "석방이다." "예? 뭐라고요?" "석방이란 말이다." 바라바 예수는 혼란스러웠습니다. 조금 전 바깥에서 들린 소리가 무엇이었던가? 아니 지금 내 귀에 들린 소리가 무엇이란 말인가? 그런데 석방이라고? 숨이 멎는 듯했습니다. 그가 로마 군인에 의해 끌려서 감옥 바깥으로 나오자, 그는 이제야 사실이 뭔지 알게 되었습니다. 군중은 아직도 "죽여라, 예수를 죽여라!"라고 외치고 있었습니다. 그들이 말하는 예수는 "바라바 예수"가 아니라 "나사렛 예수"였습니다. 나사렛 예수는 바라바 예수를 대신하여 죽게 된 것입니다.

그렇습니다. 예수라고 해서 다 똑같은 예수는 아니었습니다. 오직 나사렛 예수만이 구원자가 되신 것입니다. 그날 바라바 예수는 놀라운 은혜가 무엇인지 알게 되었습니다. 누군가 나 대신 죽는다는 사실 말입니다. 나사렛 예수가 죽는 날이 바라바 예수가 태어난 날이 되었습니다.

〈무지개 성서교실〉

죽음에서 생명을 불러오시는 분

"예수께서 마리아야 하시거늘 마리아가 돌이켜 히브리 말로 랍오니 하니 ……
막달라 마리아가 가서 제자들에게 내가 주를 보았다 하고" _요 20:16, 18

미국의 장로교회 목사인 존 킬링거(John Killinger)가 그의 설교 중에 들려주는 어떤 여인에 관한 이야기입니다. 그 여인은 킬링거 목사의 교인이었습니다.

그녀는 아주 일찍 결혼해서 어린 아기 하나를 두고 있었습니다. 어느 날 그녀의 남편이 그녀를 버렸습니다. 아이와 남겨진 그녀는 의지할 버팀목을 잃고 휘청거리는 날을 보냈습니다. 절망에 빠진 그녀는 은행에 가서 예금통장에 몇 푼 남지 않은 돈을 모두 찾았습니다. 그리고 국립공원을 찾아가 엿새 동안 걷기도 하고 산에 오르기도 하다가 바위에 앉아 이런저런 생각을 하기도 했습니다. 도저히 감당하기 어려운 삶의 무게가 짓누르는 걸 느꼈습니다.

엿새째 날이 되었을 때, 오후에 그녀는 넓은 바위 위에 자리를 잡고 앉았는데, 바위에서 풀 한 포기가 자라는 것을 보았습니다. 그것은 기적이었고 경이였습니다. 죽은 돌에서 생명이 자라는 기적 말입니다. "아, 이것이 내게 온 메시지구나!" 하고 그녀는 중얼거렸습니다. 그녀는 그때의 경험을 이렇게 기록하고 있습니다. "나는 시간이 걸리더라도 내 메마른 존재에 다시 싹이 움트고 열매를 맺게 될 것이라는 확신을 그때 갖게 되었습니다. 나는 하나님이 내 안에서 무언가를 자라게 하고 계신다는 확신을 하게 되었습니다. 마치 저 바위에서 풀 한 포기가 자라는 것처럼 말입니다. …… 그 사건은 제 인생의 전환점이 되었습니다. 저는 다시 집으로 돌아가 새로운 삶을 살게 되었습니다. 죽음에서 생명을 불러오시는 분이 하나님이심을 알았기 때문입니다."

그녀가 발견한 것은 마리아가 부활의 아침에 본 바로 그것이었습니다.

『생명의 복음』

하나님은 더 이상 그곳에 계시지 않다

"두 사람이 이르되 어찌하여 살아 있는 자를 죽은 자 가운데서 찾느냐?"_눅 24:5

이스라엘 백성들의 눈에 광야는 버림받은 장소였습니다. 따라서 그들에게 남은 선택은 두 가지 중의 하나였습니다. 지금 광야에서 이대로 죽든지, 아니면 애굽으로 돌아가 살든지 하는 것입니다. 그들이 볼 때 이 죽음의 땅에서 살아남는 길은 현재를 버리고 과거로 돌아가는 것이었습니다.

그러나 모세의 대답은 분명했습니다. "당신들은 틀렸소!" 그렇다면 해답은 무엇입니까? 그에 대한 해답은 이것입니다. "과거로 돌아가는 것도 아니고 그렇다고 현재 상태로 죽는 것도 아니다. 지금 여기서 믿든지 아니면 지금 여기서 죽든지 하는 것이다! 애굽으로 돌아가는 것이 아니라, 진군하라는 하나님의 명령에 순종하는 것이다!"

현재의 삶이 수많은 문제로 얼룩져 있고, 미래는 더더욱 암울해 보일 때, 우리는 "과거가 지금보다 훨씬 더 나았어! 과거가 현재의 문제들에 대한 대답이야!"라고 생각하고 싶은 유혹을 받습니다. 사실상 좋지 않았는데도, 기억을 미화(美化)하는 시간의 길을 거슬러 '좋았던 옛 시절'로 돌아가고 싶은 유혹을 받습니다. 옛날의 안정적인 종교로 돌아가고픈 생각이 듭니다.

그러나 과거에 대한 그러한 동경은 '기독교적 낭만주의'에 불과합니다. 우리는 과거 속에서 하나님을 찾을 수 없습니다. 하나님은 더 이상 그곳에 계시지 않습니다. 그분은 계속해서 앞을 향해 움직이시는 분입니다. 그분은 과거에서 나오셔서 그의 백성들과 함께 계시기 위해 여기, '현재 속'으로 들어오십니다.

『영혼의 겨울에 부르는 희망의 교향곡』

14 April

하나님의 영이 시작한 신생(新生)

"주 여호와께서 이같이 말씀하시기를 생기야 사방에서부터 와서 이 죽음을 당한 자에게 불어서 살아나게 하라." _겔 37:9

부활하시던 날 저녁에, 예수님은 두려움에 사로잡혀 문을 걸어 잠그고 한곳에 모여 있었던 제자들에게 나타나셨습니다. "예수님께서 살아나셨다!"라는 복음으로 이 세상을 어떻게 뚫고 들어가야 할지 모른 체, 그저 두려워하고 있던 제자들에게 나타나신 것입니다. 예수님께서 그들에게 그들이 해야 할 새로운 임무는 오로지 주님의 능력 안에서 수행될 수 있다는 것을 가르쳐 주셨습니다. 그렇다면 주님의 능력이 무엇입니까? 이것을 보여주시기 위해 예수님은 제자들을 향해 '숨'을 내쉬면서 "성령을 받아라!"(요 20:22)라고 말씀하신 것입니다.

에베소 교인들에게 보낸 편지 가운데 사도 바울은, 그들이 한때 그들의 죄 안에서 죽었지만, 하나님께서 그리스도 안에서 그들을 살리셨다고 말했습니다(엡 2:1,5). 사도 바울은 로마서에서 덧붙여 말하기를, '생명의 성령'이 사람을 죄와 죽음에서 해방한다고 밝혔습니다(롬 8:2). 하나님의 영이 주도권을 잡고 시작한 신생(新生)의 절정 단계는 죽은 자들 가운데서 예수님을 살리신 성령님께서 우리의 몸들에 생명을 주시게 될 때입니다(롬 8:11).

에스겔의 말씀들은 포로로 잡혀 이방 땅에 살고 있던 이스라엘에게 하신 말씀들입니다. 그러나 생명을 주시는 하나님의 영에 대한 이해는 구원 역사 전체를 통해 모든 민족과 백성들에게 확대되어 갔습니다. 이제 모든 그리스도인은 생명을 주시는 하나님의 영을 경험하게 된 것입니다. 하나님의 영은 죄와 죽음에서 우리의 영혼들을 새롭게 하여, 그리스도의 죽음과 부활에 근거한 새 생명으로 옮겨 가십니다. 그뿐 아니라 새롭게 하시는 하나님의 영은 피조 세계 전체를 새롭게 하실 것입니다.

〈무지개 성서교실〉

착각을 깨뜨리는 'NO'

"무덤에 들어가 보니 세마포가 놓였고 또 머리를 쌌던 수건은
세마포와 함께 놓이지 않고 딴 곳에 쌌던 대로 놓여 있더라." _요 20:6-7

무덤이 빈 것을 발견한 마리아는 베드로와 요한에게로 달려갑니다. 그리고 소식을 전합니다. "사람들이 주님의 시신을 치웠습니다. 그들이 어디에 두었는지 모르겠습니다." 그러자 제자들이 무덤으로 급히 달려갔습니다. 왜냐하면,

- 그들 역시 예수님을 위하여 무엇인가를 해야 한다고 생각했기 때문입니다.
- 그들은 예수님이 살아 계실 때 그분을 위해 하지 못했던 것을 지금이라도 하기를 원했기 때문입니다.
- 지금 그들은 돌아가신 예수님을 보호하기를 원하는 것입니다.

베드로와 요한은 무덤에 도착하여 무덤이 텅 비었다는 사실을 발견하고 아연실색하지 않을 수 없었습니다.

- 그들은 예수님의 시신을 쌌던 것들이 원래의 상태대로 놓여 있는 것을 보았습니다.
- 예수님의 몸은 수의(壽衣)를 건드리지 않고 그대로 통과하셨던 것입니다.

빈 무덤과 텅 빈 수의에 관한 이야기는, 예수님을 인간의 보호와 구금(拘禁)과 관리 아래 두려는 모든 노력에 대한 하나님의 단호한 "NO"입니다. 이 이야기는 마리아와 베드로와 요한에게 말씀하신 것처럼 우리에게도 말씀하십니다. "당신들은 예수님이 여러분의 도움과 보호를 필요로 한다고 생각하는 것 같은데, 천만의 말씀이오. 예수님은 여러분의 도움이 없어도 자신을 추스르시는 분입니다!"

『아버지를 떠나 자유를』

회복과 갱신의 날이 오고 있다는 징조

"예수께서 이 첫 표적을 갈릴리 가나에서 행하여
그의 영광을 나타내시매" _요 2:11

선지자 이사야는 오래전에 다음과 같이 노래한 적이 있습니다.

나 여호와가 시온의 모든 황폐한 곳들을 위로하여
그 사막을 에덴 같게
그 광야를 여호와의 동산 같게 하였나니
그 가운데에 기뻐함과 즐거워함과
감사함과 창화(唱和)하는 소리가 있으리라(사 51:3).

하나님이 자기 백성을 구원하려고 오실 때 가뭄과 가시덤불과 엉겅퀴가 제거될 것이며, 하나님의 복이 마치 비료처럼 땅을 기름지게 해서 풍성한 곡물을 생산하게 할 것이라고 예언자들은 선언했습니다. 삶과 생명을 위협하던 모든 것, 우리로 하여금 가난한 목숨을 부지(扶持)하게 했던 비우호적이고 적대적인 세력을 모두 제거하실 것이라는 말씀입니다. 그리고 낙원의 풍요함으로 다시금 이 땅을 복되게 하실 것이라는 말씀입니다.

예수님이 주신 참 좋은 포도주, 이 갑작스럽고도 예기치 못한 선물은 징조(徵兆, sign)이며 약정(約定, pledge)의 표시였습니다. 무엇에 대한 약조물(約條物)이며 징조입니까? 회복과 갱신의 날이 오고 있다는 징조입니다. 하나님이 자신의 약속을 이루실 것이라는 약정의 표현입니다. 그리고 그 질 좋은 포도주 선물은 하나님이 예수님을 통해 그 약속을 이루실 것이라는 약속에 대한 첫 불입금(拂入金, down payment)입니다. 이것이 제자들이 결혼식에서 보았던 예수님의 영광이었습니다.

『생명의 복음』

그리스도의 일식(日蝕) 현상

"이르시되 너희에게 무엇을 하여 주기를 원하느냐?"_막 10:36

사람들은 종종 과도한 양의 종교를 투약받습니다. 사람들은 종교적 텔레비전을 보고, 종교적 라디오 프로그램을 청취합니다. 종교적인 책이나 잡지를 구독하거나 읽습니다. 그러다가 어느 날 종교적 예수가 진짜 예수님을 대체합니다. 진짜 예수님은 사라져버리는 것입니다. 이것이 제목으로 내세운 "그리스도의 일식 현상"입니다. 일식(日蝕)이나 월식(月蝕) 현상은 천체가 다른 천체를 가리는 현상을 가리킵니다. 종교적인 예수가 성경에서 말하는 진짜 예수님을 가리게 된다는 것입니다.

사람들은 종종 종교를 과량 섭취합니다. 이렇게 하는 일이 매우 신앙적이고 종교적인 것처럼 보이기 때문입니다. 그러나 그러는 사이에 그분의 사명이 무엇인지 잊어버리게 됩니다. 예수님께서 정말로 누구인지 보지 못하게 됩니다. 예수님께서 정말로 무엇을 하시고 계시는지 알지 못합니다. '보는' 데 실패하는 것입니다.

예수님은 언제나 잘못된 이유로 팔리곤 합니다. 언제 그런 일이 일어날까요? 예를 들어보겠습니다. 예수님 때문에 사람들이 마약에서 손을 떼게 될 때, 예수님 때문에 폭주하던 사람이 술을 끊게 되었을 때, 예수님 때문에 병든 사람이 건강하게 되었을 때, 사람들은 예수님의 이름을 칭송하고 찬양합니다. 바로 이렇게 예수님에 대한 평판과 명성이 날릴 때, 예수님은 잘 팔리는 상품이 되고, 이것이 잘못된 이유에서 예수님이 팔린다는 뜻입니다. 왜냐하면, 이럴 경우 종종 우리는 예수님이 정말로 누구인지, 그분이 정말로 무엇을 하고 계시는지 올바로 볼 수 없기 때문입니다. 그럴 때 우리는 예수님을 올바로 '인식'하지 못하게 됩니다.

『예수님을 따르는 삶』

하나님이 항상 주어(主語)이다

"그는 허물과 죄로 죽었던 너희를 살리셨도다." _엡 2:1

루터 당시의 교회는 복음을 일련의 "마땅히 행할 것들"로 덮었습니다. 그 당시 교회는 말했습니다.

- 당신이 '먼저' 해야만 한다.
- 당신은 도덕적이고, 깨끗하고, 올바르게 살아야 한다.
  그러면 '그 후에' 하나님께서 당신에게로 내려오신다.
  그러면 하나님께서 당신에게 자비를 베푸시고, 당신을 받아주신다.

루터의 위대한 발견은, 이런 순서가 뒤집혔다는 사실이었습니다.

- 하나님께서 우리를 받아주시는 것이 먼저다.
  그 후에 우리는 우리를 받아주시는 하나님의 손길을 받아들이는 것이다.
- 하나님께서 우리를 감싸 안아주시고, 사랑하시는 것이 먼저다.
  그 후에 우리가 하나님을 감싸 안고, 그 후에 우리가 사랑하는 것이다.

이것이 복음의 핵심입니다. 이것이 종교개혁의 핵심입니다.

- 하나님을 앞에다 놓는 것입니다.
- 그리스도를 앞에다 놓는 것입니다.
- 그분이 먼저 하셨음을 고백하는 일에 대한 것입니다.

"우리가 아직 하나님의 원수들이었을 때, 하나님은 이미 그 아들의 죽음을 통하여 우리와 화해하셨습니다"(롬 5:10).

『하늘 나그네의 사계』

일생을 통해 알아가는 분

"영생은 곧 유일하신 참 하나님과 그가 보내신 자
예수 그리스도를 아는 것이니이다." _요 17:3

요한에 따르면 하나님을 아는 것과 예수 그리스도를 아는 것은 동일합니다. 아버지와 아들이 하나이기 때문입니다.

우리는 예수님을 알고 있습니까? 네, 그렇습니다. 그러나 동시에 그렇지 않기도 합니다. 우리는 예수님을 잘 모릅니다. 평생에 걸쳐 우리는 예수님을 알아갑니다. 예수님을 알려면 우리의 삶 전부가 필요합니다. 그분은 우리가 걸어가야 할 길이요, 우리가 추구해야 할 진리요, 우리의 유일한 생명이요, 세상의 빛이요, 생명의 양식이요, 부활과 생명이신 분입니다.

우리의 삶 전부를 통과해야만 그분을 알아갈 수 있습니다. 그분과 함께 살면서 그분을 알아갈 수 있는 것입니다. "내 아버지가 나를 아시고 내가 아버지를 아는 것처럼, 나는 내 양을 알고 내 양은 나를 안다."라고 우리에게 말씀하신 그분을 알려면 우리의 삶 전체가 필요합니다.

여러분은 얼마 동안 예수님을 알고 지냈습니까? 그분을 아신 지 얼마나 됐습니까? 10년, 30년, 50년, 70년, 아니면 80년 동안 그분에 대해서 들었습니까?

이 모든 날 동안 우리는 예수님에 관해 많은 이야기를 들었습니다. 그분에 관해 많은 설교를 들었습니다. 그분께 수많은 기도를 드렸습니다. 그분을 노래하고 찬양했습니다. 그분께 고백해 왔습니다. 그렇다면 여러분은 정말로 예수님을 아십니까? '네' 그리고 '아니요'일 것입니다. 왜냐하면, 예수님이 하나님과 똑같은 분이시라는 사실을 깨닫는 데 평생이 걸리기 때문입니다.

『생명의 복음』

이해할 수 없는 분

"나를 본 자는 아버지를 보았거늘 어찌하여 아버지를 보이라 하느냐."_요 14:9

그분에게는 우리가 다 파악하거나 이해할 수 없는 신비와 비밀이 있습니다. 설교의 왕이라고 불리는 미국의 위대한 설교자 가드너 테일러(Gardner Calvin Taylor)는 이렇게 말했습니다.

그는 다른 사람의 아기 침대(마구간) 안에서 잠을 잤지만, 다른 사람의 배를 타고 노를 저었지만, 다른 사람의 당나귀를 탔지만, 다른 사람의 무덤을 빌려 묻혔지만, 이 땅과 그 가운데 충만한 것 모두가 그의 것이며 수천수만의 언덕과 초원을 거니는 모든 가축도 그의 것입니다.

갓난아기였을 때 그는 왕을 놀라게 했으며, 소년이었을 때 성경학자들을 어리둥절하게 만들었으며, 어른이 되었을 때 분노한 폭풍을 잠잠하게 하였고, 바다를 조용히 만들었습니다. 그의 온유한 명령 한마디에 폭풍은 꼬리를 내리고 잠들었습니다. 그는 책을 쓴 일이 없지만, 세상의 모든 도서관은 그에 관해 쓰인 책들을 다 소장할 수 없을 정도입니다. 그는 음악을 작곡한 일이 없지만, 위대한 작곡가들에게 영감을 불어넣어 그들의 모든 재능을 불러 모아 그의 발 앞에 내려놓게 했습니다.

헤롯은 그분을 죽일 수 없었습니다. 사탄은 그분을 유혹할 수 없었습니다. 죄는 그분에게 감히 대적할 수 없었습니다. 죄인들은 그분을 거절할 수 없었습니다. 죽음은 그분을 파괴할 수 없었습니다. 무덤은 그분을 붙잡아둘 수 없었습니다. 왜냐하면, 그분과 하나님이 같은 분이기 때문입니다. 그분을 본 사람은 아버지를 본 것입니다. 아멘.

『생명의 복음』

식탁에 계속 앉아 있을 수는 없다

"곧 그때로 일어나 예루살렘에 돌아가 보니 열한 제자 및 그들과 함께 한 자들이
모여 있어 말하기를 주께서 과연 살아나시고 시몬에게 보이셨다 하는지라."_눅 24:33-34

예수님을 인식하는 순간이 오자, 제자들의 활동 무대는 더 이상 식탁 주위가 아니었습니다. 제자들은 그날 저녁 나머지 시간을 더 이상 식탁에 머물러 있지 않았다는 말입니다. 그들은 식탁 위에 놓인 포도주 잔을 위로 들면서, "야! 엄청난 경험이었어! 이러한 황홀한 종교 경험이 도대체 꿈인가 생시인가? 너무나도 놀라운 일이야!"라고 말하지 않았습니다. 그렇습니다!

- 예수님께서 그들 앞에서 사라졌을 때, 교회로 모이는 일이 끝이 났을 때,
- 주의 만찬이 지켜졌을 때, 하나님의 말씀이 설교되었을 때,

그리스도인의 행동 영역은 바뀌게 됩니다. 더 이상 그들은 교회 안에, 성찬 식탁 둘레에 언제까지나 머물러 있을 수는 없습니다. 예수님의 부활에 대한 진리와 소식을 가두어 놓을 수는 없기 때문입니다.

부활하신 예수님을 알아본 사람들, 죽음에서 일어나신 예수님을 인식한 사람들은 그분의 증인이 됩니다.

- 그들은 나가 다른 사람들에게 입을 열어 말합니다.
- 그들은 나가 다른 사람들에게 입을 열어 전합니다.

"예수님은 다시 사셨습니다. 그분은 지금 살아계십니다. 우리도 그분처럼 새 생명으로 살아났답니다. 죽음아, 너의 쏘는 것이 어디 있는가?" 그들은 담대하게 외칩니다.

『순례자의 사계』

새 예루살렘을 위한 파괴

"여호와께서 이와 같이 말씀하시기를 보라 나는 내가 세운 것을
헐기도 하며 내가 심은 것을 뽑기도 하나니 온 땅에 그리하겠거늘"_렘 45:4

하나님은 예수님을 성탄절에 심으셨고, 수난 주간 성금요일(Good Friday)에 예수님을 뽑으셨습니다. 예수님을 뽑으신 일(고난)은 무엇을 의미합니까? 하이델베르크 신앙교육서는 그 질문에 이렇게 대답합니다.

> 마지막 순간에 예수께서 모든 인류의 죄를 향한 하나님의 분노를 자신의 육체와 영혼으로 친히 겪으셨습니다. 그분이 이렇게 고난을 당하신 것은 자신의 고난을 오직 유일한 속죄의 희생으로 삼으시어 우리의 육체와 영혼을 영원한 정죄로부터 자유케 하며, 우리로 우리 자신을 위하여 하나님의 은총과 의와 영원한 생명을 얻게 하기 위함입니다(15번째 주일, 질문과 대답 37번).

이것이 예레미야 45:4의 깊은 의미입니다. 예수님이 허물어지신 것은 우리가 새롭게 지음 받기 위해서였고, 예수님이 뽑히신 것은 우리가 심겨지기 위해서였습니다. 도축장으로 끌려가는 양처럼, 털 깎는 자 앞에서 잠잠한 양처럼 예수님은 우리를 대신하여 뽑히는 것을 허락하셨고, 우리를 대신하여 깨어지는 것을 허락하신 것입니다.

예수 그리스도, 그분은 우리의 신뢰자이십니다. 그분은 우리를 대신하여 짐을 지셨습니다. 십자가는 하나님이 우리와 함께 끝까지 동행하시겠다는 가시적 서약이며 증표입니다. 우리를 향한 하나님의 헌신이야말로 우리가 기댈 수 있는 마지막 언덕입니다. 그러므로 그분의 손안에 우리의 삶을 맡기는 일이야말로 지극히 지혜롭고 현명한 일입니다. 하나님이 우리를 위해 자신의 아들을 아끼지 않으셨다면, 우리 삶과 생명을 귀하게 여기신다는 것은 의심할 필요가 없는 사실이기 때문입니다. 아멘.

『인간의 죄에 고뇌하시는 하나님』

그분을 '그 인자'로 믿는다면

"하늘에서 내려온 자 곧 인자 외에는 하늘에 올라간 자가 없느니라."_요 3:13

예수님은 제자들에게 복음을 선포할 때에 경험할 수 있는 핍박과 그것을 대처하는 마음가짐에 대해 말씀하십니다. "몸을 죽이는 자들을 두려워 마라. 몸과 영혼을 지옥에 던져 죽일 수 있는 그분을 두려워하라." "두 마리의 참새가 동전 한 닢에 팔리지 않느냐? 그러나 그들 중 하나도 너희 아버지 하나님이 없이는, 즉 하나님이 모르시는 가운데는 땅에 떨어지지 않는다. 그러므로 두려워 마라. 너희는 많은 참새보다 더 귀중하지 않으냐?"

예수님은 파도 위로 걸어오시며, 두려움에 사로잡힌 제자들에게도 말씀하십니다. "안심하라, 두려워 마라. 나다! 무서워 마라!" 또한, 예수님은 딸이 죽었다는 소식을 들은 회당장 야이로에게 말씀하십니다. "두려워 말고 오직 믿으라!" 예수님이 제자들에게 말씀하십니다. "너희 목숨을 위하여 걱정하지 마라." "무엇을 먹을까, 무엇을 마실까, 무엇을 입을까 걱정하지 마라."

여러분이 예수님을 다니엘 7장에서 말하는 '그 인자'로 믿는다면, 삶에 필요한 가장 큰 변화는 나의 모든 것을 그분께 맡기는 것입니다. 모든 근심과 염려와 걱정을 인자인 그분께 맡기는 것입니다. 왜냐하면, 그분은 만유의 주님, 만왕의 왕이시기 때문입니다. 예수님의 왕적인 다스림은 모든 것 위에 미치는 포괄적인 권세입니다! 예수님은 만주의 주님, 만왕의 왕이십니다! 여러분이 정말로 그분을 믿는다면, 왜 걱정하며 두려워하십니까? 왜 근심하고 염려하십니까?

『생명의 복음』

그 앞에선 그 누구도 앉아 있을 수 없다

"이에 성소 휘장이 위로부터 아래까지 찢어져 둘이 되고 땅이 진동하며 바위가 터지고 무덤들이 열리며 자던 성도의 몸이 많이 일어나되" _마 27:51-52

예수님께서 죽으실 때,

- 아무것도 그대로 남아 있는 것이 없었습니다.
- 태양은 그 '신성'(神性)을 무장해제당했습니다.
- 성전은 그 '거룩성'을 무장해제당했습니다.
- 땅은 그 '안전성'을 무장해제당했습니다.
- 죽음 그 '권세'를 무장해제당했습니다.

모든 것이 다 그 왕좌에서 끌려 내려와 폐위되었습니다. 모든 것이 다 비(非) 우상화 되었습니다. 모든 것이 다 비(非) 신화화 되었습니다. 왜 그렇게 되었습니까? 예수님께서 죽으실 때, 왜 태양과 성전과 땅과 죽음이 그들의 권세와 세력을 내어놓고 항복해야만 했습니까?

예수님의 죽으심과 함께 하나님 나라가 이 땅에 영원히 수립되었다는 증거로, 성전의 휘장이 두 폭으로 찢어지고, 땅이 요동하고 흔들리고, 죽음이 죽은 성도들의 시신을 내어놓고 있다고 복음서는 우리에게 전해줍니다. 그뿐 아니라, 로마의 한 장교가 고백합니다. "정말로 그는 하나님의 아들이셨습니다."라고 말입니다.

그러므로 심지어 예수님의 시신이 십자가에서 내려오기 전에 이미 십자가는 그 능력을 드러내고 있었던 것입니다. 십자가는 구원을 이루시는 하나님의 능력임을 입증하였던 것입니다. 누구에게요? 믿음을 가진 자는 누구에게든지, 유대인 먼저 그리고 이방인에게, 십자가는 구원을 이루시는 하나님의 능력임을 입증하였던 것입니다.

『하늘 나그네의 사계』

견딤이 없이 기다릴 수 없다

"너희에게 인내가 필요함은 너희가 하나님의 뜻을 행한 후에 약속하신 것을 받기 위함이라. 잠시 잠깐 후면 오실 이가 오시리니 지체하지 아니하시리라." _히 10:36-37

"오직 나의 의인은 믿음으로 말미암아 살리라." 환난을 당하던 당대의 하나님의 백성을 향하여, 하박국 선지자가 하나님의 간섭이 있을 것이며, 그분이 오시면 환난 가운데서도 믿음을 저버리지 않고 지킨 하나님의 신실한 백성을 친히 변호해 주시고 대변해 주실 것이라고 외쳤던 것처럼, 히브리서 저자도 장차 오실 메시아 재림의 때에도 그리스도를 향한 충성과 믿음 때문에 이 세상에서 환난과 고난을 당하나 오히려 그것을 기쁘게 여겼던 하나님의 신실한 백성에게 영원한 생명이 상급으로 주어질 것이라고 격려하고 있습니다. 이렇게 하박국 선지자의 유명한 구절을 인용하고(히 10:38) 있는 히브리서 저자의 의도는 다음과 같습니다. "의인이란 하나님의 뜻을 행하여 하나님과 바른 관계에 있는 사람이며, 그 뜻을 행하기 위하여 그 어떠한 고난도 견디고 참아 내는 것이 곧 믿음이며, 그런 믿음 안에서 계속 삶을 이어나가야 한다."라는 권고입니다.

히브리서 저자의 권면은 지금도 '길 위에 있는 그리스도인들에게' 계속되고 있습니다. 예수 그리스도의 주 되심을 부인하도록 하는 그 어떠한 환경에서도 견뎌 내라는 것입니다. 그는 우리에게 말합니다. "들으시오, 여러분이여! 뒤로 물러나지 마십시오. 움츠러들지 마십시오. 앞을 향하여 신실하게 나아가십시오. 잠깐 후면 우리의 신실함을 변호하시고 입증하시고 선언하실 주님이 오실 것입니다. 변함이 없는 신실한 그리스도인들이 되십시오."

『우리와 같은 그분이 있기에』

그리스도를 본받아 – 겸손

"너희가 부르심을 받은 일에 합당하게 행하여 모든 겸손과 온유로 하고" _엡 4:1-2

바울은 하나님의 부르심에 합당한 삶이 무엇인가에 대해 설명하는 중에 그 첫 번째로 '온전한 겸손'을 말합니다. '가라앉은 기상'으로 생각한다는 뜻의 이 '겸손'이란 단어는 당시 그리스 문화에서는 칭찬받지 못할 덕목이었습니다. 그리스인들은 으뜸이 되는 일에 매우 열정적이었으며, 자기표현을 중요시했고, 다른 사람과 비교해서 뛰어나기를 열망했습니다. 그들이 볼 때 그리스도인의 덕인 '겸손'은 삶의 낙오자들에게서나 발견되는 혐오스러운 특징이었습니다. 그들에게 '겸손'(humility)은 '비굴'(humiliation)과 동의어였습니다. 그러나 기독교 신앙은 겸손을 제일의 덕으로 꼽습니다. 예수 그리스도의 성육신이 겸손의 본보기이기 때문입니다. 사도 바울이 빌립보서 2:5-8에서 말했습니다.

> 때가 되자, 그분은 하나님과 동등한 특권을 버리고
> 종의 지위를 취하셔서, 사람이 되셨습니다!
> 그분은 사람이 되셔서, 사람으로 사셨습니다.
> 그것은 믿을 수 없을 만큼 자신을 낮추시는 과정이었습니다. (유진 피터슨, 『메시지』)

자기를 내려놓는 일, 자기를 비우는 일, 자기를 부인하는 일, 자기의 고집과 아집을 떨쳐버리는 일, 이것이 겸손의 화신이신 그리스도가 하신 일입니다. 그렇다면 그리스도의 제자들 역시 그분의 방식을 따라야 하지 않겠습니까?

『통일의 복음』

그리스도를 본받아 - 온유

"너희가 부르심을 받은 일에 합당하게 행하여 모든 겸손과 온유로 하고" _엡 4:1-2

부르심에 합당한 삶의 두 번째 특성은 '온유'입니다. 온유가 부드럽고 겸손하며 때로는 약한 모습이라고 연상한다면 잘못입니다. 온유라는 단어는 이리 뛰고 저리 뛰는 야생마를 잡아 강도 높게 훈련하고 길들여서 그 야생의 힘을 일정한 방향으로 사용할 수 있도록 절제하고 통제할 때의 모습을 가리킵니다. 온유는 결코 연약하다는 말과 동의어가 아닙니다. 자신을 길들이고 단련시키는 주인이 하나님이시라는 사실을 인식하기 때문에 결코 자기 마음 내키는 대로 일을 처리하지 않고, 모든 일을 주님의 손에 내맡기는 것이 온유입니다. 하나님이 반드시 책임져주실 것이라는 확신을 하고 심지어 자기를 대적하는 원수들에 대해서도 부드럽게 대합니다.

이것은 선천적인 기질이 아닙니다. 줏대 없이 행동하고 위협과 도전을 피하느라 급급한, 나약하고 부드럽기만 한 상태를 가리키는 것도 아닙니다. 온유는 훈련과 연단을 통해 다듬어지고 발휘되는 능력이라는 측면에서 볼 때 성숙한 인격의 전형적 특징이며 동시에 하나님을 굳게 신뢰하는 데서 오는 신앙의 표지이기도 한 것입니다. 온유는 성급하지 않고, 인내를 낳으며, 긍휼의 마음으로 다른 이들의 허물과 연약함을 포용하고 관용하는 덕의 모체입니다. 이 온유는 하루아침에 생기는 것이 아니어서 오랜 시간 주님과 동행하여 그분의 인격적 특징을 본받는 이들에게 생기는 굳센 기상입니다. 그래서 얼마나 얻기가 어려운 덕인지요.

이런 의미에서 성경은 모세를 온유한 자라고 부르는 것입니다(민 12:3).

『통일의 복음』

그리스도를 본받아 – 오래 참음

"모든 겸손과 온유로 하고 오래 참음으로 사랑 가운데서 서로 용납하고"_엡 4:2

부르심에 합당하게 사는 사람의 세 번째 특징은 '오래 참음'입니다. 이것은 견고하고, 흔들리지 않고, 견디어내는 품성을 가리킵니다. 인간의 성장이 부모의 오랜 기다림과 인내 아래서 이루어지는 것처럼, 우리 인간의 연약함과 허물들은 하나님의 오랜 인내와 기다림의 양육으로 온전해져 갑니다. 우리가 그리스도의 부름을 받을 때 그 부르심은 그분의 사랑을 깨닫는 것에서 시작됩니다. 그때, 그분의 사랑 안에 나 자신을 향한 신실과 인내를 발견하게 되고 이것은 그대로 그리스도를 본받고자 하는 우리의 성품 안에 반영이 됩니다. 따라서 이 '오래 참음'은, 나의 온전치 못함을 끊임없이 참고, 인도하고, 기다리는 그리스도를 생각함으로써 그분의 성품을 본받는 이들에게 평생에 걸쳐 지속적으로 나타나는 인격적 변화입니다.

이 세상에는 오직 사랑으로 성공할 수 있는 일들이 무수합니다. 아니 오히려 사랑이 아니고는 성공할 수 있는 일이 거의 없다고 봐야 할 것입니다. 그리고 사랑하는 모든 일에는 반드시 오래 참음이 필요하다는 것을 조금만 둘러보아도 알 수 있습니다. 그래서 바울은 사랑의 열매 중에 첫 번째로 이 '오래 참음'을 두었었습니다(고전 13:4).

또한, 오래 참는 사람은 결코 일희일비(一喜一悲)하지 않습니다. 오래 참음의 덕을 가진 사람은 다른 사람들이 자신을 바보스럽다고 말하며 무시해도 인내하고 참아냅니다.

그들은 인내하고 견디면서 흔들리지 않습니다. 모든 일을 궁극적으로 다스리시는 분이 하나님이라고 믿기 때문입니다.

『통일의 복음』

그리스도를 본받아-받아들임

"사랑 가운데서 서로 용납하고"_엡 4:2

그리스도인이라는 이름에 합당한 삶의 네 번째 특성은 '사랑 가운데서 서로 받아들이는 것'입니다. 사실 '받아들이는 것'은 사랑의 실제입니다. '받아들이는 것'은 사랑의 다른 이름이며, '사랑'이라는 말을 풀어서 쓴 것입니다. '받아들이는 것'은 사랑의 자연스러운 특징입니다. 대립하고, 거부하고, 밀어내는 것은 사랑의 본성에 맞지 않는 것입니다.

삼위일체 하나님께서는 서로 완전히 받아들이시고, 사랑으로 완전히 연합되어 계십니다. 교회는 이처럼 삼위일체 하나님의 연합을 본받도록 부르심을 받은 공동체입니다.

문제는 죄로 얼룩진 이 땅에서 생각, 기질, 습관, 성향 등 모든 면에서 나와 같지 않은 다른 상대를 용납하고 받아들이는 일에는 고통과 인내가 수반된다는 점입니다. 그러나 생각하십시오. 하나님께서 그리스도의 십자가를 통해 원수였던 나를 받아들이셨다는 사실을 말입니다. 이 사실들을 기억할 때 우리는 공동체 안에서 일어나는 다양한 상황에서 다른 사람을 받아들일 수 있고, 또 마땅히 그래야만 합니다.

상대방이 내게 던지는 미움이나 증오를 그대로 받으면 긴장만 고조될 것이고, 좌절과 분노의 늪에 빠지게 될 것입니다. 원수에 대한 가장 좋은 방어책은 악한 공격들을 일단 받아서 사랑이라는 품 안에 품어 그 파괴력을 무력화시키는 것입니다. 이것이 사랑 가운데서 서로 '용납한다'라는 말의 뜻입니다. 베드로 사도 또한 사랑이 허다한 죄들을 덮는다고 말한 적이 있습니다(벧전 4:8).

『통일의 복음』

30 April

그리스도를 본받아-하나가 됨

"평안의 매는 줄로 성령이 하나 되게 하신 것을 힘써 지키라."_엡 4:3

부르심을 받은 그리스도인들에게 합당한 삶에 대해 바울은 마지막으로, "평화라는 끈끈한 접착제로, 하나 되게 하시는 성령의 일을 힘써 계속되게 하라."라고 당부합니다. 기회가 되면 하고 그렇지 못하면 안 해도 되는 것이 아니라, 부지런히 의식적으로 노력해서 신앙 공동체 안에 평화와 하나 됨을 유지해야 한다는 말입니다. 그러나 이것이 쉬운 일은 아닙니다. 얼마나 어려우면 "형제자매들이 연합하여 하나가 되는 것이 어찌 그리 아름답고 멋진가!"(시 133:1)라고 했겠습니까!

분열과 분쟁, 파당과 등 돌림은 타락 이후의 인류 안에 DNA처럼 이어지고 있습니다. 심지어 교회도 세상과 마찬가지로, 끊임없이 평화를 대가로 지급하면서까지 분열과 다툼의 소용돌이로 뛰어들기를 마다하지 않습니다. 남보다 더 높은 곳에 있는 자기를 확인하고 싶은 교만 때문에, 혹은 함께 힘을 모아야 할 다른 선한 일을 도모하다가 당면하는 좌절과 실망 때문에 우리는 각자의 신앙생활의 동굴로 들어가 버립니다. 좋은 의도로 시작해도 여러 가지 난관과 장애에 봉착하면 포기하거나 좌절하기 쉽습니다. "꼭 나만 이런 일을 해야 하나? 이제는 지쳤어. 나 하나만 조용히 신앙생활 하면 되지 뭐!"라고 말하기 쉽습니다.

그러나 신앙 공동체 안에서 형제자매가 하나 될 때, 비로소 우리는 세상을 향해 우리가 그리스도께 속해 있다는 사실을 증명하는 것입니다. "아버지여, 아버지께서 내 안에, 내가 아버지 안에 있는 것 같이 그들도 다 하나가 되어 우리 안에 있게 하사 세상으로 아버지께서 나를 보내신 것을 믿게 하옵소서"(요 17:21).

『통일의 복음』

5월

성령과 가정

365 Biblical Meditation for Healing

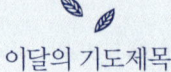

이달의 기도제목

거울 같은 분

"바울이 의와 절제와 장차 오는 심판을 강론하니 벨릭스가 두려워하여 대답하되
지금은 가라 내가 틈이 있으면 너를 부르리라 하고"_행 24:25

사도행전에 기록되기를, 벨릭스는 '그 도'(道, 가르침)에 대해 잘 알고 있었던 사람이었습니다(행 24:22). 그래서 그는 좀 더 많이 알고 싶어 했습니다. 요즘 말로 하자면, 그는 '말씀에 배고파' 하던 사람, 말씀을 사모하는 사람이라고 할 수 있습니다. 그래서 그는 2년 동안이나 바울과 대화를 계속했던 것입니다.

그러나 그 대화 가운데 바울이 예수님에 '관해' 말하는 동안에는 별 문제가 없었습니다. 호기심을 채우고 궁금증을 푸는 동안에는 예수님에 관하여 말하는 것을 즐겼던 것입니다. 그는 바울과 함께 예수님에 '관하여' 토의하는 것을 좋아했습니다. 그러나,

- 바울이 예수님에 대해 벨릭스에게 '인격적'으로 말하기 시작하자, 바울이 벨릭스에게 최후의 심판에 대해 경고하자, 그는 바울을 무시하고 멀리하였습니다. 벨릭스는 사람들이 아름다운 그림을 관람하고 그 그림에 대해 대화하듯이 예수님을 바라보고 있었던 것입니다.
- 사람들은 그림을 보고 '감상'(感想)을 합니다. 사람들은 그림을 보고 찬사를 아끼지 않습니다. 그러나 때가 되면 돌아서서 가버립니다. 그들 삶 속에 아무런 일도 발생하지 않습니다. 아무것도 바뀌는 것은 없습니다.

찬사(讚辭)는 매우 얄팍한 정서적 경험입니다. 외모의 아름다움이 피부 깊이에 지나지 않는 것처럼, 아름다움에 대한 찬사 역시 그러합니다. 그러나 예수님은 한 폭의 그림이 아닙니다. 그분은 거울과 같은 분입니다. 우리 자신이 누구인가를 보게 하는 거울 같은 분입니다.

『장막 치시는 하나님을 따라서』

누운 풀들을 다시 일으키는 바람

"주의 종에게 하신 말씀을 기억하소서.
주께서 내게 소망을 가지게 하셨나이다." _시 119:49

1970년대 초반입니다. 내가 신학교를 다니고 있었을 때였습니다. 그때만 하더라도 학생들은 가난했고 희망이 별로 없어 보이는 별 볼 일 없는 사람들이었습니다. 박정희 정권 때 이른바 3선 개헌으로 알려진 유신(維新) 헌법으로 말미암아 나라는 어지러웠고 학교들은 혼란스러웠지요. 연일연야 데모는 끊이지 않았으며 철권정치는 계속되었던 시절입니다. 통일교의 문선명 교주는 그때 제철을 만난 듯 활개치고 있었으며 이단은 성황을 이루었습니다.

그때 친구 몇 명이 모여 서로에게 말했습니다. 자, 우리가 할 수 있는 일이 무엇인가? 기도하는 일이 아닌가? 그리고 학교 뒷산에 올라가 40일 동안 철야기도를 드리기 시작했습니다. 자신들의 비천한 영적 상태를 놓고 기도했고, 주님께서 선하게 쓰시는 도구가 되게 해달라고 간절히 밤마다 기도했습니다. 하나님의 영이 우리 안을 가득 채우시고 우리를 인도하여 하나님을 위해 무엇인가를 할 수 있게 해달라는 기도를 드렸습니다. 물론 낮에는 산에서 내려와 수업을 들으며 공부했지만, 전혀 피곤한 줄 몰랐던 것 같습니다. 그렇게 40일이 될 때 즈음에 우리는 그야말로 성령의 충만함을 경험하고 있었습니다. 물론 불의 혀 같은 것이 우리 위에 임하신 것도 아니었고, 강풍과 같은 바람 소리를 들은 것도 아니었습니다.

그러나 성령은 우리에게 활력과 생기를 불어넣어 주셨습니다. 문선명 통일교 집단에 대한 반박 전단과 전도지를 만들어 친구들과 함께 청계천 일대를 돌아다니면서 뿌리며 전도하기 시작했습니다. "예수 그리스도만이 유일한 구세주이십니다!" "하나님만이 구원을 주십니다!" "하나님께로 돌아오십시오!"라고.

그리고 나는 꿈을 꾸기 시작했습니다. "하나님, 태평양을 건너가 공부할 기회를 주십시오. 주님의 신실한 종이 되고 싶습니다." 그 일은 이런저런 방식으로 인도를 받게 되었습니다. 그리고 마침내 현재의 내가 있게 된 것입니다. 결국, 이 모든 것은 70년대 초기에 친구들과 함께했던 오순절의 경험 때문이었습니다. 성령의 바람이 우리 위에 부시고, 우리를 인도하시고, 우리를 안고 가셨기 때문이었습니다.

성령이여, 능력의 주인이시여,
우리의 뜻과 의지를 충만하게 채워주시어,
우리로 하여금 언제나 용감하게 살고,
언제나 신실하게 봉사하고,
언제나 기쁘게 나눠줄 수 있는 삶을 살게 하여 주시옵소서. 아멘.

『순례자의 사계』

3 May

그리스도인이라면 어쨌든 '착해야' 한다

"그리스도 예수 안에서 선한 일을 위하여 지으심을 받은 자니" _엡 2:10

구원의 세계에서 살게 된 사람은 자연스럽게 '선한 일들'을 생각하고 추구하게 됩니다. '우리는 그리스도 예수 안에서 선한 일을 위하여 지으심을 받은 자들이기 때문입니다. 착한 일을 하라고 지음 받은 사람들이 바로 그리스도인들이라는 말입니다. 전도하고 선교하며 열심히 교회 일에 힘을 쓰는 일은 선한 일입니다. 그러나 여기서 말하는 선한 일은 단순히 종교적 열심만을 가리키는 것이 아닙니다. 하나님이 만드신 창조세계 안에서 책임감 있게 사는 것이 착한 일입니다. 예를 들어, 소외계층에 있는 가난한 사람들, 홀로 사는 노인들, 어린 가장들과 외국인 노동자들을 보살피는 일, 기아와 전쟁으로 고통당하는 난민들을 돌보는 일, 자연의 생태계를 보호하는 일, 정의로운 사회를 만들고자 시간과 노력과 돈을 투자하는 일, 인류의 평화를 위해 교육하는 일 등이 모두 착한 일입니다. 이런 착한 일들을 하려면 먼저 그리스도인들이 착해야 합니다. 예수님을 믿는 사람들은 어쨌든 '착해야' 합니다.

최소한의 선행에 대해서만큼은 그리스도인이 비 그리스도인보다 더 잘하는 것이 마땅합니다. 이런 일들을 통해 하나님의 영광과 평판과 명예가 드높아질 것입니다. 그러므로 무엇이 착한 일이며, 어떤 것이 선하고 좋은 일인지 생각하고 살아야 합니다. 생각은 습관을 낳고, 습관은 인격을 형성하고, 인격은 행동으로 표현되기 때문입니다. 열매 없는 과실수가 쓸모없는 것처럼, 열매가 없는 그리스도인은 짝퉁 그리스도인입니다. 왜냐하면, 제자도는 입이 아니라 발로 하는 것이기 때문입니다.

『통일의 복음』

다시 잔치로부터 시작하시다

"예수께서 이 첫 표적을 갈릴리 가나에서 행하여
그의 영광을 나타내시매" _요 2:11

결혼은 수많은 시작(beginning)을 가리킵니다. 온전하게 된 인류의 '시작'을 가리킵니다. 살과 살이 만나는 인간적인 상호의존의 '시작'을 가리킵니다. 가장 인간적인 표현을 나타내는 사랑의 '시작'을 가리킵니다. 생명을 낳고 기르기 위해 한 생명이 다른 생명과 연합하는 '시작'을 가리킵니다. 하나님의 형상을 낳는, 하나님 형상의 '시작'을 가리킵니다. 하나님의 창조가 가장 온전하고 충만한 상태로 성취되는 것의 '시작'을 가리킵니다. 인간에게 부여하신 하나님의 '본래적 축복'(original blessing)이 - 생육하고 번성하여 땅에 가득하고 땅을 다스리라는 축복이 - 성취되는 것의 '시작'을 가리킵니다. 결혼 잔치야말로 온전하게 된 창조를 축하하고, 성취된 축복을 기대하는 성례전적인 잔치라 할 수 있을 것입니다.

요한은 예수님이 자신의 영광을 처음 드러내신 곳이 결혼식이었다고, 그리고 그것은 제자들에게 깨어 있는 믿음을 재확인시켜주기 위함이었다고 말합니다. 즉, 예수님이 하나님의 아들이며 세상의 구원자라는 믿음을 확인시켜주기 위함이라는 것입니다.

요한은 예수님의 영광이 결혼을 복되게 하셨던 '기적'(奇蹟)을 통해 처음 나타났다고 말하고 있습니다. 다시 말해, 예수님의 영광은 '창조의 성례전적 잔치'의 포도주 잔을 넘치게 채우셨던 복을 통해 나타난 것입니다.

우리는 요한의 요점을 눈여겨볼 필요가 있습니다. 잃어버린 창조의 '좋음'(goodness), 즉 상실된 '선한 창조'가 하나님의 아들 예수님 안에서 회복됩니다. 창조의 '선함'을 축하하고 즐거워하는 잔치의 포도주가 하나님의 아들 예수님을 통해서만 넘치도록 다시 공급될 것이라는 것입니다.

『생명의 복음』

비질하시는 하나님

"그가 스스로 말하지 않고 …… 내 영광을 나타내리니" _요 16:13-14

요한복음 16:13-14에 따르면, 성령님은 우리를 모든 진리로 인도하시는 분입니다. 그분은 자기 말을 하시지 않습니다. 그분은 들은 것만 말씀하십니다. 그분은 장차 올 것에 대해서 우리에게 말씀하십니다. 그분은 예수님의 것을 가져오셔서 우리에게 알려주십니다. 이렇게 하시면서 성령님은 예수님을 높이고 영화롭게 하십니다.

달리 말해, 성령님은 무대 뒤에서 일하시는 분입니다. 음지에서 일하시는 분입니다. 자신을 내세우지 않고 뒤에서 조용히 일하시는 분입니다. 그분은 자신의 존재를 눈에 띄지 않게 하시는 분입니다. 표면에 나서지 않습니다. 그분은 자신에게 초점을 맞추시지 않습니다. 그분은 예수님께 집중하라고 우리에게 온 힘을 다해 외치십니다.

성령님은 세례자 요한과 같습니다. 세례자 요한은 "나는 광야에서 외치는 소리일 뿐이다." "주님이 오신다. 그분을 위해 길을 곧게 만들라."라고 외치는 소리였습니다. 세례자 요한은 자기 자신에 대해 이렇게 말합니다. "나는 쇠해야 하고 예수님은 흥해야 한다." "나는 점점 약해져야 하고 예수님은 점점 잘되어야 한다."

이처럼 성령님은 세례자 요한과 같습니다. 그분은 부단히 예수님을 위한 길을 준비하고 계십니다. 그분은 계속해서 말씀하십니다. "나는 쇠해야 하고 예수님은 흥해야 한다." 그분은 예수님이 말씀하신 것을 듣고, 들은 것만 우리에게 말씀하십니다(요 14:26). 그분은 예수님에 대해 증거하십니다(요 15:26). 그분은 예수님께 속한 것을 우리에게 알려주심으로써 예수님을 영화롭게 하십니다(요 16:14).

『생명의 복음』

새로운 길의 안내자

"보혜사 곧 아버지께서 내 이름으로 보내실 성령 그가 너희에게 모든 것을 가르치고
내가 너희에게 말한 모든 것을 생각나게 하리라."_요 14:26

레슬리 뉴비긴(Lesslie Newbigin)은 '계시'에 대해 이렇게 썼습니다.

계시는 사람이 하나님의 온전한 마음을 알고자 받아들여야만 하는 무시간적 진리들을 전달하는 것이 아닙니다. 계시는 하나님이 세상과 그분의 자녀를 인도하시는 '방향'을 드러내 보여주는 것입니다. 성경에 실린 내용은 약속과 성취에 관한 것입니다. 성경은 여정 이야기이며 순례 이야기이며 움직임과 이동에 관한 이야기입니다.

예수님의 승천 이후 시대는 성령의 시대입니다. 교회가 여러 새로운 문화, 새로운 언어와 민족, 새로운 형태의 사고방식, 새로운 정치질서와 구조, 새로운 사회적 기능을 만날 때, 그 교회를 인도하시는 분이 성령님입니다. 이러한 다양하고 급변하는 환경과 상황을 만날 때 앵무새처럼 단순히 예수님의 말씀을 반복하는 것만으로는 충분하지 않습니다. 그것은 시간 낭비이며 아무런 쓸모가 없습니다. 성령님은 우리가 가야 할 길과 방향을 보여주시는 분입니다. 예수님 당시에는 절대 제기되지 않았던 수많은 문제와 질문을 후대 교회가 잘 다룰 수 있도록 지혜를 주시는 분이 진리의 성령님입니다.

『생명의 복음』

영적 전쟁의 유일한 공격 무기

"성령의 검 곧 하나님의 말씀을 가지라." _엡 6:17

성령의 칼을 드십시오. 악한 영들, 공중의 권세를 잡은 자들을 상대로 싸우는 전사(戰士)는 우리 자신이 아닙니다. 우리는 결코 악한 영과 사탄의 상대가 될 수 없습니다. 연약한 우리를 대신하여 그것들에 맞서 싸우는 용사는 성령님이십니다. 그분은 우리를 하나님 앞에 고발하고 비난하는 사탄에 맞서실 뿐만 아니라, 연약한 우리를 위하여 간구하시고, 힘 없는 우리를 대신하여 기도하십니다(롬 8:26-27).

그분은 하나님의 뜻을 온전히 알고 있기 때문에 그 뜻을 좇아 우리를 도우십니다. 그분은 결코 홀로 일하시는 분이 아닙니다. 하나님의 말씀을 존중하여 그 말씀에 힘입어서 영적 전쟁을 치르십니다. 그러므로 우리가 영적 전쟁에서 승리하려면 반드시 성령님이 하시는 방식대로 해야 합니다. 다시 말해서 성령님이 하나님의 말씀을 칼로 삼아 공중의 세력들과 어둠의 영들을 물리치시듯, 하나님의 말씀에 따라 살아야만 진정 어둠의 세력들로부터 해방될 수 있을 것입니다.

광야에서 사탄의 집요한 유혹과 불 같은 시험을 이겼던 예수님은, 새로운 이스라엘인들의 전형(典型)이십니다(막 1:12-13; 마 4:1-11; 눅 1:13). 어떻게 영적 전쟁에서 승리할 수 있는가를 보여주신 분입니다. 그분은 어둠의 세력으로부터 진정으로 해방되기 위해 전적으로 '하나님의 말씀에 복종하셨습니다.

그 길만이 진정으로 사탄을 이기는 길이었습니다. 말씀에 대한 능동적 순종이 사탄을 찌르는 검이었습니다. 이런 의미에서 그분은 성령에 이끌리어 광야로 들어가신 것입니다.

『아버지를 떠나 자유를』

하나님 나라의 도덕적 출발점

"네 아버지와 어머니를 공경하라 이것은 약속이 있는 첫 계명이니" _엡 6:2

바울은 부모에게 순종하는 것이 "약속을 지닌 첫 번째 계명"이라고 말함으로써, 부모에 대한 순종은 하나님이 자신이 선택하신 백성들과 맺은 언약에 뿌리를 내리고 있다는 점을 우리에게 알려줍니다. 여기서 특별하게 주목할 만한 것은, 고대 이스라엘에 주어진 제5계명은 어린아이가 그들의 젊은 부모에게 순종하라는 계명이 아닙니다. 제5계명은 일종의 노인 복지를 위한 장치로 이해해야 합니다. 요즘 말로 하자면, 사오십대의 성인 자녀들이 그들의 노부모를 무시하거나 방치하지 말고 잘 봉양해야 한다는 것입니다. 노후 연금과 같은 사회 보장 제도가 없었던 고대 사회에서 늙은 부모는 쉽게 내버려지는 상황에 빠졌습니다. 중년의 자녀들은 아직도 어린 자신의 자녀들을 부양하는 일에 몰두하다가, 정작 그들의 늙은 부모는 방치했습니다. 경제적으로, 정서적으로, 신체적으로 누군가의 도움이 절대적으로 필요한 늙은 부모를 맡아서 돌볼 사람이 누구겠습니까? 이런 상황에서 중년의 자녀들은 종종 이런저런 핑계를 대며 늙은 부모를 방치하거나 거들떠보지도 않는 일이 있었던 것입니다.

하나님은 이런 일들을 미리 내다보시고, 더욱 인간적이고 서로를 돌보는 정의와 평화 사회의 근간으로 이 계명을 "약속을 지닌 첫 계명"으로 주신 것입니다. 부모를 외면하고 돌보지 않는 사회에서 무슨 인간적인 요소를 더 기대할 수 있겠습니까? 부모를 끝까지 사랑하고 돌봐야 한다는 의무감은 인간이 사는 사회도덕의 가장 기초가 됩니다. 자기의 부모를 잊지 않고 돌보는 것, 이런 전통은 그리스도인의 가정에서 대대손손 계속되어야 할 가장 명예로운 유산입니다.

『통일의 복음』

남편의 사랑이 우선이고 아내의 순종이 반응이다

"남편들아 아내 사랑하기를 그리스도께서 교회를 사랑하시고
그 교회를 위하여 자신을 주심 같이 하라." _엡 5:25

하나님 나라의 관점에서 바라볼 때 인간의 결혼은 구속되고 회복되어야 할 대상입니다. 남편과 아내 사이의 관계는 '충만하고 온전한 상태'로 회복되어야 한다는 것을 뜻하는 말입니다. 그리고 특별히 구약에 그려지는 여성(아내)의 위치가 신약에서 바뀌고 있다는 점을 간과해서는 안 됩니다. 예를 들어, 골로새서 3:18-4:1(일명, 가족구성원 사이의 법규들, household code)에서는 이전처럼 아내가 남편보다 하위에 있다는 것을 전제하고 있지만, 성경은 그것에 새로운 의미를 부여하고 있습니다. 즉, 남편과 아내는 모두 '주님 안에 있음'이라는 문구에 의해 특징지어지는 것입니다(골 3:18). 그것은 사회적 계급이 나 됨의 본질을 결정짓는 것이 아니라는 것을 가리킵니다. 오히려 여자의 본질은 창조질서와 구속질서로부터 유래하며, 이러한 질서는 여자에게도 이 질서 안에서 은총을 받는 자들이 누리는 동일한 자유를 누리게 해준다는 것입니다. 마찬가지로, 남편이 된다는 것 역시 사회적 계급질서에 의해 아내에 대한 그들의 권위가 결정된다거나 그 권위를 보장받는 것이 아닙니다. 아내에 대한 남편의 관계는 지배에 의한 것이 아니라 사랑, 그것도 희생적 사랑(agape)에 의해 규정되는 것입니다(엡 5:21).

그러므로 아내를 향한 남편의 희생적 사랑이 우선적이며, 아내의 순종이 그에 대한 반응이라는 점을 기억해야 합니다. 고통 가운데 있는 이 세상에서 우리는 결혼을 통한 가정의 행복이 얼마나 중요한가를 다시금 생각해 볼 뿐만 아니라, 깨어지는 결혼으로 말미암아 고통받는 사람들에 대한 깊은 이해와 관심 또한 게을리하지 말아야 할 것입니다.

『정의와 평화가 포옹할 때까지』

결혼 생활, 그리스도를 통해 서로에게 가는 삶

"그러므로 사람이 부모를 떠나 그의 아내와 합하여 그 둘이 한 육체가 될지니
이 비밀이 크도다 나는 그리스도와 교회에 대하여 말하노라." _엡 5:31-32

말할 것도 없이 좋은 결혼 생활은 모든 행복의 우선 자리를 차지합니다. 부부 사이의 관계가 건실하고 제대로 정립되어야 그 가정에 진정한 행복이 있습니다. 그러나 남편과 아내의 관계는 생각만큼 그리 간단하지 않습니다. 남편과 아내의 역할이 무엇입니까? 경제적인 이슈, 자녀 교육 문제, 부모를 모시는 문제, 사소한 일에 대한 성격 차이, 혹은 가치관과 세계관이 달라서 서로 의견이 충돌할 때는 어떻게 해야 합니까? 한쪽이 불륜을 저질렀을 때는 어떻게 해야 합니까? 신앙관이 다르거나 혹은 서로 다른 종교를 가진 경우에는 어떻습니까? 성경은 이 같은 경우들에 대해 세세한 답을 제공하지 않습니다. 그러나 그리스도인의 결혼이 어떠해야 할 것인지에 대해 가장 크고 중요한 그림을 보여줍니다.

결혼도 구속되어야 할 영역이며 대상이라는 사실을 잊지 마십시오. 이런 사실을 직시한 바울은 결혼도 그리스도 안에서 회복되어야 함을 강조하고 있습니다. 결혼 생활의 중심에 그리스도가 계셔야 한다는 것입니다. 그리스도를 중심으로 남편과 아내가 서 있어야 합니다. 남편은 그리스도를 통해 아내에게로 가고, 아내도 역시 그리스도를 통해 남편에게 가야 한다는 뜻입니다. 이것이 그리스도 중심의 결혼 생활입니다. 그러므로 결혼 생활에는 언제나 하나님의 구속의 은혜가 필요합니다. 하나님의 은혜가 없는 결혼 생활은 각박한 사막이나 얼어붙은 동토와 같습니다. 남편과 아내 사이에 있었던 소외와 소원(疏遠)의 장벽이 그리스도의 화목하게 하시는 사역을 통해 무너질 것입니다. 그러므로 결혼 생활은 화목케 하시는 그리스도의 은혜로만 풍성해질 수 있습니다.

『통일의 복음』

한결같은 마음으로 걷기

"주께서 심지가 견고한 자를 평강하고 평강하도록 지키시리니
이는 그가 주를 신뢰함이니이다." _사 26:3

신앙생활은 하나님에 대한 우리의 신뢰도를 시험하는 치열한 경연장과 같습니다. 한결같은 마음으로 하나님을 신뢰하며 걸어가기가 쉽지 않습니다. 그러나 "어려운 일 당할 때 나의 믿음 적으나 의지하는 내 주를 더욱 의지합니다."(새찬송가 543장)라고 고백하며 걸어야 할 것입니다. 그렇습니다. 밝을 때에 노래하며 어두울 때에 기도하고, 위태할 때 도움을 간구하면서 "세월 지나갈수록 의지할 것뿐일세. 무슨 일을 당해도 예수 의지합니다!"라고 찬송하며 걷는 것이 신앙인의 멋진 모습입니다.

확신에 찬 이런 고백에는 "주 여호와는 영원한 반석"(사 26:4)이라는 신뢰가 깔렸습니다. 예수님께서 말씀하셨듯이 지혜로운 사람은 반석 위에 집을 짓습니다. 영원한 반석이신 하나님과 그분의 가르침 위에 자신의 삶을 지어가는 사람이 지혜로운 사람입니다. 비록 시련의 비바람이 불고 고난의 창수가 밀려와도, 하나님의 훈련의 채찍이 너무 고통스러워서 한 줄의 기도도 드리지 못할 정도가 되어도, 지혜로운 사람은 끝까지 신앙의 지조와 충절을 지킵니다. 왜냐하면, 하나님의 손에서 받는 고난과 시련은 반드시 달콤한 열매를 생산하리라고 믿기 때문입니다.

그러므로 때때로 하나님의 심판의 길을 걸어가면서도 우리는 하나님을 기다려야 합니다(사 26:8). 삶의 폭력이 우리를 관할한다 하더라도, 우리는 그분의 이름이 높임을 받기를 간절히 열망해야 합니다(사 26:13). 시인은 "내 영혼이 밤에 당신을 사모하고, 아침에 내 마음이 당신을 갈망하나이다."(사 26:9)라고 고백합니다. 우리도 주님의 오심을 애타게 사모해야 합니다. 심판과 회복의 양 날개로 오시는 그분을 기다려야 합니다.

『이사야서 묵상』

한 가닥의 종말론도 없다

"또 내가 내 영혼에게 이르되 …… 평안히 쉬고 먹고 마시고 즐거워하자 하리라 하되 하나님은 이르시되 어리석은 자여 오늘 밤에 네 영혼을 도로 찾으리니"_눅 12:19-20

오래전의 일이었습니다. 하루는 스위스의 신학자인 칼 바르트(Karl Barth)가 친구의 집을 방문하게 되었습니다. 그 친구는 매우 부유한 사람이었습니다. 그가 사는 집은 매우 호사스러운 큰 저택으로 그 친구가 친히 설계하여 지었으며, 또한 집 안은 온통 골동품과 값비싼 가구들로 가득 차 있었습니다. 아름다운 미술품들이 벽을 메우고 있었으며 그의 정원은 매우 아름답게 가꿔져 있었습니다. 향기로운 포도주 한잔을 건네받은 칼 바르트는 잔을 들면서 친구에게 뼈 있는 한마디 말을 던졌습니다. "이곳에는 한 가닥의 종말론(終末論, Eschatology)도 남아 있지 않구려!"

다시 말해서 이 집 안에는 그로 하여금 종말을 생각하게 하는 것은 하나도 없다는 말이었습니다. 그렇습니다. 만일 당신이 이와 같은 집에서 산다면, 당신은 더 이상 그리스도의 다시 오심을 기다리지 않을 것입니다. 다시 말해서 당신은 더는 미래에 대해 꿈과 환상이 없는 것입니다.

칼 바르트가 제기하고자 하는 문제는 다음과 같은 것입니다. 지금 생활이 편하고 만족스러운 사람이 어떻게 예수 그리스도의 다시 오심을 기대할 수 있을까? 어떻게 지금과 다른 세상을 기대하고 바랄 수 있을까? "이곳에는 한 가닥의 종말론도 남아 있지 않다!"

그러나 그런 사람이 이 한 사람만은 아닙니다. 고급 자동차, 오디오, 비디오 시스템, 여행, 휴가, 돈, 쾌락이 인생 전부처럼 생각하고 사는 사람들로 가득 차 있습니다. 바로 이런 세상 한가운데서 예수님은 우리가 슬기로운 처녀들처럼 살기를 원하시는 것입니다. 기다릴 뿐만 아니라 그의 오심을 준비하고 사는 삶을 살라고 말입니다.

『옛적 말씀에 닻을 내리고』

영혼의 깊이를 측량하시는 성령

"마음을 살피시는 이가 성령의 생각을 아시나니
이는 성령이 하나님의 뜻대로 성도를 위하여 간구하심이니라." _롬 8:27

우리는 자신의 필요와 궁핍들의 깊이에 대해 무지할 뿐 아니라, 자신의 영혼의 깊이, 마음의 깊이에 대해서도 무지합니다.

- 오직 하나님만이 그것을 아시고 찾아 들어갈 수 있습니다.
- 오직 하나님만이 측량줄로 우리 마음과 영혼의 깊이를 재십니다.

우리는 자신의 영혼에 대해 매우 조금 알고 있습니다.

- 우리는 보이는 빙산의 부분에 해당하는 영혼의 의식세계만을 알고 있을 뿐 그 나머지 부분, 즉 의식의 문지방 밑은 볼 수 없습니다.
- 우리는 영혼의 잠재의식이 얼마나 거친 세계라는 것을 잘 모릅니다.
- 그 세계는 격정과 열망들, 본능과 충동들로 가득 찬 세계로 의식의 삶, 즉 행동하고 생각하고 느끼는 일들에 영향을 끼친다는 것 정도만 압니다.

우리 영혼의 지하실 속에는 거친 것, 다듬어지지 않은 것들이 무척 많습니다. 들짐승과 맹수들이 배회하기도 하고 질주하기도 합니다. 모두 마구를 채우거나 길들여야 하는 것들입니다. 길들지 않거나 마구가 채워지지 않은 이러한 들짐승들 때문에 온전한 기도는 인간적으로 불가능한 것입니다. 우리가 의식하는 부분은 영혼 전체에 지극히 적은 부분이지만, 잠재의식의 세계는 더 크고 넓고 거칩니다. 이것이 사실이라면 누가 자신의 영혼 전체를 하나님 앞에 이끌어 갈 수 있겠습니까?

오직 하나님의 영(성령)만이 하실 수 있습니다. 왜냐하면, 하나님의 영은 우리 영혼의 의식세계뿐 아니라 잠재의식 세계에도 거하시기 때문입니다.

『하늘 나그네의 사계』

교회 이야기의 마지막 무대는 하늘

"지금 우리가 하는 말의 요점은 이러한 대제사장이 우리에게 있다는 것이라. 그는 하늘에서 지극히 크신 이의 보좌 우편에 앉으셨으니" _히 8:1

성탄절과 부활절, 사순절과 오순절 등과는 달리 교회력의 중요 목록에 올라 있지 않은 '잊혀진 절기'가 있습니다. 바로 예수 그리스도의 승천절입니다.

승천절이 교회 안에서 잊혀진 절기가 된 이유는 현대의 신학 흐름과 문화 배경에서 찾을 수 있습니다. 바울 신학의 중심이 무엇인지를 논쟁하는 학자들 중 대다수가 '그리스도 사건'(Christ Event)이라 부를 수 있는 그분의 성육신, 수난 그리고 부활과 승천에서 부활을 그리스도 사건의 절정으로 이해했기 때문에 그리스도의 승천이 주목받지 못한 것이 하나의 이유라고 할 수 있습니다.

한편, 현대의 문화적 요인도 이를 한층 더 강화하고 있는데, 시기상 대부분 승천절은 5월에 놓이게 됩니다. 따라서 승천절은 오월을 가정의 달로 지키려는 문화적 추세에 파묻혀(어린이 주일, 어버이 주일, 청소년 주일, 가정 주일 등등) 다시금 잃어버린 절기가 되고 마는 것입니다.

당신은 예수님께서 천상으로 승천하실 때 그곳에서 일어났던 광경을 상상해 본 일이 있습니까? 마치 오랜 출정 끝에 승전의 소식과 함께 많은 전리품을 거느리고 천상의 시온 성으로 개선하는 듯한 위대한 장군 예수님의 영광스러운 개선 예식을 상상해 보십시오. 그리고 그를 위해 천상의 성문 입구에 도열해 있는 수많은 천군 천사들을 그려보고, 그들의 환호성들을 들어보십시오(엡 4:8; 시 68:18 참조). 예수님의 승천이야말로 그분 사역의 절정이라는 것을 알게 될 것입니다.

『우리와 같은 그분이 있기에』

15 May

승천일 유감

"그러므로 우리에게 큰 대제사장이 계시니 승천하신 이,
곧 하나님의 아들 예수시라 우리가 믿는 도리를 굳게 잡을지어다."_히 4:14

　예수님의 성육신은 승천 사건으로 최고조의 절정에 이르지만, 이 사실을 기억하고 기념하는 교회와 사람들이 없다는 점이 유감입니다. 물론 교회력에 따른 날짜를 잊는다는 것이 그렇게 끔찍한 일은 아니겠지만, 그래도 다른 사건들과는 달리 예수 그리스도의 '주(主) 되심'과 성령님의 임재와 현존이라는 실체는 우리 그리스도인들의 신앙고백 속에 그리고 우리의 일상생활 속에 커다란 자리를 차지하고 있어야 하지 않겠습니까? 이런 사실을 깊이 인식한다면 승천일이야말로 교회력에 따른 절기 중에 가장 중요한 날이요 축하하고 즐거워야 할 날이 아니겠는가 하는 생각이 듭니다. 우리 주 예수 그리스도의 승천과 그 후 계속되는 그분의 사역에 대해 무지하거나 이를 외면한다면 교회의 영적 건강에 치명적인 손실이 오게 될지도 모릅니다.

　승천일에 무슨 일이 일어났습니까? 이 땅에서 하늘로 올라가심으로써 예수님은 통치 받는 곳에서 통치하는 곳, 즉 하나님의 오른편으로 자리를 옮겨가셨다는 사실입니다. 바로가 요셉의 손을 통하지 않고서는 애굽 땅에서 아무것도 할 수 없었던 것처럼, 전능하신 하나님께서도 예수님을 통해서만 자기의 세상을 다스리신다는 것을 말하는 날이 바로 승천일입니다.

- 오직 예수님을 통해서만 우리는 하나님께로 나아갈 수 있습니다.
- 오직 예수님을 통해서만 하나님은 우리 안으로 들어오십니다.
- 오직 예수님을 통해서만 하나님은 우리를 다스리십니다.
- 오직 예수님을 통해서만 하나님은 이 세상을 심판하시고 통치하십니다.

『일상을 걷는 영성』

하나님을 모호하게 만드는 환영(幻影)들

"여호와께서 이와 같이 말씀하시되 지혜로운 자는 그의 지혜를 자랑하지 말라. 용사는 그의 용맹을 자랑하지 말라. 부자는 그의 부함을 자랑하지 말라."_렘 9:23

고대 사회에서는 지혜, 힘, 부(富), 이 세 가지를 매우 중요하게 여겼습니다. 왜 그럴까요? 지혜와 힘과 재물이 자기를 충족시킨다고 생각했기 때문입니다. 그것들은 하나님께로부터 독립할 수 있다는 생각을 만들어 냅니다. 하나님이 내 인생에서 그다지 필요하지 않다는 환영(幻影, illusion)을 만들어 냅니다. 몇 년 전, 하버드 대학이 개교 350주년 기념식을 치렀습니다. 그때 총장이 하버드 대학에 입학하는 신입생들이 마음에 두는 세 가지 목표를 밝혔습니다. 바로 돈(money), 힘(power), 평판(reputation)입니다. 예레미야 시대 때도 비슷했습니다. 그 당시 사람들 마음에도 항상 이런 것들이 자리 잡고 있었습니다. 돈, 힘, 평판, 부와 힘과 지혜 등.

이것들은 하나님에게서 떨어져 나가고 싶은 세 가지 욕구를 가리킵니다. 돈이 있으면 하나님에게서 떠나려 듭니다. 힘이나 권력이 있으면 하나님 없이도 살 수 있다는 생각이 듭니다. 평판과 지혜가 있으면 구태여 하나님이 필요하지 않다는 생각을 하게 됩니다. 이런 삼중적 세력에 대해, 예레미야는 단호하게 말합니다. "네 지혜(wisdom)를 자랑치 마라!" "네 힘(power)을 뽐내지 마라!" "네 부(riches)를 자랑치 마라!" 예레미야는 말합니다. "만일 그것들을 자랑하고 뽐낸다면 너희는 이세벨보다 나은 것이 없다. 결국, 이세벨이 처하게 된 비참한 운명, 들판에 널려진 거름처럼 그렇게 될 것이다. 그 대신, 누구든지 자랑할 것이 있다면 다음과 같은 것들을 자랑하도록 하라. 하나님을 아는 것, 곧 하나님은 이 땅에 신실함과 정의와 공의를 행하는 주님이시라는 사실을 아는 것을 자랑하라." 그렇습니다! 우리가 자랑해야 할 것이 있다면 지혜나 힘이나 부가 아니라, 하나님의 신실함과 정의와 공의입니다. 『인간의 죄에 고뇌하시는 하나님』

17 May

영적 문맹이라 문제를 제대로 읽지 못한다

"우리는 마땅히 기도할 바를 알지 못하나 오직 성령이 말할 수 없는 탄식으로
우리를 위하여 친히 간구하시느니라." _롬 8:26

우리가 마땅히 기도해야 할 바를 알지 못하는, 근본적 이유가 있습니다. 그 첫 번째 이유는,

- 우리 자신이 얼마나 심각하게 궁핍한 상태에 있는지를 인식하지 못한다는 사실입니다.

기도는 진정한 상황 판독을 요합니다.

- 우리는 모두 먹을 것과 입을 옷과 직장과 가정과 건강을 위해 기도합니다.

이런 것들을 달라고 기도를 드리는 이유는, 우리가 볼 때 이런 것들이 우리가 처한 상황에 꼭 필요한 것이라고 판독하고 있기 때문입니다. 문제는 이러한 판독이 우리가 처해 있는 상황에 대한 제대로 된 판독인가 하는 점입니다. 우리의 기도는 종종 상황에 대한 잘못된 읽기에 기반을 두고 있기도 하다는 뜻입니다.

- 그럴 때 우리의 기도에 대한 하나님의 응답은 우리가 판독하지 못한, 따라서 예측하지 못한 전혀 다른 방식으로 올 수 있다는 사실입니다.
- 하나님의 생각들은 우리의 생각들보다 더 높습니다.
- 하나님의 응답들은 우리가 드리는 간청들보다 더 높습니다.

그러므로 우리는 언제나 하나님에 의해 우리의 기도들이 교정받을 준비가 되어 있어야 할 것입니다.

『십자가의 복음』

성만찬, 유일한 왕국의 세레모니(ceremony)

"때가 이르매 예수께서 사도들과 함께 앉으사" _눅 22:14

사도신경의 "나는 성도의 교통을 믿습니다."라는 조항을 번역한 우리의 신앙 선배들은 요즘 흔히 사용하는 '교제'라는 용어 대신에 '교통'이라는 단어를 사용했습니다. 한편으로는 다행스럽기까지 한 멋진 번역이라고 생각됩니다.

'성도의 교통'을 영어로 표현할 때 'the communion of saints'라고 합니다. 여기서 'communion'은 일반적으로 성만찬을 가리키는 전문적인 용어입니다. 성만찬을 행할 때마다 일종의 '교통'이 일어나고 있다는 뜻입니다. 어떤 종류의 교통입니까? 성도들과 성도들 사이를 하나로 묶어주는 연대감의 교통일 것입니다. 예수 그리스도의 몸과 피를 함께 먹고 마시는 상징적 행위로 그리스도인들은 그리스도를 통하여 서로 서로에게 오가는 것입니다.

- 이 세상에는 수많은 교회, 수많은 교단이 있습니다.
- 그러나 우리에게는 오직 한 교회(One Church), 한 식탁(One Table)만 있습니다.

바로 이러한 한 식탁을 중심으로 한 교회의 구성원들이 모이는 것이 성만찬입니다. 성만찬을 하면서 우리는 적어도 다섯 가지 일을 하게 됩니다.

첫째, 예수님의 죽으심을 기념하는 것입니다(눅 22:19).
둘째, 예수님의 죽으심의 의미를 선포하는 것입니다(고전 11:26).
셋째, 그리스도의 몸에 참여하는 것입니다(고전 10:16-17).
넷째, 그리스도의 한 몸으로서 연합합니다(고전 10:17).
다섯째, 장차 올 영원한 삶과 왕국의 잔치를 기대합니다(눅 22:17-18).

『하늘 나그네의 사계』

세례, 혁신적 변혁

"우리 조상들이 다 구름 아래에 있고 바다 가운데로 지나며 모세에게 속하여
다 구름과 바다에서 세례를 받고"_고전 10:1-2

세례는 상상할 수 없을 정도로 혁신적인 그 무엇을 상징합니다. 세례는 그리스도인으로서 우리가 겪게 되는 급진적인 변혁을 상징합니다. 곧 그것은 자기중심에서 그리스도 중심의 사람이 되게 하는 변혁입니다.

그러나 세례는 이것보다 더 혁신적이고 과격한 그 무엇을 상징합니다. 그것이 무엇일까요? 개인적인 변혁을 넘어, 세례는 창조세계의 전체적이고 온전한 변혁을 상징합니다.

- 어느 날, 새 창조세계가 옛 창조세계의 무덤에서부터 떠오르게 될 것입니다.
- 어느 날, 바울이 말한 바대로, 온 창조세계가 죽음의 노예상태에서 해방될 것입니다.

세례를 받은 우리, 이미 지금 이러한 변화를 겪는 우리, 이미 하나님의 새로운 창조물인 우리는 이러한 새 창조세계의 도래를 알리는 전령(傳令)들로 부르심을 받았습니다.

- 우리는 더 이상 죄가 우리 안에서 지배력을 행사하지 못하도록 해야 합니다.
- 우리는 더 이상 악한 갈망과 사욕과 욕망에 휘둘려서는 안 됩니다.

죽음에서 구출 받은 사람들처럼, 우리는 하나님의 목적을 이루는 도구로써 우리 자신을 하나님께 드려야 합니다. 이미 세례를 받은, 여기에 있는 우리 모두는 그리스도와 함께 죽었습니다. 죽은 목적은, 그리스도가 죽은 자들 가운데서 일으킴을 받으셨던 것처럼 우리도 새로운 삶 안에서 걷기 위함입니다.

『하늘 나그네의 사계』

종말을 기약하는 새로운 질서

"내가 지을 새 하늘과 새 땅이 내 앞에 항상 있는 것 같이
너희 자손과 너희 이름이 항상 있으리라 여호와의 말이니라."_사 66:22

예수님의 죽으심과 부활과 승천은 하늘에 있는 제도들과 관계들에도 상당한 변화를 일으키게 되었습니다.

첫째로, 예수님은 하나님의 오른편에 앉아있게 되었습니다. 이는 시편 110:1이 성취된 것입니다. "여호와께서 내 주에게 말씀하시기를, '내가 네 원수들로 네 발판이 되게 하기까지 너는 내 오른편에 앉아 있으라.'" 이 구절은 신약성경에서 가장 자주 인용되거나 비유되는 구절입니다. 예수님께서 명예와 권위의 장소를 가리키는 하나님의 오른편에 앉아 계신다는 말이 신약성경에 약 16번 정도 나옵니다(고전 15:25 참조).

둘째로, 하나님의 오른편에 앉아 계신 분으로서 예수님은 우리를 위해 중보 사역을 하십니다(롬 8:34; 히 7:23-25).

셋째로, 승리를 가져오는 그리스도의 죽음과 부활과 승천 덕분에 적대적이고 악한 세력들은 이미 패배하였고 하늘로부터 쫓겨남을 당하였습니다(골 2:15; 벧전 3:19-22 참조).

하늘에 수립된 새로운 질서는 우리가 지금 사는 메시아의 시대를 통해서 그대로 계속되고 효력을 발휘할 것입니다. 그러나 이 세대의 끝에 새로운 장이 열리게 될 것입니다. 고린도전서 15:22-28에서 우리는 신자들의 부활이 어떠한지 엿볼 수 있습니다. 모든 적대적인 세력이 파괴될 것이고, 죽음마저도 파멸에 이르게 되며, 그리스도께서 자신의 왕국을 아버지께 헌납하게 될 것입니다. 물론 그때에 이사야가 선언하였고(사 65:17; 66:22) 베드로와 요한이 좀 더 자세하게 묘사한 대로 '새 하늘과 새 땅'이 있게 될 것입니다.

『일상을 걷는 영성』

지도(地圖) 바깥으로 부르시는 성령

"주의 사자가 빌립에게 말하여 이르되 일어나서 남쪽으로 향하여
예루살렘에서 가사로 내려가는 길까지 가라 하니 그 길은 광야라." _행 8:26

우리는 빌립이 마침내 도착한 곳이 광야길이었다는 사실에 주목해야 합니다. 그는 그곳에서 누군가를 섬기고 봉사하게 되었습니다. 광야에서 빌립은 땅의 끝에 이르게 된 것입니다. 땅의 끝까지 이르러 복음을 전하라는 성령의 명령이 시행되는 곳이 광야였습니다. 그는 그곳에서 땅끝에서 온 에티오피아 내시를 만났습니다. 그렇습니다. 하나님께서 여러분과 나를 광야로 보내실 때는 우리의 섬김과 봉사를 절실하게 필요로 하는 한 영혼이 있을지도 모른다는 사실을 기억하십시오. 이곳에서 우리는 비로소 "모두"에게 이르게 될 것입니다. 바로 그곳 광야길에서 빌립은 신성한 성경 본문을 가르쳤으며, 바로 그곳에서 빌립은 세례를 베풀었고, 하나님의 은혜의 물속으로 내시와 함께 헤엄쳐 들어간 것입니다. 즉, '말씀'(Word)과 '성례'(Sacrament)를 통하여 광야길에 있는 한 영혼을 섬기게 된 것입니다. 이것이 '종의 사역', '머슴의 사역'(servant hood ministry)입니다. 내가 광야로 들어가야만 그곳에 있는 간절한 영혼을 만나게 될 것이 아니겠습니까? 어찌 보면 광야 혹은 사막으로 들어간다는 것은 그곳에 있는 사람들을 받들고, 섬기고, 구원하기 위한 기회로 초대받는 것입니다. 그러므로 광야로 들어가라는 주님의 음성이 있거든 무엇인가를 기대하십시오. 누군가 나를 기다리고 있다는 것을 기대하십시오.

하나님께서 우리를 보내신 그 광야의 길이 변화와 변혁이 일어나는 장소라는 사실을 기억하십시오. 우리 함께 하나님의 영에 이끌리어 광야로 나가 우리를 기다리는 사람들에게 '경계선을 넘어서는 하나님의 은혜'를 전합시다.

『하늘 나그네의 사계』

하나님을 하나님 되시게

"세상에서는 너희가 환난을 당하나 담대하라 내가 세상을 이기었노라." _요 16:33

겟세마네 동산에서의 그 밤을 생각해 보십시오. 예수님은 말로 못할 무섭고 끔찍한 고통이 오고 있다는 것을 아셨습니다. 그리고 예수님은 기도하셨습니다. "아버지여, 가능하시다면 이 잔을 나로부터 지나가게 하옵소서. '그러나' 나의 뜻대로 마시고 당신이 원하시는 대로 하시옵소서."

이 말씀은 무엇을 의미합니까? "나를 도와주지 않으신다면, 이 끔찍한 일이 내게 일어나게 하신다면 나는 더 이상 당신을 믿지 않겠습니다."라고 말한 것이 아닙니다. 예수님은 "내가 뜻하는 대로가 아니라 당신이 뜻하는 대로."라고 말씀하신 것입니다. 이것이 '복종'입니다.

바울도 이렇게 기록하고 있습니다. "이 세상에서 너희는 고난을 당할 것이다. 이 세상에서 너희가 고통 받으며 살 것이다." 예수님이나 바울 그 누구도 이 세상에서 우리에게 고통과 고난이 없을 것이라고 말하지 않습니다. 교회는 고통을 잊으려고 나오는 마취 전문 보건소가 아닙니다. 성도는 피하지 않고 고난과 고통을 직면합니다. 이때 우리에게 무슨 약속이 주어졌는지 기억할 필요가 있습니다. "이 세상에서 너희는 고난을 당하고 고통당하며 살 것이다. 그러나 너희가 겪고 견뎌야 하는 고통은 하나님이 너희를 위하여 쌓아 놓으신 장엄한 미래와 비교할 때 아무것도 아니다!"

『등불 들고 이스라엘을 찾으시는 하나님』

너무 단순해서 믿기 불가능한

"하나님의 어리석음이 사람보다 지혜롭고
하나님의 약하심이 사람보다 강하니라." _고전 1:25

바울이 문화와 예술, 학문과 지식의 도시 아테네에 도착했을 때, 미신과 우상숭배가 만연한 것을 보고 아연실색하지 않을 수 없었습니다(행 17:16). 그는 담대하게 예수님에 관한 소식을 전파하였고, 죽음을 극복하신 예수님의 능력을 찬양하였습니다. 그러나 정교한 토론을 즐기는 아테네의 탁월한 이론가들은 바울이 전파하는 '십자가에 달리신 메시아'(the crucified Christ), 그리고 '그의 부활'을 비웃기 시작했습니다. 하나도 예외 없이 그들 모두는 하나님의 아들이 육체를 입고 세상에 왔다는 사상을 받아들일 수 없었을 뿐만 아니라 어리석다고 비웃었습니다.

기적을 추구하던 유대인들에게는 '십자가에 달리신 메시아'가 하나의 스캔들이었으며, '지혜'를 추구하던 그리스인들에게는 '어리석음'에 불과했습니다. 그리고 이런 시각은 현대 세계에서 지혜롭다는 평을 듣는 사람들에 의해 여전히 공인되고 있습니다. 인간의 역사 속으로 하나님의 '찾아오심'은 경이로운 사실이지만 단순한 사실이기도 합니다. 이 세상에서 스스로 똑똑하다 하는 사람들에게는 어리석어 보이는 것입니다.

한번은 예수님께서 다음과 같이 말씀하셨습니다. "천지의 주재이신 아버지여, 이것을 지혜롭고 슬기 있는 자들에게는 숨기시고, 어린아이들에게는 나타내심을 감사하나이다"(마 11:25). 어린아이와 같은 무모한 신뢰(reckless)와 천진난만한 즐거움(playful joy) 없이는 하나님 나라에 들어갈 수 없다는 말씀입니다. 강림절은 우리가 어린아이 같지 않으면 하나님 나라를 이해하지도, 보지도 못할 것이라는 사실을 기억하게 합니다.

『아버지를 떠나 자유를』

오순절적 교회

"오순절 날이 이미 이르매 그들이 다 같이 한곳에 모였더니." _행 2:1

교회는 '오순절적'(pentecostal) 교회여야 합니다. 왜냐하면, 교회는 본래 오순절 교회로 지음 받았기 때문입니다. 그렇다면 무엇이 오순절 교회의 특성이란 말입니까? 여기저기서 터져 나오는 방언들입니까? 환상을 보고, 예언을 하고, 황홀경에 들어가는 것입니까? 온갖 은사로 시끌벅적한 교회입니까? 아닙니다!

오순절 교회는 성령님을 통하여 '이해라는 선물'(gift of understanding)을 받은 교회입니다. 즉, 하나님께서 그리스도를 통하여 이루신 위대하신 일들에 대해 온전한 이해를 하게 된 교회입니다. 그리고 그 교회 교인들이 그렇게 된 것은 하나님의 걷잡을 수 없는 영에 자신들을 전폭적으로 내어 맡기었기 때문입니다.

그렇습니다. 오순절 교회는 하나님의 영에 우리 자신과 삶을 온전히 내어 맡기는 교회입니다. 그분이 인도하는 대로 가려는 '영적 자발성'을 가진 교회입니다. 그분이 느리게 인도하면 느리게, 빨리 인도하면 빨리 가는 교회입니다. 우리가 그분을 통제하거나 조절하는 것이 아니라 그분이 우리를 통제하고 조절하도록 그분에게 우리의 모든 것을 맡기는 교회입니다. 그렇게 함으로써 우리는 그분의 위대하신 일, 즉 예수 그리스도를 통하여 나타나신 그분의 위대한 구원 사역에 대한 온전한 이해에 일치하게 됩니다. 예수 그리스도의 발아래 우리가 하나가 되게 하려고 성령님은 오신 것입니다. 아멘.

『하늘 나그네의 사계』

바벨의 혼란과 오순절의 하모니

"우리가 다 우리의 각 언어로 하나님의 큰일을 말함을 듣는도다 하고"_행 2:11

오순절은 청력 회복의 기적입니다. 오순절의 경험은 격렬한 바람 소리도 아니었습니다. 불의 혀와 같은 놀라운 현상도 아니었습니다. 서로 다른 방언으로 말하는 것도 아니었습니다. 오순절의 위대한 선물은 '이해'라는 것이었습니다. 서로서로가 말을 이해하게 되었다는 것입니다. 하나님의 일들에 관해 말하는 내용을 이해하게 되었다는 것입니다. 이것이 오순절의 절정입니다. 그렇습니다. 오순절 경험의 절정은 하늘 아래 모든 나라로부터 예루살렘에 모여든 모든 신실한 유대인이 하나님의 큰일들을 각 지역의 언어로 알아 '들을 수' 있을 때였습니다.

"하나님의 큰일들을 우리 각자의 말로 이야기하는 것을 듣고 있소."

사람들은 모두 놀라서, 어쩔 줄을 몰라 "이게 도대체 어찌 된 일이오?" 하면서, 서로 말하였던 것입니다(행 2:9-11). 오순절의 이야기를 들으면서 우리는 바벨탑 이야기를 배경으로 떠올리지 않을 수 없습니다. 오순절의 바람과 불과 언어들은 바벨에서 일어났던 것을 '취소'하는 것입니다. 인류가 교만하여 하늘에 닿는 탑을 쌓으려 하였을 때 언어는 혼잡해졌고 결국 사람 사이의 일치성은 무너져 내렸습니다. 그러나 하나님께서 성령님을 보내실 때, 비록 사람들은 서로 다른 언어를 사용하기는 하였지만, 그들은 '동일한 이야기'를 들을 수 있었던 것입니다.

- 바벨 이야기는 인간의 교만으로 만들어진 '갈등과 분쟁의 이야기'입니다.
- 그러나 오순절 이야기는 주의 영으로 창조된 '하나 됨'의 이야기입니다.

『하늘 나그네의 사계』

경이로운 모형론(模型論)

"모세가 광야에서 뱀을 든 것 같이 인자도 들려야 하리니"_요 3:14

하나님은 참을성이 없고 쉽게 은혜를 망각하는 이 백성에게 불뱀을 보내, 물려 죽게 하셨습니다. 그러자 다급해진 백성이 모세에게 나아가 "죄송합니다. 불평한 것을 회개합니다. 제발 부탁합니다. 하나님께 기도해서 뱀이 떠나게 해주십시오."라고 합니다.

하나님은 그 백성의 부르짖음을 들으셨습니다. 그러나 그들에게서 뱀을 떠나게 하시지는 않았습니다. 이게 무슨 말입니까? 하나님은 우글거리는 불뱀들 가운데서 자기 백성을 구원하신다는 뜻입니다. 달리 말해, 하나님은 우리의 환난과 고난을 없애시는 것이 아니라, 그것들 가운데서 우리를 구원하십니다.

하나님은 모세에게 놋뱀을 만들어 장대 위에 높이 달아 모든 사람이 보게 하라고 말씀하셨습니다. 불뱀은 계속해서 사람들을 물어서 죽였습니다. 그러나 이제 사람들은 쳐다볼 수 있는 놋뱀이 있습니다. 놋뱀을 올려보라는 것입니다. 설령 놋뱀 옆에 누워 있다고 해도, 쳐다보지 않으면 죽습니다. 놋뱀을 만진다고 해도, 그 뱀을 쳐다보지 않으면 죽는다는 것입니다.

예수님이 말씀하십니다. "과거에 있었던 일이 지금 다시 일어나고 있다. 모세가 광야에서 뱀을 들었던 것처럼 인자도 들려야 할 것이다. 누구든지 그를 올려다보는 자마다 영생을 얻을 것이다. 독뱀에서 구원하기 위해, 악에서 구원하기 위해, 멸망에서 구원하기 위해 인자는 반드시 들려야 한다. 높은 장대 위에 달려야 한다."

『생명의 복음』

오순절, 예수님께서 내 안으로 오신 날

"오순절 날이 이미 이르매 …… 그들이 다 성령의 충만함을 받고" _행 2:1-4

오순절이 올 때까지, 제자들은 예수라는 분의 둘레를 걷고 있었습니다. 다시 말해서 그들은 바깥에서 예수님을 바라보고 있었던 것입니다.

예수님의 교훈과 가르침들, 그분이 행하신 기적들, 그분의 죽으심과 부활 등의 모든 것은 그저 '외부적'인 경험들에 불과했던 것입니다. 그렇습니다. 우리가 오순절을 경험하기 전까지 우리가 그동안 쌓아놓았던 모든 종교적 지식과 경험들은 겨우 '외부적' 사건들로 그대로 남아 있을 것입니다. 그렇다면 오순절의 참 의미는 무엇입니까?

- 예수님을 바깥에서 바라보는 것을 멈추는 시간이 오순절입니다.
- 예수님을 안쪽에서 바라보기 시작하는 시간이 오순절입니다.
- 예수님께서 우리 안에서 사시는 시간이 오순절입니다.
- 예수님께서 우리 안에서 활동하시고 일하시는 시간이 오순절입니다.

오순절은, "그리스도의 영이 우리 안에 거주(居住)하신다."라는 뜻입니다.

- 이런 이유 때문에 오순절은 계속해서 발생하는 것입니다.
- 오순절은 한 번만 일어나지 않고 계속해서 일어나는 것입니다.

그렇습니다. 오순절(성령강림절)은 반복해서 일어나는 사건입니다. 오순절은 '기적'입니다. 부활하신 그리스도가 더 이상 멀리 계시지 않고, 그리스도가 더 이상 바깥에 계시지 않고, 그 대신 그리스도는 우리 안으로 들어오시고 우리의 가슴과 마음을 그분의 활동 기지로 삼으신다는 사실! 이것이 기적이 아니고 무엇이겠습니까?

『순례자의 사계』

성령이 하시는 그 일

"그가 와서 죄에 대하여, 의에 대하여, 심판에 대하여 세상을 책망하시리라." _요 16:8

오순절, 성령님은 베드로의 설교를 들었던 사람들의 마음을 휘저어 이 사실을 보게 하셨습니다. 예수 그리스도를 믿지 않은 것이 죄를 짓는 것이라고 외쳤던 베드로의 설교에 귀를 기울이게 하신 분이 성령님이었던 것입니다.

그러자 사람들 마음에 큰 찔림이 있었습니다. 그래서 가슴을 치면서 "어떻게 해야 합니까?"라고 물었습니다. 누가 그들에게 그런 마음이 들게 했을까요? 누가 그들을 휘저어 죄책감을 느끼게 했을까요? 성령이 그렇게 하신 것입니다. 성령이 하시는 일이 그것입니다.

성령이 오셔서 하시는 일은 이것입니다. 사람들에게 그들의 죄를 확신시킵니다. 종국에 그들이 하나님의 심판대 앞에 서게 된다는 사실을 확신시킵니다.

> 성령이여, 강림하사 나를 감화하시고
> 애통하며 회개한 맘 충만하게 하소서.
> 예수여, 비오니 나의 기도 들으사
> 애통하며 회개한 맘 충만하게 하소서. (새찬송가 190장)

성령님이 하시는 일이 우리가 죄를 깨닫고 통회하며 자복하게 하시는 일이라는 것입니다. 그런 일은 우리 스스로 할 수 없습니다. 우리가 하는 일이 아닙니다. 우리가 해서도 안 됩니다. 우리 이웃에게 "당신들은 죄인이며 언젠가 하나님의 심판대 앞에 서게 될 것입니다."라고 말할 필요가 없다는 말입니다. 그건 여러분의 몫이 아닙니다. 성령이 하시는 일입니다.

『생명의 복음』

성령은 자기 자신으로 굽어지는 분이 아니다

"진리의 성령이 오시면 그가 너희를 모든 진리 가운데로 인도하시리니
그가 스스로 말하지 않고 오직 들은 것을 말하며" _요 16:13

성령으로 충만한 사람들은 기꺼이 가장 열정적으로 예수님을 섬기려는 사람들입니다. 달리 말해, 성령으로 가득한 사람들은 자신들이 성령으로 가득하다는 것을 거의 의식하지 않는 사람들입니다. 왜냐하면, 그들의 초점은 성령이 아니라 예수님께 있기 때문입니다. 진짜 성령 충만한 사람은 성령을 거의 의식하지 않는다는 말입니다. 그는 오로지 예수님을 바라보고 그분을 섬기는 일에 몰두하기 때문입니다.

성령으로 가득한 것과 성령으로 가득한 것처럼 느끼는 것은 아주 다릅니다. 성령으로 충만한 것처럼 느낀다고 성령으로 충만한 것은 아닙니다. 거꾸로, 성령으로 가득한 것처럼 느끼지 않으면서도 실제로 성령으로 충만할 수 있다는 말입니다. 그러므로 성령으로 가득하도록 얼굴과 심령에 광채가 나고 어둠 속 횃불처럼 불타올라야 하는 것은 아닙니다. 성령 충만하기 위해 목소리가 허스키해지고, 항상 '할렐루야'를 외치고, 큰 소리로 방언을 말해야 하는 것은 아닙니다. 간혹 입만 열면 성령에 대해 말하고, 자기 혼자 성령을 독점한 것처럼 이야기하는 허풍쟁이 부흥사들도 있습니다. 그들의 가장 치명적인 실수는 성령이 성령 자신에게 초점을 맞추는 것처럼 보이게 한다는 데 있습니다. 심할 때는 성령을 강조하면서 모든 초점을 자기 자신에게 맞추게 하기도 합니다. 그러나 성령은 결코 자신에게 초점을 맞추시지 않습니다.

그러므로 성령의 임재와 현존을 가장 잘 경험하는 시간과 장소가 있다면 바로 오직 예수님께만 영광이 돌아가는 곳과 때입니다. 그때 그곳에서 여러분은 성령의 임재와 충만한 현존을 경험하게 될 것입니다.

『생명의 복음』

성령은 새로운 것을 말하지 않는다

"그러므로 내가 말하기를 그가 내 것을 가지고 너희에게 알리시리라 하였노라." _요 16:15

선교신학자 데일 브루너(F. Dale Bruner)는 윌리엄 홀던(William Hordern)과 함께 쓴 책에서 이렇게 경고한 적이 있습니다.

> 나는 교회에 절실하게 필요한 것이 새롭게 성령에 집중하는 것이라는 주장에 동의할 수 없습니다. 교회들이 새로워지기 위해 성령께 새롭게 초점을 맞추어야 합니까? 나는 그렇게 믿지 않습니다. 내가 그런 주장에 동의할 수 없는 분명하고도 단순한 이유가 있습니다. 성령이 하는 가장 중심적인 일은 교회로 하여금 반복해서 예수 그리스도께 초점을 맞추는 것이라고 예수님이 말씀하시기 때문입니다.

성령이 말하고자 하는 중심에 '예수 그리스도'가 있습니다. 성령도 역시 예수 그리스도께 속한 것을 우리에게 알려 주심으로써 그분께 영광을 돌립니다. 성령이 예수님의 것을 가지고 우리에게 알리실 때가 언제인가요? 예수님께 영광을 돌리게 될 때가 언제인가요? 복음을 설교하고 가르칠 때입니다. 복음에 대한 신실한 설교와 교육을 통해, 하나님은 교회의 역사 가운데 자기의 영을 교회에 부어주셨습니다.

개혁신학의 전통에 서 있는 우리는 '복음의 선포' 없이는, '복음의 설교' 없이는 성령이 우리에게 오시지 않는다고 믿습니다. 개혁신학의 전통에 서 있는 우리는 성찬의 시행 없이 성령이 우리에게 오신다고 믿지 않습니다. 하나님의 말씀과 상관이 없는 영, 성례와 상관이 없는 영은 위험천만하기 그지없습니다. "성령은 내게 있는 것을 가져다가 너희에게 알려준다."라고 말씀하신 분은 예수님입니다.

『생명의 복음』

성령에 이끌려 살고자 한다면

"주 여호와의 영이 내게 내리셨으니 …… 모든 슬픈 자를 위로하되"_사 61:1-2

'긍휼'(compassion)이란 상대방을 불쌍하고 딱하게 여기는 것입니다. 그러나 여기서 끝나는 것이 아닙니다. 성경적 연민, 예수님의 연민은 단순한 감정이 아니라 그런 마음에 이끌리는 삶입니다. 긍휼에 이끌리는 마음, 연민에 움직이는 삶! 이것이 예수님의 삶의 특징이었습니다. 예수님이 인간 사회에 들어오실 때, 그는 위로부터 들어오지 않으십니다. 그는 바깥쪽 변두리에서 들어오십니다. 들어오시되 무력한 사람, 도움이 필요한 사람, 딱한 사람들의 삶을 통해서 들어오십니다. "긍휼에 마음이 움직여." 이 용어는 예수님이 누구신지를 묘사하는 말입니다. 그리고 그분의 긍휼을 통하여 하나님의 그 심장을, 하나님의 그 마음을 드러내십니다. 어떤 마음입니까? 고통을 당하는 이들과 함께 고통을 당하는 것이 하나님의 마음입니다. 따라서 '긍휼'이란 '함께 고통당하는 것'입니다.

당신이 다른 사람들에게 긍휼을 보여줄 때, 당신은 그 사람의 상처를 당신 안으로 가지고 들어오는 것입니다. 당신이 다른 사람들에게 긍휼을 보여줄 때, 이렇게 말하는 것입니다. "나는 당신의 눈물 속에서 나의 눈물을 봅니다." "당신의 고통이 내 고통입니다."

그리스도의 제자들로서 우리의 소명은 '불쌍히 여기는 마음'을 갖는 것입니다. 그렇지 않으면 그리스도의 영이 우리의 삶을 통제하지 않습니다. 그리스도께서 다른 사람들에게 가시적으로 나타나지 않습니다. 우리의 긍휼을 통해서 나타나십니다. 오늘 본문은 성령에 이끌려 살고자 하는 사람들을 위한 부르심입니다. 긍휼을 베풀고 사는 삶이기를 바랍니다.

『이사야서 묵상』

6월

그리스도인의 삶

365 Biblical Meditation for Healing

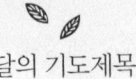

이달의 기도제목

관광객이 아니라 나그네이다

"이 사람들은 다 믿음을 따라 죽었으며 약속을 받지 못하였으되
그것들을 멀리서 보고 환영하며 또 땅에서는 외국인과 나그네임을 증언하였으니" _히 11:13

많은 사람이 마치 관광객과 같은 정서를 가지고 신앙의 길에 들어섭니다. 오늘 우리 시대의 기독교 신앙은 이러한 '관광객 정신'(tourist mindset)에 의해 사로잡혀 있다고 해도 과언이 아닙니다. 그러나 기억하십시오. 기독교 신앙은 이 같은 관광객 정서와는 함께 갈 수 없습니다. 기독교 신앙은 오직 나그네 정신, 일시 체류자의 사고방식, 순례자의 마음과 일치합니다. 나는 이들을 가리켜 '하늘 나그네'(天客)라고 부르고 싶습니다.

- 하늘 나그네들은 지도 없이도 기꺼이 길을 떠납니다. 그들에게는 하나님의 은총에 대한 무모한 신뢰, 생동력 있는 힘찬 믿음이 있기 때문입니다.
- 하늘 나그네들은 결코 한곳에 정착하지 않습니다. 그들은 '일시적 체류자'(sojourner)일 뿐 결코 '정착민'(settler)이 아니기 때문입니다.
- 하늘 나그네들은 아무것도 가진 것이 없지만, 희망을 품고 삽니다.
- 하늘 나그네들은 비록 두 눈으로 보지는 못하여도 순종합니다.

그들이 가야 할 길들은 전혀 알려진 바 없지만, 그들은 기꺼이 영원을 향한 모험의 첫 걸음을 내딛습니다. 아니 그들의 발을 내딛음으로써 그들의 길들이 창조되는 것입니다. 그들은 길들을 만들어 걷는 사람들입니다. 길이 없는 곳에 길을 만들어 천성을 향해 떠나는 사람들입니다.

『옛적 말씀에 닻을 내리고』

그리스도께 뿌리내린 '삶'

"그러므로 누구든지 나의 이 말을 듣고 행하는 자는
그 집을 반석 위에 지은 지혜로운 사람 같으리니" _마 7:24

예수님께서 자기의 제자로 우리를 부르실 때, 우리의 행하는 모든 것은 궁극적으로 그분에 대해 증거하는 일입니다. 다시 말해서 우리의 인생과 삶을 증인이 되는 삶으로 만들어야 한다는 것입니다. 그 어떤 이유로도 이 엄청난 임무에 대한 태만의 변명으로 삼을 수 없습니다.

- 우리는 예수님을 증거하는 '증인의 삶'의 임무에서 벗어날 수 없습니다.
- 우리는 우리의 현재 상태에서 그리스도를 증거해야 합니다.
- 우리의 삶을 가로막는 장애가 우리의 통제를 넘어선 것이라도
- 그리스도는 당신이 우리를 부르실 때에 우리가 따르기를 기대하시며,
- 그분이 명령하실 때 우리가 순종하기를 기대하시며,
- 우리가 그분의 빛을 반사하기를 기대하십니다.

만일 우리가 그렇게 하지 않는다면,

- 우리는 자신이 누구인지를 망각하게 되는 것이며,
- 우리가 받은 세례를 부정하는 것이며,
- 제자로 부름 받은 사실을 부정하는 것입니다.

가롯 유다는 돌들로 가득한 토양을 대표합니다. 복음의 씨앗이 유다의 인생 위에 뿌려졌습니다. 그러나 태양이 떠오르자 그의 '신앙의 나무'는 시들어 버리게 된 것입니다. 왜냐하면, 이 나무는 그리스도 안에 깊이 내린 뿌리가 전혀 없었기 때문이었습니다. 기억하십시오. 여러분이 예수 그리스도를 주님으로 받아들이셨다면, 이제 그분 안에서 계속해서 살아야 할 뿐 아니라 그분 안에 깊이 '뿌리'를 내려야 할 것입니다.

『하늘 나그네의 사계』

사람은 무엇으로 사는가?

"사람이 떡으로만 사는 것이 아니요 여호와의 입에서 나오는 모든 말씀으로 사는 줄을 네가 알게 하려 하심이니라."_신 8:3

사순절의 40이라는 숫자는 구약의 언약 백성인 이스라엘인들이 출애굽 후 광야에서 40년을 보낸 것과 '새로운 이스라엘인'으로 오신 예수님께서 공생애를 시작하시기 직전 유대광야에서 40일을 금식하며 준비하신 일에 기반을 두고 있습니다. 구약의 이스라엘 백성이 여호와 하나님의 놀라우신 은혜와 위대한 능력으로 구원을 받아 출애굽 하였지만, 약속의 땅 가나안에 들어가기 전 40년 동안 광야에서 신앙의 훈련을 받게 됩니다. 하늘과 땅을 창조하신 전능하신 하나님(창조의 주님), 폭압과 고역의 쇠사슬에서 구원하신 전능하신 하나님(구원의 주님)께만 영광과 찬양과 충성과 신뢰를 바치며 살아가는 과정이 광야의 삶이었습니다. 그들은 광야 학교 40년 동안 단 한 가지 과목만을 이수하도록 등록한 신앙의 학생들이었습니다. 과목 명칭은 "사람은 무엇으로 사는가?"였습니다. 광야 시절은 풀 한 포기 생존하기 어려운 극한 환경에서 200만 명이 넘는 출애굽의 생명이 살아남는 길이 무엇인지 온몸으로 배워야 했던 영적 훈련소 시절이었습니다. 그리고 훗날 광야 생활이 마칠 즈음에 "사람은 무엇으로 사는가?"에 대한 정답이 재차 확인되었습니다.

마침내 약속의 땅 가나안으로 들어가는 출애굽 2세대에게 하나님은 40년 전 시내 산에서 맺은 하나님과의 언약(일명 '시내 산 언약')을 그 종 모세를 통해 새롭게 갱신하는 예식을 갖게 하십니다. 이렇게 해서 우리에게 남긴 문서가 '신명기'인데, 일종의 언약갱신 문서라 할 수 있습니다. 그 '신명기'에서 하나님은 친히 지난 광야 생활의 목적을 다음과 같이 말씀하셨습니다. "사람이 떡으로만 사는 것이 아니요 여호와의 입에서 나오는 모든 말씀으로 사는 줄을 네가 알게 하려 하심이니라"(신 8:3).　　『하늘 나그네의 사계』

집으로 가는 길의 이정표

"그날에 이새의 뿌리에서 한 싹이 나서 만민의 기치로 설 것이요." _사 11:10

'이새의 뿌리'(사 11:10)라 함은 별 볼 일 없는 초라한 시작을 의미합니다. 사실 하나님의 일이 놀라운 이유는 언제나 초라하고 왜소하기 그지없는 곳에서 출발하기 때문입니다. 그러나 그 끝을 보십시오. 싹이 움트기 시작한 자그마한 가지가 우람한 나무가 되어 온 세상을 덮고도 남을 만한 안식처가 되었습니다. 나그네들이 그 나무 아래서 쉼을 얻고 피곤한 영혼들이 시원한 냉수를 얻어 마십니다. 아니면 그 자그마한 가지는 높은 산 위에 우뚝 선 깃발(banner)처럼 새로운 왕국이 도래하였음을 알리는 신호(signal)가 된다는 것입니다. 전 세계에 흩어져 있던 남은 자들이 그 깃발 아래에 모여 위대한 나라를 만들게 될 것입니다. 하나님은 모든 민족과 나라와 방언과 백성 가운데 남겨두신 자들을 다 불러 모으실 것입니다. 남과 북, 동과 서, 가진 자와 못 가진 자, 남자와 여자, 종과 주인, 장로교와 감리교 등과 같은 분리와 차별의 벽은 없어질 것입니다.

이런 날은 이미 도래했습니다. 하나님이 예수 그리스도를 통해 평화의 복음을 온 세상의 땅끝까지 전파하셨기 때문입니다. 옛날 이스라엘 백성이 출애굽 하던 날처럼, 하나님은 예수 그리스도라는 '큰길'(大路)을 만들어 놓으시고 자기 백성을 불러 모아 '집'으로 데려가시기를 원하십니다. 그리고 지금도 하나님은 '길'(The Way)이신 예수 그리스도에게로 오는 자마다 영생을 주시기를 원하십니다. 아버지의 집으로 돌아오려면, 당신은 먼저 저 산 위에 높이 세워진 나무, 십자가를 바라보십시오. 그리고 그 길로만 오십시오. 그러면 당신은 구원을 얻게 될 것입니다. "나로 말미암지 않고는 아버지께로 올 자가 없느니라."(요 14:6)라고 예수님께서 말씀하셨습니다.

『이사야서 묵상』

하나님은 우리 행위도 잊지 않으신다

"하나님은 불의하지 아니하사 너희 행위와 그의 이름을 위하여 나타낸 사랑으로 이미 성도를 섬긴 것과 이제도 섬기고 있는 것을 잊어버리지 아니하시느니라." _히 6:10

히브리서 10:32-34은 당시의 성도들이 어떻게 살았는지를 다음과 같이 기록해주고 있습니다. "전날에 당신들이 빛을 받은 후에 고난의 큰 싸움을 견디어 낸 것을 생각하십시오. 혹은 비방과 환난 때문에 사람들에게 구경거리가 되고, 혹은 이런 형편에 있는 이들과 사귀는 이가 되었으나 당신들은 갇힌 자들을 불쌍히 여겼을 뿐만 아니라 당신들의 소유를 빼앗기는 것도 기쁘게 감당하였습니다."

그들의 삶의 방식은 담대한 용기와 남을 향한 긍휼이 그 특징이었습니다. 그들은 기꺼이 다른 사람들을 위해 자신들을 내어 주었던 사람들이었습니다. 그러나 그들은 단순히 과거에만 그렇게 살지 않았습니다. 그들은 이 서신을 읽고 있는 지금도 그런 삶을 살고 있다고 히브리서 기자는 말하고 있습니다. 그들은 그리스도의 새로운 계명-그리스도께서 그들을 사랑하셨던 그 희생적 사랑으로 다른 이들을 사랑하라는 계명-을 실제로 실천하고 있는 살아 있는 그리스도인들이었습니다. 기독교 초창기의 이 자그마한 교회 안에는 이처럼 영광스럽고 격조 높은 삶의 방식을 실제로 살고 있었던 사람들이 많았습니다.

하나님은 그들의 삶의 방식에 대해 무관심하지 않으셨습니다. "하나님은 정의로우십니다. 그분은 당신들의 행위를 절대 잊지 않으실 것입니다"(히 6:10). 하나님을 사랑했던 그들은 그들의 하나님 사랑을 이웃 사랑으로 표현하였습니다. 그들의 삶이 이것의 증거가 되었습니다. 그렇습니다. 하나님을 사랑하는 것은 구체적인 옷을 입고 우리의 삶 속에 나타나야 합니다. 이것을 하나님이 세고 계시기 때문입니다.

『우리와 같은 그분이 있기에』

거짓된 안전감에 자리 잡지 않는 삶

"나보다 아버지나 어머니를 더 사랑하는 사람은 내게 적합하지 않고,
나보다 아들이나 딸을 더 사랑하는 사람도 내게 적합하지 않다. 또 자기 십자가를 지고
나를 따르지 않는 사람도 내게 적합하지 않다." _ 마 10:37-38(표준새번역)

우리를 과거로부터 자유롭게 하시려고 오신 분 예수, 여러분과 나에게 과거를 뒤로하고 자신을 따라 하나님 나라에 들어가자고 하시는 분 예수, 그분 예수님은 지금 우리에게 단 한 가지만을 요청하십니다. 뒤에 있는 것을 잊어버리고 앞에 있는 것을 향하여 힘껏 애를 쓰라고 말입니다.

- 그리스도인의 삶은 결코 우리를 과거에 머물러 있도록 하지 않습니다.
- 그리스도인의 삶은 결코 과거가 주는 거짓된 안전감을 허락하지 않습니다.

많은 그리스도인이 현재의 자리에 안주하면서 서서히 죽어가고 있습니다. 그들은 20년 전에 있던 곳에 그대로 앉아 있습니다. 그리고 서서히 죽어가고 있습니다. 만일 여러분이 과거의 포로가 되어 있다면, 만일 20년 전이나 지금이나 같다고 한다면, 만일 여러분의 상태가 40년 전과 같다고 한다면,

- 여러분이 경배하고 예배하는 그리스도는 이미 여러분을 떠나신 것입니다.
- 여러분이 경배하는 대상은 더 이상 그리스도가 아닙니다.
- 여러분이 경배하는 대상은 이미 오래전에 떠나신 그리스도에 대해 얼어붙은 추억들일 뿐입니다.

만일 우리가 하나님 나라에 적합하거나 합당하다면,

- 우리를 과거에 묶어 놓은 모든 것들을 잊어버려야 합니다.
- 그리고 그리스도께서 인도하는 곳으로 따라가야 합니다.

『장막 치시는 하나님을 따라서』

죽음을 직시할 때 보게 되는 삶

"인생은 그 날이 풀과 같으며 그 영화가 들의 꽃과 같도다.
그것은 바람이 지나가면 없어지나니 그 있던 자리도 다시 알지 못하거니와" _시 103:15-16

삶의 단명성(短命性)이여! 얼마나 순식간에 가는지요! 우리가 사랑하고 관심을 가진 사람들이 떠나갑니다. 우리 손으로 만들어 놓은 일들도 무용지물이 되어 버립니다. 우리가 그토록 소중하게 간직했던 보화들도 녹이 슬거나 썩어 갑니다. 가족이나 친척들이 죽습니다. 어릴 적 살았던 거리들과 동네들이 몰라보게 변했습니다. 청년 시절의 젊음이 이제는 '아, 옛날이여!'가 되어 버린 사람들이 우리 가운데 많을 것입니다.

우리 자신의 가장 깊숙한 곳에 있는 갈망과 목마름을 근본적으로 만족시켜 줄 만한 것이 이 땅에는 없습니다. "이 세상에는 정말로 끝까지 남아 있을 수 있는 것은 아무것도 없기 때문입니다."

하루 24시간 우리는 죽음을 향해 가고 있습니다. 이것은 사실입니다. 언젠가 우리는 가 버릴 것입니다. 아무도 우리가 누구인지, 우리가 무엇을 바랐는지, 왜 우리가 이렇게 저렇게 행동했는지 모를 때가 올 것입니다. 아무도 우리를 기억하지 못할 것입니다. 우리는 이 사실을 깊이 생각해야 하고 또 배워야 합니다. 이 사실은 많은 질문을 우리에게 던집니다.

인생의 단명성은 우리의 스승입니다. 삶에 대해 후회할 때, 삶에 대해 슬퍼하거나 갈망할 때, 우리는 그 무엇을 위해 지음 받은 존재라는 것, 우리는 우리 안에 영원한 그 무엇을 가지고 있는 존재라는 사실을 배우게 됩니다. 우리는 하나님을 향하여, 하나님을 위하여 지음 받은 존재이며, 무엇인가 추구하고 찾는 우리의 마음들은 하나님 안에서 진정으로 안식할 때까지 결코 쉼이 없다는 사실을 배우게 됩니다.

『영혼의 겨울에 부르는 희망의 교향곡』

하나님 앞에서 행하는 직장 생활

"기쁜 마음으로 섬기기를 주께 하듯 하고 사람들에게 하듯 하지 말라."_엡 6:7

옛날 조선 사회의 양반과 상인 계급이나 그리스-로마 시대의 노예제도와 같지는 않지만, 우리가 사는 사회 안에 각종 신분상의 구별이 있습니다. 예를 들어, 고용주와 피고용자, 상급자와 하급자, 기업 경영자와 노동자와 같은 신분상의 구별이 있습니다.

먼저, 피고용자들은 고용인이 그들에게 요청한 것을 성실하게 잘 수행해야 합니다. 이것이 상전에게 '순종'한다는 뜻입니다. 둘째, 윗사람의 권위에 대해 '마땅한 존경'을 보여야 합니다. 빈정거리거나 뒷이야기를 하는 것은 옳은 일이 아닙니다. 셋째, 성실한 마음으로 맡겨진 일을 하는 것입니다. 기꺼이 자신의 능력을 최상으로 발휘하는 것이 성실한 마음으로 일하는 것입니다. 마지막으로, 적극적인 마음으로 일하되, 보이는 사람이 아니라 주님께 하듯이 해야 합니다.

고용인들이나 상전들은 어떨까요? 그들은 '편애하거나 편파적이지 않으신'(엡 6:9) 주님을 명예롭게 해야 합니다. 세상의 주인들이나 직장 상사들은 외적인 요인으로 사람을 판단하고 편애하는 경우가 많습니다. 그러나 우리의 주님은 사람을 외적인 것으로 판단하지 않으시는 분입니다. 사회적인 신분이나 외모나 경력이나 학벌이나 인맥이나 재산과 같은 외적인 것으로 사람을 차별하고 편애하시는 분이 아닙니다. 따라서 그리스도인 고용주나 직장 상사는 그들이 믿는 주님을 본받아 언제나 공정하고 정의롭게 부하 직원이나 아랫사람을 다루어야 합니다. 그들은 항상 자기들의 주인이 계시다는 사실을 의식하는 가운데 그분의 성품에 반하는 태도로 아랫사람들을 대하지 않도록 주의해야 하는 것입니다(엡 6:5-9).

『통일의 복음』

관용할 수 없는 '관용주의'

"서서 진리로 너희 허리띠를 띠고" _엡 6:14

현대는 다양한 방식으로 신앙을 공격합니다. 그런 무서운 공격 가운데 하나는 종교 다원주의입니다. 모든 종교에는 진리가 있기 때문에 절대적 진리를 말하는 것은 옳지 않다는 생각입니다. 우리는 절대적 진리는 없다고 말하는 시대정신 속에 살고 있습니다. 진리에 대한 일종의 상대주의라고 할 수 있습니다. 모든 진리는 상대적이라는 것입니다. 현대 민주주의 사회에서 누군가가 자신이 믿는 진리를 절대적이라고 하면, 사람들은 그 사람을 외골수적이며 전근대적이고 심지어 민주적이지 않다고 생각합니다. 겉으로 볼 때는 그럴듯합니다. 신사적이고 관용하는 태도를 가진 듯 보입니다.

그러나 그리스도인들은 하나님의 말씀만이 진리이며 진실이라는 것을 기억해야 합니다. 왜냐하면, 하나님의 말씀 위에 모든 것이 서기도 하고 무너지기도 하기 때문입니다. 하나님의 말씀만이 창조적인 힘(creative power)이기 때문입니다. 천지를 창조하실 때 하나님이 말씀으로 모든 것을 존재하게 하셨고, 존재하는 모든 것이 창조적인 말씀에 의해 유지되고 있는 것처럼, 우리의 신앙과 삶을 유지해주는 유일한 원천은 진리이신 하나님의 말씀입니다. 진리로 허리띠를 띠어야 합니다. 허리가 든든해야 온몸을 지탱할 수 있기 때문입니다. 그러므로 하나님의 말씀으로 허리에 띠를 띠지 않으면 영적 전쟁에서 승리할 수 없습니다. 진리를 가볍게 여기거나 하나님의 말씀을 경홀히 여기는 교회는 영적 전쟁터에서 쉽게 무너질 것입니다. 진리를 온몸으로 체득하고 경험하고 살 때 비로소 우리는 이 힘난한 세상에서 거침없이 활보하며 자유롭게 살 수 있을 것입니다.

『통일의 복음』

구원처럼 신앙도 선물이다

"너희는 그 은혜에 의하여 믿음으로 말미암아 구원을 받았으니
이것은 너희에게서 난 것이 아니요 하나님의 선물이라." _엡 2:8

신앙은 결코 우리의 노력을 통해 얻는 업적이나 성취가 아닙니다. 신앙은 우리의 노력의 결과나 혹은 결심이나 선택이 아닙니다. 믿음은 선물입니다. 하나님이 우리에게 주시는 구원이 선물인 것처럼, 신앙도 하나님이 우리에게 주시는 선물입니다. 그리고 우리는 이 신앙이라는 선물을 가지고 구원이라는 선물을 받는 것입니다.

신앙에 관한 많은 논의 가운데, 존 칼빈(John Calvin)이 우리에게 당부하는 말이 있습니다. 그것은 하나님에 대한 모든 지식(앎)과 사랑과 이해—이것이 다 신앙이다—는 전적으로 성령의 일이라는 것입니다. "성령은 도장(seal)과 같습니다. 다시 말해서 우리의 인식 기관에 깊은 인상을 남겼던 바로 그 약속들에 대해서 다시 우리 마음 안에 그 약속들이 확실하고 믿을 만하다는 사실을 확신시켜 줄 뿐만 아니라, 그 약속들이 확인시켜 주고 견고하게 세워주는 보증(guarantee) 역할을 합니다"(3.2.36). 칼빈은 처음부터 마지막까지 우리의 신앙에는 반드시 성령의 임재가 있다고 가르칩니다.

신앙을 이렇게 정의하면, 우리가 흔히 저지르는 두 가지 잘못된 인식에서 벗어나게 됩니다. 첫째, 신앙은 단순히 지적인 활동이나 머리로만 아는 행위라는 잘못된 인식에서 벗어나게 됩니다. 신앙은 결코 두뇌 속에서 일어나는 작용이 아닙니다. 둘째, 신앙은 감정적인 행위나 표현이라고 생각하는 잘못에서 벗어나게 됩니다. 신앙은 단순히 감각이나 따뜻한 정서의 표현이 아닙니다. 신앙은 우리 가슴 깊은 곳에 뿌리를 내리고, 그곳으로부터 우리의 머리와 인식 체계 속으로 가지를 뻗어 올라가, 사랑으로 만개하여 봉사의 열매를 맺는 것입니다.

『아버지를 떠나 자유를』

등경 위의 등불

"사람이 등불을 켜서 말 아래에 두지 아니하고 등경 위에 두나니" _마 5:15

그리스도의 제자로서 우리가 일하는 방식은 세상의 눈으로 볼 때 칭송과 명성을 추구하는 위대한 인물이나 유명인사가 되게 하는 것이 아닙니다. 그저 하나님께서 우리에게 위탁하신 일들을 묵묵히 드러내지 않고 하는 방식입니다. 비록 그 일이 대단하지도 중요하지도 않은 것처럼 보인다 하더라도 말입니다. 실상인즉 이것이 우리가 해야 할 임무가 뛰어난 이유이며, 현실을 꿈의 차원으로 올리는 중요한 일이기도 합니다.

그러므로 사과나무에 앉아 그 과일이 떨어지기만을 기다리는 게으른 사람이 되지는 맙시다! 우리의 좋은 의도들을 실행에 옮길 수 있는, 넓고 새로운 삶의 차원들을 가만히 앉아 꿈꾸지만 맙시다! 하나님께서 우리를 두신 그 자리에서, 그것이 비록 작고 사소한 일일지라도 그것을 실행해서 주위에 있는 사람들의 삶을 환하게 밝혀 봅시다! 그렇게 각기 서 있는 곳에서 밝히되 주위 사람들에게 덜 부담을 주고 덜 압박하는 사려 깊은 방식으로 밝힌다면, 어둡고 낡은 세상은 이 찬란한 저녁 등불들로 말미암아 환해질 것입니다. 아마 하나님께서 훨씬 편하고 쉽게 이 작은 행성을 찾아 우리에게 오실 수 있을 것입니다.

"세상의 빛이신 주님! 우리로 하여금 세상의 모퉁이와 구석을 비추는 작은 빛으로 타오르게 하소서. 우리가 서 있는 곳이 어디든지 그곳을 비추는 등불로서 비추게 하소서. 훗날 우리가 친절과 긍휼의 길을 따라 걸었던 사람으로 알려지게 하소서. 실행에 옮겨지지 않은 백 가지 좋은 의도보다 한 가지 선한 행실이 더욱 가치가 있음을 기억하게 하옵소서. 아멘."

『일상, 하나님 만나기』

모든 것을 드러내고 비추는 메시아의 입

"우리가 전한 것을 누가 믿었느냐 여호와의 팔이 누구에게서 나타났느냐?" _사 53:1

에티오피아의 재무장관이 예루살렘에 예배하러 왔다가 돌아가던 중이었습니다. 경건했던 이 사람은 대낮에 마차 위에서 두루마리로 된 이사야서, 상상하기 끔찍할 정도로 흉측했고 사람들은 그를 보면서 무서워 놀랐다는 '여호와의 종'에 대해 노래하는 53장을 읽고 있었습니다(특별히 7-8절). 에티오피아 재무장관은 이 본문을 이해할 수 없었습니다. 그때 예루살렘의 위대한 전도자 빌립이 성령에 이끌려 그에게 갔습니다. 그리고 물었습니다. "지금 읽는 것을 이해하십니까?"(행 8:30)

이스라엘은 구원자가 필요했습니다. 그들은 고난의 수렁에서 헤어나질 못했습니다. 아시다시피 구원은 저지른 죗값을 지불함으로써 시작됩니다. 그러나 이스라엘은 자신들의 죗값을 지불할 능력이 없었습니다. 그러므로 누군가 그들의 죗값을 대신 치러야 했습니다. 이것을 가리켜 대속(代贖)이라 합니다. 대신 값을 지불한다는 것이지요. 하나님은 자기의 '종'을 세워 이런 일을 감당하게 하셨습니다. 하나님은 위대한 왕과 마병과 병거들을 통해서 구원을 이루시지 아니하셨습니다. 세상 사람들이 볼 때 어리석은 방식으로 구원을 이루시기로 작정하셨습니다. 바로 고난 받는 '종'을 통해서였습니다. 놀랍게도 예수님 이전에 어떠한 예언자도 이러한 종의 모습에 부합되는 사람은 없습니다. 훗날 사람들은 십자가에 달리신 메시아를 보며 전대미문의 스캔들이라고 하였습니다. 그들은 고난당하시는 메시아를 보며 비웃기도 했고 실족(스캔들)하기도 했습니다. 그러나 하나님은 헬라인들은 어리석다고 하고 유대인들은 걸림돌이 된다고 비웃었던 방식으로 구원을 이루시기로 작정하셨습니다.

『이사야서 묵상』

모든 실(絲)은 하나님의 베틀 위에 있다

"내 형질이 이루어지기 전에 주의 눈이 보셨으며
나를 위하여 정한 날이 하루도 되기 전에 주의 책에 다 기록이 되었나이다." _시 139:16

대부분의 사람은 삶을 종이 위에 그려진 하나의 수평선(線)이라 생각하며 삽니다. 그들은 종이 위에 수평선 하나를 그립니다. 이 선은 인간이 살아가는 순례의 삶을 상징합니다. 그리고 그 수평선 위에 여러 개의 수직선이 교차하게 그려서 넣습니다. 이 수직선들은 하나님이 그들의 삶에 개입하신 것을 표현합니다. 그리고 말합니다. "여기 보세요. 이 교차점 말입니다. 여기가 바로 제가 하나님을 만났던 곳입니다!" "여기 보세요. 이 교차점이 보이시죠? 이때 제가 예수 그리스도를 영접했습니다!" "여기 이곳은 하나님이 제게 말씀하셨던 때입니다!" "여기에 하나님이 저를 꽉 붙잡으셨던 때가 표시되어 있습니다!"

물론 이분들이 말씀하신 것이 틀린 말은 아닙니다. 맞는 말입니다. 그러나 온전한 진실은 아닙니다. 여러분의 삶의 이야기가 종이 위에 그린 수평선과 같다고 했습니다. 그렇다면 하나님은 다른 선(線)인가요? 수직선이 하나님인가요? 수평적인 삶은 여러분 자신의 삶이고, 하나님이 여러분의 수평적인 삶에 가로질러 들어오신다는 이야기인가요? 간혹 긴급하게 하나님이 필요할 때, 혹은 하나님이 긴급하게 여러분의 삶에 개입하실 필요가 있을 때 말입니다. 그렇지 않습니다. 하나님은 또 다른 선이 아닙니다. 하나님은 교차하는 수직선도 아닙니다. 하나님은 종이 자체입니다.

하나님은 모든 지점에서, 모든 순간에서, 모든 상황에서 우리를 둘러 감싸고 계십니다. 우리 삶에서 그분의 선하심과 자비가 손닿지 않는 곳은 단 한 군데도 없습니다. 우리의 순례가 그리는 선이 그분의 종이 위에 그려지고 있기 때문입니다.

『생명의 복음』

생명을 사용하는 두 방식

"자기 목숨을 얻는 자는 잃을 것이요.
나를 위하여 자기 목숨을 잃는 자는 얻으리라." _마 10:39

예수님은 말씀하십니다. "우리가 생명을 잃어버리는 방식에는 두 가지가 있다." 우리는 두 가지 중의 하나를 선택해야 합니다.

- 생명을 간직함으로써 생명을 잃어버릴 수 있습니다.
- 생명을 잃어버림으로써 생명을 얻을 수 있습니다.

예수님은 우리에게 제3의 대안은 제공하지 않으셨습니다.

- 여러분 자신을 위하여 그 생명을 사용하든지
- 다른 사람들을 위하여 그 삶을 살든지

선택은 여러분의 몫입니다. 그러나 예수님은 말씀하십니다. "누구든지 나를 따르는 자가 되려면 자기 자신을 부인하고 자기 십자가를 지고 나를 따르라. 자기 목숨을 얻기 원하는 자는 잃을 것이요, 나를 위하여 자기 목숨을 잃는 자는 그것을 얻을 것이다."

- 여러분의 삶이 따라가야 할 두 가지 기본적인 방향이 있습니다.
- 자신을 '향하여 가는 방향', 아니면 자신으로부터 '떠나는 방향'입니다.

획득과 습득의 원리, 아니면 봉사와 섬김의 원리입니다.
획득과 습득의 원리를 중심으로 해서 여러분의 삶과 인생을 엮어 가면, 아이러니하게도 그 삶은 가망 없는 삶이 됩니다. 왜냐하면 자신의 생명을 얻으려는 자는 잃게 되기 때문입니다.

『아버지를 떠나 자유를』

비록 몸은 흙에 속할지라도

"우리에게 우리 날 계수함을 가르치사 지혜로운 마음을 얻게 하소서." _시 90:12

우리는 그저 흙일 뿐입니다. 라틴어 'humus'(흙)에서 유래한 영어 단어가 'humility'(겸손)라고 하니, 결국 자신이 흙임을 인식하고 사는 것이 사람의 참된 겸손이라는 뜻일 겁니다.

덧없는 인생, 있는 듯 싶은데 없는 것 같은 인생의 날들을 되돌아보면서, 시편 90편의 모세는 "우리의 날 수를 셈하는 법을 가르쳐 주소서."라고 애절하게 하나님께 기도합니다. 이 세상에 모세처럼 파란만장한 삶을 산 사람은 그리 많지 않을 것 같습니다. 자기를 낳은 부모가 누구인지 모른 채 애굽의 황실에 입양되어 자란 사람, 훗날 자신의 혼란스러운 정체성 때문에 어려움과 시련을 겪게 되었던 사람, 그리고 우여곡절 끝에 하나님의 부름을 받아 이스라엘 민족의 구원자의 역할을 하게 되었던 그였습니다. 홍해 도하(渡河)라는 상상을 초월하는 기적을 경험하고, 이스라엘 민족을 이끌고 광야 40년 생활을 견디어 냈던 그 사람, 약속의 땅을 눈앞에 두고도 그곳에 들어가는 것이 허락되지 않았던 비통의 그 사람, 모세. 그로서는 지나간 세월에서 인생의 덧없음을 보지 않을 수 없었을 것입니다.

그러나 그는 그곳에 머물지 않았습니다. 그는 시간 너머에 또 다른 실체가 있다는 것을 알았기 때문입니다. 그것은 오로지 하나님의 신실하심으로만 존재할 수 있는 실체입니다. 그는 영원하신 하나님의 신실하심과 단명한 인생의 덧없음을 극명하게 대조함으로써 우리의 시야를 지상에서 천상으로, 시간의 트랙에서 영원의 트랙으로 전환시키고 있습니다.

『일상, 하나님 만나기』

소유와 하나님 나라

"네 소유를 팔아 가난한 자들에게 주라 그리하면 하늘에서 보화가 네게 있으리라." _마 19:21

빈곤은 그 자체로 덕은 아닙니다. 그러나 빈곤은 하나님 나라를 기대하며 소망하도록 하는 조건일 수는 있습니다. 가난한 자들은 정의와 공평을 갈망합니다. 빈곤을 통한 고난, 그리고 정의가 실현되기를 바라는 갈망이 서로 한데 어우러져 하나님 나라를 물려받을 수 있는 영적 분위기와 조건이 만들어집니다.

예수님은 부자가 하나님 나라에 들어가는 것은 매우 어렵다고 말씀하셨습니다(마 10:25). 성경은 부와 재물에 관한 치명적인 유혹에 관하여 여러 차례 경고하고 있습니다(마 6:24; 신 32:15). 이런 사실은, 부자는 특별히 정의를 앙양하고 증진시키는 일에 중대한 책임을 지고 있다는 진리를 가르칩니다. 소위 우리가 말하는 '제자도'(discipleship)에 관한 것입니다. 그렇지 않으면 재물이 우리를 부패시키고 말 것이기 때문입니다.

물질적 소유를 올바로 사용하려면 분명한 목적과 목표가 있어야 합니다. 그 목표란 가난한 사람들과 연대 의식을 갖는 일이며, 물질적 자원들을 분배하면서 정의를 실현하는 것입니다. 소위 '분배의 정의'(distributive justice)가 그것입니다. 모든 재물을 포기하라고 젊은 부자 청년에게 하셨던 요구는, 자기를 부인하는 급진적 행동을 가리킵니다. 이런 행동은 풍요롭지만 정의롭지 못한 사회를 향한 저항의 행동으로 그 기능을 담당할 수 있으며, 가난한 자들을 향한 연대 의식의 증표가 될 수 있습니다.

마지막으로, 기독교 공동체는 마땅히 정치적, 경제적으로 정의롭지 못한 사회구조들 속에 자리 잡은 원인들도 뿌리 뽑도록 해야 합니다. 바로 이것이 그리스도인의 사회적 책임과 소명입니다.

『아버지를 떠나 자유를』

신앙은 명사(名詞)가 아니라 동사(動詞)

"그러므로 우리가 그리스도의 도의 초보를 버리고 죽은 행실을 회개함과 하나님께 대한 신앙과 세례들과 안수와 죽은 자의 부활과 영원한 심판에 관한 교훈의 터를 다시 닦지 말고 완전한 데로 나아갈지니라." _히 6:1-2

감동적이고 극적인 회심의 경험담들은 평범하고 조용한 돌이킴보다 항상 많은 화제를 일으키고 집중 조명을 받습니다. 문제는 어느 쪽이건 궁극적으로 드러나는 것은 회심자의 삶 자체입니다. 그러나 과거의 찬란한 회심 전력이 그 가치를 입증 받는 것은 오늘의 성숙한 삶을 통해서입니다.

우리 사회에서도 악명 높았던 폭력 집단의 한 두목이 개종하고 '회심'하자, 온 교계가 앞장서서 칭찬하고 적지 않은 목회자들이 그의 돌이킴을 감동적인 예화로 사용하기까지 한 일이 있었습니다. 그를 위해 적지 않은 곳에서 간증 집회도 열렸고, 많은 사람이 감동을 하기도 하였습니다. 그러나 그의 이야기는 그곳에서 멈추지 않았습니다. 당황해서인지 몰라도 기독교 언론들은 그 후의 이야기들이 어떻게 전개되었는지를 잘 알면서도 그 이야기를 더 이상 우리에게 들려주지 않았습니다. 그의 이야기는 수치스러운 우리의 자화상이기도 합니다.

누가복음 15:33이 있다는 사실을 아는 그리스도인들은 많지 않습니다 (실제로 누가복음 15장은 32절에서 끝을 맺는다!). 돌아온 아들의 그 이후의 이야기가 돌아오는 순간까지의 극적 이야기보다 더욱 힘들고 어렵다는 사실을 인식하는 사람은 많지 않습니다. 이 사실은 우리에게 시사해주는 바가 많습니다. 신앙은 한순간의 결심만으로 충분치 않습니다. 신앙은 계속되는 과정이기 때문입니다. 따라서 신앙의 본질과 내용, 그것이 내포하는 포괄적 인생관을 포함한 이해가 기독교 신앙의 기초가 되어야 합니다.

『우리와 같은 그분이 있기에』

어둠 속에서 잡는 손

"모든 것 위에 믿음의 방패를 가지고
이로써 능히 악한 자의 모든 불화살을 소멸하고"_엡 6:16

'믿음'의 방패를 드십시오. 사탄은 쉴 새 없이 우리를 공격합니다. 우리를 넘어지게 합니다. 유혹에 빠지게 합니다. 좌절하게 합니다. 그렇다면 어떻게 대적자의 공격을 막아낼 수 있습니까? 물론 믿음으로입니다. 그러나 누구의 믿음으로 하란 말입니까? 바로 하나님의 믿음으로입니다. 다시 말해서 하나님의 신실하심을 신뢰하는 믿음입니다.

실제로 우리의 믿음이 좋아 보았자 얼마나 좋겠습니까? 우리가 어찌 사탄의 공격을 막아낼 수 있겠습니까? 우리가 가진 믿음이 있다면, 사람으로부터 난 믿음이 아닐 것입니다. 우리가 가진 믿음이 있다면 그것은 하나님의 신실하심과 성실하심, 그리고 그분의 변함없는 호의와 자비하심으로부터 기인한 신뢰일 것입니다. 그분의 신실하심이 진정한 의미에서 우리의 해방 전쟁에 강력한 방패가 될 것입니다.

믿음으로 하나님에 대해 이런 것, 저런 것을 믿는 것이 아닙니다. 믿음은 "내게로 오라."라고 말하는 목소리를 듣는 것입니다. 우리는 그분의 목소리를 들으며 그분이 신실하시고 믿음직하신 분이라는 것을 알고 앞으로 나아갑니다. 무엇을 믿어야 할지, 그 목소리가 무엇인지, 또 우리 자신에 대해서도 잘 알지 못한 채로 앞으로 나아갑니다.

믿음은 어둠 속에 서 있는 것입니다. 그리고 어둠 속에 있는 '그 어떤' 손을 잡는 것입니다. 믿음은 이처럼 전적인 신뢰이며 뿌리 깊은 확신입니다. 그러나 동시에 믿음은 위로부터 내려온 하나님의 선물입니다. 그렇기에 방패가 될 수 있습니다.

『아버지를 떠나 자유를』

오랜 고통 중에 생각해야 하는 것

"주께서 그 사랑하시는 자를 징계하시고
그가 받아들이시는 아들마다 채찍질하심이라." _히 12:6

히브리서 저자는 믿음의 경주를 하는 데 있어서 인내하고 달리라고 우리에게 권고합니다. 인내란 참는 것입니다. 아니 적극적으로 고통에 참여하는 것입니다. 인내란 '오랜 고통'(long suffering)이란 뜻입니다. 참는 것은 비굴해지거나 비겁해지는 것과는 다릅니다. 참는다는 것은 견디어 낸다는 것입니다. 우리에게 뚜렷한 삶의 목적과 생의 목표가 있기에, 아니 우리의 생이 이 세상으로만 끝나는 것이 아니라 영원히 계속된다는 소망이 있기에, 신앙의 경주자들은 현재 당하는 모든 유혹과 난관을 견디어 내는 것입니다. 인내란 오랫동안 고통받는 것입니다. 다시 말해서 달리는 사람은 달리기를 끝마칠 때까지 오랫동안 고통을 당한다는 말입니다. 오르막길, 내리막길을 한결같이 달려야 하는 지속적인 인내가 요구되는 것이 믿음이기도 합니다.

바로 여기에 그리스도인으로 당하는 환난과 역경의 깊은 뜻이 숨어 있습니다. 히브리서 저자는 잠언으로부터 한 구절을 인용하면서, 믿음의 길을 달리다가 당하는 모든 환난과 역경을 깊이 묵상하면서 하나님의 뜻을 생각하라고 권고하고 있습니다(히 12:5-13). 하나님은 우리를 자기의 '아들'이라고 부르신 일이 있습니다. 이제 하나님의 아들로서 예수님께서 당하신 십자가의 고난은 결국 그분을 하늘의 보좌에 앉게 하신 것과 같이, 하나님의 아들들인 우리에게 찾아오는 신앙의 고난과 환난은 우리로 하여금 하나님과 올바른 관계를 갖게 하며, 이러한 올바른 관계에 들어감으로써 진정한 평화를 얻도록 하게 하심입니다. 고된 훈련과 채찍을 통하여 우리는 의와 평강을 추수하게 되는 것입니다(히 12:11).

『우리와 같은 그분이 있기에』

우리의 의심보다 강한 그분의 손

"내가 그의 손의 못 자국을 보며 내 손가락을 그 못 자국에 넣으며
내 손을 그 옆구리에 넣어 보지 않고는 믿지 아니하겠노라." _요 20:25

'하이델베르크 신앙교육문답서'는 참된 믿음을 이렇게 정의하고 있습니다.

> 참된 믿음은 하나님이 그분의 말씀에서 우리에게 계시하신 모든 것이 진리라고 여기는 확실한 지식이며, 동시에 성령이 복음을 통해 내 마음속에 일으키신 뿌리 깊은 신뢰입니다(제7주일, 21문답).

이 가르침대로라면, 참된 믿음에는 의심이 들어설 자리가 없습니다. 의심은 곧 참된 믿음을 갖고 있지 않다는 반증이 됩니다. 여러분은 참된 믿음을 갖고 계십니까? 여러분의 마음에 찔림이 있을 것입니다.

그래서 저는 복음서에 도마 이야기가 들어 있다는 사실에 대해 아주 기쁘게 생각합니다. 도마 이야기는 이렇게 외치고 있기 때문입니다.

- 의심한다고 해서 믿음이 약해지는 것도 아닙니다!
- 의심한다고 해서 믿음이 약화하는 것도 아닙니다!
- 신앙은 의심보다 더 깊고 강합니다!
- 믿음은 의심보다 훨씬 깊고 심오하고 굳건합니다!
- 내 의심이 아무리 깊어도, 하나님은 그 의심보다 더 깊으신 분입니다!
- 내 의심이 아무리 강해도, 나를 붙잡고 계시는 하나님의 손은 그 의심보다 더 강력하십니다!

『생명의 복음』

이미 다 되었다. 그러나 아직 아니다

"복스러운 소망과 우리의 크신 하나님 구주 예수 그리스도의 영광이
나타나심을 기다리게 하셨으니" _딛 2:13

우리는 죄의 노예들이었습니다. 그러나 지금은 하나님의 뜻에 순종할 수 있게 되었습니다. 우리는 이제 죄를 짓지 않을 가능성을 갖게 된 것입니다. 우리 안에서 일하시는 하나님의 능력이 있을 때 가능합니다. 우리는 그리스도의 능력 안에서 성령의 인도함을 받아 새로운 피조물이 될 수 있습니다. 그래서 우리는 그리스도의 능력 안에서 성령의 인도함을 받아 새로운 삶, 하나님의 뜻에 순종하는 삶을 살 수 있게 된 것입니다. 그러나 새 언약에 대한 하나님의 약속은 아직 충만하게 성취되지 않았습니다. 성취는 '이미' 이뤄졌습니다. 그러나 '아직' 온전히 이뤄진 것은 아닙니다. 그래서 우리는 '이미'와 '아직' 사이에 놓여 있습니다.

우리는 그리스도 안에서 새로운 피조물이 되었습니다. 그러나 우리가 완전하게 순종하는 것은 앞으로 계속 이루어야 할 일입니다. 그때가 언제입니까? 성령님께서 우리를 전적으로 그리스도의 형상으로 변화시킬 때입니다. 성령님께서 우리를 "티나 주름 잡힌 것이나 혹은 이런 것들이 없이, 흠이 없고 거룩한 자들로" 하나님 앞에 세우실 때입니다(엡 5:27). 우리가 그 사이, '이미'와 '아직' 사이에 있는 동안, 우리는 16세기의 위대한 종교개혁자 요한 칼빈의 고백을 마음 깊이 되뇌어야 할 것입니다.

"내 마음을 주님께 드립니다. 즉시 그리고 신실하게!"

(MY HEART I OFFER TO YOU LORD, PROMPTLY AND SINCERELY)

아멘!

『인간의 죄에 고뇌하시는 하나님』

자꾸 뒤를 돌아보지 말라

"손에 쟁기를 잡고 뒤를 돌아보는 자는 하나님의 나라에 합당하지 아니하니라." _눅 9:62

아시다시피 쟁기질할 때 쟁기는 왼손으로 잡고 오른손으로는 소를 몰아야 합니다. 쟁기를 잡고 소를 몰고 균형을 잡으면서 앞을 바라보며 밭고랑을 똑바로 갈아야 합니다. 만일 쟁기를 잡은 자가 뒤를 돌아보면,

- '갈 지'(之)자로 밭이랑이 꾸불꾸불해질지도 모릅니다.
- 한눈을 팔다가 쟁기가 돌부리에 걸려 깨질지도 모릅니다.
- 뒤를 돌아보다 밭으로 들어오는 수로를 망가뜨릴지도 모릅니다.

쟁기질하는 사람은 집중력을 가져야 합니다. 한눈을 팔면 안 됩니다. 한 방향만을 집중해서 바라보고 그쪽으로만 똑바로 나아가야 합니다.

예수님은 "나를 따르려는 자는 누구든지 쟁기질하는 사람과 같아야 한다."라고 말씀하십니다.

- 예수님의 제자는 뒤를 돌아보아서는 안 됩니다.
- 예수님의 제자는 오직 하나님 나라에 눈을 고정해야 합니다.

그렇습니다.

- 만일 여러분이 다른 일 때문에 자꾸 뒤를 돌아보게 된다면,
- 삶의 다른 우선순위들에 귀를 기울인다면,
- 예수님을 따르는 일이 여러분의 전업이 아니라 시간제 일이라면,

여러분은 하나님 나라에서 봉사하기에 적절한 사람이 아닙니다. 하나님 나라를 위한 봉사에 적합한 인물이 아닙니다.

『아버지를 떠나 자유를』

정직하지 못한 의심

"이는 성도를 온전하게 하여 봉사의 일을 하게 하며
그리스도의 몸을 세우려 하심이라." _엡 4:12

'정직하지 못한 의심'을 조심해야 합니다. '부정직한 의심'이라뇨? 그게 무엇입니까? 도피하려는 형태의 의심입니다. 어떤 일에서 발을 빼거나 뒤로 물러나려고 하는 의심입니다.

예를 들어, 백여 명의 사람이 어떤 가치 있는 일을 하기로 했다고 합시다. 그런데 그 일에 참여하려면 시간과 물질로 헌신해야 합니다. 곰곰이 생각해보니 자기에게 여러모로 불편하고 희생을 요구하는 것 같습니다. 그 일에서 발을 빼고 싶은데, 그러자니 속이 보입니다.

그럴 때 이 사람이 발을 빼는 방법 가운데 하나가 바로 공동체가 하려는 일에 대해 회의를 품는 것입니다. "그 일은 이러저러해서 이루어질 수 없습니다. 우리가 들이는 노력에 비하면 별로 건질 것이 없습니다. 별로 가치 있는 일이 아닙니다." 이렇게 의심하거나 부정적인 이유는 자기가 감당해야 하는 짐을 지고 싶지 않기 때문입니다.

신앙적인 언어로 말하자면 '제자도의 비용'(cost of discipleship)을 두려워하기 때문입니다. 예수님을 따르는 데 지불해야 하는 비용을 두려워하기 때문입니다. 이것이 바로 부정직한 의심입니다. 손과 발을 담그지는 않으면서, 말로만 논쟁하고 이론만 앞세우는 경우입니다. 헌신을 두려워하는 의심입니다.

『생명의 복음』

죄 된 성품(sinful nature)을 변화시키는 첫 걸음

"하나님이여 내 속에 정한 마음을 창조하시고 내 안에 정직한 영을 새롭게 하소서. 나를 주 앞에서 쫓아내지 마시며 주의 성령을 내게서 거두지 마소서." _시 51:10-11

우리의 '본성'과 '죄성'은 서로 뒤엉켜 있기 때문에, 이 두 가지를 서로 떼어놓을 방법은 없습니다. 우리의 본성이 죄성이고, 우리의 죄성이 본성이기 때문입니다. 이것을 '죄 된 성품'(sinful nature)이라고 부릅니다. 바울 서신에서는 이것을 가리켜 '육체의 욕심을 따라' 사는 삶(엡 2:3)이라고 말했습니다.

바로 이런 이유로 말미암아, 곧 우리의 죄성이 우리의 본성이고, 우리의 본성이 우리의 죄성이라는 심각한 인식 때문에 참회의 시(詩)인 시편 51편의 시인은 하나님께 간절히 요청했습니다.

그가 하나님께 요청한 것은, 죄악들을 제하여 달라거나, 부도덕한 잘못들을 없애 달라거나, 도덕적으로 엉망이 된 삶을 깨끗하게 해 달라는 것이 아니었습니다. 그리고 퇴폐적인 눈들, 거짓말하는 입술, 탐욕스러운 손을 깨끗하게 해 달라는 것도 아니었습니다! 그가 하나님께 기도하고 간청한 것은 그런 내용이 아니었습니다.

그가 가장 먼저 간청한 것은, "하나님, 내 속에 깨끗한 마음을 만들어 주십시오. 내 속에 새로운 영, 올바른 영을 넣어주십시오!"였습니다. 좋은 사람이 되라고 해서 좋은 사람이 되는 것은 아닙니다. 우리가 마음을 다잡는다고 해서 착한 사람이 되는 것은 아닙니다.

『예수님을 따르는 삶』

주님을 저버리지 않게 하소서

"우리를 시험에 들게 하지 마옵시고 다만 악에서 구하시옵소서."_마 6:13

- 지금 예수님은 종말 때의 유혹에 대해 말씀하시는 것입니다.
- 지금 예수님은 최후의 엄청난 시련을 말씀하시고 계신 것입니다. 즉, 악의 비밀이 드러나게 되는 것, 적그리스도의 출현 그리고 가짜 예언자들과 거짓 구세주들에 의한 유혹에 대해 말씀하시고 계신 것입니다.
- 지금 예수님은 요한계시록 3:10 이하에서 빌라델비아 교회에 대해 언급하시는 그러한 유혹에 대해 말씀하시고 계신 것입니다.

"네가 나의 인내의 말씀을 지켰은즉 내가 또한 너를 지켜 시험의 때를 면하게 하리니 이는 장차 온 세상에 임하여 땅에 거하는 자들을 시험할 때라."

그러므로 주기도문의 마지막 간구는 다음과 같은 의미입니다.

- 오, 주님, 떨어져 나가지 않도록 우리를 보존해 주시옵소서.
- 배역하지 않도록 우리를 보존하여 주시옵소서.
- 결정적인 시간에 믿음을 지키고 신실할 수 있게 해 주시옵소서.

이것은 하이델베르크 신앙고백서가 다음과 같이 말하고 있을 때와 동일한 의미일 것입니다.

"오, 주님이시어, 우리를 붙잡아 주시고, 성령의 힘과 능력으로 우리를 강하게 하여 주시옵소서. 그래야만 우리가 이 영적 전투에서 패배하여 내려가지 않을 것입니다. 그래야만 우리가 최종적으로 완전한 승리를 얻을 때까지 우리의 원수들에 대해 굳세게 저항할 수 있을 것입니다."

『옛적 말씀에 닻을 내리고』

바람에 날려보는 신앙

"징계는 다 받는 것이거늘 너희에게 없으면 사생자요 친아들이 아니니라." _히 12:8

신앙의 경중(輕重)은 언제 드러날까요? 가볍고 무거운 것을 구별하는 좋은 방법의 하나는 바람에 날려보는 것입니다. 신앙을 곡식에 비유해 말하자면, 실(實)한 곡식과 허(虛)한 곡식을 구별하는 방식 중 가장 좋은 방법은 키질하는 것입니다. 어렸을 적, 나는 어머니가 대문 밖 마당에 나가 키질을 하는 것을 가끔 보았습니다. 기술이 때론 요술처럼 보이기도 했고 신기하기도 했습니다. 키질은 신기(神技)에 가까운 예술입니다. 곡식들을 허공에 띄우면서 키질을 하다 보면 토실토실한 알곡은 점점 키 안쪽으로 쪼르륵 모여들고, 쭉정이나 겨는 허공에서 바람에 날려 키 바깥쪽으로 떨어집니다.

신앙도 이와 비슷한 것 같습니다. 바람이 불거나 거친 길을 걷게 되면, 비로소 신앙의 경중이 드러나게 됩니다. 마치 저울에 달린 물건의 무게가 측정되듯이 말입니다. 저울질이든, 키질이든, 채찍질이든 하나님의 손안에서 '흔들림'을 당해 보아야 하나님을 향한 그 사람의 믿음의 순결성, 순수함, 일관성, 헌신 등의 진정성이 드러납니다. 시편의 시인들도 종종 하나님의 손에 의해 고난을 당할 때를 가리켜, "삶의 기초가 흔들렸다."라는 표현을 합니다(시 10:6, 30:6). 삶에 폭풍과 지진을 만나 사정없이 흔들릴 때, 절박한 나머지 혹시 하는 마음으로 주변의 것들을 붙잡고 쓰러지지 않으려고 안간힘을 다할 때, 심지어 붙잡은 것들마저 와르르 무너져 내릴 때, 물이 목구멍까지 차오를 때, 비로소 우리는 인생이 얼마나 취약하고 허술한가를, 그리고 그 삶을 지탱한다고 믿었던 우리의 신앙이 얼마나 허약하고 보잘것없는지를 절감하게 됩니다. 하늘만 쳐다볼 수밖에 다른 길이 없습니다.

『일상을 걷는 영성』

오디오, 비디오 유감

"믿음은 바라는 것들의 실상이요 보이지 않는 것들의 증거니" _히 11:1

방송인 손석희 씨가 진행하는 '시선 집중'(視線 集中)이란 라디오 프로그램이 있습니다. 제목이 이상합니다. 라디오는 귀로 듣는(聽) 방송인데 어떻게 눈(視)을 한곳으로 모으라는 것일까? '청취집중'(聽取集中)이라고 해야 맞는 것 아니겠습니까?

요즘은 오디오(聽)보다 비디오(視)를 중요시하는 사회인 것 같습니다. 예를 들어 어떤 사람이 무슨 말을 하느냐보다 말하는 그 사람이 어떻게 생겼느냐에 관심이 많습니다. 눈과 관계된 이런 외견(外見) 지상주의 전통은 여러 곳에서 발견됩니다. 우리의 조상 할머니도 "동산 중앙에 있는 그 나무를 본즉 보암직"(視)하였다고 했지요. 그들은 하나님께서 하신 말씀을 귀담아듣는(聽) 일에는 실패했습니다. 듣는 일보다 보는 일이 더 중요하다는 생각은 한자 숙어 '백문불여일견'(百聞不如一見)에도 잘 나타나 있습니다. 백번 듣는 것(聞)보다 한번 눈으로 보는 것(見)이 더 좋다는 말입니다. 매우 유물론적 사고방식입니다.

교회 안에도 이런 유물론적 사고방식이 들어와 있지 않나 생각이 듭니다. 믿음은 '들음'(聽)에서 나온다고 했지만(롬 10:17), 요즈음 교회는 말씀을 전하고 그 말씀을 듣는 일보다는 사람들의 눈을 즐겁게 하는 것들에 관심이 많은 것 같습니다. 아이러니하게도 "믿음은 보이지(見) 않는 것들의 증거라."(히 11:1)라고 합니다. 보는 것을 중요시하는 시대에 다시금 듣는 일에 집중해야 하지 않을까요? 특별히 비디오를 중요시하고 오디오를 가볍게 취급하는 젊은 세대에게 더더욱 그러합니다. 교회가 마음에 새길 일입니다.

〈무지개 성서교실〉

이 땅의 음식은 우리 몸에 맞지 않는다

"다니엘은 뜻을 정하여 왕의 음식과 그가 마시는 포도주로 자기를 더럽히지 아니하리라 하고 자기를 더럽히지 아니하도록 환관장에게 구하니" _단 1:8

이방의 땅에서 사는 사람들, 적의 영토에서 살아야만 하는 사람들, 그들은 자신들의 생명과 미래가 어떻게 유지되고 보존될 수 있는가에 대해 심각하게 생각해야 합니다. 나와 여러분은 지금 적대적이고 비우호적인 세력의 영토 안에 살고 있습니다. 수없는 유혹과 회유, 협박과 소외의 위협 가운데 살고 있습니다.

그럼에도 우리는 이 세상이 주는 떡과 포도주에 의해 우리의 생명과 미래가 유지되지 않는다는 사실을 기억해야 합니다. 우리는 우리의 삶을 위한 또 다른 '빵과 포도주'가 있다는 것을 고백하는 사람들입니다. 우리가 성찬식에 참여할 때, 우리는 우리가 지닌 생명의 참된 의미를 기억하는 것입니다. 예수 그리스도야말로 우리의 진정한 떡과 포도주라는 사실을 말입니다.

하나님은 우리에게 말씀하십니다.

- 너희를 둘러싼 세상이 너희를 그 틀 속에 넣어 주형(鑄型)하지 못하게 하라.
- 너희를 둘러싼 세상이 너희에게 보여주는 '입맛 당기는 메뉴'를 거절하라!
- 그 대신 내가 너희에게 주는 메뉴를 선택하라. 그러면 너희는 좋은 것, 만족할 만한 것, 온전한 것을 맛보게 될 것이다.

이 세상의 메뉴에 대해, 단호하게 'NO!'라고 하십시오.
그분의 메뉴에 대해 즉시로 'YES!'라고 하십시오.
그러면 그분께서 여러분의 영혼과 육체를 책임져 주실 것입니다. 아멘.

『장막 치시는 하나님을 따라서』

하늘의 삶을 위해 하늘을 기다릴 필요는 없다

"그런즉 누구든지 그리스도 안에 있으면 새로운 피조물이라.
이전 것은 지나갔으니 보라 새 것이 되었도다." _고후 5:17

하늘의 삶을 살려고 하늘을 기다릴 필요는 없습니다. 예수님은 '하늘 왕국'의 복음을 선포하셨습니다. 우리는 하나님의 은혜로 이미 하늘 왕국의 시민입니다. 바울은 "누구든지 그리스도 안에 있으면, 그곳에는 새로운 창조세계가 있게 되었다."(고후 5:17, "If anyone is in Christ, there is a new creation", NRSV)라고 말합니다. 그는 골로새 교인들에게 말하기를, "신자들은 그들의 마음을 그리스도께서 하나님의 오른편에 앉아계신 곳, 즉 위에 있는 것들에 두어야 한다. 왜냐하면, 우리는 그리스도와 함께 부활하여 일어났기 때문이며, 우리의 삶은 그리스도와 함께 하나님 안에 숨겨져 있기 때문"(골 3:1-4)이라고 하였습니다. 에베소서 2:6에서 또 이렇게 진술합니다. 하나님께서 "우리를 그리스도와 함께 하늘 영역에 앉히셨다." 그렇습니다. 우리가 하늘에 속했다는 사실은 우리가 이 땅에서 어떻게 살 것인지를 결정하게 합니다.

신약성경은 새 하늘과 새 땅에서 우리가 어떻게 참여하고 관계해야 하는지에 대해 많은 말씀을 하고 있습니다. 예를 들어, 그리스도께서 부활하실 때 입으셨던 영적인 몸, 영화롭게 된 육체를 우리도 갖게 될 것입니다(고전 15:42-49; 빌 3:17-21). 우리는 하나님 앞에서 재판을 받지만, 예수님을 통하여 무죄로 선고받고 풀려날 것입니다(고전 3:10-15). 모든 것의 옛 질서는 사라지게 될 것이기 때문에, 우리는 그리스도의 빛 가운데서 살게 될 것입니다. 그뿐 아니라 우리는 새 하늘과 새 땅에서 그분이 우리를 위해 준비하여 공급하시는 것들을 마음껏 누리게 될 것입니다(계 21:1-22:5).

『일상을 걷는 영성』

견딤과 구원의 이중주

"끝까지 견디는 자는 구원을 얻으리라." _마 24:13

　우리가 사는 세상을 둘러보면 악한 일, 악한 사람들, 악한 사건들이 점점 많아지는 것 같습니다. 그러다 보니 사랑하는 마음을 가지고 있던 사람들도 자신도 모르게 점점 차가워지거나 무덤덤하게 됩니다. 따스했던 마음은 건조해지고, 사랑하려던 마음도 무관심하거나 냉담하게 됩니다. 맛깔스러운 언어와 다정다감하던 손길도 무취 무색으로 변질합니다. 정의로 불타던 마음은 냉소적인 미소로 바뀌고, 긍휼 때문에 촉촉하던 눈가는 매몰찬 비난의 눈꼬리만 올라갑니다.

　그래도 끝까지 변치 않은 사랑의 마음으로 흔들리지 않고 한길로만 걸어가면 그는 반드시 구원을 얻게 될 것입니다. 흔들림 없이 굳세게 서 있는 사람만이 건짐을 받을 것입니다. 하나님의 주권(Lordship)에 대한 일관된 헌신과 사랑만이 혼탁하고 어지러운 세상에서 넘어지지 않고 굳게 설 수 있는 비밀의 열쇠입니다. 그래서 종말을 사는 그리스도인들에게, 말세를 만난 그리스도인들에게 꼭 암기하고 읊조려보라고 권고하고 싶은 구절이 하나 있습니다. 이 구절은 내 개인적으로 가장 좋아하는 복음서 구절이기도 합니다. "끝까지 견디는 자는 구원을 얻으리라"(마 24:13). 물론 견디는 것과 버티는 것은 다르겠지만 말입니다!

〈무지개 성서교실〉

7월

―――

소명과 순종

365 Biblical Meditation for Healing

이달의 기도제목

광야의 길, 제자의 길, 부활로 가는 길

"이스라엘의 소망이시요 고난당한 때의 구원자시여
어찌하여 이 땅에서 거류하는 자 같이, 하룻밤을 유숙하는 나그네 같이 하시나이까?" _렘 14:8

우리 그리스도인의 존재는 오직 십자가 아래서만 자라가고 번성합니다. 우리 그리스도인의 존재는 오직 광야에서만 자라가고 번성합니다. 십자가에 달리신 그리스도께서 우리를 다스리시고, 우리를 통하여 영화롭게 되실 때만 우리는 그리스도의 부활 능력 안에 남아 있을 수 있습니다.

- 제자의 길에 들어서 있지 않고는,
   우리는 결코 부활하신 그리스도의 영광에 참여할 수 없습니다.
- 광야의 유랑, 황야의 여정에 있지 않고는,
   우리는 결코 부활하신 그리스도의 영광에 참여할 수 없습니다.

우리는 천막(tent)과 같은 예배 처소(處所)에서,
성막(聖幕, Tabernacle)을 연상시키는 예배당에서,
하나님의 이동식 집(mobile home)인 성막을 기억나게 하는 예배당에서,
하나님의 음성을 듣고 그분께 경배하는 '예배 공동체'입니다.
이런 교회를 우리는 다음과 같이 말합니다.

- 초기 이스라엘의 전통 위에 서 있는 것이며,
- 초대교회의 전통 위에 서 있는 회중들로,
- 고향을 찾으며, 더 나은 나라를 추구하며 사는 사람들입니다.
- 하늘의 도성을 찾아 길을 떠나는 '나그네 교회'(sojourning church)인 것입니다.

『장막 치시는 하나님을 따라서』

2
July

제자도, '이미'로부터 '아직'까지 뻗어 있는 길

"그러나 이제는 너희가 죄로부터 해방되고 하나님께 종이 되어 거룩함에 이르는 열매를 맺었으니 그 마지막은 영생이라." _롬 6:22

하나님의 구원은 우리와 하나님 사이의 관계에 근본적인 변화를 가져올 뿐 아니라 우리와 다른 사람들과의 관계에도 커다란 변화를 가져옵니다. 하나님의 구원이 우리에게 오게 되면 제일 먼저 바뀌는 것은 개인의 인생관과 세계관입니다. 세상의 가치관에 대해 적극적으로 '아니오!'라고 말하는 용기가 생깁니다. 이 세상의 패턴에 따라 살던 습관이 하나님의 법, 성령의 법을 즐거워하게 됩니다. 그뿐 아니라, 개인적 변화를 넘어 세상을 변혁시키는 창조적 에이전트(agent)가 됩니다.

하나님과 좋은 관계를 회복하게 되면 자연히 하나님의 집에 샬롬이 오게 됩니다. 다른 형제, 자매들과 소원했던 관계가 새로워집니다. 즉, 종교, 민족, 인종, 성별 등의 장벽을 깨어 부수게 된다는 것입니다. 하나님의 신실하심에 따라, 아무런 차별 없이 예수 그리스도를 믿는 모든 이에게 구원을 베풀어 주셨기 때문에, 그런 구원을 받은 우리 역시 다른 모든 사람에 대해 그렇게 차별 없이 대해야 합니다. 이것이 구원의 사회성입니다.

한 걸음 더 나아가 하나님의 집 안팎의 모든 것들도 새롭게 되었습니다. 하나님의 구원이 모든 피조세계에까지 영향력을 미치게 된 것입니다. 피조물들도 하나님의 온전한 구원, 즉 샬롬의 세계가 도래하기를 간절히 열망하면서, '썩어짐의 노예 노릇'에서 해방되기를 간절히 기다립니다. '이미' 하나님의 구원의 서곡이 울려 퍼졌으나 '아직' 그 피날레(finale)가 도래하지 않았기 때문입니다. 우리는 피조물들과 함께 '이미'와 '아직' 사이에 있습니다. 뒤를 돌아 겟세마네와 갈보리를 '기억'하면서 동시에 앞으로 올 시온 산의 영광을 '기대'하고 사는 사람들입니다.

『십자가의 복음』

하늘로부터 오는 비전은 독점할 수 없다

"모든 통치와 권세와 능력과 주권과 이 세상뿐 아니라
오는 세상에 일컫는 모든 이름 위에 뛰어나게 하시고"_엡 1:21

하나님은 우리에게 환상을 주셨습니다. 모든 것이 그리스도를 통해 하나가 되는 세상에 대한 비전을 주셨고, 그런 환상을 희망하라고 부르셨습니다. 그러나 하나님이 우리 마음의 눈을 열어주셔야만 우리는 그런 희망이 무엇인지를 알게 될 것입니다. 이것이 바울이 "나는 여러분의 마음의 눈들이 밝아져 하나님이 여러분을 부르신 그 희망에 대해 잘 알게 되기를 간절히 기도합니다."(엡 1:18)라고 말하는 이유입니다.

저도 여러분에게 권고합니다.

- 그 희망과 환상을 결코 작게 축소하지 마십시오.
- 그 희망을 결코 개인적인 차원의 구원으로 왜소하게 만들지 마십시오.
- 많은 그리스도인이 우주적인 환상, 모든 것이 그리스도 안에서 통일될 날이 도래한다는 하나님의 우주적 경륜을 단순히 개인적인 구원으로 축소하려 하기 때문입니다.
- 하나님의 장엄한 계획을 "나만 구원받고 나만 천국에 가겠다."라는 자기중심적인 꿈으로 축소시키는 좁은 가슴의 그리스도인이 되지 마십시오.
- 하나님의 우주적 구원 계획을 당신의 영혼만을 위한 구원으로 작게 만들지 마십시오.

『통일의 복음』

소명, 세상의 고통과 신음에 반응하라는 부르심

"이제 내가 너를 바로에게 보내어 너에게 내 백성 이스라엘 자손을
애굽에서 인도하여 내게 하리라." _출 3:10

모세를 향하신 하나님의 부르심은 '고통의 절규'라는 상황 속에 놓여 있습니다. 그리고 그 부르심은 그러한 고통을 덜기 위한 목적이 있습니다. 그렇습니다! 하나님에게서 오는 모든 소명(召命)은 인간의 고통을 완화하고 덜어주라는 부르심입니다. 또한, 인간 이하의 삶을 인간적인 삶이 되게 하라는 부르심이고, 비참한 가운데 있는 사람들을 구출해 내라는 부르심입니다. 우리의 주위에는 그러한 부르심으로 가득 차 있습니다. 왜냐하면, 이 세상은 고통으로 가득 차 있기 때문입니다. 이 세상이 고통으로 가득 차 있는 한, 우리를 향하신 하나님의 '해방'에로의 부르심은 더욱 큰 소리로 우리의 귓가를 울리고 있습니다.

그리스도인이 된다는 것은 무엇을 의미합니까? 부르짖는 고통의 소리로 가득 찬 이 세상 안에서 하나님의 귀(耳)가 된다는 것을 뜻합니다. 세상의 여러 고통에 대해 관심을 두고 그 신음에 응답할 때, 비로소 우리는 그리스도인으로서 하나님의 부르심에 부응하는 삶을 사는 것입니다. 또한, 그 고통에 대해 응답할 때, 비로소 우리는 하나님의 손안에서 유용하게 사용되는 도구들입니다. 만일 어려운 가운데 있는 형제나 자매를 보고, 그들을 위해 무엇인가를 할 수 있는 형편과 처지가 되는데도 등을 돌리고 아무것도 하지 않는다면 하나님의 부르심을 무시한 것입니다!

우리는 살고, 일하고, 직업을 갖습니다. 왜 직업을 가질까요? 다른 사람들의 삶의 질을 한층 높이기 위해서입니다. 우리는 이웃을 위해 할 수 있는 것은 무엇이든지 하도록 부름을 받았습니다. 우리는 이웃이 우리에게 대해 주기를 바라는 것과 같은 방식으로 그들을 대하도록 부르심을 받았습니다.

『일상, 하나님 만나기』

이 세상이 감당치 못하는 사람들

"복 있는 사람은 악인들의 꾀를 따르지 아니하며" _시 1:1

시인이 말하는 행복은 에덴동산에서의 행복이 아닙니다. 그는 지금 에덴의 동쪽에 살고 있기 때문입니다. 그는 천당(天堂)에 사는 사람이 아니라 분당(分黨)에 사는 사람입니다. 깨어지고 일그러지고 부서지고 오염된 세상 속에서 사는 사람입니다. 그는 모든 것이 정의롭게 돌아가지 않는 세상을 알고 있습니다. 그는 악인이 흥왕하고 죄인이 번성하는 세상, 그리고 하나님을 따라 걷는 길에도 무수한 난관과 장애물이 있다는 것도 너무나 잘 아는 사람입니다. 그는 하나님을 믿는다고 해서 만사형통하는 것이 아니라는 것도 잘 알고 있습니다. 오히려 하나님을 믿고 신뢰하는 길 곳곳에 함정과 올무가 있다는 것을 경험해서 아는 사람입니다.

그럼에도, 그는 하나님의 가르침에 주의를 집중하고 그에 따라 사는 것을 즐거움으로 아는 사람입니다. 그의 삶의 방식은, 하나님 없이도 살 수 있다며 계획을 꾸미는 악인이나, 하나님 알기를 우습게 여기는 죄인이나, 하나님께 빈정대며 "하나님이 어디 있는가?"라고 주절대는 오만하고 불손한 자와 다릅니다. 그는 좌로나 우로나 치우치지 않고 오로지 한 길로만 걷는 사람입니다. 유진 피터슨의 글을 인용하면, "같은 방향으로 오랫동안 순종하는 사람"입니다.

그는 악인과 죄인들, 오만한 자들에게 따돌림을 당하기도 합니다. 그러나 그는 걱정하지 않습니다. 오히려 당당하게 하나님의 길을 걸으며 이 세상을 살아가는 사람입니다. 이런 사람을 가리켜 히브리서 저자는 "이 세상이 감당치 못하는 사람들"이라는 명예로운 별명을 지어 주었습니다(히 11:38).

『우리의 기도가 천상의 노래가 되어』

사명을 위해 선택받았다는 것을 기억할 때

"요셉이 또 이스라엘 자손에게 맹세시켜 이르기를 하나님이 반드시 당신들을 돌보시리니 당신들은 여기서 내 해골을 메고 올라가겠다 하라 하였더라." _창 50:25

역사 속에서 자기의 사명을 성취하기 위해서, 이스라엘은 애굽에서 떠나 약속의 땅으로 가야만 했습니다. 이것이 요셉의 임종 메시지의 핵심입니다. 그것은 반드시 애굽에서 나와야 한다는 것입니다. 즉,

- 만일 이스라엘이 자신의 선택받음에 대해 진지하다면,
- 만일 이스라엘이 역사 속에서 자신의 사명에 대해 진지하다면, 반드시 애굽을 떠나야 한다는 말이었습니다.

요셉이 두려워했던 것은

- 이스라엘이 그냥 애굽에 눌러앉아 사는 것이었습니다.
- 이스라엘이 애굽에서 사는 것에 이질감을 느끼지 않는 것이었습니다.
- 이스라엘이 애굽의 신들을 섬기는 것이었습니다.
- 이스라엘이 이 세상 모든 민족과 나라들에게 복이 되어야 하는 자신의 사명을 망각하는 것이었습니다.

그러므로 믿음으로 요셉은 자신의 생애에 마지막 순간에 출애굽을 언급한 것이었습니다. 마치 이렇게 말하듯이 말입니다.

- 네가 누구인지 잊지 마라, 네가 어디서 왔는지를 잊지 마라.
- 하나님께서 지정하여 네게 맡긴 사명이 무엇인지 망각하지 마라.

요셉의 이야기가 성경에 기록된 것은 그의 임종 유언을 읽을 때마다, 우리에게 주어진 '선택받음'의 뜻과 '사명'을 기억하기 위해서입니다.

『십자가의 복음』

내맡기지 않았기에 따르지 않는 것이다

"무리와 제자들을 불러 이르시되 누구든지 나를 따라오려거든 자기를 부인하고
자기 십자가를 지고 나를 따를 것이니라." _막 8:34

우리가 그리스도인이 되는 것은 우리가 '머리'로 올바른 것들을 믿기 때문이 아닙니다. 우리가 그리스도인이 되는 것은 우리가 '발'로 그리스도를 따르기 때문입니다. 신앙은 '발'과 관계를 맺습니다. 따라서

- '따른다'라는 것은 어떤 것을 여러분의 머리로 믿는다는 것이 아닙니다.
- '따른다'라는 것은 여러분이 믿는 그분에게 전적으로 목숨을 맡기는 것입니다.
- '따른다'라는 것은 방관자들이나 구경꾼들에게서 떨어져 나간다는 것입니다.
- '따른다'라는 것은 여러분의 삶을 여러분 스스로 통제하고 조절하는 권한을 포기한다는 것입니다.

한편, 구경꾼이 되기는 쉬운 일입니다. 구경꾼은 사건으로부터 떨어져 있는 사람입니다. 구경꾼은 사건 속에 개입하거나 참여하는 사람이 아닙니다. 그들은 겁쟁이들입니다. 그들은 예수님을 따르는 데 동반될지도 모르는 위험을 기꺼이 감수하려 하지 않습니다. 대신 그들은 의자를 뒤로 젖히고 앉아서 말만 많이 합니다. 비판도 많이 합니다. 입은 청춘입니다. 그러나 그들은 결코 자신들을 기꺼이 내맡기거나 헌신하지 않습니다. 그들은 자신들의 삶과 인생 전부를 그리스도께 내맡기지 않습니다. 전투적 용어로 은유(隱喩)하자면, 그들은 그리스도께 투항하지 않는 사람들입니다.

『아버지를 떠나 자유를』

나와 함께 그 언덕으로 가겠다는 것인가?

"여우도 굴이 있고 공중의 새도 집이 있으되 인자는 머리 둘 곳이 없도다." _눅 9:58

"당신께서 어디로 가시든지 나는 당신을 따르겠습니다."(눅 9:57)라고 장담한 사람에게, 예수님은 말씀하십니다.

- 내 제자가 되는 일에 대해 좀 더 깊이 생각해 보고 따르도록 하라.
- 그렇지 않으면 나중에 후회하리라.
- 지금 나는 예루살렘으로 올라가는 도중에 있다.
- 그리로 가서 고난 받고 사람들에게 배척당할 것이다.
- 그런데 너도 나와 함께 그 길을 걸어가겠다는 것인가?

예수님은 우리 각 사람에게 자기를 따르라고 부르십니다. "오라, 나를 따르라."라고 말씀하십니다. 그러나 여러분이 주님의 부르심에 응답하기 전에 먼저 한 가지 사실을 알아야 합니다.

- 나는 꾸물대는 것을 허용치 않는다.
- 나는 뒤를 돌아보는 것을 허용치 않는다.
- 나는 두 마음 품는 것을 허용치 않는다.
- 나는 오직 일편단심의 충성을 원한다.

하늘에 계신 아버지여, 그 어떤 것이 우선이 되어 우리와 당신 사이를 가르지 않게 하옵소서. "이것을 먼저 해야지." 혹은 "아냐, 저것을 먼저 해야지."라고 말하지 않게 해 주소서. 당신을 향한 나의 항복이 무조건적이 되게 하옵소서. 그리고 만일 당신의 요구가 너무 힘들거든 나에게 힘을 주시고 그리스도의 은총만을 의지하게 하옵소서. 아멘!

『아버지를 떠나 자유를』

법정 증인석에서 확인하는 정체성

"이 예수를 하나님이 살리신지라 우리가 다 이 일에 증인이로다." _행 2:32

증언대(證言臺)에 선 사람들은 오직 한 가지 이유 때문에 그곳에 서 있습니다. 진실을 말하기 위해서입니다. 만일 어떤 사람이 살인죄로 고소되었다고 합시다. 그런데 어쩌다 보니 범죄가 발생한 그 시간에 살인자로 지목된 그 사람이 다른 곳에 있었다는 사실을 여러분이 알았다고 합시다. 이럴 때 어떻게 하시겠습니까? 그 사실을 비밀로 간직하시겠습니까? 만일 그렇게 한다면, 즉 사실을 알리지 않고 비밀에 부친다면, 여러분은 무죄한 사람을 파멸에 이르게 할 수 있습니다. 여러분의 침묵이 한 영혼을 죽이는 결과를 가져오게 됩니다. 증인으로서 여러분은 반드시 진실만을 말해야 합니다. 절반의 진실이 아니라 온전한 진실, 진실의 전부, 오직 진실만을 말해야 합니다. 이것이 증언대에 선 증인에게 요구되는 서약입니다.

이 사실을 교회에 적용해보십시오. 교회는 증인들의 모임, 증인들의 공동체입니다. 교회는 그리스도를 증언하는 것을 유일한 존재 이유로 갖고 사는 사람들의 모임입니다.

그리스도를 위해 증언하라는 부르심은 여러분이 '예' 혹은 '아니오'로 대답할 수 있는 부르심입니다. 여러분이 그 부르심에 대해 '아니오'라고 하면, 그것은 스스로 예수님의 무리에서 탈퇴하겠다는 뜻입니다. 예수님을 따르는 무리는 그리스도를 위해 이 세상의 법정 증언대에 기꺼이 서겠다고 선서한 사람들로 구성되어 있기 때문입니다.

『생명의 복음』

제자도의 실제

"모이기를 폐하는 어떤 사람들의 습관과 같이 하지 말고
오직 권하여 그날이 가까움을 볼수록 더욱 그리하자." _ 히 10:25

마가는 로마 네로의 핍박 아래 고난당하고 있던 교회를 향하여 외칩니다.

"자, 여러분이여! 들어보십시오. 이 세상에 살아 계실 당시에 우리 주 예수님은 오해와 배척이라고 불리는 외로운 길을 홀로 걸어가셨습니다. 로마의 그리스도인들이여, 그렇다면 여러분도 여러분의 주님보다 더 낫지는 않을 것입니다. 예수님께서 오해를 받으셨다면, 여러분도 역시 오해를 받을 것입니다. 예수님께서 박해를 당하셨다면, 여러분도 역시 박해를 당할 것입니다. 그러므로 여러분이 고난과 박해를 받는다 하여도 결코 이상한 일이 아닙니다."

예수님에 대한 부정적인 반응은 언제나 동일한 세 유형(類型)입니다. 단단한 토양처럼 예수님을 배척하는 유형, 바위 위의 토양처럼 예수님에 대해 피상적인 반응을 하는 유형, 가시덤불에 덮인 토양처럼 예수님에 대해 목이 막혀 반응하는 유형입니다. 물론 이러한 유형 모두에게 언제나 회개할 가능성, 좋은 토양이 될 가능성은 열려 있습니다.

그러므로 히브리서의 저자는 우리에게 간절한 심정으로 권고합니다.

"신실하고 진지한 마음으로 하나님께로 가까이 나아갑시다. 우리가 고백하는 희망을 굳세게 잡읍시다. 사랑과 선한 행동으로 어떻게 서로 격려할 것인가 생각해봅시다. 우리 가운데 어떤 이들처럼 모이는 것을 포기하는 자가 되지 맙시다. 은혜의 방편들(말씀을 듣는 일과 성찬을 나누는 일)을 지나쳐 버리지 맙시다. 서로 격려하십시오, 특별히 하나님의 그날(D-day)이 가까이 오고 있다는 사실이 인지되면 될수록 더욱 그러합시다. 아멘."

『예수님을 따르는 삶』

제자도의 대헌장

"진실로 내 주 왕께서 어느 곳에 계시든지
사나 죽으나 종도 그 곳에 있겠나이다." _삼하 15:21

이스라엘에서 이방인, 타지인, 낯선 자라 칭하는 편이 더 나을 사람이 있습니다. 잇대라는 사람이죠. 그는 이스라엘인들의 영원한 원수인 블레셋인입니다. 그가 자기 수하 육백 명의 군사를 이끌고 다윗 왕에게 귀순했습니다. 그가 다윗을 평생 주군(主君)으로 섬기기로 결심합니다. 그런데 얼마 후 다윗은 권력에 눈이 먼 자신의 아들 압살롬이 일으킨 반역의 칼을 피해 도망자의 신세가 되어 정처 없는 피난길에 오릅니다.

다윗이 간곡하게 잇대에게 말합니다. "너는 어제 왔고 나는 정처 없이 가니 오늘 어찌 너를 우리와 함께 떠돌아다니게 하리오. 너도 돌아가고 네 동포도 데려가라." 그러자 잇대는 불후의 명언을 남깁니다. "여호와의 살아 계심과 내 주 왕의 살아 계심으로 맹세합니다. 진실로 내 주 왕께서 어느 곳에 계시든지 사나 죽으나 종도 그곳에 있을 것입니다."

잇대의 고백이야말로 "제자도의 헌장"이 아니고 무엇이겠습니까? 이런 점에서 이방인 잇대는 이방인 여인 룻과 같은 과(科)입니다. "어머니께서 가시는 곳과 머무시는 곳에서 나도 가고 또 머물겠습니다. 어머니의 백성이 나의 백성이 되고 어머니의 하나님이 나의 하나님이 되실 것입니다"(룻 1:16).

잇대와 룻은 이방인, 낯선 자, 비주류, 변방의 사람을 대표합니다. 그들은 우리와 같은 주류들, 정통보수주의자들, 기득권층들, 교회 내의 선임들, 신학적 교조주의자들을 부끄럽게 합니다. 다시금 예수님을 따르려는 교회는 제자도의 헌장을 되새김해야 할 때가 온 것 같습니다. "주님, 당신께서 어느 곳에 계시든지 사나 죽으나 저도 그곳에 있겠나이다."

〈주일 설교〉

환상으로부터 오는 사명

"우리가 주목하는 것은 보이는 것이 아니요 보이지 않는 것이니 보이는 것은 잠깐이요 보이지 않는 것은 영원함이라." _고후 4:18

오늘날 이교주의(paganism)는 우리가 숨 쉬는 공기입니다. 이교주의는 우리 안에 있을 뿐 아니라 우리 주위에 온통 둘러쳐져 있습니다. 그렇기 때문에 우리는 '정규적으로' 하나님을 예배하기 위해 모여야 합니다.

- 우리는 하나님이 없는 것처럼 살고 행동하는 이 세상 한가운데서 하나님을 예배해야 합니다.
- 우리는 서로서로 격려하여, 세상은 존재하지 않는다고 말하는 그 나라에 우리 눈의 초점을 두어야 할 것입니다.
- 우리는 하나님이 이 세상에서 지금도 다스리고 계신다는 환상을 지켜가기 위해서 이러한 일들을 해야 할 것입니다.

로마의 원형 경기장에서 죽게 되어 있던 한 초기 기독교 순교자는 그의 믿음을 이런 방식으로 소리 내 표현했습니다.

"이 음침하고 어두운 서커스 저 멀리 위로 아직도 별들은 빛나고 있습니다."

그들이 그 역경의 시기들을 견딜 수 있었던 것은, 그들이 그 시기를 통해 다른 세계를 보았기 때문입니다. 그러한 환상, 다시 말해서 이 세상을 통하여 다른 세계를 볼 수 있는 그것이야말로 그리스도인의 삶 자체이며 동시에 그리스도인의 삶의 목적 전부이기도 합니다.

바로 이런 환상으로부터 사명이 뒤따릅니다. 우리의 사명은 "세상의 방식은 반드시 망한다. 이 세상의 삶의 방식을 대치하기 위한 대안의 세계가 지금 비밀스럽게 태어나고 있다."라고 확신하면서 사는 것입니다.

『뒤돌아서서 바라본 하나님』

기회를 낚아챌 것인가? 약속을 붙들 것인가?

"믿음으로 아브라함은 부르심을 받았을 때에 순종하여
장래의 유업으로 받을 땅에 나아갈새 갈 바를 알지 못하고 나아갔으며" _히 11:8

여러분은 아브라함과 조카 롯이 서로 갈라지는 이야기를 잘 기억하고 있을 것입니다. 그들이 거느리고 있던 목자들 사이에 서로 갈등이 깊어졌습니다. 그래서 이 두 사람은 갈라서기로 합니다. "네가 왼쪽으로 가면 나는 오른쪽으로 갈 것이요, 네가 오른쪽을 선택하면 나는 왼쪽을 선택할 것이다."라고 아브라함이 조카 롯에게 말합니다.

이야기는 다음과 같이 계속됩니다. "롯이 눈을 들어 요단 계곡을 바라본 즉 온 땅에 물이 넉넉하였고 마치 여호와의 동산 같았더라. 그러므로 롯이 요단 온 계곡을 선택하였더라."

아브라함 역시 요단 계곡이 여호와의 동산 같다는 것을 알았습니다. 그러나 그는 롯이 먼저 선택하도록 하였습니다. 왜냐하면, 아브라함은 오직 한 분 하나님만을 신뢰하고 믿었기 때문입니다. 아브라함이 두 눈으로 보는 모든 땅을 그에게 주시겠다고 약속하신 그 하나님을 그는 굳게 믿었던 것입니다.

아브라함은 우리에게 다음과 같이 말하고 있는 것입니다.

- 나는 요단 계곡에서 편하게 사느니 네게브 사막에서 목자가 되겠노라.
- 나는 요단의 넉넉한 물 댄 지역에서 두 신을 섬기는 롯이 되기보다는 황량한 땅에서 참 하나님 한 분만을 섬기는 자가 되겠노라.
- 나는 나 자신을 위하여 하늘에 보화를 쌓는 자가 되겠노라.

롯에게 먼저 선택할 기회를 줌으로써, 아브라함은 미래의 세대, 부활의 세대를 선택한 것입니다.

『옛적 말씀에 닻을 내리고』

자유로 가는 오직 한 길

"손에 쟁기를 잡고 뒤를 돌아보는 자는
하나님의 나라에 합당하지 아니하니라 하시니라." _눅 9:62

한 손으로는 쟁기를 잡고 다른 손으로는 소를 몰면서 뒤를 돌아봐서는 안 됩니다. 밭을 가는 사람은 한눈을 팔 수 없습니다. 쟁기질하는 농부가 쟁기와 밭에 집중하지 않는다면, 그는 농부의 덕을 내팽개치는 것입니다. 예수님은 말씀하십니다.

네가 진정으로 나의 제자가 되려면, 진정으로 자유로워지려면, 진정으로 자유롭게 나를 따르려면, 너희는 나의 말에 따라 살아야 한다. 만일 너희가 내 말에 따라 살면, 만일 너희가 지속적으로 내 말의 훈련을 받으면서 살면, 만일 너희가 지속적으로 내 말의 외투 아래 살면, 너희는 자유로울 것이다. 뒤에 있는 것을 잊어버리고 앞에 있는 것을 향하여 힘껏 애를 써라.

그렇습니다. 쟁기질하는 사람은 뒤를 보지 않습니다. 밭은 앞으로 나아가며 갈아야 합니다. 만일 우리가 과거의 노예가 되거나 과거에 갇혀 있으면 우리는 그리스도와 함께 미래를 향해 나아갈 수 없을 것입니다. 무엇보다 그리스도인의 삶은 '순례'(巡禮)와 같다는 사실입니다. 그리스도인의 삶은 결코 우리로 하여금 과거에 머물러 있도록 하지 않습니다. 다시 말해 그리스도인의 삶은 결코 과거가 주는 거짓된 안전감에 속지 않습니다.

『등불 들고 이스라엘을 찾으시는 하나님』

하늘의 선전원(宣傳員)

"내가 너를 누구에게 보내든지 너는 그에게로 가고,
내가 너에게 무슨 명을 내리든지 너는 그대로 말하여라."_렘 1:7(표준새번역)

우리는 예레미야에 대해 두 가지 사실을 기억해야 합니다. 그가 태어나기 전에 이미 하나님이 예레미야를 아셨다는 사실과 그가 태어나기 전에 하나님이 그에게 사명과 임무를 맡기셨다는 사실입니다. 이 두 가지 사실을 꼭 기억해야만 하는 것은 예레미야뿐만 아니라 우리 모두에게 해당하는 말씀이기 때문입니다.

하나님은 우리를 선택하셨습니다. 언제 그렇게 하셨습니까? 우리가 태(胎)속에 지음을 받기 전에, 우리가 태어나기 전에, 이 세상의 기초가 놓이기 전에 그리 하셨습니다(엡 1:4).

우리는 하나님의 사랑을 받는 존재입니다. 우리는 진정한 자존감을 지니고 살아야 할 피조물입니다. 그분은 우리의 이름을 아십니다. 그분은 지금도 우리를 만들어 가십니다. 토기장이의 손에서 만들어지는 토기처럼 말입니다. 그분은 비바람과 눈, 추위와 더위를 통해 우리를 만들어 가십니다. 그분의 손안에 있는 한 우리는 멋진 도자기로 만들어질 것입니다.

그런데 하나님은 왜 우리를 지으시고, 아시고, 선택하셨습니까? 바로 우리를 하나님 앞에서 거룩하고 흠이 없게 하기 위해서입니다. 우리가 하나님을 위한 홍보 대사로 살아가게 하기 위해서입니다. 하나님이 모든 것을 새롭게 하신다는 사실을 증명하는 살아 있는 전시물로 우리를 삼으시기 위해서입니다. 베드로는, 우리를 택하신 백성이라고 말합니다(벧전 2:9). 그렇습니다. 우리는 거룩한 백성으로 선택받았고, "그분 덕분에 우리 삶이 달라졌노라."라고 사람들에게 밤낮으로 말하려고 선택을 받은 것입니다.

『인간의 죄에 고뇌하시는 하나님』

참 인간으로 사는 삶의 방식

"너희가 내 말에 거하면 참으로 내 제자가 되고
진리를 알지니 진리가 너희를 자유롭게 하리라." _요 8:31-32

예수님은 말씀하십니다. "참된 제자에게는 '진리'를 알게 되는 약속이 주어졌으며, 진리를 알게 되면 '자유함'을 얻게 된다."

자유란 어떤 것에도 얽매이지 않는 자율(自律, autonomy)을 말하는 것이 아닙니다. 여기에서 말하는 자유란 '해방'(解放, liberation)을 말합니다. 인간으로 하여금 진정으로 인간 되지 못하게 하는 온갖 종류의 얽매임과 속박으로부터 해방되는 것을 말합니다. 다시 말해서 '진리'를 알게 되면, 하나님의 '길'을 알게 되면, '빛'을 알게 되면, 죄와 욕심에 갇힌 우리의 일그러진 영혼이 해방될 수 있다는 것입니다. 진리는 이처럼 '구원하는 능력'(salvific power)이며, '해방시키는 힘'(liberating force)을 가집니다.

하나님께 전적으로 의존하는 삶에는 진정한 자유와 해방이 있습니다. 그런 사람은 아무것도 소유하지 않아도 모든 것을 소유한 사람입니다. 우리가 어둠 속에서 헛손질할 때가 얼마나 많습니까? 좀 더 많은 것을 가지려고, 좀 더 높은 곳에 오르려고, 좀 더 넓은 곳을 차지하려고 하는 헛손질들 말입니다. 그것은 자신을 속박하는 어리석은 일입니다. 그런 몸부림 안에 자신을 가두어 놓는 것은 우매한 일입니다.

자유함은 사람을 공개적, 공적으로 만듭니다. 투명하고 깨끗하고 공개적으로 살 수 있는 '삶의 방식'(modus vivendi), 그것이 빛 되신 '하나님의 면전'(coram deo)에서 사는 삶입니다. 빛 가운데서 사는 사람, 진실을 말하며 사는 사람, 정의를 추구하며 사는 사람들은 '진정으로 사는 삶'이 가져다주는 신성하고 신선한 자유를 누릴 것입니다. 이것은 진정한 제자가 되기를 원하는 사람들에게 주신 예수님의 약속입니다.

『아버지를 떠나 자유를』

자신이 비틀거리면서
누구를 인도하겠다는 것인가?

"그가 누구에게 지식을 가르치며 누구에게 도를 전하여 깨닫게 하려는가?" _사 28:9

구약성경의 열왕기서와 같은 이스라엘의 역사를 살펴보면 그들이 얼마나 비틀거리며 걸었는지 잘 보여줍니다. 특별히 이사야 선지자가 활동하던 시대에도 지도자들의 부패와 타락은 이스라엘에 심각한 위험요소로 작용하고 있었습니다. 정치인들과 관료들은 권력을 남용하였으며 정의로워야 할 사법부는 뇌물을 받아먹고 판결을 굽게 하였습니다. 이스라엘 안에도 스폰서 검사들이 꽤 많았던 모양입니다.

그렇다면 종교지도자들은 괜찮았나요? 아닙니다. 더하면 더했지 절대 못하지는 않았습니다. "제사장들과 선지자들도 독주로 말미암아 옆걸음 치며 포도주에 빠지며 독주로 말미암아 비틀거리며 환상을 잘못 풀며 결정을 내려야 할 때 실수를 하였다."(사 28:7)라는 것입니다.

오늘날에도 이와 비슷한 현상이 일어나고 있지는 않나요? 하나님의 백성을 말씀으로 잘 인도해야 할 목회자들이 그들의 소명에 얼마나 충실한지 의아스럽습니다. 각종 단체장 자리를 탐하고 헛된 명예욕에 목말라하고 교인들을 도구 삼아 자신의 세속적인 목적을 이루려는 종교지도자들이 얼마나 많은지요? 하나님 나라의 확장이 아니라 개인의 왕국을 세우는 데 온 힘을 다하는 어리석은 지도자들 말입니다. 생명의 말씀인 성경을 올바로 해석하기 위해 많은 시간을 연구와 기도에 힘써야 함에도, 그들은 목회자의 본업 이외의 바깥일들에 바쁘다 보니 언제 성경을 제대로 이해하겠습니까? 성경은 목회자의 신념이나 프로젝트를 강화하기 위한 도구로 이용될 뿐입니다. 그들은 성경을 자의적으로 해석하고 교인들의 입맛에 맞추려고 해로운 조미료를 얼마나 치는지요?

『이사야서 묵상』

입영하지 않는 병사들

"병사로 복무하는 자는 자기 생활에 얽매이는 자가 하나도 없나니
이는 병사로 모집한 자를 기쁘게 하려 함이라."_딤후 2:4

2세기 중엽 로마에 유스티누스(Justin)라는 그리스도인 선생이 있었는데, 그는 로마의 황제와 원로원과 백성 앞에서 기독교 신앙을 변호한 것으로 유명합니다. 그는 그리스도인들이 그리스도께 서원하고 바치는 충성심을 로마의 군인들이 카이사르에게 바치는 충성 맹세에 비교했습니다. 로마 군대에는 그들의 황제인 카이사르에게 충성을 서약하는 맹세 예식이 있었고, 이것을 '사크라멘툼'(sacramentum)이라고 불렀습니다.

교회는 이 용어를 차용해서 세례의식을 부르는 데 사용했습니다. 그래서 세례식을 거룩한 예식이란 의미의 '성례'(聖禮, sacramenn)라고 부르게 된 것입니다. 여기서 중요한 사실은 '사크라멘툼'을 통해, 즉 세례를 받을 때에 드리는 서약(맹세)을 통해, 세례 받는 그 사람은 더는 일반 시민으로 남아 있는 것이 아니라 그리스도의 군대의 군인이 된다는 것입니다. '사크라멘툼'을 통해 사람은 자신의 사복(私服)을 벗습니다. 즉, 자신의 옛 본성을 벗어던집니다. 그리고 제복(유니폼), 즉 새로운 본성을 입습니다.

그런데 불행하게도 오늘날 '사크라멘툼'(충성 서약)을 한 대다수 사람, 다시 말해 세례 서약을 한 대부분의 사람이 실제 이 세상과의 전투에 참가할 그리스도의 군대에 입영하지 않고 있습니다. 서약하고, 세례를 받고 나서 많은 사람이 탈영병이 됩니다. 그리고 숨어서 이교도들처럼 살아갑니다.

어떤 사람들은 아예 병영을 떠나버리기도 합니다. 상부에서 감찰이 있다고 하면 그때나 간혹 다시 나타나기는 하지만, 결국 이중생활을 하는 격입니다. 두 주인을 섬기는 이중생활입니다.

『통일의 복음』

이념이 아니라 진리를 따르게 하려고

"또한, 여러분 중에서도 제자들을 끌어 자기를 따르게 하려고 어그러진 말을 하는 사람들이 일어날 줄을 내가 아노라."_행 20:30

진리를 이념화시키려는 유혹에서 벗어나야 합니다. 점점 더 미분화되고 복잡해져 가는 사회에서는 진리를 하나의 이념으로 바꾸려는 유혹이 항상 도사리고 있음을 기억하기 바랍니다. 정치가들이 이러한 치명적인 유혹에 빠져들 가능성이 큽니다. 교회 안의 종파적인 지도자들도 마찬가지입니다. 이념이란 진리를 통제하기 매우 쉬운 하나의 방편입니다. 여러분 개인의 혹은 집단의 이익을 위한 방향으로 진리를 끌고 가지 마십시오.

여러분 자신들을 위한 제자들을 세우고자 진리를 만들어 가지 마십시오(바울은 교회 안의 진리를 왜곡시켜 자신들을 따르는 제자들을 만들려는 사람들이 앞으로 일어날 것이라고 경고한 적이 있습니다). 우리는 예수 그리스도를 위한 제자들을 만들려고 부르심 받은 것이지, 결코 우리 자신을 위한 제자를 만들려고 부르심을 받은 것이 아니라는 사실을 기억해야 합니다.

예수님의 관심은 자신의 제자를 만드는 일이었습니다. 그분의 참된 제자, 진정한 제자가 되는 길은 그분이 가르치신 것을 붙잡고, 그 안에 살고, 그 가르침을 주야로 생각하며, 그것에 의해 자신의 인생을 설계하고 자신의 삶을 구성하고 형성해 나가는 것입니다. 다시 말해서, 예수님처럼 생각하고, 예수님처럼 말하고, 예수님처럼 행동하고, 예수님처럼 살고, 예수님처럼 죽는 제자가 되는 것입니다. 그러면 그들은 예수님처럼 '다시 살 것'(復活)입니다.

『아버지를 떠나 자유를』

안이 아닌 밖을 바라보라는 부르심

"그 기쁘신 뜻대로 우리를 예정하사 예수 그리스도로 말미암아 자기의 아들들이 되게 하셨으니." _엡 1:5

칼빈은 그리스도를 가리켜 '우리의 예정과 택정함을 반영하는 거울'이라고 한 적이 있습니다. 다시 말해, 예수님을 보면 우리가 어떻게 하나님의 선택을 받았는지 알게 된다는 말입니다. 여러분이 하나님의 선택을 받았는지 받지 못했는지를 알고 싶다면, 그리스도라는 거울을 들여다보라는 것입니다. 그리스도는 거울입니다. 이 거울로 우리의 선택과 예정을 생각하고 명상해야 합니다. 그래야 우리가 선택받았다는 사실이 분명해질 것입니다.

적어도 제게는 이것이 예정론에 관해 칼빈이 말한 것 중에 가장 목회적이고 감동적인 말입니다. 자신에게 물어보십시오. "나는 선택받은 자인가?" 사실 이 질문은 "나는 그리스도인인가?" "나는 그리스도의 제자인가?" "나는 그리스도의 편지인가?" "사람들은 내 몸과 삶 위에 쓰여 있는 그리스도의 친필을 알아볼 수 있을 것인가?" "나는 신자들이나 불신자들 모두에게 구별 없이 퍼져가는 그리스도의 향기인가?"라고 묻는 것과 동일한 질문입니다. 그러나 그리스도 안에서 선택을 받았다는 것은 그 이상의 의미가 있습니다. 다시 말해, 개인이 가진 구원의 확신을 넘어서는 포괄적이고 광대한 의미를 담고 있다는 것입니다.

하나님이 아브라함을 택하신 것은 땅의 모든 족속과 민족들이 복을 받게 하기 위해서였다는 사실을 기억해보십시오. 무엇보다도 하나님의 선택은 선택받은 자에게 초점을 맞추지 않았습니다. 선택은 저주 아래 사는 자들에게 초점을 맞추고 있습니다. 이런 사람들을 풀어주어 복 아래로 데려오려는 목적 때문에 하나님이 누군가를 선택하시는 것입니다.

『통일의 복음』

새 사람을 입으라

"너희는 …… 하나님을 따라 의와 진리의 거룩함으로
지으심을 받은 새 사람을 입으라." _엡 4:22-24

그리스도와 합하여 옛 사람의 성품은 십자가에 못 박아 죽이고, 그리스도와 합하여 새로운 성품으로 옷을 갈아입고 다시 태어난 사람들이 그리스도인입니다. 그러므로 그리스도를 자기 삶의 유일한 주(主)와 왕(王)으로 고백하는 세례를 받은 교인들은 삶의 방식도 바꿔야 합니다.

사도 바울은 그리스도 안에서 사는 신자들이 이전의 삶의 방식을 새로운 삶으로 바꾸는 것을, 옷을 갈아입는 일로 비유하여 강조하고 있습니다. 옛 옷을 벗어버리고 새 옷을 입으라고 권면합니다. 자기중심적인 욕심에 이끌려서 살던 옛 삶의 방식을 훌훌 벗어버리고, 새로운 가치들로 옷을 입은 새로운 삶의 방식을 취하라는 것입니다.

여기서 말하는 '새로운 삶의 방식'은 과거에 지녔던 몇 가지 나쁜 버릇이나 습관을 버리는 것만을 말하는 것이 아닙니다. '새로워짐'은 과거의 삶의 패턴과는 전적으로 단절하는 것으로부터 시작되지만, 동시에 날마다 계속되는 새로운 삶의 과정으로 이어집니다. 이것은 곧 하나님이 처음에 사람에게 바라셨던 상태로 돌아가는 것입니다. "참된 의로움과 거룩함 안에서 하나님처럼 되도록 지음을 받은 상태"로 돌아가는 것입니다(엡 4:24).

의로움이란 하나님이 창조하실 때의 의도대로 우리가 존재하는 것입니다. 그분의 의도에 따라 사는 것, 이것이 의롭다는 말이 의미하는 것입니다. 의로운 상태에 있을 때 더럽혀지지 않고 거룩한 상태에 있게 됩니다. 그러므로 하나님의 창조 목적인 하나님의 형상으로 있을 때만 우리는 의롭고 거룩한 상태에 있게 됩니다. 이른바 '본받다'라는 말의 속뜻이 이것입니다.

『통일의 복음』

삶의 목적이 부여하는 자의식(自意識)

"이 복음을 위하여 …… 하나님의 은혜의 선물을 따라 내가 일꾼이 되었노라." _엡 3:7

인생에서 가장 중요한 물음인 '나는 누구인가? 왜 나는 여기에 있는가? 나는 지금 어디를 향해 가고 있는가?'에 대해서 바울은 분명한 답변을 가지고 있었습니다. "모든 성도 중에 지극히 작은 자보다 더 작은 나에게 이 은혜를 주신 것은 측량할 수 없는 그리스도의 풍성함을 이방인에게 전하게 하려는 것입니다"(엡 3:8).

한평생 은혜의 복음, 십자가의 복음, 구원의 복음을 이방인에게 전파하는 것이 사도 바울이 고백한 삶의 유일한 목적이었습니다. 정말 감동적인 고백입니다. 그래서 바울은 평생을 지중해 연안을 미친 듯이 돌아다니면서 이 복음(하나님의 경륜)을 전하다가 로마의 옥에 갇히게 됐습니다. 하나님이 그에게 주신 사명에 온 생애를 다 바쳤습니다. 한 줌의 재가 될 때까지 그는 이 사명을 위해 삶을 소진했던 것입니다. 바울은 이방인의 구원을 위해 복음의 전쟁터에서 산화(散華)했습니다.

바울에겐 그리스도가 그러셨던 것처럼 자기도 '화해의 전령'(messenger of reconciliation)으로 부르심을 받았다는 자의식이 있었습니다(고후 5:11-21 참조). 그러나 화해의 전령이 되고자 그가 치러야 할 값은 매우 비쌌습니다. 하나님과 적대적인 인류를 하나님과 화해시키려는 사명을 띠고 세상에 오신 예수님처럼, 그리스도의 종이며 사도인 바울 역시 이 화해의 복음을 전하려고 자신을 '제물'로 드려야만 했습니다. 그래도 그는 그것을 개의치 않았습니다. 여기 있는 한 말씀이 삶과 죽음에 대한 그의 관점을 잘 보여주고 있습니다. "죽으면 주님과 함께 있게 되어 좋고, 살면 당신들(이방인들)에게 유익이 되어서 좋습니다. 그러므로 내게 사는 것이 그리스도니, 죽는 것도 유익합니다"(빌 1:21-24). 『통일의 복음』

빛을 반사하지 않을 수 없다

"그러므로 우리는 예수로 말미암아 항상 찬송의 제사를 하나님께 드리자.
이는 그 이름을 증언하는 입술의 열매니라." _히 13:15

예수님께서 제자로 우리를 부르실 때, 우리가 행해야 하는 것은 궁극적으로 그분에 대해 증거하는 일입니다. 다시 말해서 증인으로서 우리의 인생과 삶을 만들어가야 한다는 것입니다. 이것을 가장 중요한 것으로 삶의 우선순위를 정해야 할 것입니다. 그 어떤 변명과 이유도 이런 엄청난 임무보다 더 큰 것은 없습니다. 예수님께서 우리를 제자로 부르신 이상, 우리가 세례를 받은 이상, 우리가 그리스도와 함께 죽음의 물속으로 내려가고 그분과 함께 그 물로부터 새로운 삶으로 올라온 이상, 우리는 예수님을 증거 하는 '증인의 삶'의 임무에서 벗어날 수 없습니다.

이제 우리는 현재의 상태에서 그리스도를 증거해야 합니다. 이제 우리는 하나님께서 우리에게 주신 재료들을 가지고 삶의 이야기들을 써 내려가야 합니다. 이제 우리는 다른 사람들로부터 전해 받은 재료들을 가지고 일하기 시작해야 합니다.

우리의 삶 가운데 걸려 있는 것이 무엇이든지 간에, 짊어져야 하는 짐이 어떠하든지 간에, 삶을 가로막는 장애가 통제를 넘어선 가운데 있을지라도 예수님께서는 우리를 부르실 것입니다. 그리고 예수님은 그 부르심에 우리가 어떤 상황에 있든지 따르기를 기대하시며, 명령하실 때면 우리가 언제든지 순종하기를 기대하시며, 우리가 그분의 목소리를 반향(反響)을 일으키기를 기대하시며, 우리가 그분의 빛을 반사하기를 기대하고 계십니다.

『예수님을 따르는 삶』

들은 대로 전해야 하는 그 복음

"또 그의 이름으로 죄 사함을 받게 하는 회개가 …… 기록되었으니 너희는 이 모든 일의 증인이라." _눅 24:47-48

주께서 그들에게 말씀하셨습니다. "그리스도가 고난을 받고 제 삼일에 죽은 자 가운데서 살아날 것과 또 그의 이름으로 죄 사함을 얻게 하는 회개가 예루살렘으로부터 시작하여 모든 족속에게 전파될 것이다."

그리스도는 제자들에게 "그리스도의 이름으로 회개와 용서의 메시지를 세상 모든 민족에게 선포하라."라는 사명을 맡겨 주셨습니다.

- 이러한 사명 위임은 오늘날에도 여전히 유효합니다.
- 이러한 사명 위임은 교회가 수행해야 할 올바른 사업입니다.
- 다시 말해서 교회는 회개와 용서의 메시지를 선포해야만 합니다.

이러한 메시지는 대부분 청중의 귀에 거슬릴지도 모릅니다. 이러한 메시지는 현대적 그리스도인들에게는 대중적이지 않을 것입니다. 이 메시지는 명목상의 그리스도인들에게는 인기가 없을 것입니다.

그러나 사람들에게 회개하라고 도전하지 않는 선포나 돌이켜 용서함을 받으라고 말하지 않는 복음은, 신약성경 안에 울려 퍼지는 그 복음과 동일한 복음이 아닙니다.

여러분은 오순절에 베드로의 설교를 들었던 예루살렘의 군중이 뭐라고 말했는지 기억하십니까? 그들은 "우리가 무엇을 해야 합니까?" "우리가 어떻게 해야 합니까?"라고 반응하지 않았던가요? 그때 베드로는 "여러분 각 사람은 회개하시오. 그리고 예수 그리스도의 이름으로 세례를 받으시오. 그리하면 여러분의 죄가 용서받을 것입니다."라고 하였습니다. 다시 말해서 베드로는 '회개와 용서'를 선포했던 것입니다.

『아버지를 떠나 자유를』

당신의 유일한 '유의미'(有意味)는 무엇인가?

"우리가 살아도 주를 위하여 살고 죽어도 주를 위하여 죽나니
그러므로 사나 죽으나 우리가 주의 것이로다." _롬 14:8

우리는 우리의 삶이 의미가 있기를 원합니다. 우리의 삶이 이해될만한 가치로 채워지기를 바랍니다. 우리는 우리의 삶이 살만한 가치가 있다는 것을 확인하고 싶어 합니다.

우리가 그 무엇보다 더 두려워하는 것이 있다면, 그것은 어떤 사람들이 유머러스하게, 그러나 허탈감 속에서 이름을 붙여주었듯이, '일요일 노이로제'(Sunday neurosis)라는 것입니다. 일요일 오후에 느끼는 감정 말입니다.

- 내면 깊은 곳에서 흘러나오는 공허함과 허전함.
- 분주한 일주일이 지나간 후의 텅 빈 삶과 흉측한 몰골의 영혼.
- 이 세상에는 아무것도 오래가지 않는다는 허탈감.
- 한때 우리를 기쁘게 하던 것도 이제는 모두 시들해져 가는 궁핍감.
- 한때 우리가 원하던 것도 이제는 모두 석양처럼 저물어간다는 무력감.
- 한때 우리가 꿈꾸던 것도 이제는 서서히 붕괴하여 버린다는 자괴감.

바로 이럴 때 우리는 우리의 영혼에 고뇌에 찬 질문을 던집니다. "도대체 이 세상에 '의미'라는 것, 그것도 오래가는 '영원한 의미'가 있는가?"라고.

우리는 오늘날 옛적 하이델베르크 신앙고백문에서 첫 번째 질문으로 이 문제를 다뤘다는 사실을 기억해야 합니다.

"우리의 죽고 사는 일에서 무엇이 '영원한 의미'를 주는가?"

『옛적 말씀에 닻을 내리고』

광야에서 울리고, 소멸하는 소리

"나도 그를 알지 못하였으나 내가 와서 물로 세례를 베푸는 것은
그를 이스라엘에 나타내려 함이라." _요 1:31

요한은 말합니다. 참된 증언자는 "바로 광야에서 방황하는 사람들과 길을 찾지 못하고 헤매는 사람들에게 '길'을 가리키고, 굶주린 자들에게 그들의 허기를 채워줄 '양식'이 어디에서 오는지를, 즉 '하늘로부터' 오는 것을 알리는 소리"라고 말입니다.

이런 의미에서 모든 설교자는 증언자여야 합니다. 그들은 자신의 이름, 업적, 프로그램 혹은 카리스마를 내세우는 자들이 아닙니다. 그들은 광야같은 인생에게 양식이 오는 곳, 즉 저 하늘을 가리키는 손가락이어야 하며, 길이 없는 사막에서 방황하는 사람들에게 '길'을 알리는 소리여야 합니다. 예, 그것뿐이어야 합니다. 그는 생명의 메시지를 외치다가 사라지는 '목소리', 그뿐이어야 합니다. 그렇습니다. 세례자 요한은 신약성경에서 '증언'(證言)이라고 불리는 것이 진정으로 무엇을 의미하는지 알게 해주는 모델입니다. 무엇이 참된 증언입니까? 누가 참된 증언자입니까? 바울은 이에 대해 고린도후서 4:5에서 명료하게 말하고 있습니다.

"우리가 증언할 때, 우리는 우리를 선포하는 것이 아닙니다. 우리는 예수 그리스도를 주님으로 선포하고, 우리 자신들을 예수님을 위한 종으로 선포하는 것입니다."

요한이 맡은 유일한 사명은 '증언하는' 것입니다. 그는 사람들에게 자기 자신을 드러내지 않았습니다. 그는 사람들이 오직 그가 가리키는 곳만을 보게 합니다. 그는 자기 자신을 향한 관심을 버리고, 앞으로 오실 분에게 사람들의 이목을 집중시키는 목소리일 뿐입니다.

『생명의 복음』

"건너온 다리를 끊고 가는 길"

"엘리사가 …… 그 고기를 삶아 백성에게 주어 먹게 하고
일어나 엘리야를 따르며 수종 들었더라." _왕상 19:21

엘리야는 엘리사에게로 갔습니다. 그리고 자신의 외투를 그에게 둘렀습니다. 그때 엘리사는 그의 소들을 두고 떠나 엘리야를 따라나섰습니다. 그가 말합니다. "먼저 나의 부모님께 가서 작별의 입맞춤을 하고 난 다음에 선생님을 따르겠습니다." 그러자 엘리야가 대답합니다. "가거라. 내가 너에게 무슨 일을 하였단 말인가?" 그러자 엘리사는 엘리야를 떠나 돌아갔습니다. 그리고 가서 먼저 소의 멍에를 벗기고, 도살하고, 밭 가는 기구로 장작을 삼아 고기를 삶아 그 고기를 그곳 사람들에게 줘서 먹게 하였습니다(왕상 19:21).

이러한 엘리사의 행동은 자신의 과거를 깨끗이 청산하고, 결별을 하겠다는 다짐입니다. 그는 자기의 생애에서 가장 중요한 순간을 의식화(儀式化)하고 있는 것입니다. 이것은 엘리사에게 주었던 부르심, 즉 제자의 길로 들어서라는 부르심에 관한 이야기입니다. 그러나 동일하게 이것은 우리를 향한 부르심, 곧 제자의 길로 들어서라는 부르심이기도 합니다.

이 이야기에서 가장 중요한 외침은 과거와 철저하게 단절하라는 것입니다. 모든 것을 뒤로하고 엘리사는 엘리야를 따랐습니다. 아버지와 어머니를 뒤로하고, 직업을 뒤로하고, 밭 가는 기구를 모두 불에 태우고, 소를 잡아 고기를 삶고, 사람들에게 줘서 먹게 한 것입니다. 엘리사에게는 더 이상 돌아갈 자신의 과거가 없게 된 것입니다. 바로 이것이 '제자도'(discipleship)의 본질입니다.

『등불 들고 이스라엘을 찾으시는 하나님』

하나님의 공방(工房)에서

"그러나 내가 가는 길을 그가 아시나니
그가 나를 단련하신 후에는 내가 순금 같이 되어 나오리라." _욥 23:10

"**거룩하게 하다**" 혹은 "**성화**"(聖化)라는 단어는 하나님께서 우리를 거룩하게 만들어가는 과정을 가리키는 용어입니다. 성화는 하룻밤 사이에 일어나지 않습니다. 성화는 평생을 가는 과정입니다. 시편 138편의 한 구절은 성화가 무엇을 의미하는지를 잘 설명해 주고 있습니다.

"주님은 나를 위한 자기의 목적을 이루실 것입니다.
주님이여, 주님의 인자하심이 영원하오니
주의 손으로 지으신 것을 버리지 마옵소서."

시편 138편은 다음과 같은 두 가지 진술을 '동시에' 하고 있습니다.

- 하나님은 나를 위한 목적을 가지고 계신다.
- 나는 하나님의 손으로 만들어진 작품, 하나님의 수공예품이다.
- 주님 제발 나를 가지고 작업하셔서 나를 위한 당신의 목적을 이루소서.
- 주님, 제발 당신의 디자인에 따라 형태가 나올 때까지 나를 당신의 작업실에 넣어 나를 위한 당신의 목적을 이루소서.

문제는, 이럴 때 많은 사람이 하나님의 작업 선반에서 벌떡 일어나 "이젠 그만하세요. 더 이상 못 참겠어요. 그만하겠습니다!"라고 말한다는 것입니다. 이것을 기억하십시오! 훈련이 끝날 때까지 우리는 하나님의 작업실에 남아 있어야 한다는 것 말입니다. 하나님께서 우리를 거룩하게 만들어 가시도록 우리 자신을 그분 손에 전적으로 맡겨야 합니다.

『순례자의 사계』

고독할지라도 외롭지 않은

"이러므로 우리에게 구름같이 둘러싼 허다한 증인들이 있으니" _히 12:1

우리가 신앙의 마라톤을 하면서도 인내할 수 있는 것은, 우리가 지쳐서 주저앉아 버리고 싶을 때라도 끝내 낙심하지 않는 것은, 우리에게 구름같이 많은 증인이 있기 때문입니다. 신앙 여정에서 외로움과 쓸쓸함을 느낄 때가 있어도 홀로 외롭거나 고독하지 않음은 우리에게 수많은 증인이 있기 때문입니다.

우리가 신앙의 경주장에서 때때로 기쁨을 느낄 때 홀로 기뻐하지 않는 것은, 우리에게 기쁨을 함께 나눌 수 있는 수많은 증인이 있기 때문입니다. 신앙의 달음질을 하는 동안 고통의 때가 있다 하더라도 참을 수 있는 것은, 우리보다 더 큰 고통을 극복하고 헤쳐나간 수많은 증인이 있기 때문입니다.

그들은 우리의 경주를 바라보는 단순한 구경꾼이나 관람객들이 아닙니다. 그들은 증인들입니다. 하나님의 약속을 믿고 살았던 그들의 삶이 하나님의 약속 때문에 치러야만 했던 피와 땀과 눈물이 절대 헛되지 않았다는 걸 묵묵히 증거하는 증인들입니다. 아니, 그들은 자신들의 증거 때문에 기꺼이 순교자가 되기도 하였습니다. 그들은 믿음이 무엇인가를 그들의 '삶'을 통하여 높은 음성으로 증거하고 있는 것입니다.

『옛적 말씀에 닻을 내리고』

도덕적 순종, 주님을 아는 지식의 원천

"그가 우리를 대신하여 자신을 주심은 모든 불법에서 우리를 속량하시고
우리를 깨끗하게 하사 선한 일을 열심히 하는 자기 백성이 되게 하려 하심이라." _딛 2:14

우리가 하나님을 찾는 것은 오직 하나님께서 우리 안에 그분을 찾으라는 충동을 먼저 넣어주시기 때문입니다. 예수님께서 하신 말씀을 기억하십니까? "아버지께서 나에게 보낸 자 외에는 아무도 내게로 올 수 없다."(요 6:44). 그러므로 그분이 먼저 우리를 자기에게 가까이 오게 하시기 때문에 하나님께 나아갈 수 있게 된 것입니다. 그러므로,

- 우리는 하나님께서 심어 주신 '충동'을 따라 행동해야 합니다.
- 우리는 하나님께서 시작하신 일을 계속해서 작업해야 합니다.
- 우리는 그리스도를 추구하고 찾아야 합니다.

우리는 그리스도를 찾아야 합니다. 그분을 찾으면서 우리가 갖고 있던 기존 관념이나 사고들을 근본적으로 개정하거나 바꿔야 합니다. 그분을 찾기 시작하면서 우리의 행동들을 개혁해야 합니다.

그리스도를 찾는 것은 도덕적으로 중립적인 일이 아닙니다. 만일 여러분들이 그리스도를 찾는다면, 그리고 그것이 진실한 추구라면, 여러분들은 기꺼이 도덕적인 생각과 행동양식도 바꾸어야 할 준비가 되어 있어야 합니다. 다른 말로 하자면, 만일 여러분이 예수님이 진짜인지 가짜인지를 알기 원한다면, 또한 그의 가르침이 인간적인지 하나님에게서 온 것인지 알기를 원한다면, 여러분은 반드시 하나님의 뜻을 행하는 일로부터 시작해야 합니다. 즉, 여러분은 먼저 도덕적인 삶을 사는 것으로부터 시작해야 할 것입니다.

『하늘 나그네의 사계』

능력의 회상자

"만군의 여호와여 만일 주의 여종의 고통을 돌보시고 ······
주의 여종에게 아들을 주시면 내가 그의 평생에 그를 여호와께 드리고"_삼상 1:11

이스라엘의 보호자, 이스라엘을 통합할 다윗, 이스라엘을 인도할 다윗을 기다리는 이스라엘의 이야기는 사무엘상 1장의 한나의 이야기로, 특별히 한나의 '무자'(無子, barrenness)함의 이야기로 시작됩니다. 선물로 주어지는 '새 생명'이 오기 전까지 온갖 고뇌와 번민 속에서 기다려야만 했던 한 여인의 슬픈 이야기를 통하여 사무엘서의 저자는 이스라엘이 그들의 미래를 보장해주는 '한 인물'의 출현을 간절하게 기다리고 있음을 시사하는 것입니다. 한나의 이야기는 다음과 같은 질문을 제기합니다:

- 하나님께서 약속한 새 생명이 어떻게 '무자함'의 상태에서 시작할 수 있겠는가?
- 하나님의 약속은 '갇힌 태'를 열 수 있는 능력을 가지고 있는가?

하나님의 기억은 무서우리만치 정확합니다. 그분은 '능력의 회상자'(The Rememberer)이십니다. 일단 그분이 기억하시면 새 생명/새 삶이 가능해집니다. 라헬을 기억하시던 하나님(창 30:22)이 한나도 기억하십니다. 이제 이스라엘의 새 생명은 바로 이 기적의 자식, 사무엘의 지도력으로부터 시작됩니다. 이 기적은 바로 한 여인, 한나로부터 시작되었던 것입니다.

- 새 생명의 능력이 자체에 없었던 여인
- 오직 뿌리를 흔들어 뒤집어엎는 기도를 드렸던 여인
- 하나님이 주신 것을 모두 하나님께 되돌려 드리려는 태도의 여인

이스라엘의 생명과 미래는 바로 이 한나의 닫힌 태가 열림으로써, 즉 사무엘을 출생시킴으로써 열리게 된 것입니다.

『옛적 말씀에 닻을 내리고』

나의 묵상 | 말씀을 읽고 자신만의 묵상을 기록해 보세요.

8월

은혜와 긍휼

365 Biblical Meditation for Healing

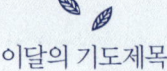

이달의 기도제목

은혜의 올가미

"무식하고 마음이 들떠 있는 사람들이 성서의 다른 부분들을 곡해하듯이
그것을 곡해함으로써 스스로 파멸을 불러들이고 있습니다." _벧후 3:16(공동번역개정판)

　우리 중 많은 사람이 성경 속에서 하나님의 음성을 어떻게 들어야 할지 잘 모릅니다. 예를 들어, 우리는 성경을 진주 목걸이처럼 생각하는 습성이 있습니다. 마치 진주들이 목걸이 줄에 연결된 것처럼 개별적인 말씀 한 절 한 절이 하나의 줄에 연결되어 성경을 이루는 것처럼 생각하고, 필요하면 언제라도 줄에 매달려 있는 진주를 꺼내어 감상할 수 있다고 생각하도록 훈련됐다는 말입니다.

　사람들은 하나님의 메시지에 대해 아주 예민하게 반응합니다. 그러나 일반적으로 사람들은 하나님의 말씀을 신중하게 귀담아들으려 하지는 않습니다. '하나님의 말씀 전체'를 듣고자 그 말씀에 다가가지 않는다는 말입니다. 그들에게는 개별적인 성경 구절이 중요합니다. 개별적인 성경 구절들은 종종 어떤 특정한 상황 가운데 있는 이들에게 '하나님의 뜻'이 되기도 합니다. 예를 들어, 어느 날 아침 성경을 읽다가 마음에 와 닿는 어떤 특정한 구절이 있다고 합시다. 그러면 사람들은 종종 그 구절이 그날의 자기를 위한 '하나님의 뜻'이라고 생각합니다. 문제는 사람들이 은혜를 받은 그 구절을 가지고 종종 하나님을 조작하려고 하는 데에서 일어납니다. 아니면 그 구절을 가지고 우리가 하나님으로부터 얻기 원하는 것을 위한 지렛대로 사용하기도 합니다. 그러나 우리는 기억해야 합니다. 즉, 잘못된 동기들을 합리화하기 위하여 이런 식으로 성경을 사용할 때, 복음 그 자체가 복음을 심하게 훼손하게 된다는 사실을 말입니다. 심지어는 좋은 의도를 가지고 이러한 일들을 행했을 때라도 우리가 하나님의 말씀을 사용하여 우리 스스로 올가미를 쓰는 격이 됩니다.

『정의와 평화가 포옹할 때까지』

의로움은 은혜로움이다

"두 사람이 기도하러 성전에 올라가니 하나는 바리새인이요 하나는 세리라."_눅 18:10

바리새인과 세리! 이 둘 중에 여러분은 자신이 누구라고 생각하십니까? 우리는 아무도 이 둘 중의 하나가 아닐 것입니다. 왜냐하면, 우리는 이 두 사람을 섞어 놓은 사람들이기 때문입니다.

바리새인일 때가 있습니다.

- 하나님께 나아왔으면서도 회개하지 않을 때가 있습니다.
- 좋은 의도로 기도하지만, 점점 그 기도가 구부러지면서 하나님께 하는 기도인지 아니면 자신에게 하는 기도인지 구별하기 어려울 때가 있습니다.

그러나 다른 한편으로는, 세리일 때가 있습니다.

- 하나님께 나아와 회개할 때도 있습니다.
- 그저 "키리에 엘에이 손!"(Kyrie eleison, 주님 저에게 자비를 베풀어 주십시오)이라는 말 외에는 달리 기도할 수 없을 때가 있습니다.

그리고 우리는 집으로 돌아갑니다. 이것은 우리가 기도를 올바로 했기 때문이 아닙니다. 세리이면서 동시에 바리새인인 우리가 좋은 의도로 기도하였기 때문도 아닙니다. 그것은,

- 하나님이 우리를 향해서 자비로우시기 때문입니다.
- 하나님이 우리를 향해서 은혜로우시기 때문입니다.

『아버지를 떠나 자유를』

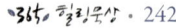

은혜의 괄호 안에 있는 (의심)(1)

"내가 그의 손의 못 자국을 보며 내 손가락을 그 못 자국에 넣으며
내 손을 그 옆구리에 넣어 보지 않고는 믿지 아니하겠노라." _요 20:25

제자들이 도마에게 "우리가 부활하신 주님을 보았다."라고 말하자 도마가 뭐라고 했습니까? "내가 그의 손의 못 자국을 보며 내 손가락을 그 못 자국에 넣으며 내 손을 그 옆구리에 넣어 보지 않고는 믿지 아니하겠노라."라고 했습니다. 일주일 후, 즉 부활절 다음 주일에 도마가 여전히 의심하고 있을 때, 예수님께서 다시 오셔서 "너희에게 평강이 있을지어다!"라고 말씀하셨습니다. "내가 살아났다는 사실을 믿지 않는 도마를 빼놓고, 나머지 사람들에게 평강이 있을지어다!"라고 하신 것이 아닙니다. 예수님께서 평강의 복을 빌어주실 때, 의심하는 이도 그 복이 임해야 할 사람들에 포함하셨습니다. 예수님은 도마와 그가 가진 의심과 함께 모든 것을 받아들이신 것입니다.

그렇습니다. 예수님은 여러분을 받아들이십니다. 여러분의 의심과 모든 것을 받아들이십니다. 왜 이럴까 궁금해하는 마음, 고민하는 마음, 고통스러워하는 마음 모두를 받아들이신다는 것입니다. 예수님은 여러분에게 어려운 질문은 받지 않겠다고 하시지 않습니다. 괴로운 질문을 하지 말라고 말씀하시지 않습니다. 그렇다고 여러분이 의심을 극복할 때까지 기다리시면서 내버려두시는 분도 아닙니다. 정직한 의심은 신앙을 파괴하지 않기 때문입니다. 솔직한 의심은 오히려 신앙을 정화시키기도 합니다.

『생명의 복음』

은혜의 괄호 안에 있는 (의심)(2)

"내가 그의 손의 못 자국을 보며 내 손가락을 그 못 자국에 넣으며
내 손을 그 옆구리에 넣어 보지 않고는 믿지 아니하겠노라."_요 20:25

여러분이 갖고 있는 여러 의심을 표현하지 않으면, 곧 의심을 억누르고 있으면, 그것은 여러분의 믿음보다 더 강한 진리가 있을지도 모른다고 두려워하는 것입니다. 그러나 그런 진리는 없습니다. 그런 사실은 없습니다. 신앙이란 하나님의 신실하심을 의지하는 것입니다. 신앙은 어떤 심연(深淵)이 우리 앞에 입을 크게 벌리고 있어도, 깊은 구렁텅이 속에 빠질지도 모른다는 두려움이 있어도, 하나님이 그 모든 심연보다, 그 모든 구렁텅이보다 더 깊으신 분임을 신뢰하는 것입니다.

예수님이 도마를 부드럽게 대하신다는 점은 모든 의심하는 이들에게 위안과 위로가 될 것입니다. 예수님은 신앙대로 살려고 발버둥치고, 믿음대로 살려고 애쓰는 여러분 앞에서 매몰차게 문을 닫으시는 분이 절대 아닙니다. 그분은 여러분을, 때때로 의심하고 고민하는 여러분을 그분의 부활절 축복의 말씀 속에 포함하십니다. 여러분에게 "평강이 있을지어다."라고 말씀하십니다.

그렇습니다. 우리는 의심하면서 믿습니다. 믿으면서 의심합니다. 이 두 가지는 같이 갑니다. 의심하기 때문에 믿으며, 믿으면서 의심하는 것입니다. 이것이 부활하신 주님에 대해 우리가 가지는 '긴장 속의 건강한 신앙'입니다. 주님은 의심하는 여러분을 사랑하십니다.

『생명의 복음』

하나님의 자비, 그리스도인의 삶의 동력

"누가 주께 먼저 드려서 갚으심을 받겠느냐 …… 그러므로 형제들아 내가 하나님의 모든 자비하심으로 너희를 권하노니" _롬 11:35; 12:1

바울이 말하고자 하는 바는

- 우리의 행위와 행동은 하나님의 자비와 긍휼에 대한 반응이어야 한다는 것입니다.
- 하나님의 자비로부터 동력(動力)을 받아야 한다는 것입니다.
- 하나님의 성실하심이 우리 마음을 움직여 행동에 이르게 해야 한다는 것입니다.
- 하나님의 긍휼은 마치 연료와 같아 우리를 앞으로 나아갈 수 있게 한다는 것입니다.
- 우리 그리스도인들의 행동의 동력은 하나님의 자비에 있다는 것입니다.
- 우리는 스스로 동력을 만들어 낼 수 없다는 말이기도 합니다.

이것을 예수님은 다음과 같은 비유로 설명하셨습니다.

"가지가 포도나무에 붙어 있지 아니하면 스스로 열매를 맺을 수 없음 같이 너희도 내 안에 있지 아니하면 그러하리라. 그가 내 안에, 내가 그 안에 거하면 사람이 열매를 많이 맺나니"(요 15:4-5).

우리는 날마다 그리스도의 생명에서 물을 길어야 합니다. 건기든 우기든 마르지 않는 생명의 깊은 우물에서 두레박질해야 합니다. 매일 같이 하나님의 은혜의 보좌 앞으로 나아가야 합니다. 그때그때 우리의 궁핍을 채우시고 도우시는 시은소(施恩所, 은혜를 베푸시는 장소)로 나아가야 합니다.

『십자가 복음』

욕심을 따르다 은혜를 놓치다

"지금이 어찌 은을 받으며 옷을 받으며 감람원이나 포도원이나 양이나 소나 남종이나 여종을 받을 때이냐." _왕하 5:26

'아간'의 이야기는 탐욕의 결과를 보여주는 에피소드 중의 하나입니다(수 7장). 장엄한 구원사를 잠시 중단케 할 뿐만 아니라 하나님의 거룩한 전쟁에 치욕적인 오점을 남긴 아간의 이야기는 그 발단이 매우 사소한 인간의 '욕심'으로부터 시작되었다는 점을 상기시킵니다. "내가 전리품 가운데서 시날에서 만든 아름다운 외투 한 벌과 은 이백 세겔과 오십 세겔이 나가는 금덩이 하나를 보고 탐내어 가졌습니다"(수 7:21).

탐욕이 가져다주는 비참한 결과를 잘 보여주는 또 다른 에피소드 중의 하나가 엘리사의 하인 '게하시'에 관한 이야기입니다(왕하 5장). 하나님의 자비와 은총을 돈으로 주고 살 수 있다고 생각한 나아만, 그리고 치료함을 받은 후로 엘리사에게 감사의 표시로 사례비 조로 드리던 나아만, 그러나 그의 계획은 여지없이 거절되었습니다. 하나님의 은총과 자비는 값으로 주고 살 수 없을 뿐만 아니라 값으로 따질 수도 없다(priceless)는 사실을 나아만 이야기는 '이스라엘'에게 교훈하고 있습니다.

이스라엘인이었던 게하시는 이 사실을 값비싸게 배웠습니다. 엘리사의 종이었던 그는 이방인 나아만에 대한 하나님의 값없는 은혜를 시기하고 질투하였습니다. 그는 하나님께서 자비를 베풂으로 이스라엘 가운데 임재했던 치료를 열방과 함께 나누는 일에 대해 열방에 무거운 세금을 물리고자 했던 것입니다. 게하시는 이스라엘 사람이었고, 그는 엘리사 가운데 있었던 여호와 구원의 임재에 대해 알고 있었습니다. 그러나 그는 이것을 자신의 세상의 이익을 위해 착복의 수단으로 사용했던 것입니다. 이 때문에 그는 이스라엘의 대적이었던 '아람인'들과 한 가지가 되었고, 아람 군대의 장군이었던 나아만의 나병이 그에게 미치게 된 것입니다. 이 역시 시적 정의(詩的 正義, poetic justice)의 표현이 아니겠습니까! 요약하자면, "욕심이 잉태하면 죄를 낳고, 죄가 자라면 죽음에 이른다."(약 1:15)라는 사실을 다시금 심각하게 들어야 한다는 뜻입니다.

『정의와 평화가 포옹할 때까지』

은혜가 준비되기 전까지 아무것도 시작할 수 없다

"아침마다 주의 인자하심을 알리며 밤마다 주의 성실하심을 베풂이 좋으니이다."_시 92:1

하나님의 날들은—즉, 하나님이 창조하신 날들—훨씬 일찍 시작합니다. 하나님의 날들은 하나님이 만드신 날들 전날 저녁에 시작합니다. 우리의 일은 저녁에 끝납니다. 그러나 하나님의 일은 저녁에 시작됩니다. 저녁에 우리는 잠자리에 들어가 눕습니다. 저녁으로 시작하여 그다음 날 깰 때까지 예닐곱 시간 동안, 무의식의 시간 동안에 하나님은 우리의 영혼을 지켜주십니다. 하나님이 지켜주시는 무의식의 시간이 지나고, 알람 소리와 함께 우리는 일어나 하루를 시작합니다. 우리는 이 사실을 너무도 쉽게 잊어버립니다. 모든 것이 항상 몇 시간 일찍 시작된다는 사실을 말입니다. 우리가 잠자는 동안 중요한 일들은 이미 시작되고 있다는 사실을 우리는 너무 쉽게 잊고 살고 있습니다.

"저녁이 되고 아침이 되었다. 첫째 날이었다."
"저녁이 되고 아침이 되었다. 둘째 날이었다."
"저녁이 되고 아침이 되었다. 셋째 날이었다."

이것이 하나님의 리듬입니다. 즉, 은혜의 리듬입니다. 우리는 잠자러 갑니다. 하나님은 일하러 가십니다. 우리는 일어납니다. 그리고 하나님이 지난밤에 행하신 일들을 받습니다. 언제나 하나님이 먼저입니다. 언제나 은혜가 먼저입니다. 우리는 우리가 만들지 않은 세상 속에서 깨어 일어납니다. 우리가 만들지 않은 구원을 향해 깨어 일어납니다.

『영혼의 거울에 부르는 희망의 교향곡』

하나님의 기억과 긍휼이 손잡을 때

"그러므로 그를 위하여 내 창자가 들끓으니
내가 반드시 그를 불쌍히 여기리라." _렘 31:20

우리의 관심을 끄는 것은 하나님의 '기억'과 그분의 '긍휼'이 함께 손을 잡고 있다는 사실입니다. 하나님께서 그의 백성을 원수가 때리듯이 치고(렘 30:14) 그들을 향해 심판을 선언하셨지만, 그럼에도 그들을 잊지 않고 기억할 뿐만 아니라 그들을 측은히 여겨 자비를 베풀겠다고 약속하십니다(렘 31:20). 이스라엘에 회생의 기회가 있다면 전적으로 하나님의 기억과 불쌍히 여기시는 자비심 때문입니다.

'긍휼'이라 번역된 단어가 특별히 인체의 내장 혹은 여인의 자궁과 관련이 있듯이, 하나님은 자식을 향한 모성적 애절함으로 그들의 상처를 감싸십니다. 불치의 병을 극복하는 힘은 연약해 보이는 여인의 자식 사랑, 어머니의 자녀 사랑입니다. 자궁이 뒤틀리는 고통을 느끼는 여인은 새 생명의 출산을 기다립니다. 하나님이 그의 자녀를 향한 격정적 고통을 느끼는 것은 이제 새로운 미래가, 새 생명이 막 태어나려는 순간이기도 하기 때문입니다. 그러므로 죽음에 이르는 병을 앓으며 절망 가운데 있는 우리는 하나님의 긍휼하심에 자신을 맡기는 길만이 구원에 이르는 길입니다. 그래서 옛 언약의 백성이 그러했던 것처럼, 그리고 초대교회의 신앙 공동체가 그랬던 것처럼, 우리는 지금 슬픔의 계절에, 죽음의 때에 하나님의 자비를, 그분의 긍휼을 청해야 할 것입니다.

"주여 우리에게 자비를 베푸소서. 다윗의 자손이여, 우리를 불쌍히 여기소서."

『정의와 평화가 포옹할 때까지』

하나님의 뒷모습

"또 이르시되 네가 내 얼굴을 보지 못하리니 나를 보고 살 자가 없음이니라." _출 33:20

모세가 하나님께 요구하였습니다. "당신의 얼굴을 내게 보여주십시오." 하나님께서 대답하셨습니다. "너는 나의 얼굴을 볼 수 없다. 아무도 나를 보고서는 살 수가 없다. 내 곁에 바위 하나가 있다. 나의 영광이 그곳을 지나갈 때, 내가 너를 갈라진 바위틈 사이에 넣을 것이며, 내가 지나갈 때까지 내 손으로 너를 가릴 것이다. 그 후에 내 손을 치울 것이니, 그때 너는 내 등을 볼 것이다. 그러나 내 얼굴을 보이지는 않을 것이다"(출 33장).

- 우리는 오직 하나님을 뒤에서만 볼 수 있다는 것입니다.
- 우리는 오직 하나님의 발자국만 볼 수 있다는 것입니다.
- 우리는 오직 하나님의 손자국만 볼 수 있다는 것입니다.
- 우리는 오직 그분의 임재의 후광(後光)만을 볼 수 있다는 것입니다.

하나님께서 우리를 다루실 때, 하나님께서 우리를 지나실 때, 그분은 자신의 손으로 우리의 얼굴을 가리십니다.

그때, 모든 것이 끝났을 때, 모든 것이 지나갔을 때, 하나님은 자신의 손을 거두십니다. 그때야 비로소

- 우리는 하나님의 뒷모습을 봅니다.
- 우리는 하나님의 등을 봅니다.
- 우리는 회고적으로 하나님을 보는 것입니다.

"아하, 그것이 하나님의 일이었구나."라고 말하는 것입니다. "아하, 그때 하나님께서 내 곁을 지나셨던 것이구나."라고 말하는 것입니다.

『장막 치시는 하나님을 따라서』

홀로 걸어가는 길이 아니다

"여호와께서 너를 실족하지 아니하게 하시며
너를 지키시는 이가 졸지 아니하시리로다." _시 121:3

하나님을 경배하고 알현(謁見)하러 가는 순례는 분명히 '길'과 관련을 맺고 있는 신앙 행위입니다. 성도는 하나님께로 나아가는 도중 다른 길로 가고 싶은 유혹에 빠지기 쉽습니다. 그들 앞에는 수많은 유혹이 숨어 있기 때문입니다. 온갖 종류의 이교도적 산당들과 가르침은 예루살렘을 향해 가는 순례자에게 유혹의 손길을 내밉니다. 절반은 이교적이고 절반은 여호와 종교적인 혼합주의적 산당들이 순례자의 발길을 멈추게 합니다. 그들의 발을 미끄러지게 하는 것입니다. 세상적인 허영으로 인도하는 그럴듯해 보이는 쉬운 길들을 제시함으로써 그들은 순례자의 마음과 정신을 혼미하게 하거나, 낙심시키거나, 뒤를 돌아보게 합니다.

'미끄러지다'로 번역된 히브리 단어는 일반적으로 '흔들리다', '요동하다', '떨어지다', '비틀거리다'의 뜻으로 쓰이는 경우가 많습니다. 즉, 성도를 위협하는 수많은 역경이나 유혹, 시험이나 위험이 다가오면, 우리의 마음은 떨리고, 삶은 그 중심을 잃고 흔들리며, 신앙은 형편없이 비틀거립니다. 그러나 하나님께서는 우리의 발을 굳게 붙잡아 주실 것이며 결코 비틀거리거나 쓰러지지 않도록 보호하실 것이라고 말씀하십니다.

그러므로 우리는 어려움과 위험에 직면해도 결코 홀로 걸어가는 자들이 아니라 우리를 보호하시는 후견인(後見人, Guardian)과 함께한다는 사실을 알아야 합니다. 비록 모든 걱정과 염려를 다 제쳐놓은 일이 결코 쉽지는 않다고 하더라도, 하나님께서 쉬지 않고 우리의 안전과 복리를 보살피고 있다는 사실을 증언하시는 성령의 음성에 귀 기울여야 합니다.

『우리의 기도가 천상의 노래가 되어』

내가 너와 함께 갈 것이다

"여호와여, 주의 길을 보여 주시고,
내가 가야 할 길을 가르쳐 주소서."_시 25:4(쉬운성경)

일찍이 하나님께서 모세에게 말씀하신 적이 있습니다. "이곳을 떠나가라. 네가 애굽 땅에서 인도해 낸 백성과 함께 내가 아브라함과 이삭과 야곱에게 맹세하여 주겠다고 한 땅으로 가라. 내가 네 자손에게 그 땅을 주리라."

모세는 현명하고 지혜로운 나그네였습니다. 그는 하나님께 요청했습니다. "제게 당신의 길들을 보여주십시오. 미래를 미리 보여주십시오." 모세는 하나님께 미래의 시사회를 요청했던 것입니다. 모세는 그가 가야 할 길이 아무도 이전에 가지 않았던 길임을 알았습니다. 발자국도 남지 않는 모랫길이 그 앞에 전개될 것이라는 사실을 알았습니다. 그가 가야 하는 길에는 먹을 것과 마실 것과 입을 것도 없는 곳, 사람들이 희망을 잃고 낙담하게 될 상황이 있을 것이라는 사실을 알고 있었습니다.

때문에 "저에게 당신의 길들을 보여주십시오."라고 모세는 기도합니다. 이에 대한 하나님의 대답은,

- 내 길들을 네게 보여 줄 수 없다. 그 대신 나의 현존이 너와 함께 갈 것이다.
- 미래의 시사회를 너에게 보여 줄 수 없다. 그 대신 나의 임재가 너와 동행할 것이다.
- 내가 할 수 있는 일이 있다면, 네가 어디로 가든지, 네가 무슨 일을 만나든지 내가 너와 함께하리라는 약속을 네게 주는 것이다.

모세야! 나의 현존이, 나의 임재가 너와 함께 갈 것이다.

『뒤돌아서서 바라본 하나님』

나에게 정해진 날들이 아직 시작되기도 전에

"내가 너를 모태에 짓기 전에 너를 알았고
네가 배에서 나오기 전에 너를 성별하였고"_렘 1:5

우리는 스스로(하나님이 가르쳐 주시기 전에) 하나님을 알게 되었다고 생각합니다. 책을 통해서, 성경을 공부하면서 혹은 설교를 들으면서 하나님을 발견했다고 생각하고 있지 않은지요!

그러나 이러한 것들은 모두 이차적인 것들입니다. 가장 중요한 것은, 우리가 하나님에 대해 생각하려고 마음먹기 훨씬 이전부터 하나님이 이미 우리에 대해 생각하고 계셨다는 사실입니다. 더 거슬러 올라가면, 우리 부모가 우리를 이 세상에 데려왔기 때문에 우리가 존재하는 것이 아니라는 것입니다. 우리가 존재하도록 하나님이 뜻을 정하셨기 때문에 우리가 존재하는 것입니다. 그림이 캔버스 위에 그려지기 훨씬 이전에 화가의 마음에 잉태되는 것과 같이, 시(詩)가 원고지 위에 쓰이기 훨씬 이전에 시인의 마음속에서 잉태되듯이, 조각품이 형상화되기 훨씬 이전에 조각가의 상상 속에서 만들어지는 것과 같이 말입니다.

오래전, "우리 삶 안에서 하나님처럼 중요한 분은 없어!"라고 말하기 훨씬 이전에, 하나님은 우리를 자신의 가장 소중한 것으로 삼아 따로 떼어 선발하신 것입니다. 우리가 알든 모르든, 우리는 하나님의 최상의 기쁨 그 자체였습니다. 오래전, 우리가 어머니 태 속에 형성되기 훨씬 이전에 하나님은 이미 우리를 아셨습니다. 이처럼 우리의 삶과 생명의 뿌리는 깊습니다. 너무 깊고도 깊어, '영원성'(eternity)이라고 불리는 깊은 곳까지 내려갑니다. 우리 삶의 출발점은 '영원'입니다! 시편 139편의 시인의 노래처럼, 우리의 뿌리가 저 깊은 영원성까지 내려간다는 사실을 깨닫지 못한다면 우리는 매우 피상적인 삶을 살 수밖에 없습니다.

『인간의 죄에 고뇌하시는 하나님』

밤은 깊어지고 그분은 지체하실 때

"이에 그 처녀들이 다 일어나 등을 준비할새"_마 25:7

열 명의 처녀들이 등불을 들고 나갔습니다. 이 비유의 상징성이 있다면 하나님 나라에서 기뻐하고 즐거워할 대(大)연회를 기다리고 준비하고 갈망하는 사람들의 길고 긴 밤에 관한 것입니다. 문제는 언제 올지 모르는 그분의 시간에 맞추어 준비하고 사는 것입니다. 역시 시간을 맞추는 것이 가장 큰 문제입니다. 그런데 밤이 길어집니다. 어떤 밤입니까? 밤이 칠흑같이 깊어질 때, 길고 어두운 밤의 심장부에 이를 때, 한 세대가 가고 또 다른 한 세대가 오고, 일상의 사람들이 그들의 일상적인 삶을 사느라 갈등하고 고통받고 애를 쓰고 있을 때입니다. 이 등불 저 등불을 수선하며 불을 밝히려고 애쓰는 밤입니다. 불이 댕겨지지 않아서 애를 쓰는 밤, 그래서 "여기, 조금만 도와주세요."라고 간청하는 밤입니다.

지혜로운 사람들은 이러한 길고 긴 밤의 지체를 준비했던 사람들입니다. 지혜로운 사람들은 등잔에 넣을 기름이 충분했습니다. 착한 행실들(善行), 성령, 믿음, 정의를 갈망하는 마음, 하나님 나라에 대한 환상, 끊임없는 기도, 지칠 줄 모르는 복음 증거, 복음을 위한 열정, 한밤중에라도 기꺼이 일어나 하나님의 그 빛을 가리킬 뿐 아니라 심지어 그 빛이 있어야 한다고 하나님께 큰 소리로 요청하는 것 등등.

누가 지혜로운 신자들입니까? 교회 안의 지혜로운 자들은 칠흑 같은 한밤에도 신앙을 굳게 붙잡는 사람들입니다. 신랑이 오는 것이 보이지 않는다 할지라도 그래도 봉사하고 섬기고 희망하고 기도하고 하나님의 약속하신 승리를 기다리는 사람들입니다. 칠흑 같은 밤에도 희망의 끈을 놓지 마십시오.

『하늘 나그네의 사계』

보는 것을 주의하라

"그가 이 형편을 보고 일어나 자기의 생명을 위해 도망하여"_왕상 19:3

엘리야가 사백오십 명의 바알 제사장들을 다 쳐 죽였다는 소식을 들은 이세벨이 엘리야에게 서슬 시퍼런 전갈을 보냈습니다. "만일 내일 이맘때까지 내가 너를 죽은 바알 제사장들처럼 되게 하지 않는다면 신들이 내게 저주를 내릴 것이다." 이 말을 들은 엘리야는 혼비백산했습니다. 이세벨의 칼날을 피하느라 도망자 신세가 되었습니다. 엘리야에게는 그야말로 절망의 시간이었습니다. 앞이 전혀 보이지 않는 깜깜한 흑야였습니다. 이것은 우리도 경험하곤 하는 시간입니다.

- 다시 말해서 우리가 갖고 있던 환상이 죽는 것을 경험하는 시간입니다.
- 시야가 가려서 앞이 보이지 않는 시간입니다.
- 그래서 하나님 나라에 대해 시력을 상실하게 되는 시간입니다.
- 마치 베드로가 예수님을 바라보다가 그분에게서 눈을 떼 파도를 바라보자 물에 빠지게 되는 것과 같은 시간입니다.

그렇습니다.

- 엘리야가 하나님으로부터 이세벨에게로 시선을 옮겨 갈 때처럼,
- 베드로가 물 위를 걸어오시는 예수님의 부르심에 따라 그분만 바라보고 가다가 출렁이는 파도를 바라보자 물에 빠지게 되었을 때처럼,

우리 역시 아무 때든지 하나님 나라를 쳐다보지 않고 마치 이방인들처럼 우리의 삶에 대해 걱정하면서 "무엇을 먹을까? 무엇을 마실까?" 염려할 때, 그런 시간에 빠지게 됩니다.

『뒤돌아서서 바라본 하나님』

하나님의 웃음에 동참한 사람들

"하늘에 계신 자가 웃으심이여 주께서 저희를 비웃으시리로다."_시 2:4

여러분, 시인이 말하듯이 하나님은 하늘에 앉아 세상을 내려다보며 웃으시는 분입니다. 그분은 밀실에서 세상을 움직여 간다고 자만하는 인간 군상(群像)과 자신이 세운 성이 다른 성보다 더 높다고 뽐내는 사람을 보고 웃으십니다. 하나님이 웃으시는 이유는 그들이 하는 일이 매우 사소하고 보잘것없는 일이기 때문입니다.

이 사실로부터 우리는 무엇을 배워야 할까요? 바로 하나님의 웃음에 동참하는 법을 배워야 합니다. 하나님의 웃음을 함께 나눌 수 있어야 합니다. 이 세상을 넉넉히 비웃을 수 있어야 한다는 말입니다.

"왕이여, 우리가 섬기는 하나님이 우리를 활활 타는 불구덩이 속에서 구해 주시고, 왕의 손에서도 구해 주실 것입니다. 비록 그렇게 되지 않더라도 우리는 왕의 신들은 섬기지 않고, 왕이 세우신 금 신상에 절을 하지도 않을 것입니다"(단 3:17-18).

다니엘과 세 친구는 누가 진정으로 이 세상을 다스리고, 생명을 주관하는지 알았습니다. 그들은 하나님의 관점에서 느부갓네살 왕의 정치 행위를 조롱했습니다. 그들은 하나님의 웃음에 동참한 사람들이었습니다. 기억하십시오. 우리 주위에 있는 모든 것은 변합니다. 그리고 썩어 없어집니다. 인생은 풀과 같고 들의 꽃과 같아서 아침에는 반짝이다가도 저녁이 되면 시들어 버립니다. 그러나 변하지 않으시는 그분은 항상 우리와 함께 계신다는 사실을 기억하십시오. 변함이 없으시며 신실하신 하나님을 다니엘과 세 친구는 의지하고 믿었던 것입니다.

『우리의 기도가 천상의 노래가 되어』

제1조 2항, 모든 주권은 하나님께만 있다

"오직 여호와는 그 성전에 계시니 온 땅은 그 앞에서 잠잠할지니라 하시니라." _합 2:20

바벨론의 군주들은 도시를 건설하는 과정에서 사회적 약자들을 강압적으로 징발해서 노동을 시키다가 죽이는 경우가 허다했습니다(합 2:9-11 참조). 도시가 위정자들의 업적을 기리기 위한 수단들이었고, 동원된 사람들은 착취와 학대와 폭력 앞에서 속수무책이었습니다. 힘이 있고 세력이 있는 어떤 사람이 화풀이한다면서 이웃 사람에게 강제로 술을 퍼 먹이고 취하게 한 뒤에 그들의 옷을 벗겨 성기를 드러내게 하고 그것을 보고 즐기는 사람이 있었습니다. 예언자 하박국은 바벨론을 바로 이런 몹쓸 사람에 비유합니다. 바벨론은 하나님께서 유다를 때리시는 심판의 도구로 사용되었지만, 도가 지나쳐 약소민족들을 점령하고 제 마음대로 휘젓고 갖고 놀다가 그들의 부끄러운 면을 들추어내고 모욕하면서 그들이 어쩔 줄 몰라 하는 모습을 보면서 즐거워했다는 것입니다. 마치 새디즘(Sadism) 환자들처럼 말입니다. 약한 자를 마음대로 가지고 놀고, 그에게 모욕이나 수치를 주면서 어쩔 줄 몰라 당황하는 그 모습을 보면서 쾌감을 느끼는 자들을 하나님께서 그냥 가만 놔둘 줄 아십니까? 아닙니다!

정의로우신 하나님은 반드시 그 죄를 물을 것입니다. 하박국이 하나님을 대신하여 이렇게 바벨론에게 말합니다. "너도 또한 술을 진탕 마시게 될 것이고 그때 너도 네 포피를 많은 사람에게 보여주게 될 것이다"(합 2:15).

하나님은 세상의 정의롭지 못함과 불의함을 보시고 분노하십니다. 하나님은 자신이 지금 세상을 다스리고 있다는 사실이 널리 알려지기를 바라십니다. 하나님의 주권을 인정하는 세상, 모든 권력과 주권은 그에게서 나오고 그에게만 있다는 사실을 온 세상 민족이 알기를 바라십니다.

『하박국 묵상』

저 너머의 차원에서 온 지금

"예수께서 말씀하여 이르시되 네게 무엇을 하여 주기를 원하느냐?
맹인이 이르되 선생님이여 보기를 원하나이다." _막 10:51

우리는 다 눈이 먼 사람들입니다. 새로운 세상에 대해, 새로운 창조에 대해 눈이 먼 시각장애인들입니다. 누군가가 우리의 눈을 고쳐주지 않으면 그럴 것입니다. 그런 의미에서 복음이란, 예수님께서 우리의 치료자(Jesus, Healer)가 되신다는 소식이기도 한 것입니다.

한번은 시각장애인 걸인이 길거리에 앉아서 소리 질렀습니다.

- "다윗의 자손 예수여, 저에게 자비를 베풀어 주소서."
- "저를 불쌍히 여겨주십시오."
- "내가 너를 어떻게 해 주길 바라느냐?"
- "저의 시력을 회복해 주십시오. 보기를 원합니다!"
- "가라! 너의 믿음이 너를 낫게 하였느니라."

이 이야기는 우리들의 대한 비유입니다. 우리는 우리가 사는 삼차원의 세계에 의해 눈이 먼 사람들입니다. 우리는 새로운 세계를 바라볼 수 없는 시각장애인일 수밖에 없습니다. 그러나 우리는 새로운 창조세계로부터 들려오는 예수님의 부르심을 들었습니다. 그리고 우리는 눈먼 상태 아래 그분 앞에 나왔던 것입니다.

- 그분은 '지금' 우리의 눈을 여셔서 그분의 현존과 임재를 보게 하십니다.
- 그분은 '지금' 우리로 하여금 그분이 살고 계신 부활의 세계를 어렴풋하게나마 느낄 수 있도록 허락하십니다.

『순례자의 사계』

의심의 그늘에서 신앙하기

"내 반석이신 하나님께 말하기를, 어찌하여 나를 잊으셨나이까?" _시 42:9

이해할 수 없는 구절입니다. 시인은 하나님을 나의 반석이라고 고백합니다. 그러면서 나의 반석이신 하나님께서 나를 잊으셨느냐고 탄식합니다. '신앙'과 '절망'이 하나가 되어 있습니다. 한 입에서 신앙과 좌절이 함께 튀어나오고 있습니다.

신앙은 가장 건강할 때조차 결코 절망으로부터 멀리 떨어져 있지 않습니다. 건강한 신앙이란 무엇일까요? 항상 하나님께로 가까이 나가려고 애쓰는 신앙입니다. 승리의 환호성을 부르기 전에 먼저 고뇌하는 신앙이며, 캄캄한 밤에 어둠 속에서도 노래하는 신앙입니다.

우리의 신앙이 가장 순수하고 순결할 때는, 의심의 그림자가 물러갈 때가 아니라 비탄 가운데서도 하나님의 선(善)하심을 믿을 때입니다. 죄 가운데 있을 때에도 하나님의 용서하심을 믿을 때입니다. 패배 가운데서도 승리를, 죽음 가운데서도 생명을 믿을 때입니다. 버림받은 느낌 가운데서도 하나님의 현존과 임재를 믿을 때입니다.

오직 하나님만이 도움의 때를 아십니다. 그리고 하나님의 존재가 확실한 만큼 그 시간은 분명히 옵니다. 하나님은 우리의 얼굴에 빛을 비추실 것입니다. 하나님께서 우리를 지으시기 이전에 이미 사랑하셨기 때문에, 그분은 우리가 넘어지거나 실패하도록 내버려두지 않으십니다. 우리는 그분 손안에 있기 때문입니다.

『우리의 기도가 천상의 노래가 되어』

여정(旅程)을 위한 떡

"로뎀 나무 아래에 누워 자더니 천사가 그를 어루만지며 그에게 이르되 일어나서 먹으라 하는지라." _왕상 19:5

엘리야에게 빵을 공급해 주신 것은 단순히 그의 목숨을 유지하기 위함이 아니었습니다. 엘리야에게 공급된 빵과 한 병의 물은 '여정(旅程)을 위한 음식'(bread for journey)이었습니다. 고단한 광야 길의 여행을 위한 '하늘의 음식'이며, 호렙 산을 향한 피곤한 여행자에게 힘을 공급해 주는 '하나님의 음식'이었던 것입니다. 이것은 "우리에게 일용할 양식을 달라."라고 가르치신 주님의 기도의 의미이기도 합니다.

- 우리 신앙 여정에 도중하차하는 일이 없게 해주신다는 뜻이며,
- 천국 저 언덕까지 도착하도록 필요한 힘을 주신다는 선언입니다.
- 하나님을 만날 수 있는 여력을 공급하시는 은총의 떡입니다.

하나님은 '여정을 위한 떡'을 주시는 분이십니다. 그러므로 엘리야에게 주어진 떡은 다음과 같은 메시지입니다. "나는 너의 손을 붙들고 있다. 너와 함께 광야의 길을 걸어가겠다. 길 위에서 너에게 지속적으로 '힘의 공급자'가 되겠다."

이것은 하나님께서 바울에게 말씀하신 내용이기도 합니다. 바울은 하나님께 자신의 몸에서 가시를 빼내 달라고 세 번씩이나 간청하였습니다. 마침내 하나님께서 그에게 대답하셨습니다.

- 나의 은혜가 너에게 충분하다.
- 나의 은혜로운 현존(現存)과 임재(臨在)가 너에게 충분하다.
- 나의 은혜로운 동반(同伴, companionship)이 너에게 넉넉하다.

『장막 치시는 하나님을 따라서』

선물을 받는 용기를 주소서

"너희는 그 은혜에 의하여 믿음으로 말미암아 구원을 받았으니 이것은 너희에게서 난 것이 아니요 하나님의 선물이라." _엡 2:8

애쓰고 투쟁하고 성취하려는 우리로서는 '받는다'라는 것이 이상하게도 어려운 일입니다. 그래서 '받는다'라는 것엔 때로 상당한 용기가 필요하다는 것을 알게 됩니다. 그러나 하나님의 '선택의 은혜'를 소유하는 다른 길은 없습니다. 하나님의 '사랑하는 은혜'는 받는 것이지 버는 것은 아니기 때문입니다. 우리 앞에는 두 갈래 길이 있습니다. 삶을 풍성하게 만들려고 애쓰면서 세월을 보내든지, 아니면 풍성한 삶('선택받음'과 '사랑받음'의 삶)을 선물로 받든지 둘 중의 하나입니다. 목표를 이루려고 애쓴다면, 항상 불평과 불만이 그림자처럼 여러분을 따라다니게 될 것입니다. 왜냐하면, 아무리 얻어도 만족할 수 없기 때문입니다. 충분히 만족한다는 것은 존재하지 않기 때문입니다. 그러나 여러분이 여러분의 목표를 '받는 것'으로 한다면, 여러분을 따라다니는 친구의 이름은 언제나 '감사'일 것입니다.

하나님은 이미 여러분에게 복을 주시려고 결정하셨습니다. 여러분을 창세전에 선택하셨다는 선택의 복입니다. 여러분은 사랑받는 자라는 복입니다. 이런 하나님의 복에 대해 이제 여러분이 결정할 시간입니다. 이런 사랑을 땀 흘려 버시겠습니까? 아니면 감사함으로 받으시겠습니까? 아무리 벌어들여도 만족이 없는 쪽을 선택하시겠습니까? 아니면 받으면서 감사하고 사시겠습니까?

하나님 아버지, 기도하건대, 우리의 눈과 마음을 열고 오직 당신만이 줄 수 있는 것, 즉 '선택받음'과 '사랑받음'의 복을 받아들일 수 있는 용기를 주시옵소서. 아멘.

〈주일 설교〉

샬롬은 '그것'이 아니라 '그분'이다

"예수께서 오사 가운데 서서 이르시되 너희에게 평강이 있을지어다." _요 20:19

구약에서 '샬롬'이란 단어의 의미는 매우 포괄적입니다. 예를 들어,

- 건강한 삶을 누리고 있을 때,
- 안전, 만족, 행복을 느끼고 있을 때,
- 여러분의 토지가 풍작이 되어 많은 곡식을 낼 때,
- 다정한 친구들이 많을 때,
- 두려움 없이 평안하게 잠을 잘 수 있을 때,

여러분의 삶은 샬롬으로 축복받았다고 말하는 것입니다.

무엇보다도 샬롬은 우리의 삶이 '하나님과 조화된 상태'를 가리킵니다. 그러므로 평강(平康) 혹은 평화라 부르는 샬롬은 하나님과 우리를 화평케 하시는 예수님께서 전하시는 메시지의 핵심입니다.

- 예수님께서 나타내시려는 모든 것입니다.
- 예수님 그분 자체를 의미하는 단어이기도 합니다.
- '평화'(샬롬)란 예수님 자신입니다.

평화란 '그것'(it)이 아닙니다. 샬롬은 단순한 객체가 아닙니다. 샬롬은 주체입니다. 샬롬은 그 무엇이 아닙니다. 샬롬은 그분(He) 자신입니다.

- 그리스도를 모시고 있으면, 우리는 평화가 무엇인지를 알게 됩니다.
- 우리 안에 그리스도가 계시면, 우리는 평화를 경험하게 될 것입니다.

『순례자의 사계』

먼지 위에는 아무것도 세울 수 없다

"너희는 인생을 의지하지 말라.
그의 호흡은 코에 있나니 셈할 가치가 어디 있느냐?" _사 2:22

우리는 하나님을 경외하던 이 지혜자의 경구를 귀담아듣고 마음에 깊이 새겨야 합니다. 흙덩어리에 불과한 인생, 바람이 불면 덧없이 날아가 버릴 먼지 같은 인생, 숨이 넘어가면 시체로 변할 수밖에 없는 썩어질 인생, 세월의 무게 앞에 시들어가는 인생, 그 인생을 신뢰하고 의지하는 일이 얼마나 불행한지를 예레미야도 이렇게 말한 적이 있었습니다. "무릇 사람을 믿으며 육신으로 그의 힘을 삼고 마음이 여호와에게서 떠난 그 사람은 저주를 받을 것이라!"(렘 17:5) 하나님과의 관계 회복보다 인간적인 연결고리를 중요시하는 사람들은 마치 "사막의 떨기나무 같아서 좋은 일이 오는 것을 보지 못하고 광야 간조한 곳, 건조한 땅, 사람이 살지 않는 땅에 사는"(렘 17:6) 불행한 존재들이라는 것입니다.

오래전 한 시인도 덧없는 인생을 이렇게 평가했습니다. "인생은 그날이 풀과 같으며 그 영화가 들의 꽃과 같도다. 그것은 바람이 지나가면 없어지나니 그 있던 자리도 다시 알지 못한다."라고 말입니다. 그러나 "여호와께서 그의 보좌를 하늘에 세우시고 그의 왕권으로 만유를 다스리시는 것"을 알고 그분을 경외하는 자에게 "여호와의 인자하심은 영원부터 영원까지 이르며 그분의 의는 자손의 자손에게 이를 것입니다"(시 103:15-19). 하나님께 영광을 돌리지 않는 모든 인간적 성취들은 헛된 일입니다. 아멘.

〈무지개 성서교실〉

만날 만한 때에 찾으라 가까이 계실 때에 부르라

"이스라엘 자손들아 …… 너희에 대하여 이르시는 이 말씀을 들으라." _암 3:1

새는 그물 곁에 놓인 먹이를 보고 하강하다가 결국 그물에 잡히고 맙니다. 빠져나가려고 발버둥치지만, 더욱 그물에 얽히기 시작하면서 결국 온몸이 상처투성이가 된 채로 죽어갑니다. 농부 출신의 아모스는 자연현상의 관찰을 통해 어리석은 새(鳥)와 같은 이스라엘의 운명이 어떻게 될 것인가를 보여줍니다. 먹이에만 정신이 팔려 자신의 목숨마저 바꾸는 어리석음을 이스라엘 안에서 본 것입니다. 아모스가 그토록 힘들여 비판하는 사치와 향락, 탐욕과 자만은 그 당시 이스라엘이 얼마나 감각적이고 물질 지향적이었는가를 반영합니다. 그들에게는 볼 수 있고, 만질 수 있고, 즐길 수 있는 것들만이 가치 있는 것이었습니다. 육신의 정욕과 안목의 정욕과 이생의 자랑(요일 2:16)을 추구하는 자들이었습니다. 죽음이 그들을 기다리고 있었지만, 그것이 그들에게 보일 리도, 들릴 리도 없었습니다. 그들은 다른 것을 보고 다른 것들을 듣고 있었기 때문이었습니다.

하나님께서는 우리의 삶 속에 아무런 일도 없는데, 우리 눈으로 볼 때 모든 것이 잘되어 가는데도, 괜스레 그분의 목청을 높여 부르짖는 것이 아닙니다. 그분이 애절하게 부르짖을 때 이스라엘이 듣지 않으면 그분의 부르짖음은 또 다른 부르짖음, 즉 사자의 포효가 될 것입니다. 그러나 그때는 반환점을 이미 지나간 후가 될 것입니다. 하나님의 어전 회의에 직접 참석하여 '보고, 들었던' 선지자들의 외침에 대해 이스라엘은 무감각하였습니다. 포효하는 사자(암 3:4)와 지상에 놓인 덫(암 3:5)의 표상을 통하여 선지자 아모스는 청력과 시력을 함께 상실한 이스라엘의 절망적인 상태를 절실하게 드러내는 것입니다.

『시온에서 사자가 부르짖을 때』

다윗이 왕일 수 있었던 이유

"이 날 이후로 다윗이 여호와의 영에게 크게 감동되니라." _삼상 16:13

사실상 다윗의 이야기는 '실패의 이야기'입니다. 다윗이 성공할 수 있었던 것은 그의 능력 때문이 아니었습니다. 다윗의 성공 비결이 있었다면 그것은 하나님의 영이 그 위에 있었다는 사실에 있습니다. 그는 하나님께 부르짖었습니다. "내 속에 깨끗한 마음을 창조하소서……나를 당신의 면전에서 쫓아내지 마소서 당신의 영을 내게서 거두어 가지 마소서"(시 51편).

이 기도가 그를 성경적인 의미에서 진정한 지도자로 만든 것이었습니다. 성경은 반복적으로 우리에게 말합니다.

- 우리가 하나님의 일을 할 수 없다고.
- 우리가 먼저 하나님의 영에 의해 인도되지 않으면 다른 사람을 인도할 수가 없다고.

그렇다면 우리의 기도는 다음과 같습니다.

- 주님, 나를 먼저 인도하소서. 방황하고 흔들리는 나의 발을 인도하소서.
- 주님, 나를 먼저 먹이소서. 그래서 나로 하여금 달콤한 만나로 당신의 배고픈 사람들을 먹이게 하소서.

그렇습니다. 하나님의 세계에서 가장 중요한 것은

- 성령 하나님의 인도하심에 대한 '열림'이며
- 우리 자신을 성령에 이끌리도록 내어놓는 '자발성'입니다.

『옛적 말씀에 닻을 내리고』

너희는 '만나'를 통제할 수 없다

"그들이 모세에게 순종하지 아니하고
더러는 아침까지 두었더니 벌레가 생기고 냄새가 난지라." _출 16:20

하나님은 결코 우리에게 일주일치 양식을 주시지 않습니다.

- 날마다 시작되는 새로운 날과 함께, 하나님은 우리에게 그날의 것을 주시는 분입니다.
- 그분의 인자하심은 아침마다 새롭습니다.
- 날마다 찾아오는 그분의 성실하심은 참으로 크고 큽니다.

우리는 이것을 받아들이기에 참으로 어려워합니다. 왜냐하면, 우리는 늘 내일을 위해 만나를 쌓아 두기 때문입니다. 그러나 하나님은 그것이 잘못이라고 말씀하십니다. "내가 공급해 주는 매일의 양식은 나 자신을 너무도 닮았다."라고 하나님은 말씀하십니다. 무슨 뜻입니까?

- 너희는 나를 저축하거나 쌓아 둘 수 없다.
- 너희는 나를 소유할 수 없다.
- 너희는 나를 조종하거나 통제할 수 없다.
- 너희는 너희가 필요할 때 나를 사용할 수 없다.
- 너희가 나를 소유할 수 없는 것처럼, 너희는 내가 너희에게 주는 것을 소유할 수 없다.
- 너희가 나를 통제하거나 조절할 수 없는 것처럼, 너희는 내가 너희에게 주는 양식을 통제하거나 조절할 수 없다.

하나님은 날마다 필요한 분이십니다!

『뒤돌아서서 바라본 하나님』

내 배가 비록 작을지라도 하나님의 바다에 떠 있다

"그러나 너희 아버지께서 허락하지 아니하시면
그 하나도 땅에 떨어지지 아니하리라." _마 10:29

자동차 왕 헨리 포드(Henry Ford)가 말합니다. "젠장, 역사란 거지 같은 몹쓸 일들이 계속하여 일어나는 것이다!" 한고비만 넘기면 되려니 하였더니 또 다른 문제들이 터지기 시작합니다. 인생이란 첩첩산중에 놓인 외로운 행인 같고, 바람 잘 날이 없는 바다 위의 항해자와 같습니다. 인생이 우리 마음대로 되지 않는다는 걸 그 길을 걸으면 걸을수록, 항해를 하면 할수록 배우게 됩니다. 그러므로 다음과 같이 말할 수 있는 것은 큰 축복일 것입니다. "모든 일이 다 하나님의 손안에 있습니다! 모든 일이 하나님에게서 나옵니다! 아무것도 우연히 일어나는 것은 없습니다!"

하나님의 섭리를 믿는 신앙을 '하이델베르크 신앙고백서'는 다음과 같이 정의하고 있습니다.

> "하나님의 섭리를 믿는 신앙은 쉴 틈 없이 피곤한 인생에 안식을 준다. 하나님의 섭리를 믿는 신앙은 격변하는 세계 가운데 관조할 수 있는 지점을 제공한다. 하나님의 섭리를 믿는 신앙은 어떻게 일을 처리해야 할지 모르는 사건들 속에서도 안전의 중심을 제공한다."

그렇습니다. 우리의 삶에 사막의 폭풍은 불어오는데 아무런 대비책도 없이 그대로 방치된 것처럼 느껴질 때, 하나님의 섭리에 대한 신앙은 우리로 하여금 다음과 같이 말할 수 있게 합니다. "이와 같은 모든 아찔하고 암담한 경험들은 하나님의 지혜로우신 다스림 속에 굳건히 닻을 내리고 있다!"

『영혼의 겨울에 부르는 희망의 교향곡』

기필코 그것들을 다시 사용할 것이다

"진흙으로 만든 그릇이 토기장이의 손에서 터지매
그가 그것으로 자기 의견에 좋은 대로 다른 그릇을 만들더라." _렘 18:4

찰흙이 토기장이의 의도와 뜻에 고집스럽게 저항한다면 어떻게 하겠습니까? 마음대로 되지 않는 찰흙덩이를 내던져버리고 시장에 가서 다른 찰흙을 사오겠습니까? 아닙니다. 그는 그 찰흙을 가지고 '다시' 만듭니다. "다시 만드는 것", 이것이야말로 '은혜'가 아니고 무엇이겠습니까?

예레미야는 하나님의 뜻을 거절하는 이스라엘 백성의 미래에 대한 것을 알게 되었습니다. 하나님이 이스라엘을 '다시 만드실 것'이라는 사실을 말입니다. 예레미야는 많은 사람이 형편없이 일그러진 삶을 살고 있다는 사실을 잘 알고 있었습니다. 한쪽으로 삐죽 튀어나온 삶, 아무런 힘이 없어서 와르르 무너져 내리는 삶, 그래서 불안하고 믿을 수 없는 삶을 사는 사람들이 많다는 사실을 알고 있었습니다.

하나님은 이제 '사건화된 비유', '행동이 된 비유'를 통해 예레미야에게 말씀하십니다. "이 백성을 내가 절대 포기하지 않을 것이다. 나는 그들을 절대 버리지 않을 것이다. 내 손으로 만들었던 것을 절대 버리지 않을 것이다." "내가 그들을 가지고 다시 작업을 시작할 것이다. 나는 그들을 반죽하고, 주무르고, 때에 따라서 밀기도 하고 끌기도 할 것이다." "설령 그들이 망가져 있다 하더라도, 쓸모없어졌다 하더라도 나는 결코 그들을 던져 버리지 않을 것이다." "나는 기필코 그것들을 다시 사용할 것이다." "언제까지 그리할 것이냐고 묻는다면 내가 다시 만든 그것을 보고 스스로 기뻐할 때까지, 그들이 더 이상 '쓸모없는 자', '탕자'라고 불리지 않을 때까지 그리할 것이며, 그들이 마침내 '나의 기쁨'이라고 불리게 되는 그날까지, 나는 주무르고 또 주물러서 다시 만들고 새롭게 만들 것이다."

『인간의 죄에 고뇌하시는 하나님』

금식과 하나님 나라

"내가 기뻐하는 금식은 흉악의 결박을 풀어 주며 멍에의 줄을 끌러 주며 ······
또 주린 자에게 네 양식을 나누어 주며 유리하는 빈민을 집에 들이며"_사 58:6-7

하나님을 기쁘시게 하는 금식에 대하여 이사야는 아주 생생한 언어로 묘사하고 있습니다. 하나님을 기쁘시게 하는 금식의 본질은 궁핍과 곤고한 지경에 처한 자들에게 일상에서 가장 기본적인 것들을 공급해 주는 '사회적 정의'(social justice)라 할 수 있습니다.

오늘날에도 사람의 깊은 곳을 감찰하시는 하나님을 기쁘시게 하는 금식은 '우리의 내면적 관심을 진정으로 나타내 보이는 것'입니다. 만일 우리의 금식이 외형적인 형식에 그친다면, 하나님에 대한 모욕이며 동시에 굶주리는 동료 인간들을 더욱 비참하게 만드는 일입니다.

금식은 마땅히 사회적 정의의 차원에서 인식되고 시행되어야 합니다. 금식은 우리가 이웃의 복리와 안정을 추구하고 있다는 징표가 되어야 합니다. 성경은 실천된 사회 정의 그 자체를 금식이라 칭하였습니다.

금식은 또한 '자기부인'입니다. 예수님과 바울의 말씀에 의하면, 자기부인이란 그리스도인의 삶에 절대적으로 필요한 측면입니다. 아니 자기를 부인하는 일이 곧 예수님의 제자가 되는 길입니다. "누구든지 나의 제자가 되려거든 자기를 부인하고 자기 십자가를 지고 나를 따르라."라고 하신 예수님의 말씀을 진지하게 받아들이는 정신으로 금식이 행해져야 합니다. 금식은 마음의 변화를 나타내는 징표여야 하고, '생활 방식'이 갱신되었다는 표시(sign)이어야 하며, 새로운 삶의 방향을 잡았다는 표현이어야 합니다. 이렇게 금식을 행할 때 비로소 우리는 먼저 하나님 나라의 임재를 추구하고 있다는 사실을 나타내 보이는 것입니다.

『아버지를 떠나 자유를』

그러나 하나님은

"전에는 우리도 다 그 가운데서 우리 육체의 욕심을 따라 지내며 ……
본질상 진노의 자녀이었더니 …… 긍휼이 풍성하신 하나님이 ……
허물로 죽은 우리를 그리스도와 함께 살리셨고"_엡 2:3-5

"**여러분은** 이전에 이교도적인 삶의 방식에 갇혀 있었습니다." 기독교 신앙은 여기서부터 출발합니다. 이 말은 이교적인 삶 속에서 소망 없이 살았던 우리 자신들의 과거를 정직하게 바라보게 합니다. 그리고 그다음에 이렇게 말합니다. "그러나 하나님은."

바울은 고린도 지역에 있었던 낮은 계층의 그리스도인들에게 이렇게 쓰고 있습니다. "인간적인 기준으로 볼 때, 여러분 가운데 지혜롭거나 현명한 사람이 많지 않습니다. 권세 있는 자도 많지 않고 명문가문 출신도 많지 않습니다"(고전 1장).

- '그러나 하나님은' 세상에서 어리석은 자들을 택하여 현명한 자들을 부끄럽게 하십니다.
- '그러나 하나님은' 세상에서 약한 자들을 택하여 강한 자들을 부끄럽게 하십니다.
- '그러나 하나님은' 세상에서 낮고 천하고 멸시를 받는 자들을 택하십니다.
- 이는 아무도 하나님 앞에서 자랑하지 못하게 하려 하심입니다.

"그러나 하나님은." 그리스도인의 삶은 바로 이 두 단어와 함께 시작합니다. "그러나 하나님은 긍휼에 풍성하셔서 죄로 인해 죽은 우리를 그리스도와 함께 살리시고, 또 그와 함께 일으키셨습니다." 이것이 우리가 우리의 삶을 예수 그리스도께 드릴 때 일어나는 일입니다.

『통일의 복음』

유랑하시는 하나님

"그 채를 궤의 양쪽 고리에 끼워서 궤를 멜 수 있게 하고,
그 채들을 궤의 고리에 그대로 두고, 거기에서 빼내지 말아라." _출 25:14-15 (표준새번역)

광야의 성막은 이동식(移動式, portable)이었습니다. 마찬가지로 성막과 관련된 물품들 역시 이동식이어야 했습니다. 성경은 언약궤를 메던 이 장대들에 대해 매우 중요한 의미를 부여하고 있습니다. 수 세기 후에 언약궤가 솔로몬 성전에 영구적으로 자리를 잡게 되었을 때에도 이 장대들은 결코 언약궤에서 빼내지 않았습니다.

- 이 채들은, 이스라엘의 하나님은 유랑하는 하나님이심을 영원히 기억나게 해주는 상징물입니다.
- 이 채들은, 유랑하는 하나님을 경배하는 자들 역시 유랑자들이어야 하는 것을 상기시켜주는 상징물입니다.

언제라도 그들은 떠나야 한다는 신호를 받을 줄 아는(받을 수 있는) 사람들입니다. 그들은 신호를 받으면 쳤던 장막을 거두고 그들을 부르시는 하나님의 목소리를 따르는 사람들입니다.

- 이러한 하나님은 항상 움직이는 하나님이십니다.
- 이러한 하나님은 항상 길 위에 계신 하나님이십니다.
- 이러한 하나님은 결코 사람이 다 알 수 있는 하나님이 아닙니다.

유랑하는 하나님을 따르는 자들이 가야 할 길은 절대 쉽지 않습니다. 언제라도 떠날 준비가 되어 있는 하나님을 따라가는 일은 결코 가벼운 일이 아닙니다.

『장막 치시는 하나님을 따라서』

하나님의 웃음

"어째서 나라들이 남몰래 나쁜 일을 꾸미며, 민족들이 왜 그토록 헛된 일들을 계획하고 있는 것일까? 세상 왕들이 여호와께 대항하여 싸울 준비를 하고, 세상의 통치자들이 여호와께서 세우신 왕과 싸우려고 모여드는구나. 그들은 "우리를 묶은 쇠사슬을 끊어 버리자. 우리를 동여 맨 밧줄을 던져 버리자" 라고 말합니다." _시 2:1-3(쉬운성경)

당시의 나라와 민족들은 잘못된 정치에 빠져 있었습니다. 그러나 시인은 정치에 몰입해 있지 않습니다. 그는 하나님께서 이 세상 나라들을 향해 웃고 계신 것을 듣고 있습니다. 하나님은 웃음으로써 그에게 다음과 같이 말씀하십니다. "정치적 힘이나 권력은 결코 궁극적 힘이 아니다. 정치가들은 들의 풀과 같고, 들판의 꽃과 같다. 오늘은 여기서 피지만 내일은 가 버리고, 지금은 다스리지만, 내일은 왕좌에서 끌어내려 질 것이다. 권력무상(權力無常)이란 말을 얼마나 더 들어야 하겠는가?"

역사를 보십시오. 자신을 하나님이라고 선언했던 네로 황제가 남긴 것들이 무엇입니까? 나폴레옹이 남긴 유산들이 지금 다 어디에 있습니까? 히틀러가 남긴 것들이 무엇입니까? 무솔리니나 스탈린이 남긴 유산이 무엇입니까? 하늘에 앉으신 분이 웃으십니다.

시편 2편을 기도함으로써, 우리는 '하나님의 웃음'에 동참합니다. 정치적 발전에 주눅이 들거나 기분이 침울해지지 않습니다. 이것은 세상을 바라보는 전망과 시각을 새롭게 회복하는 것을 의미합니다. 우리는 하나님의 깊으신 계획을 접해야 합니다.

『우리의 기도가 천상의 노래가 되어』

9월

―

말씀과 기도

365 Biblical Meditation for Healing

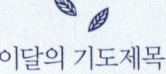
이달의 기도제목

광야에서 읽는 위로와 용기의 책

"여호와여, 내가 주님께 피하오니 부끄러움을 당하지 않게 해 주소서.
…… 주님은 내가 피할 바위가 되시고, 튼튼한 요새가 되시어 나를 구해 주소서."
_시 31:1-2(쉬운성경)

중세에 들어서, 수많은 사람이 자신의 삶을 전적으로 하나님께 바치기로 작정하고 광야와 사막으로 들어가 수도자의 삶을 살았습니다. 그때 시편은 그들의 영성 훈련과 경건 생활을 위한 기초가 되었습니다.

종교개혁의 선구자들은 그 당시 부패한 로마교회와 심한 갈등을 빚고 있었습니다. 그들은 시편 안에서 진정한 위로와 용기를 얻었습니다. 종교개혁이 있기 한 세기 전인 1415년, 존 후스(J. Huss)는 콘스탄츠 공의회에 의해 화형을 당합니다. 장작더미에 오른 그는 시편 31편으로 하나님께 기도했습니다.

1년 후인 1416년에, 동일한 장소에서 프라하의 제롬(Jerome of Prague) 역시 타오르는 불길에 싸여 죽어 갔습니다. 그도 동일한 말씀을 암송하고 있었습니다.

"오 여호와여, 내가 주님께 피하옵니다."

심한 육체적 고통을 당하며 병마와 싸우던 요한 칼빈은 자기를 따르는 사람들에게 닥친 심한 박해의 소식에 말할 수 없는 번민과 심적 고통을 겪습니다. 그 역시 시편 39:9의 말씀을 반복해서 기도했습니다.

"나는 침묵했습니다. 내가 입을 열지 않았습니다.
주님께서 내 입을 닫으셨기 때문입니다."

이처럼 시편은 모든 세대의 모든 하나님의 백성에게 어떻게 기도할 것인가 그리고 무엇을 기도할 것인가에 대해 가르쳐 왔습니다.

『우리의 기도가 천상의 노래가 되어』

그 종교란 곧 그 삶의 체계

"청년이 무엇으로 그의 행실을 깨끗하게 하리이까
주의 말씀만 지킬 따름이니이다." _시 119:9

하나님의 계명을 깨는 것은 마치 여러분의 삶에서 관절이 틀어지는 것과 같다고 생각하면 좋을 것입니다. 여러분이 삶을 올바르게 살려면 오직 '옳은 길', 이 한 가지밖에 없음을 인식해야 합니다.

- 옳은 길이란 하나님의 뜻에 맞추어 사는 것입니다.
- 하나님이 다스리는 경계선 안에서 사는 것입니다.
- 하나님이 통치하시는 영토 안에서 사는 것입니다.

만일 여러분의 법칙대로 삶을 경영하길 원한다면, 일이 제대로 돌아가지 않는다는 것을 알게 될 것입니다. 바로 이런 이유 때문에 우리는 구약성경을 계속해서 읽어야 합니다. 왜냐하면, 구약성경은 반복적으로 우리에게 다음과 같은 사실을 기억나게 해주기 때문입니다.

사람들이 자기들 방식대로 삶을 운영해 나갈 때, 백성이 그들 방식대로, 자기들 좋은 대로 인생을 살 때, 모든 '관계'는 산산조각이 나며, 삶의 실타래가 끊어지고, 거짓말은 천연덕스런 삶의 방식이 되고, 간음은 여기저기에서 일어나고, 어린아이들은 희생되고, 가난한 자들은 버림받게 되곤 한다는 사실입니다.

북이스라엘의 왕 아합의 근본적인 죄-다른 죄들을 생산해 내는 뿌리가 되는 죄-는 이방 여인 이세벨을 아내로 맞아 결혼한 것이었습니다. 이 결혼과 함께 이교적 종교, 이방 신앙이 들어왔습니다. 그리고 이방적 종교와 함께 이교적 도덕성이 깊이 스며들어 왔습니다. 종교는 도덕성을 동반합니다. 왜냐하면, 그 종교가 어떤 종교인가에 따라 그 종교가 가르치는 도덕성도 따라오기 때문입니다.

『장막 치시는 하나님을 따라서』

그러므로 도덕성

"얼마나 내가 주의 법을 사랑하는지, 나는 하루 종일 그것만을 깊이 생각합니다."
_시 119:97(쉬운성경)

하이델베르크 신앙교육서는 우리를 죄의 폭정으로부터 해방하신 하나님께 감사하는 표시로 십계명('열 가지 다양한 방식'이라고 하이델베르크 신앙교육서는 부른다)을 설명합니다. 한 계명 한 계명을 하나님의 은혜에 대한 감사의 표현으로 이해하라는 뜻으로 말입니다. 부모님을 공경할 때, 원수를 사랑할 때, 이웃이나 친구에게 진실을 말할 때, 그것은 하나님께 "감사합니다!"라는 표현의 다양한 방식들입니다.

우리의 착한 행위가 하나님 곁으로 가는 마일리지를 적립해 주지는 않습니다. 이런 도덕적 행위는 하나님께서 우리를 위해 하신 일에 대한 감사로부터 나옵니다. 그래서 성경이 가르치는 도덕성은 '그러므로 도덕성'입니다. '그러므로' 우리는 그것을 하는 것입니다.

그리스도의 부활을 통하여 하나님은 우리에게 죽음을 이기는 승리를 주셨습니다. '그러므로' 우리는 견고하여 흔들리지 않아야 합니다. '그러므로' 주님의 일에 우리 자신을 온전히 드려야 합니다. 하나님은 그리스도를 닮아 가도록 우리를 바꾸어 놓으셨습니다. '그러므로' 우리는 이웃에게 진실만을 말해야 합니다. 불순종 안에 갇혀 있던 우리에게 그분은 자비를 베푸셨습니다. 이러한 하나님의 자비와 긍휼이 있기에, '그러므로' 우리는 하나님께 우리의 몸을 살아 있는 제물, 흠이 없고 받으실 만한 제물로 바쳐야 합니다. 우리가 하나님의 계명을 순종해야 하는 이유는, 우리가 마땅히 해야 할 의무이기 때문이 아닙니다. 안 하면 하나님께서 벌을 내리시기 때문이 아닙니다. 하나님께 "감사합니다!"라고 말하고 싶기 때문입니다.

『우리의 기도가 천상의 노래가 되어』

사랑으로 감싸 있는 날카로운 진리

"나는 마음이 온유하고 겸손하니 나의 멍에를 메고 내게 배우라." _마 11:29

나사렛에서 일어난 일을 기억하십니까? 예수님은 그때 살기등등한 무리에 둘러싸여 있으면서도 해를 당하지 않고 당당하게 거기서 벗어나신 분입니다. 그분에게서 어떤 힘을 느끼십니까?

겟세마네 동산에서의 사건을 기억하십니까? 그분을 체포하러 온 무리는 예수님을 본 순간 두려워서 땅에 엎드러졌습니다. 어떤 초자연적인 능력 때문이 아니었습니다. 그들이 겁에 질려 예수님 앞에 엎드러진 것은 예수님의 힘, 즉 그분의 완벽한 권위에 눌렸기 때문입니다. 어떤 권위입니까? 자신을 둘러싼 상황이 좋지 못하고 험악함에도 그 상황을 완벽하게 제어하고 통제하는 그분의 카리스마입니다.

예수님은 누구도 손을 내밀어 악수하기를 꺼리는 나병환자들에게도 당당하게 손을 내밀어 그들을 만지시고 악수를 청하신 분입니다. 예수님은 자기 존재감을 잃어버린 무력한 사람들과 기꺼이 친구가 되신 분입니다. 예수님은 인간의 슬픔과 고통을 보시면서 함께 우셨던 분입니다.

그렇다고 그분이 그저 착한 일만 하신 순진하기만 한 분은 아니었습니다. 그분의 겸손과 온유는 오로지 강한 사람만이 가질 수 있는 온유와 겸손이었지, 약한 자의 온유나 무력한 자의 겸손이 아니었습니다. 그분은 강하게 명령을 내리셨지만 구차하게 설명하시지 않았습니다. 완벽한 권위를 행사하시는 카리스마적인 분이었습니다.

제가 과거에 저지른 큰 죄가 탄로 났다고 가정해봅시다. 여러분 가운데 누가 저를 무섭게 쳐다보며 엄하게 꾸짖으면서도, 그 얼굴이나 태도에 전혀 오만함이나 교만함이 없을 수 있겠습니까?

『생명의 복음』

언약궤가 아니라 언약을 따라야 한다

"너희는 이것이 여호와의 성전이라, 여호와의 성전이라, 여호와의 성전이라 하는 거짓말을 믿지 말라." _렘 7:4

'실로'라는 지명을 들어보셨습니까? 이스라엘 최초로 언약궤가 보관되었던 성막이 있던 곳이었습니다. 실로에 있던 성소는 제사장 엘리 시절에 사람들이 참 하나님을 경배하던 곳이었습니다. 그러나 엘리의 아들들이 그곳을 더럽혔습니다. 그들은 도적질했고, 간음을 저질렀습니다. 블레셋과 전쟁이 나자, 그들은 여호와의 언약궤를 메고 블레셋과 전쟁을 치렀습니다. 왜 그런 행동을 했습니까? 여호와의 언약궤를 메고 전쟁에 임하면 승리는 반드시 보장된다고 철저하게 믿었기 때문입니다. 참 좋은 신앙이군요! 들을 귀 있는 사람은 이 일화를 새겨들어야 할 것입니다.

그럼에도, 전쟁은 어떻게 결말이 났습니까? 언약궤를 맸지만, 승리는커녕 블레셋 인들이 여호와의 언약궤를 사로잡고 실로의 성소를 파멸시키고야 말았습니다. 물론 성소의 완전한 파멸은 북이스라엘의 멸망과 함께 왔지만, 이 사건으로 드러난 메시지는 분명했습니다.

예레미야는 이렇게 잘 알려진 사건을 통해, 사람들이 하나님의 율법을 불순종하는데도 하나님이 멸망시키지 않을 만큼 성스러운 장소는 이 세상에 없다는 점을 말하고 있습니다. "자, 너희는 내가 처음으로 내 이름을 둔 처소 실로에 가서 내 백성 이스라엘의 악에 대하여 내가 어떻게 행하였는지 보라."라고 말입니다. 그의 메시지는 분명했습니다. "너희는 내가 이 사건을 통해서 요구하는 것이 무엇인지 배워라! 내가 요구하는 것은 이것이다. 정의를 행하라! 이방인들, 나그네들, 고아와 과부들을 압제하지 마라! 무고한 피를 흘리지 마라! 다른 신들을 따라가지 마라! 이것이 하나님 언약의 율법들의 요약이다. 이것이 하나님께서 이스라엘에게 기대하시는 것들의 요약이다."

『인간의 죄에 고뇌하시는 하나님』

영광과 존귀로 인도하는 빛

"주의 교훈으로 나를 인도하시고 후에는 영광으로 나를 영접하시리니." _시 73:24

성도들의 삶을 유지하고 지탱하는 원동력은 거룩한 하나님과의 교제입니다. 사실, 하나님은 삶을 지탱하는 교제의 근본, 기초, 밑바탕이십니다.

시편 73편의 시인 아삽은 지금 하나님과 지속적으로 교제하고 있다는 사실, 심지어 쓰라린 비애 가운데 있을 때라도 하나님과 지속적으로 사귀고 있다는 사실을 인식하고 있습니다. 하나님께서 오른손으로 자기의 손을 꼭 붙잡아 그가 미끄러지거나 발을 헛디뎌 넘어지지 않게 하신다는 사실을 느낍니다. 주님과 사귀고 교제하기 때문에 배도하거나 어리석은 길로 빠지지 않습니다. 더욱이 하나님과 교제하는 가운데, 아삽은 그분의 드러난 의지와 뜻(토라를 가리킨다)의 인도하심을 받았습니다.

하나님의 가르침(토라)은 지혜와 명철과 거룩함으로 우리의 발걸음을 인도하고 이끌어 줍니다. 삶과 길은 하나님의 말씀에 의해 조명되고 인도됩니다. 그래서 또 다른 경건한 시인은 "주님의 율법은 내 발의 등이요 내 길의 빛이십니다."(시 119:105)라고 고백하는 것입니다.

하나님과 그분의 사랑에 대해 우리는 종종 성급한 판단을 내립니다. 그리고 그 판단이 얼마나 어리석은 것이었는지 나중에 후회합니다. 그러나 다행스럽게도 주님의 가르침과 교훈은 이러한 어리석음에서 벗어나 영광과 존귀에 이르게 합니다. 즉, 궁극적으로는 하나님의 존전, 하나님의 현존 안으로 들어가 그분과의 교제를 마음껏 누리게 하는 것입니다.

『우리의 기도가 천상의 노래가 되어』

제방과 같은 하나님의 토라

"내가 주님의 법도를 열심히 지키니, 이제부터 이 넓은 세상을 거침없이 다니게 해주십시오.
왕들 앞에서 거침 없이 주님의 증거들을 말하고, 부끄러워하지 않겠습니다."
_시 119:45-46(새번역)

하나님의 계명들을 순종할 때 우리의 삶의 스타일이 무너지지는 않습니다. 오히려 새로운 삶의 스타일을 창조할 것입니다. 하나님의 계명들을 순종함으로써 삶의 방식이 새롭게 만들어진다는 뜻입니다. 하나님의 계명들을 순종함으로써 우리는 비로소 자유가 무엇인지를 경험하게 됩니다. 아니, 우리는 매우 자연스럽고 자유롭게 하나님의 법들을 순종하게 됩니다. 하나님의 율법들을 지키는 것이 매우 자연스럽게 됩니다.

바다 해수면보다 낮은 지역에 산다고 생각해 보십시오. 바다를 막아 간척지를 만든 곳에 산다고 상상해 보십시오. 우리를 둘러싼 제방들 때문에 바닷물이 주거지에 들어오지 않는 것입니다. 만일 제방이 거기에서 사라진다면 우리는 살아날 희망이 없는 몸들입니다. 제방에 물이 새거나, 누군가 제방을 폭파시켜 모퉁이를 무너뜨린다면 밀려들어 오는 바닷물에 모두 익사자가 되고 말 것입니다. 아침에 일어나 창문을 열고 "저런 쓸데없는 제방 때문에 멋진 전경(全景)이 가리는군!"이라고 불평하지 않습니다. "제방이 저렇게 견고하니 우리가 살아가고 있지!"라고 말할 것입니다.

하나님의 토라, 하나님의 율법은 마치 그런 제방과 같습니다. 하나님의 토라가 그곳에 있는 것은 우리를 멸망하지 않도록 지켜주기 위해서입니다. 우리에게 진정한 자유를 주기 위해서입니다. 진짜 삶을 가능하게 하기 위해서입니다.

'거침없이 산다!'라는 것이야말로 자유롭게 사는 삶 아니겠습니까?

『영혼의 겨울에 부르는 희망의 교향곡』

한결같은 복자(福者)

"오직 여호와의 율법을 즐거워하여 그의 율법을 주야로 묵상하는도다."_시 1:2

토라(율법)는 사람이 삶 속에서 걸어가야 할 좋은 '길'을 뜻합니다. 여기에서 말하는 율법이란 너무나 엄격하여 사람을 낙심시키는 것이 아닙니다. 그와 반대로, 이 율법은 사람이 끊임없이 주의를 기울여야 하는 대상으로, 사람의 삶을 만들어 가는 원동력으로, 갈망하고 사모할 만한 대상입니다. 그리고 그러한 열망의 결과로 즐거움과 기쁨을 가져오는 '주체'입니다.

그렇다면 행복한 사람은 '누구'입니까? 여호와의 가르침을 인생 최고의 즐거움으로 삼은 사람, 그분의 가르침을 너무도 좋아하는 사람, 그리고 여호와의 가르침을 꿀보다 더 달게 여기는 사람, 이런 사람이 행복한 사람입니다. 물론 다른 사람들은 이렇게 사는 사람을 이상하게 생각할지도 모릅니다. 누가 하나님의 가르침을 인생 최대의 만족과 쾌락, 기쁨과 즐거움으로 삼고 사나요? 이런 사람을 찾아보기 힘든 세상이 되지 않았습니까?

행복한 사람은 '무엇을' 하는 사람입니까? 동사절이 이 질문에 대한 답을 제공합니다. 여호와의 토라를 주야로 읊조리는 사람입니다. '주야(晝夜)로 읊조린다는 것이 무엇을 의미하나요? '밤낮'이란 표현은 양극 대칭(merismus)적 문학 기법으로 '온종일', 혹은 '전(全) 생애'에 걸쳐 변함없이 여호와의 가르침을 사모하고 갈망하는 태도를 가리킵니다. 그리고 바로 그러한 삶을 사는 사람이야말로 진정으로 행복한 사람입니다. '밤낮'이라는 어구(語句)를 통해 시인은 밝은 날이든지 어두운 날이든지, 건강할 때든지 병들었을 때든지, 성공할 때든지 실패할 때든지 한결같이 여호와의 가르침을 읊조리는 사람은 행복한 사람이라고 말하고 있습니다.

『우리의 기도가 천상의 노래가 되어』

천상의 지성소에 앉으신 대제사장

"그러므로 우리에게 큰 대제사장이 계시니 승천하신 이
곧 하나님의 아들 예수시라 우리가 믿는 도리를 굳게 잡을지어다."_히 4:14

레위기의 대제사장들은 지성소에 들어가기 위하여 세 가지 문을 통과해야만 했습니다. 첫째, 피를 가지고 '바깥 정원'으로 들어가는 문을 지나야 했습니다. 둘째로, '성소' 안으로 진입하는 입구를 지나야 했습니다. 마지막으로, '지성소'로 들어가는 휘장을 지나야 했습니다. 이처럼 옛 대제사장들은 거룩하신 하나님 앞에 나아가기 위해 세 단계의 입구를 거쳐야만 했습니다. 바로 그런 일을 그들은 매년 거듭 반복해야만 했습니다.

한편, 우리의 대제사장이신 예수님은 십자가에서의 단번의 속죄 희생을 통하여 "하늘들을 통과하여"—아마 당시의 사람들은 하늘을 삼층천으로 나눈 것 같습니다. 첫째 하늘(대기권), 두 번째 하늘(외계), 그리고 최종적인 세 번째 하늘(거룩한 장소인 하나님의 면전, 고후 12:2-4 참조)—그곳에 앉으셨으니, 그가 앉으셨다는 것은 모든 일을 마치고 안식하고 있다는 것을 상징하는 말입니다. 이런 안식은 지상의 그 어떤 대제사장도 누릴 수 없었던 것이었습니다. 예수님께서 하나님의 면전에서 안식을 누릴 수 있는 것은 그분의 속죄 사역을 완전히 마치셨기 때문입니다. 이제 그분은 하나님의 오른편에 계셔서 우리를 위한 중보의 사역을 하고 계십니다.

오늘날, 신앙이 철저하게 개인주의적이고 사적(私的)으로 되어버린 세상에서, 우리는 종종 우리가 붙잡고 있는 진리를 공적으로 고백함으로써 얻는 감동적인 혜택을 누리길 게을리합니다. 때로는 어려운 시기를 지날 때 우리는 그리스도를 우리의 '사도요 대제사장'으로 고백할 필요가 있습니다.

『우리와 같은 그분이 있기에』

광야에서 하늘로 난 유일한 길

"그러므로 우리가 저 안식에 들어가기를 힘쓸지니
이는 누구든지 저 순종하지 아니하는 본에 빠지지 않게 하려 함이라." _히 4:11

광야에서 울려 퍼졌던 하나님의 말씀(출 19:3-6; 23:20-33), 그리고 무엇보다도 예수 그리스도를 통하여 선언된 하나님의 말씀(히 1:1-3)은 스쳐 가는 바람 소리가 아닙니다. 하나님의 말씀은 살아 있고 활동적입니다. 우리의 마음과 생각과 뜻을 살피며 감찰하십니다. 세상의 그 어느 것 하나라도 하나님 앞에 나타나지 않을 것은 없습니다. 우리는 두려운 마음으로 하나님의 말씀을 들어야 합니다. 하나님의 심판은 임의적이지 않습니다. 그분이 우리에게 선포하신 말씀, 궁극적으로는 그의 마지막 말씀이신 예수 그리스도에 대비하여 우리를 심판하실 것입니다. 우리가 회계(會計)해야 할 바로 그분 앞에서 그분은 이미 선포되고 전해진 말씀을 기준 삼아 우리의 운명을 결정하실 것입니다. 그러므로 우리는 지금 우리에게 들려오는 하나님의 말씀을, 그리스도를 믿음으로 받아들여야 할 것입니다.

우리는 믿음과 순종함으로 하나님의 말씀을 받아들여야 합니다. 하나님의 말씀으로 오신 예수 그리스도를 심각하게 받아들이십시오. 광야의 길고도 먼 길을 가고 있는 사람들에게는 그분만이 진정한 '길'이 될 것이며 그 길만이 생명으로 인도하는 길입니다. 그 길은 천성의 본향 집으로 인도하는 길입니다. 우리가 길 위의 순례자인 것은 그리스도께서 그 길로 우리를 부르셨기 때문입니다. 그분은 그 길이 끝나는 목적지를 우리에게 약속으로 남겨 주셨을 뿐만 아니라 친히 걸어가셨습니다. 이제 그 길의 목적지까지 도달할 방법은 오직 그분의 약속을 붙잡고 그분이 걸어가셨던 길로만 가는 것입니다. 비록 그 길이 '고난의 길'이라 할지라도 그 길

너머에는 '영광의 길'이 있다는 것을 우리는 잘 알고 있기 때문입니다.

우리는 뒤를 돌아다보는 사람들이 아닙니다. 앞을 향해, 천성을 향해 걸어가는 사람들입니다. "주의 말씀을 내 발의 등불로 내 길에 빛으로"(시 119:105) 삼는 자들에게, "나의 나그네 된 집에서 주의 율례를 나의 노래로 삼고"(시 119:54) 즐거이 순례의 길을 떠나는 '하늘 나그네'(天客)들에게 '기다리고 있는 안식'은 반드시 주어질 것입니다.

『우리와 같은 그분이 있기에』

삶의 모든 영역으로 말씀이 들어가게 하라!

"주의 말씀을 조용히 읊조리려고 내가 새벽녘에 눈을 떴나이다." _시 119:148

여러분! 언약의 축복들을 유지할 수 있는 생명과 삶은 언약의 요구를 지킬 때에만 가능합니다. 하나님의 말씀은 우리의 삶 전체를 요구하십니다. 우리는 삶으로부터 온갖 바알신들을 제거해야 합니다. 많은 그리스도인이 생명과 삶이 오직 하나님의 말씀에 의해서만 유지된다는 것을 정말로 믿지 않습니다. 자기들의 물질을 경배하든지, 자기들의 권세를 경배하든지, 자기들의 과학을 경배하든지 간에, 그들은 오늘날의 바알들에게 많은 주식을 쌓아 놓음으로써 하나님을 모욕하는 것입니다. 하나님의 백성인 우리는 이 세상의 원리들을 따라가서는 안 됩니다. 우리는 하나님의 말씀이 생명의 원천이요 근원임을 압니다. 하나님의 말씀은 마치 신선한 봄날의 잔잔한 미풍과도 같습니다. 하나님은 이 생명의 바람이 여러분의 모든 활동과 여러분이 맺은 모든 관계 속으로 들어가기를 원하십니다.

가정주부들이여! 한번 생각해 보십시오. 어떻게 이 생명의 바람이 여러분의 부엌 안으로, 여러분의 가정 안으로 들어갈 수 있는가를. 젊은이들이여! 여러분의 친구가 있다면 이 생명을 그 친구와의 관계 속으로 가져가십시오. 내일 다시 일터로 가실 여러분이여! 여러분이 무슨 일을 하든지 이 생명이 여러분의 일터로 들어오게 하십시오.

기억하십시오. 거짓 신들과 거짓 안전은 생명을, 삶을 부패시키며 파괴합니다. 그러나 오직 하나님의 말씀만이 삶과 생명을 창조하며 양육시킵니다. 하나님의 말씀을 매우 신중하게 받으십시오. 그리고 하나님의 말씀이 여러분의 삶의 구석구석까지 지배하고 인도하도록 허락하십시오.

『옛적 말씀에 닻을 내리고』

"난공불락(難攻不落)의 요새"

"그러므로 모든 육체는 풀과 같고 그 모든 영광은 풀의 꽃과 같으니
풀은 마르고 꽃은 떨어지되 오직 주의 말씀은 세세토록 있도다 하였으니
너희에게 전한 복음이 곧 이 말씀이니라." _벧전 1:24-25

고대 그리스 신화에 등장하는 안타이오스(Antaeus)라는 거인이 있습니다. 그는 포세이돈(Poseidon)과 가이아(Gaea) 사이에서 태어난 힘센 거인으로, 그가 땅에 발을 딛는 한 세상에 그를 당해 낼 장사는 없었습니다. 그런데 누군가가 안타이오스를 땅에서 조금이라도 들어 올리는 순간, 그는 힘을 상실하게 되고 아무런 맥도 못 추게 됩니다. 그래서 그의 대적자들은 항상 안타이오스를 땅에서 들어 올리려고 부단히 노력합니다.

안타이오스와 그의 대적자들에 관한 이야기는 모든 그리스도인의 삶 속에서 벌어지는 투쟁과 전쟁에 대한 일종의 비유로 사용할 수 있습니다. 즉, 난공불락(難攻不落)의 요새가 되는 우리의 땅으로부터 우리를 들어 올리려는 원수와의 투쟁 말입니다. 그렇다면 우리가 서 있어야 할 곳, 아무도 우리를 무너뜨릴 수 없는 난공불락의 요새와 같은 장소가 어디입니까? 종교개혁가들은 그곳은 바로 '하나님의 말씀'이라고 외쳤습니다. 하나님의 말씀에 우리가 굳게 설 때 우리는 넘어지거나 무너지지 않는다는 것입니다.

"Sola Scriptura!" "오직 성경으로!"

그렇습니다. 우리의 삶과 생활은 성경에만 뿌리내리고 있어야 합니다. 하나님의 말씀에 사로잡혀 사는 삶만이,

- 우리들의 원수에 대항하여 우리를 '강하게' 할 것이며,
- 두려움과 걱정으로부터 우리를 '자유롭게' 할 것입니다.

『순례자의 사계』

묵상을 위해서는 모든 기관이 필요하다

"내가 주의 법도들을 작은 소리로 읊조리며 주의 길들에 주의하며
주의 율례들을 즐거워하며 주의 말씀을 잊지 아니하리이다."_시 119:15-16

'묵상'은 그리스도인들이 반드시 해야 할 그 무엇입니다. 시편 전체의 기조음(基調音)을 내는 시편 1편에 의하면 하나님의 백성으로서의 이상적인 모습에 이 '묵상'이 있습니다. 그들은 하나님의 가르침을 즐거워하는 사람들이고, 그분의 율법을 주야로 묵상하는 사람들입니다.

그러나 어떤 분들은 "나는 하나님의 율법을 주야로 묵상할 만한 시간이 없다."라고 말합니다. 사실 '묵상'이라는 것이 조용한 장소에 앉아 하나님의 일들을 생각하고 성찰하는 것이라면 어느 그리스도인도 그렇게 할 수 없을 것입니다. 그런 것이 성경이 말하는 '묵상'(읊조림)이 아닙니다. 묵상은 그 이상의 무엇입니다.

- 하나님의 율법에 우리의 눈을 고정하는 것입니다.
- 하나님의 율법에 비추어, 어떤 길을, 어떤 과정을 택하는 것이 좋은지를 결정하는 것입니다.
- 하나님의 율법이 그려 놓은 대로 맞추어 삶의 방향을 선회하는 것입니다.

어떻게 젊은이들은 그들의 삶의 방향과 과정을 제대로 설정하고 나갈 수 있습니까? 남녀노소를 무론하고 우리 중 어느 누가 삶의 항로를 벗어나지 않고 제 길로 갈 수 있습니까?

- 우리의 온 마음으로 하나님을 찾으면 됩니다.
- 하나님의 계명들을 지속적으로 우리 마음에 간직하면 됩니다.
- 하나님께서 시키신 것들을 부지런히 지키면 됩니다.

『영혼의 겨울에 부르는 희망의 교향곡』

적나라한 경건

"나의 고통이 계속하며 상처가 중하여 낫지 아니함은 어찌 됨이니이까 주께서는 내게 대하여 물이 말라서 속이는 시내 같으시리이까." _렘 15:18

경건이란 흠이 없고 정직한 것, 하나님을 두려워하는 것, 악에서 떠나고 악을 멀리하는 것입니다. 욥은 그렇게 경건했던 사람이었습니다. 그러나 경건했던 욥은 수많은 시련과 유혹, 어려움과 환난이 닥치자 점점 무너지기 시작합니다. 그는 거의 하나님과 자신의 부모를 저주하는 데까지 이르게 됩니다. 그럼에도 결국 하나님은 욥의 친구들에게는 "내가 너희에게 노하나니 너희가 나를 가리켜 말한 것이 내 종 욥의 말 같이 정당하지 못함이니라."(욥 42:7)라고 말씀하셨습니다. 하나님이 왜 그렇게 욥을 칭찬하시고, 그의 친구들은 칭찬하지 않으셨습니까? 왜 하나님은 욥의 친구들에게 진노하시고 욥에게는 노하지 않으셨을까요?

구약이 말하는 경건의 특징은 '하나님 앞에 사정없이 적나라하며 정직한 것'입니다. 구약의 경건은 감히 하나님과 논쟁하고, 하나님의 행동들에 도전하며, 하나님의 대답들에 반박하고, 그분께 새로운 질문들을 되던져 하나님을 극한까지 몰아세웁니다.

하나님과 다투고 언쟁을 벌인 구약 성도들의 이야기는, 우리 이야기의 일부분들입니다. 우리 자녀에게 반드시 가르쳐야 하는 이야기의 일부분입니다. 그렇습니다. 만일 우리 자녀가 건강한 크리스천의 삶을 살기를 원한다면, 내 아이들이 자기 아버지와 마지막 피 한 방울까지 흘려가면서 다투었던 그들의 구원자 예수 그리스도께서 누구이신지를 진정으로 이해하기를 원한다면, 우리는 우리 자녀들에게 이런 이야기를 반드시 가르쳐야 할 것입니다.

『인간의 죄에 고뇌하시는 하나님』

진리는 하나님을 두려워할 때만 유지된다

"너는 진리의 말씀을 옳게 분별하며 부끄러울 것이 없는 일꾼으로 인정된 자로 자신을 하나님 앞에 드리기를 힘쓰라."_딤후 2:15

'자유를 주는 진리'를 유지하려고 할 때 직면하게 될지도 모르는 실질적 유혹 혹은 어려움에 대해 한 가지 말씀드리려고 합니다. 그것은 진실과 진리를 말하려는 용기를 계속 유지하기가 쉽지 않다는 점입니다.

갈등이나 비난 심지어 우정을 상실하는 게 두려워서 진리와 진실을 말하지 못하게 되는, 이런 결과를 초래하는 온갖 종류의 압력이 있습니다. 사람들은 오래 사귀면 그 사람을 정말로 잘 알게 된다고 생각합니다. 그러나 설교자로서 제가 경험하기에는, 사람(교인)을 깊이 알게 되면 그들을 상대로 설교하기가 참 어려워집니다. 누군가와 친숙해지면 그 사람은 더는 내가 아는 그저 그런 얼굴이거나 단지 기억하는 정도의 얼굴이 아니기 때문입니다. 그들은 내가 친밀하고 친숙하게 아는 사람들이 되기 때문입니다.

다시 말해서 내가 그들의 고민, 문제, 상처, 심지어는 그들이 저지른 죄들도 모두 알게 됩니다. 그런데 주일에 이런저런 것에 대해 설교하거나 말하게 되면, 그 사람은 상처를 입거나 마음이 상하게 될지도 모릅니다. 설교자가 어떤 것을 이야기하든 그 사람은 마음의 상처를 입게 될지도 모릅니다. 설교자가 말하는 모든 내용이 자기에 관한 것처럼 생각되기 때문입니다. 즉, 사람을 가까이 알면 알수록, 그리고 그 사람의 속사정과 문제들을 알면 알수록, 설교자는 그 사람을 향해서 진실을 말하기가 쉽지 않을 것입니다. 그래서 반드시 말해야 할 진실을 말하지 못하는 경우가 생길지도 모릅니다.

그럴 때, 진실과 진리가 없는 곳에서의 자유는 점차 사라진다는 사실을 기억하십시오. 물론 그렇다고 황소처럼 아무것이나 들이받으라는 말은 아닙니다. 오히려 뱀처럼 지혜롭고 비둘기처럼 순결하라고 권고하겠습니다. 그러나 진리가 말해지지 않는 곳의 자유는 소멸할 것입니다. 진실만을 말하는 습관을 기르십시오. 진리만을 추구하는 사람이 되십시오. 진리의 본체 되시는 하나님을 두려워하고 결코 사람을 두려워하지 마십시오.

『아버지를 떠나 자유를』

주의 말씀은 하늘에 굳건히 서 있습니다

"여호와여, 주의 말씀은 영원합니다. 주의 말씀은 하늘에서 굳건히 서 있습니다."
_시 119:89 (쉬운성경)

하나님의 말씀, 주님의 토라는 변화무쌍한 이 세상 가운데 변함없이 서 있는 유일한 고정점(still point)입니다. 하나님은 자신의 토라(가르침)를 고정점으로 삼아 우리의 삶을 새롭게 구성하고자 합니다. 이 고정점에 관한 멋진 표현이 시편 119:89입니다.

작은 배를 타고 바다에서 고기를 잡는 어부들을 생각해 보십시오. 바다에 이르면 모든 것은 예측하기 어렵습니다. 파도가 언제 어떻게 변할지 모릅니다. 그러나 어부는 무서운 파도의 깊이를 바라보지 않습니다. 왜냐하면, 파도는 언제나 무섭게 변화하기 때문입니다. 대신 하늘의 별을 바라봅니다. 왜냐하면, 별은 '신실하기' 때문입니다. 항상 그 자리에 떠 있는 별은 지나간 세대를 위해서도 앞으로 올 세대를 위해서도 변함없이 그 자리에 떠 있을 것입니다.

하나님의 말씀도 이와 같습니다. 우리에게 이 말씀은 우리 조부모와 부모를 위해서도 있었고, 우리 자녀와 후손을 위해서도 변함없이 그 자리에 있을 것입니다.

하나님의 말씀, 주님의 토라는 변화무쌍한 이 세상 한가운데서 하늘의 북극성처럼 변함없이 서 있는 유일한 고정점입니다. 하나님의 말씀은 한밤중에 인생을 항해할 때 쳐다보아야 할 유일한 별입니다. 토라는 우리의 배가 안전한 포구(浦口)에 이를 때까지 우리를 인도해 줄 유일한 별입니다.

『우리의 기도가 천상의 노래가 되어』

진리의 나무에서 맺는 두 열매(1)

"너희가 내 말에 거하면 참으로 내 제자가 되고
진리를 알지니 진리가 너희를 자유롭게 하리라." _요 8:31-32

'보다'와 '듣다'는 복음서에서 가장 많이 사용된 동사들입니다. 예수님은 제자들에게 "보는 너희 눈이 복되다. 듣는 너희 귀가 복되다."라고 하셨습니다(마 13장). 볼 수 있는 눈, 들을 수 있는 귀를 가진 사람이 복된 사람이라는 것입니다. 하나님을 볼 수 있고 하나님의 말씀을 들을 수 있는 것이야말로 우리가 받을 수 있는 가장 위대한 선물들입니다.

그러나 기억하십시오. 우리는 오직 예수님을 통해서만 하나님을 볼 수 있고 들을 수 있습니다.

- 여러분이 예수님의 가르침을 끝까지 붙잡는다면,
- 여러분이 그분의 말씀에 순종한다면 여러분은 그분의 진짜 제자들입니다. 여러분은 그분을 진짜로 믿는 것입니다.
- 여러분이 예수님의 말씀에 순종하지 않는다면 여러분은 그분을 진짜로 믿지 않는 것입니다.

디트리히 본회퍼(Dietrich Bonhoeffer)가 이렇게 말한 적이 있습니다. "[예수님을] 믿는 사람들만 [예수님께] 순종합니다. [예수님께] 순종하는 사람들만 [예수님을] 믿습니다."

순종하는 것과 믿는 것은 동전의 양면과 같습니다. 한쪽 면만 가진 동전은 없습니다. 순종하는 사람만이 믿습니다. 예수님께 순종할 때만 여러분은 그분을 믿는 것입니다.

『생명의 복음』

진리의 나무에서 맺는 두 열매(2)

"너희가 내 말에 거하면 참으로 내 제자가 되고
진리를 알지니 진리가 너희를 자유롭게 하리라." _요 8:31-32

예수님의 가르침을 붙잡지 않으면 그분의 제자가 될 수 없습니다. 진리를 알 수 없습니다. 자유인이 될 수 없습니다.

우리 사회가 개인의 자유를 우상처럼 섬기고 받들기 시작하면서 어떤 일들이 일어나고 있습니까? 자율이라는 이름으로 사람들이 자기 소견에 좋을 대로 행동합니다. 모든 종류의 권세와 권위가 부정되고 있습니다. 이혼은 결혼의 옵션이 되어가고 있고, 자유로운 성생활은 젊은이들 사이에서 당연한 것이 되어갑니다. 개인의 자유를 위해서라면 공공의 유익도 별로 중요하지 않습니다. 개인의 성향과 취향이 종교 생활에도 그대로 반영됩니다.

그러나 이렇게 해서 사회가 '자라간다'라고 생각하면 큰 오산입니다. 한국에서도 마약과 향락이 급속도로 퍼져 나가고 있습니다. 십대 청소년들의 임신율이 기하급수적으로 높아지고 있습니다. 범람하는 낙태, 성 행위를 통해 전염되는 질병들, 파괴되고 있는 수많은 가정과 개인의 삶, 반인륜적인 범죄들과 철저하게 자기중심적인 사람들이 있습니다.

교회 역시 마찬가지입니다. 순종과 믿음은 어디로 사라지고, 열매는 없고 무성한 잎들만 남은 교인과 교회가 있지 않습니까? 무늬만 교회인 곳이 얼마나 많습니까? 우리가 사회적인 삶을 위해 하나님의 명령에 불순종하는 길을 선택한다면, 우리는 자신의 머리 위에 죽음의 길을 내는 것입니다.

『생명의 복음』

기도, 나를 그분께 맞추는 것

"너희가 얻지 못함은 구하지 아니하기 때문이요.
구하여도 받지 못함은 정욕으로 쓰려고 잘못 구하기 때문이라."_약 4:2-3

우리는 기도하면서 종종 좌절할 때가 있습니다.

- 기도의 좌절은 기도를 획득의 수단으로 여기기 때문입니다.
- 아니, 좀 더 솔직하게 대부분 우리의 기도는 탐욕스럽기까지 합니다.

왜 기도가 작동하지 않는 것일까요? 그 이유는 기도할 때 우리 자신에게만 집착하기 때문입니다. 사실상 이렇게 기도하는 사람의 안중에는 하나님이 있을 수 없습니다. 그분은 내 기도를 들어야만 하는, 그래서 내 소원을 풀어 주셔야만 하는 분일 뿐입니다.

왜 기도가 작동하지 않는 것일까요? 자기 자신만으로 가득 찬 기도로 하나님께 나아가기 때문입니다. 우리의 엔진 속도를 늦추고 하나님의 리듬 안으로 미끄러지듯 들어가려면 시간이 걸립니다.

- 우리의 템포를 그분의 템포에 맞추고,
- 우리의 의지를 그분의 의지에 맞추고,
- 우리의 발걸음을 그분의 발걸음에 맞추려면 상당한 시간이 걸릴 것입니다.

그렇습니다.

- 기도한다는 것은 우리 자신을 그분께 맞춘다는 뜻입니다. "나를 온전히 녹여주십시오."
  "나를 새로운 틀로 만들어 주십시오."
  "그 틀 속을 새로운 것으로 가득 채워 주십시오."

『아버지를 떠나 자유를』

목발 짚은 기도

"이와 같이 성령도 우리의 연약함을 도우시나니 우리는 마땅히
기도할 바를 알지 못하나" _롬 8:26

어떤 때, 내가 영적으로 메말라 있구나 하는 생각이 들 때가 있습니다. 이런 때는 아무리 기도하여도 기도 소리가 천장을 넘어가지 않는 듯 보입니다. 입속에서 말이 맴돌 뿐입니다. 정말로 답답하여 어쩔 줄 몰라 합니다. 어떤 때, 우리의 마음이 얼음처럼 차갑다는 것을 느낄 때가 있습니다. 그런데도 우리에게는 마음을 따스하게 할 만한 에너지가 없다는 것을 압니다. 무기력한 자신이 원망스러울 뿐입니다. 어떤 때, 너무 혼란스러워 기도할 단어조차 머리에 떠오르지 않습니다. 여러분이 이러한 처지에 있다면,

- 연약함 가운데 있는 우리를 성령님께서 돕고 계신다는 사실을 기억하십시오.
- 성령님께서 '탄식'과 '한숨'을 지으시면서 우리를 위해 중보하고 계신다는 사실을 기억하십시오.

우리가 가장 연약할 때, 우리가 영적 무능력의 상태에 있을 때, 성령님은 우리를 도우시어 말로는 표현할 수 없는 우리의 탄식과 고민과 열망들을 하나님 아버지께로 가져다 그분의 귀에 해석하여 들려주십니다.

우리의 기도들은 목발이 필요합니다. 우리의 기도들이 필요로 하는 목발들은 성령의 '한숨들'과 '탄식들'입니다.

- 이런 목발들이 없을 때, 우리의 기도들은 무너져 내릴 것입니다.
- 이런 목발들이 있을 때, 우리의 기도들은 설 수 있을 것입니다.

『하늘 나그네의 사계』

하나님의 발걸음을 멈추게 하는 기도

"하나님이여 사슴이 시냇물을 찾기에 갈급함 같이
내 영혼이 주를 찾기에 갈급하니이다." _시 42:1

우리는 시편 기자의 방식으로 기도하는 법을 배워야 합니다. 시편 기자의 기도는 우리의 기도와 다릅니다. 우리는 시편 기자의 발밑에 오랫동안 앉아 그의 기도를 묵상해야 합니다. 시편 기자는 중산층들이 드리는 방식으로 기도하지 않았습니다. 시편 기자는 여리고 성문 가까이 있던 소경 바디매오와 같은 사람들입니다.

예수님께서 지나가신다는 소식을 듣자, 소경 바디매오가 소리치기 시작했습니다. "예수여, 나에게 자비를 베풀어 주십시오. 나를 불쌍히 여겨 주십시오." 많은 사람이 당황했습니다. 그래서 그들은 바디매오에게 조용히 하라고 소리칩니다. 그러나 소경 바디매오는 더욱 크게 소리 지릅니다. "예수여, 나에게 자비를 베풀어 주십시오!" 그가 소리를 지르자 예수님께서 멈추어 섰습니다.

예수님께서 말씀하셨습니다. "그를 불러라." 그리고 그는 바디매오에게 묻습니다. "내가 너를 위해 무엇을 해 주랴?" 바디매오는 대답합니다. "랍비여, 나는 보기를 원합니다! 보는 것이 소원입니다!" 그러자 예수님께서 말씀하셨습니다. "가라, 너의 믿음이 너를 치료했느니라."(막 10:46-52)

시편 기자도 마치 바디매오처럼 그렇게 기도합니다. 하나님을 향해 큰 소리로 외쳐 그분의 발걸음을 멈추게 합니다. 시편 기자의 외침은 하나님의 관심을 끌 만합니다. 크게 외침으로써, 하나님의 정원에 돌을 던진 것입니다. 하나님께서 반응하시도록 상황을 만들었습니다.

『우리의 기도가 천상의 노래가 되어』

언제까지 우리가 비틀거려야 했는가?

"야웨의 말씀들을 구하려고 사람이 이 바다에서 저 바다까지 비틀거리고 다니며 북에서 동까지 헤매고 다녀보지만, 그것을 얻지 못할 것이다." _암 8:12(저자 사역)

여기에 사용된 두 개의 동사('흔들리다', '떨다', '진동하다', '헤매다', '배회하다')는 술 취한 사람이나 시각장애인이 길을 걸어가는 모습을 묘사할 때 사용된 일이 있습니다.

술 취한 자가 방향 감각을 잃어버리고 비틀거리거나, 시각장애인이 앞을 보지 못하여 넘어지거나 아니면 이리저리 배회하는 것처럼, '하나님의 말씀(道)'이 없으면 삶의 방향 감각을 상실하고 '길(道)'을 잃어버릴 뿐만 아니라 인생을 방황하고 무익하게 배회하게 된다는 뜻입니다. 이처럼 본 구절(암 8:12)은 이중적 의미(double entendre)를 통하여 삶의 허무와 방황을 절묘하게 드러내고 있습니다. 설령 그들이 목마름을 해소하기 위해 이리저리 찾아다닌 끝에 마침내 간신히 바다에 도달하였더라도 그들의 '목마름'을 해갈할 수 없게 됩니다. 물에 도달하여서도 목마름을 해갈할 수 없다니! 왜 사람들은 비틀거리고 방황한단 말입니까! 삶의 목마름과 배고픔을 채우려고 이리 뛰고 저리 뛰지만 결국 뛸수록 배고픔과 목마름은 더해 갈 것입니다. 마치 탄탈로스(Tantalus)의 영원한 목마름처럼 말입니다. 사르밧 과부와(왕상 17:1-16) 수가 성(城) 여인이 그랬고(요 4:1-15), 막달라 마리아가 그랬고(눅 7:36-50), 우리가 그렇지 않았던가요? 언제까지 그래야 했습니까? 하나님의 말씀이 도착하기 전까지, 즉 '하나님의 말씀'이신 예수 그리스도가 그들과 우리의 삶 속에 오시기 전까지, 아니 "수고하고 무거운 짐 진 자들아 다 내게로 오라."라고 하시던 그분이 그들과 우리를 포옹하시기 전까지 그렇지 않았습니까?

『시온에서 사자가 부르짖을 때』

인생의 삼각 사이클

"내가 나의 목소리로 여호와께 부르짖으니 그의 성산에서 응답하시는도다."_시 3:4

시편은 언약 백성의 삶의 실존, 즉 어두운 면과 밝은 면을 적나라하게 반영합니다. 그래서 시편을 두고 인간 영혼을 반영하는 거울이라고 부른 것입니다.

포괄적으로 말해서, 시편 안에는 세 가지의 중요한 주제가 반복해서 등장합니다. '기도'(테필라)와 '감사'(토다)와 '찬양'(테힐라)입니다. 그리고 대부분의 시는 이러한 주제를 중심으로 다양한 음색을 내는 변주곡(變奏曲)과 같습니다. 나는 이것을 가리켜 그리스도인 삶의 삼중주 혹은 '인생의 삼각 사이클'(triangular cycle)이라 부릅니다. 그리고 '기도'에서 '감사'(선언적 찬양)로, '감사'에서 '찬양'(묘사적 찬양)으로 이어지는 이러한 사이클이야말로 신앙 공동체로서 교회의 삶과 신앙(전도와 선교, 예배의식, 교회교육 목회상담 등)에 지대한 영향을 미칠 수 있다고 생각합니다.

분명히 기도는 하나님을 향한 대화의 채널입니다. 대화를 통하여 서로의 마음속에 있는 것을 이야기하고 나누듯이, 기도라는 채널을 통해 유한한 인간은 무한하신 하나님을 향해 손을 내밀 수 있습니다. 기도는 교회당의 천정과 저 창공을 넘어 하나님이 계신 지성소까지 올라간다고 나는 믿습니다. 수많은 사연을 담은 갖가지 기도들이 하나님의 백성을 위해 수종(隨從) 드는 천사들에 의해 천상의 궁정까지 운반될 것입니다. 그곳은 정의롭고 올곧으신 천상의 재판장이 계신 곳입니다.

『우리의 기도가 천상의 노래가 되어』

진부(陳腐)한 삶을 구원하는 대화록

"무엇이든지 전에 기록된 바는 우리의 교훈을 위하여 기록된 것이니 우리로 하여금 인내로 또는 성경의 위로로 소망을 가지게 함이니라." _롬 15:4

창세기로부터 요한계시록까지 하나님께서는 '대화 속'으로 들어오십니다. 성경의 모든 말씀은 하나님과 인간 사이에서 오가는 대화입니다.

- 성경은 일방적으로 선언하는 교황의 칙령 같은 것이 아닙니다.
- 성경은 우리의 삶에 관한 규정들이나 지침서도 아닙니다.
- 성경은 하나님과 그분의 백성 사이에 일어나는 생생한 만남입니다.

여러분이 성경 안에서 발견하는 '삶을 위한 규정들이나 선언들'이 무엇이든지 그것들이 모두 하나님과 인간 사이에서 나누는 대화 속에 깊이 자리 잡고 있다는 것을 기억해야 합니다.

바로 이런 사실이 우리에게 희망을 줍니다! 왜냐하면, 이것은 하나님께서 우리가 있는 바로 그곳에 친히 걸어 들어오셔서 우리에게 물으시고 우리의 대답을 듣고 또 응답하시는 방식으로 말씀하신다는 것을 의미하기 때문입니다. 그렇습니다.

- 성경의 모든 말씀은 우리의 삶이 희망을 잃고 마치 일일 멜로드라마처럼 되어갈 때, 찾아가야 할 데가 있도록 마련된 곳입니다. 찾아갈 곳이 있는 사람은 삶의 큰 힘과 위로를 얻을 것입니다.
- 여러분과 제가 갈 곳이 없어 막막하여 발걸음을 멈추고 섰을 때, 갈 곳으로 걸어나가게 하도록 기록된 것입니다.
- 여러분과 제가 하나님을 잃어버렸을 때, 하나님을 발견할 수 있는 곳을 가게 하도록 기록된 것입니다.

『십자가의 복음』

하나님이 입을 다물고 계실 때

"그 때에는 주께서 말씀을 해주시는 일이 드물었고,
환상도 자주 나타나지 않았다." _삼상 3:1(표준새번역)

모든 세대의 성도들은, 하나님께서 침묵하고 계실 때 자신들의 삶이 혼란스러워지고, 삶은 구심점을 잃은 채 방황할 수밖에 없다는 것을 뼈저리게 경험했습니다. "하나님은 우리에게 '말씀'하고 계시는 분이시다."라는 사실을 믿고 살아온 우리로서는 하나님이 침묵하실 때, 하나님의 말씀이 희귀할 때,

- 생명의 근원으로부터 우리가 잘려나가고 있다는 것을 느끼고 압니다.

왜냐하면, 하나님의 말씀은 우리 발의 등불이요 우리가 가는 길을 비추는 빛이기 때문입니다. 하나님이 침묵하실 때, 하나님의 말씀이 더 이상 우리에게 다가오지 않을 때,

- 우리 주위의 세상은 어두워집니다.
- 그리고 우리는 그 어둠 가운데 걸려 넘어집니다.
- 그리고 우리는 가야 할 길을 잃어버립니다.

그렇다면 하나님은 언제 침묵하시는 것일까요? 언제 하나님의 말씀은 희귀하게 됩니까? 이 질문에 대한 성경의 대답은 여러 가지입니다. 하지만 지금 우리의 관심거리가 되는 대답은,

- 하나님이 우리를 심판하실 때 침묵하신다는 것입니다.
- 하나님이 우리 '삶의 방식'을 심판하실 때, 하나님은 입을 열지 않으신다는 사실입니다.

『뒤돌아서서 바라본 하나님』

맨몸으로 하나님 앞에 서기

"여호와께 감사하며 주의 이름을 찬양하고 아침마다 주의 인자하심을 알리며 밤마다 주의 성실하심을 베풂이 좋으니이다." _시 92:1-3

기도는 상당히 힘든 일입니다. 기도가 힘든 이유는, 기도는 자기 자신을 있는 그대로 하나님께 내어놓는 일이기 때문입니다. 기도는 움켜쥔 손바닥을 펴는 일이요, 자신의 벌거벗은 모습을 드러내는 일입니다. 그러나 솔직히 말해서 우리는 가진 것을 내어놓기를 싫어합니다. 하나님께 나올 때 우리는 그분에게 내어드리고 싶지 않은 것들을 그대로 간직한 채로 하나님의 면전에 나아오려고 안간힘을 씁니다.

기도한다는 것이 무슨 의미입니까? 기도한다는 것은, 하나님 앞에 우리의 손을 편다는 것을 의미합니다. 우리의 손을 움켜쥐게 하는 긴박한 긴장을 푼다는 것입니다. 우리가 가장 애지중지하며 붙잡고 있는 것을 하나님께 내놓습니다. 우리의 생명과 삶을 우리가 보호해야 할 소유물이 아니라 누군가로부터 받아야 할 선물로 바라보는 것입니다.

그러나 누가 그렇게 하겠습니까? 누가 자신의 마지막 '안전장치'라고 생각하는 것을 놓으려 하겠습니까? 그래서 우리는 그것을 악착같이 붙잡으려 합니다. "그것 없이 어떻게 살 수 있단 말입니까?"라고 말합니다. 이런 이유로 옛날의 영적 지도자들은 우리에게 충고합니다. "천천히 기도하라!" "조심해서 기도하라!" 왜냐하면, 기도한다는 것은, 레바논의 전나무를 산산조각 내시는 하나님의 면전에 들어가는 일이기 때문입니다. 레바논의 암소처럼 뛰게 하시는 하나님의 앞에 들어가는 일이며, 시온에서 사자처럼 부르짖는 일이기 때문입니다.

기도하는 일은 목소리로 사막과 광야를 흔드시고 상수리나무들을 비틀고 산림을 벌거벗기시는 분 앞에 서는 일이기 때문입니다.

『영혼의 겨울에 부르는 희망의 교향곡』

인내의 기도 뒤에 오는 복

"그가 여호와 앞에 오래 기도하는 동안에 엘리가 그의 입을 주목한즉 한나가 속으로 말하매 입술만 움직이고 음성은 들리지 아니하므로 엘리는 그가 취한 줄로 생각한지라." _삼상 1:12-13

한나는 사무엘의 어머니입니다. 그리고 사무엘은 40년이 넘는 기간 동안 이스라엘의 위대한 지도자였습니다. 40년 동안 사무엘은 이스라엘에겐 엄청난 '복'이었습니다. 사무엘은 한나의 기도들의 응답이었습니다. 한나는 하나님께 자녀 하나를 달라고 멈추지 않고 기도했습니다. 그러자 하나님께서 그녀에게 아들 하나를 주셨습니다. 이때 한나는 그 아들이 실로의 성소에서 하나님을 받들어 봉사하게 하겠다고 자원함으로써 '주신 분에게 다시 돌려드렸습니다. 한 여인 한나가 행한 일로 인하여 모든 이스라엘은 40년 동안 복을 받은 것입니다.

이러한 사실이 지금도 자녀를 위해 기도드리는 여러 부모님에게 커다란 위안과 격려가 되기를 바랍니다. 왜냐하면, 우리는 때때로 이렇게 의심하기 때문입니다.

- 내가 드리는 모든 기도가 정말로 무슨 소용이 있는가?
- 내가 드리는 기도가 천장 너머로 정말로 올라가는가?
- 늘 똑같은 기도로 왜 하나님을 성가시게 해야 하는가?

한나의 이야기가 성경 안에 있는 이유는, 그녀의 끈질긴 기도를 통한 인내를 보며 지금 여러분이 하는 기도도 인내가 필요한 기도임을 알게 하기 위함입니다. 하나님께서 그러한 그녀의 기도들을 들으신 일을 기억하고, 그 시대와 오늘 이 시대에도 여전히 동일하게 일하시는 하나님께서 우리의 기도 또한 분명히 듣고 있음을 알게 하려는 것입니다. 낙심할지도 모르는 여러분에게 희망을 품도록 격려해 주기 위함입니다.

『하늘 나그네의 사계』

빛을 본 적이 없어서 어둠이 무엇인지 모른다

"하나님이여 사슴이 시냇물을 찾기에 갈급함 같이
내 영혼이 주를 찾기에 갈급하니이다." _시 42:1

16세기의 위대한 종교개혁자 마틴 루터(Martin Luther)가 세상을 떠나기 이틀 전에 남긴 유언은 시편 42편의 가르침과 같습니다. 죽기 이틀 전인, 1546년 2월 16일에 남긴 이 말은 그가 이 세상에서 기록으로 남긴 마지막 말이 되었습니다.

"우리는 거지들입니다. 이것은 진실입니다!"
Wir sind Better; das ist wahr.

루터가 남긴 이 말의 의미는 무엇이겠습니까? 은혜의 복음은 우리를 벌거벗기고, 우리를 거지의 신분으로 낮추고, 은총의 선물을 받게 합니다. 하나님을 소유하고, 하나님을 자기 것으로 만들려는 모든 인간적인 노력을 거절하고 그것을 정죄(定罪)하는 것입니다.

시편 42편의 시인은 거지입니다. 그래서 거지처럼 울부짖습니다. 시인은 하나님으로부터 자신이 소외되고 단절되었다고 느꼈습니다. 그분에게 버림받은 느낌이었던 것입니다. 그는 자신의 영혼이 빛으로부터 유리되어 캄캄한 어둠 속에서 헤매는 것을 느꼈습니다.

이것이 지옥이 아니고 무엇이겠습니까? 지옥이란 하나님에게서 떨어져 방황하는 것이 아닙니까? 그런데 대부분 많은 사람은 이러한 지옥을 결코 경험하지 못할 것입니다. 놀랍게도, 그들은 한 번도 하나님께 가까이 가 본 적이 없기 때문입니다.

『우리의 기도가 천상의 노래가 되어』

삶의 리듬으로부터 오는 능력(1)

"예수는 물러가사 한적한 곳에서 기도하시니라." _눅 5:16

예수님의 삶의 비밀은 사역 기간 뒤에 이어지는 명상의 기간들 안에 있습니다. 사역 기간 후 명상의 기간, 명상 기간 후 사역의 기간! 이러한 삶의 리듬이 예수님의 삶의 비밀이었습니다.

- 가르침과 휴식, 치유와 기도를 부단히 바꿔 가는 한 사람의 모습입니다.

누가복음 5:15과 5:16을 귀담아들어 보십시오.
"허다한 무리가 말씀도 듣고 자기 병도 나음을 얻고자 하여 모여 왔지만, 예수님은 물러가서 한적한 곳에서 기도하시니라."

위에서 묘사하는 모습은 기독교인으로서 취해야 할 태도는 아닌 것 같습니다. 그렇지 않습니까? 병자들이 치료해 달라고 오고, 고통당하는 사람들이 위로받으려고 몰려오는데 어떻게 뒤로 물러간단 말입니까? "미안합니다. 지금은 좋은 시간이 아닙니다. 지금은 제가 명상하고 기도하는 시간입니다. 그러니 나중에 오십시오."라고 말할 수 있겠습니까?

그런데 예수님은 수많은 사람이 말씀을 듣고 병 고침 받으려고 오는데, 그냥 한적한 장소로 물러가셔서 기도하셨다는 겁니다! 예수님이 너무하신 것 같지 않습니까? 어떻게 그러실 수가 있습니까?

예수님이 뒤로 물러가신 것은 휴식을 위해서가 아닙니다. 그것은 다시 돌아오시기 위함입니다. 더 많은 가르침과 치유를 하러 돌아오시기 위해서였던 것입니다. 우리가 복음서에서 발견하는 예수님의 모습은 명상과 사역 사이를 교차적으로 오가는 어떤 사람의 모습입니다.

『아버지를 떠나 자유를』

삶의 리듬으로부터 오는 능력(2)

"예수는 물러가사 한적한 곳에서 기도하시니라." _눅 5:16

우리는 '예수님이라는 분을 통하여' 부단히 자신의 뜻을 하나님의 뜻에 맞추어 가려는 한 사람의 모습을 봅니다. 때문에 예수님이 구하시는 것은 무엇이든지 그분의 것이 됩니다.

왜 그렇습니까? 그것은 무엇이든지 원하는 것을 얻을 수 있는 특별한 능력이나 힘이 예수님께 있었기 때문이 아닙니다. 그것은 예수님이 오직 하나님의 뜻만을 구하셨기 때문입니다. 예수님은 가시는 곳마다 한센병 자를 고쳐 주시고, 시각장애인들의 시력을 회복시켜 주시고, 청각장애인에게는 청각을 되돌려 주실 수 있습니다. 왜 그렇습니까? 예수님이 오직 하나님의 뜻만을 구하셨기 때문입니다.

예수님이 이러한 모든 일을 행하실 수 있었던 것은, 하나님께 이러한 기적들을 행할 수 있는 능력을 달라고 기도했기 때문이라고 생각하는 사람이 있을지도 모릅니다. 그러나 예수님이 이 모든 신유의 기적들을 행하실 수 있는 능력이 있었던 것은, 기적을 행할 때마다 기도를 드렸기 때문이 아니었습니다. 그에게 병 고치는 능력이 있었던 진정한 이유는 그가 항상 하나님을 찾아 그분과 함께했기 때문입니다.

우리는 기억해야 합니다. 우리가 읽은 성경에 기록되어 있듯이, 우리의 주님 예수님은 규칙적으로 시간을 따로 내서 그분의 '아버지'와 함께 나누는 친밀한 교제 가운데로 들어가시곤 했습니다.

예수님이 이러한 시간을 마치고 돌아오실 때마다, 그의 제자들은 그분이 얼마나 강해지셨는지 알게 되었습니다. 그들은 예수님이 새로운 힘으로 가득 차 돌아오신 모습을 감지할 수 있었던 것입니다.

『아버지를 떠나 자유를』

10월

교회와 사회

365 Biblical Meditation for Healing

이달의 기도제목

교회는 우주적 공산품이다

"그리스도 예수 안에서 거룩하여지고 성도라 부르심을 받은 자들과 또 각처에서
우리의 주 곧 그들과 우리의 주 되신 예수 그리스도의 이름을 부르는 모든 자" _고전 1:2

사도신경 안에는 교회에 관한 고백 문구가 있는데 "나는 거룩한 공회를 믿습니다."라는 고백이 그것입니다. '공회'(公會)는 '가톨릭'(catholic)이라 쓰는데, 그 뜻은 전 세계에 흩어져 있는 모든 교회, 그리고 과거와 현재와 미래에 있을 모든 교회를 총망라하여 가리킵니다. 이것이 '가톨릭'이라는 단어의 의미입니다.

이 고백에는 교회의 '공(公)교회성'을 유지해야 한다는 요청이 포함되어 있습니다. 이런 의미에서 교회는 요즘 많이 이야기되는 '차별화 전략'을 폐기해야 합니다. 물론 지방마다 사투리가 있고 억양이 다를 수 있습니다. 그런 차원에서라면 개(個) 교회들에서 어느 정도 차이를 느낄 수 있습니다. 그러나 이질적인 집단에 와서 앉아 있다는 느낌이 든다면 그런 교회는 자신의 '공교회성'을 다시금 생각해 보아야 합니다. 예를 들면, 전도가 자기 교회의 차별성을 광고하는 전략에 불과하다면 상품 광고와 무엇이 다르겠습니까? 이것이 소비자가 이끄는 교회의 모습인 것입니다.

공교회란 사도적 가르침에 충실한 교회, 예수 그리스도의 복음을 전파하는 교회, 하나님의 은혜만이 인류의 소망이라고 외치는 교회, 인종과 성별과 세대, 성장 배경과 출신 지역과 직업, 사회적 신분이나 학벌과 문벌 등과 같은 비본질적인 것이 공동체 안에서 아무런 힘을 발휘하지 못하게 하는 교회, 전문적인 용어로 '종말론적인 신앙 공동체'를 말합니다. '소비자가 이끄는 교회'(consumer driven church)가 아니라 '그리스도께서 이끄는 교회'(Christ driven church)여야 하는 것입니다.

『일상을 걷는 영성』

교회의 오직 한 가지 위대성

"내가 주와 또는 선생이 되어 너희 발을 씻었으니
너희도 서로 발을 씻어 주는 것이 옳으니라." _요 13:14

각 교단의 위대함 혹은 교회의 위대함은 설교자, 목사, 신학적 전통, 다양한 프로그램, 교인들의 숫자에 있지 않습니다. 예수님은 말씀하십니다. "교회의 위대성은 오직 한 가지이다. 교회의 구성원인 교인들이 그들의 삶을 다른 사람을 위한 삶으로 사는가에 달려 있다."

베드로의 발에 갑자기 차디찬 느낌이 들었습니다. 자기 앞에 무릎을 꿇고 계신 예수님이 그의 발을 씻기시려는 순간이었습니다. 그 겉옷을 벗고 대야에 물을 받으시고 수건을 허리에 둘러매고서 무릎을 꿇고 제자들의 발을 씻기기 시작하셨습니다. 가장 천한 노예계급에게만 국한된 일을 그들의 스승이 몸소 행하는 것이었습니다. 그분이 조용히 말씀하십니다. "내가 주와 또는 선생이 되어 너희 발을 씻었으니 너희도 서로 발을 씻어 주는 것이 옳으니라."

그렇습니다! 우리의 마음은 예수님의 마음이어야 합니다. 이러한 마음, 다시 말해서 발을 닦는 마음이 교회를 교회 되게끔 합니다. 종이나 노예에게만 국한된 일을 할 수 있는 마음, 이것이 교회로서의 우리의 목표이어야 합니다. 종은 결코 그의 주인보다 클 수 없기 때문입니다.

교회의 위대성은 오직 한 가지에 있습니다. 그 구성원들이 기꺼이 예수님 앞에 무릎을 꿇고 서로의 발을 닦을 때입니다. 당신은 기억하십니까? 땅을 가까이할수록 하늘에 가까이 다가가는 진리를 말입니다. 흙에 가까이할수록 하늘을 바라보게 됩니다. 무릎 꿇은 예수님의 모습은 진정으로 하늘을 감싸는 행위입니다.

『옛적 말씀에 닻을 내리고』

교회의 유일한 자산

"은과 금은 내게 없으나, 내게 있는 것을 그대에게 주니,
나사렛 예수 그리스도의 이름으로 일어나 걸으시오!"_행 3:6(표준새번역)

오순절 이전의 베드로의 입에서는 감히 상상도 못할 말이었습니다. 그는 자신의 힘으로 하나님 나라를 보호할 수 있다고 믿었던 사람입니다. 그는 칼과 창으로 하나님 나라를 방어할 수 있다고 믿었던 사람입니다. 그렇습니다. 그는 무력으로 하나님의 일을 계속 진행할 수 있다고 믿었던 것입니다. 성령의 권능을 체험하기 전까지는, 아니 성령이 그에게 새로운 세계를 보여주시기 전까지는 그는 육에 속한 사람이었습니다. 칼로 하나님 나라의 수문장이 되겠다고 장담한 사람이었습니다. 그러던 그가 "내가 은과 금은 없지만, 나사렛 예수님이 있다!"라고 외치는 것은 놀라운 일이 아닐 수 없습니다.

마치 구약의 성도들이 칼과 창을 믿었던 것처럼, 초대교회 시대에 많은 그리스도인이 은과 금을 믿었습니다. 칼과 창이 한 국가의 운명과 미래를 보장해 줄 수 있다고 생각하는 것이나, 은과 금이 민족이나 사회, 가족의 미래를 보장해 줄 수 있다고 믿는 것은 동일한 생각입니다. 이에 대한 강력한 목소리가 있습니다. "우리는 은과 금을 믿지 않습니다. 우리는 나사렛 예수님을 믿습니다."

그러나 이 말은 단순히 성전 문 앞에서의 베드로와 요한의 고백을 넘어선 것입니다. 우리는 베드로와 요한의 고백을 통하여, 신앙을 고백하고 있는 초대교회의 힘찬 음성을 들을 수 있습니다. 그들은 무엇을 믿었습니까? 그들은 사람의 미래와 운명이 돈에 의해 결정되지 않는다는 것을 믿었습니다. 그들은 사람의 장래와 행복이 예수 그리스도라는 분에 의해 결정된다는 것을 믿었습니다.

『아버지를 떠나 자유를』

교회는 구매 가능한 것은 판매하지 않는다

"맹인이 되어 맹인을 인도하는 자 …… 둘이 다 구덩이에 빠지리라 하시니"_마 15:14

대부분 종교는 계시가 아닙니다. 대부분 종교는 우상숭배입니다. 대부분 종교는 자기 과장이며 자기 허풍입니다. 그러므로 기독교인들이 배워야 할 가장 중요한 문제는,

- 계시와 종교를 구별하는 것입니다.
- 기독교 복음과 문화적 종교를 구별하는 것입니다.

아마 우리 한국 교회에도 그대로 적용될 수 있는, 미국 그리스도인들을 향한 유진 피터슨의 쓴소리를 들어보십시오.

"미국인의 종교는 근본적으로 소비자 종교(consumer religion)이다. 미국인들은 하나님을 그들이 잘사는 데 도움을 주는 '제품' 정도로 생각한다. 혹은, 좀 더 나은 삶을 살 수 있도록 도움이 되는 상품 정도로 여긴다. 이렇게 볼 때, 미국 그리스도인들은 일반 소비자들이 하는 짓을 똑같이 따라 한다. 즉, 가장 좋은 가격으로 물건을 흥정하고 구입하는 것이다."

기독교 역사상 오늘날처럼 종교가 서로 간의 경쟁에서 살아남기 위해서 이렇게 대중의 광고나 선전, 교회의 이미지 형성, 세일즈맨십, 마케팅 전략에 매몰된 적은 없습니다. 그러나 기억하십시오!

- 교회는 '종교 사업'(religion business)을 하는 곳이 아닙니다.
- 교회는 '계시 사업'(revelation business)을 하는 곳입니다.
- 교회는 복음이라 부르는 '좋은 소식'을 선포하는 사업을 하는 곳입니다.

『순례자의 사계』

기독교 바겐세일(bargain sale)?

"그들의 눈 앞에 하나님을 두려워함이 없느니라." _롬 3:18

기독교가 직면한 가장 심각한 위협은 무신론도 아니고 세속적 인본주의도 아닙니다. 기독교가 직면한 가장 심각한 위협은 '축소된 기독교', '할인된 기독교', '싸구려 기독교'(reduced Christianity)입니다.

- 십자가를 제거한 기독교가 되었다는 뜻입니다.
- 십자가 없이 품위 있게 살 수 있는 고등종교로 기독교를 전락시켰다는 것입니다.

에밀 브루너(Emil Brunner)라는 신학자가 잘 말했듯이, "교회가 지은 가장 큰 죄는 십자가의 복음을 세상에도, 자신에게도 알리지 않는 것"입니다. 십자가의 복음은,

- 우리가 알량한 도덕적 자존감을 내려놓지 않는 한,
- 우리의 가장 절박한 궁핍은 하나님 앞에서의 죄책이라는 것을 인정하지 않는 한,
- 그리스도를 우리의 절실한 피난처로 삼지 않는 한,

하나님께서는 우리에게 대항하실 것이며, 우리와 싸우실 것이라고 선언합니다.

대부분의 사람은 이 말을 받아들이지 않습니다. 또한, 받아들이기도 어렵다고 합니다. 왜 그럴까요? 그들은 길들여진 하나님을 섬기고 있기 때문입니다. 달리 말해, 하나님을 위험천만한 분, 혹은 우리와 전쟁을 치르시는 무서운 분으로 알지 못한다는 말입니다.

『십자가의 복음』

한 분의 통치자, 하나의 사회

"먼 데 있는 너희에게 평안을 전하시고 가까운 데 있는 자들에게 평안을 전하셨으니 …… 우리 둘이 한 성령 안에서 아버지께 나아감을 얻게 하려 하심이라."_엡 2:17-18

새로운 사회로서 교회는 하나님의 선물(divine gift)인 동시에 우리의 사명(human task)이기도 합니다. 예수 그리스도 안에서 모든 차별을 철폐하고, 새로운 대안(代案)의 사회를 이루라는 성령의 인도하심과 가르치심에 전적으로 순복해야 할 사명이 우리에게 있다는 뜻입니다.

그렇습니다. 우리는 서로 다른 인종과 민족들이 우리 주 예수 그리스도의 이름으로 함께 모이는 것을 볼 때마다 하나님이 그곳에 임재하시고, 바로 그곳이 하나님의 성전임을 알게 됩니다. 이것이 종말론적인 교회 공동체의 모습입니다. 백인과 흑인, 동양인과 서양인, 한국인과 일본인, 유대인과 헬라인, 경상도 사람과 전라도 사람, 부자와 가난한 자, 어른과 어린아이가 함께 손에 손을 잡고 예수님을 그들의 유일한 주님이시며 그리스도(메시아)로 고백할 때 비로소 천상의 예배가 지상에 실현되는 성전이 되는 것입니다.

반대로 이야기하자면, 그리스도와 성령님이 누구인지 올바르게 알고 고백한다면, 인간적인 모든 장벽과 차별은 사라지게 될 것이라는 말입니다. 지상 교회는 돌과 흙으로 짓는 멋진 '교회당'이나 우람한 '예배당'을 추구하지 말고, 서로 간의 차별과 불평등의 장벽을 넘어서 사역하시는 그리스도와 성령님을 추구할 때 비로소 '하나님의 성전'이 될 것입니다. 왜냐하면, 그럴 때 하나님이 그들 안에 '거주'하시기 때문입니다. 이런 사실을 기억한다면, 그리스도를 머리로 삼는 교회 안에서는 누구도 소외되거나 이방인 취급을 받아서는 안 됩니다. 누구도 개밥의 도토리처럼, 굴러든 돌처럼 대우받는 일이 없어야 할 것입니다.

『통일의 복음』

하늘과 땅을 포괄하는 비전

"교회는 그의 몸이니 만물 안에서 만물을 충만하게 하시는 이의 충만함이니라." _엡 1:23

에베소서에서 바울의 비전은 영원에서부터 영원까지 달립니다. 세상의 창조 이전부터 시작해 종말까지를 포함하고 있습니다. 바울의 환상은 창세전부터 시작해 하나님이 그리스도 안에서 모든 것, 즉 하늘에 있는 것과 땅에 있는 것을 모두 끌어모아 하나로 통일시킬 때까지 포괄합니다. 바울이 보여주는 우주적 환상은 끝없는 지평선을 펼치고 있습니다.

하나님이 그리스도를 통해, 그리스도 안에 창조하시는 궁극적인 통일성, 최종적인 하나 됨은 너무도 장엄하고 풍성합니다. 모든 것을 감싸는 넓은 가슴 안에서 모든 불협화음이 최종적인 화음과 조화로 녹아들어간다는 환상이며, 지금은 나뉘어 있는 모든 것과 갈라져 있는 모든 사람이 함께 손에 손을 잡고 하나가 될 것이라는 환상입니다. 하나님이 현세의 수많은 다양성 한가운데에 그리스도를 놓으실 것이고, 그 다양성으로부터 '새로운 인류'(new humanity)를 창조하실 것이라는 환상입니다.

그렇습니다. 하나님은 온 세상과 교회의 중심부에 그리스도를 왕으로 세우시고, 그분을 통해 모든 것을 하나로 통일하실 것입니다. 이것이 바울이 우리에게 힘들여 보여주려는 우주적 환상이며 장엄한 꿈입니다. 그리고 그런 환상과 꿈을 이해하고 그 속에 참여하라고 호소하는 것입니다.

『통일의 복음』

종교 트라이어드 (triad)

"내 아버지의 집으로 장사하는 집을 만들지 말라 하시니." _요 2:16

유대인들은 당시 로마의 식민 통치 아래 살고 있었고, 그래서 로마의 화폐를 사용해야만 했습니다. 당시 로마의 동전에는 로마의 황제 카이사르의 초상이 새겨져 있었습니다. 따라서 유대인들이 성전에 갈 때, 그들은 증오하는 로마의 동전 대신에 자기들의 동전인 '세겔'로 환전해야 했습니다. 성전에서 드릴 희생 제물들도 마찬가지였습니다. 유대 종교의식을 위해서 정결한 동물들을 사서 드려야 했습니다. 그러므로 성전 주변에 있던 환전상과 제사용 동물들을 판매하는 사람들의 행위는 합법적이었습니다. 문제는 그것이 합법적인지 불법적인지에 있지 않았습니다. 성전이 시장터가 되었다는 것이 문제였습니다. 성전은 원래 기도의 집이어야 했습니다. 그런데 쇼핑몰이 된 것입니다.

그때 성전에서 일어났던 일이 지금 많은 종교 기관에서 일어나고 있습니다. 무슨 일이 일어나고 있습니까? 궁극적으로 세 가지, 즉 '경건'과 '상업적 이득'과 '정치'가 함께 어울리게 되었습니다. 이 세 가지는 처음에는 제각기 흐르는 시내였습니다. 하지만, 나중에는 자연히 합류하여 하나의 커다란 강물을 이루게 됩니다. 경건과 이익과 정치를 분리하기가 쉽지 않게 되었습니다. 달리 말해, 교회와 사업과 국가가 서로 깊숙하게 연관되었다는 것입니다. 종교적 운동이나 종교적 기관이 자체의 안전을 위해 머리를 쓰기 시작하면, 자신의 힘과 권력과 특권을 확보하기 위해 장난질을 하기 시작하면, 부패와 몰락이 자리를 잡기 시작할 것입니다. 이 일에 대해 깊이 생각해보십시오. 그리고 이런 일이 우리에게 일어나지 않도록 기도하며 노력해야 할 것입니다.

『생명의 복음』

오늘날의 성전 청결

"이것을 여기서 가져가라 내 아버지의 집으로 장사하는 집을 만들지 말라." _요 2:16

장사꾼들을 성전 바깥으로 몰아내셨던 예수님은(요 2:14-16) 옛 성전을 대신해서 새롭게 세우신 성전에 오셔서 "너희는 첫사랑을 버렸다. 회개하라. 너희가 처음에 했던 일들을 하라."라고 요한계시록(계 2:4-5)에서 말씀하신 예수님과 동일한 분이십니다.

예수님은 그때 하신 일을 지금도 하십니다. 예수님은 지금도 하나님의 집에 오셔서 하나님의 집을 깨끗하게 청소하십니다. 예수님은 우리 가운데로 걸어오십니다. 그분이 무엇을 보겠습니까? 이제는 더 이상 환전상이나 짐승의 제물을 파는 사람들이 아닙니다. 그분이 보시는 것은 첫사랑을 버린 사람들, 그분과 더 이상 연락이나 접촉이 없는 사람들, 운동을 그만두고 이제는 제도권에 묶인 사람들, 아니면 화석화되어 기념비가 되어버린 그리스도인들입니다. 이와 같은 모든 사람에게 그리스도께서 말씀하십니다. "너희가 너희 첫사랑을 버렸도다. 너희가 떨어져 나온 그곳을 기억하라. 회개하라. 처음 했던 일들을 하라."

이것이 오늘날 성전 청결을 수행하는 방법입니다. 교회 안에는 첫사랑을 버린 사람들이 많습니다. 교회 안에는 신앙의 운동 단계를 그만둔 사람들이 많습니다. 교회 안에는 조직원이 된 그리스도인, 화석화된 그리스도인이 많습니다. 사역자들 가운데는 크고 작은 '종교 행상인들'(religious peddlers)이 많습니다. 그들 속에 있는 사랑의 불꽃이 점점 시들어갑니다. 신앙의 열정은 희미해져 갑니다. 이런 일들이 여러분에게 일어나고 있는지 돌아보십시오. 일어나고 있다면 먼저 그분께 돌아가야 합니다.

『생명의 복음』

어느 교회가 가장 사랑받을까?

"교회는 그의 몸이니 만물 안에서 만물을 충만하게 하시는 이의 충만함이니라."_엡 1:23

교회를 광고하는 교계 신문들을 들여다보며 이런 생각을 해봅니다. "하나님은 어떤 교회를 가장 사랑하실까?"

• 장로교회? 감리교회? 순복음교회? 성결교회? 침례교회?

하나님은 지금 자기로부터 가장 멀리 떨어져 나간 교회를 찾아다니시는 것은 아닐까요? 왜냐고요? 하나님은 99개의 정통 교회를 잠시 내버려 두고, 길을 잃어버리고 방황하는 한 교회를 찾아 나서시는 분이기 때문입니다. 그런데 이런 질문을 하는 것으로 보아, 우리도 길을 잃고 이상한 트랙에 서 있는 선수가 아닌지 모르겠습니다.

하나님의 사랑은 이런 교회 모두를 포용하십니다. 우리는 많은 교회를 외형적으로 보지만, 하나님은 오로지 한 교회만 보고 계십니다. 하나님이 보고 계신 한 교회가 어떤 교회입니까? 하나님이 그토록 지극정성으로 사랑하시는 그 교회는 어떤 교회입니까? 수많은 교단 사이에 널리 흩어져 있는 '하나의 교회', 지구에 두루 퍼져 있는,

'하나의'(unity),
'거룩하고'(holy),
'보편적이고'(catholic),
'사도적인'(apostolic)

교회입니다. 바로 이 교회가 하나님이 사랑하시는 교회입니다! 바로 이 교회가 지옥의 종을 울리는 당당한 교회이며, 지옥에 공포를 주는 권세 있는 교회입니다.

『통일의 복음』

성전을 깨끗하게 지키라

"너희 몸이 그리스도의 지체인 줄을 알지 못하느냐!" _고전 6:15

하나님의 백성으로서 적절하지 못한 일들이 있습니다. 예를 들어, 성적 부도덕(음행), 온갖 더러운 일, 탐욕과 같은 것들이 있는데, 심지어 그런 것에 대한 어떤 낌새를 느끼게 하는 말이나 행동도 있어서는 안 된다는 것입니다. '음행'(그리스어로 '포르네이아'[porneia])에 대한 언급은 1세기 당시로서는 매우 직설적이고 혁명적인 언급이었습니다. 당시 성 윤리 기준이 매우 낮았기 때문에 그런 행위에 대해 그리 엄격하지 않았습니다. 그러나 기독교는 자기의 배우자가 아닌 다른 사람과 관계 맺는 일을 더럽고 추한 일로 여겼습니다. 그들은 하나님의 거룩한 백성으로서 구별된 삶을 살아야 하기 때문이었습니다. "온갖 더러운 일들"(그리스어로 '아카타르시아 파사'[akatharsia pasa])은 말, 행동, 생각, 모양새, 갈망 등의 더럽고 음란한 장면들을 연상시키는 모든 행위를 가리킵니다. 하이델베르크 신앙교육문답서는 제7계명(41번째 주일)을 다루면서 묻고 대답합니다.

질문: 하나님은 일곱 번째 계명을 통해 오직 간음과 같이 불미스러운 죄들만을 금지하신다는 말입니까?

대답: 우리의 몸과 영혼은 성령이 거하시는 성전입니다. …… 그러므로 하나님은 행동으로든지, 표정으로든지, 말로든지, 생각으로든지, 간절한 바람으로든지 혹은 깨끗하지 못한 모든 일을 금지하십니다.

사도 바울은 외설과 음란과 어리석은 말과 상스럽고 추잡한 농담과 희롱에 빠져드는 사람들에게 엄하게 경고합니다(엡 5:4). 하나님의 백성은 그런 부패하고 더러운 행동에 절대 참여해서는 안 됩니다.

『통일의 복음』

개혁교회 신자들의 신앙: 성경에 대해서

"모든 성경은 하나님의 감동으로 된 것으로" _딤후 3:16

개혁교회의 신자들은 성경을 매우 중요시하는 사람들입니다. 개혁교회의 교인으로서 우리는 성경을 진지하게 다루며 그 중요성을 심각하게 생각합니다. 우리는 성경이 우리로 하여금 하나님에 대해, 또한 하나님께서 우리와 이 세상을 다루어 가시는 방식에 대해 마땅히 알아야 할 모든 것을 가르친다고 믿습니다.

성경을 하나님의 목소리로 받아들이는 개혁교회 신자들은 성경의 권위에 관해 다른 전통의 그리스도인들과 동일한 목소리를 낼 것입니다. 그들은 성경을 해석하는 일에 있어서 남다른 열정과 노력이 필요하다고 생각하는 사람들입니다. 그래야 최초의 청중이 들었던 방식대로 우리도 그 메시지를 들을 수 있다고 믿기 때문입니다.

우리는 성경을 단순히 자기들이 믿는 신앙을 증명해 주는 증거의 본문으로 사용하는 것을 좋아하지 않습니다. 심지어 자신의 신앙적 입장을 변호하거나 지지해 주기 위해 성경을 사용하는 것을 좋아하지도 않습니다. 그런 방식으로 성경을 사용해서는 안 된다고 믿기 때문입니다.

우리는 성경에 잘 드러나 있는 하나님의 동작 하나하나를 세심하게 살피면서도 그분이 걸어가고 있는 큰 발자국들, 큰 동작들을 찾습니다. 성경 전체를 관통하는 큰 이야기(Grand Story)를 찾는 사람들이라는 뜻입니다. 그리고 모호한 구절들을 성경의 커다란 틀과 빛 아래서 이해하려고 애를 쓰는 사람들이 개혁교회의 신자들이라 할 수 있습니다. 우리는 신약성경만큼이나 구약성경을 사랑하는 사람들입니다. "새것은 옛것 속에 숨겨져 있고 옛것은 새것 안에 드러나 있다."라고 누군가 맛깔스럽게 요약하고 있듯이 말입니다.

『일상, 하나님 만나기』

개혁교회 신자들의 신앙: 은혜에 대해서

"우리가 아직 연약할 때에 …… 우리가 아직 죄인 되었을 때에
…… 우리가 원수 되었을 때에" _롬 5:6, 8, 10

하나님은 인류를 향해 좋은 의도를 갖고 계십니다. 그리고 그런 선한 의도는 우리가 그것을 받을 만한 자격이 도무지 없음에도 불구하고 결코 취소되거나 무효가 되지 않습니다.

하나님은 우리를 사랑하십니다. 아니 우리가 그 사랑에 자그마한 보답이라도 하려고 애쓰기 전에, 이미 그분은 우리를 먼저 사랑하고 계십니다. 달리 말하자면, 우리가 제정신이 아니어서 길을 잃고 헤매다가 하나님을 붙잡을 수도 선택할 수도 없게 되었을 때, 그분은 우리를 선택하십니다. 우리가 그분의 손을 잡은 것이 아니라 그분이 우리의 손을 잡으신 것입니다. 타락한 인류를 구원하시고, 탄식하고 신음하는 피조물을 구속하시고, 회복시키려는 주도적인 행위는 하나님 편에서 시작한 것이지 우리 편에서 시작한 것이 아닙니다. 개혁교회의 신자들은 이 사실을 큰 소리로 다음과 같이 노래합니다. "너희가 믿음을 통하여 은혜로 구원을 받았으니, 이것이 너희에게서 난 것이 아니요, 하나님의 선물이라"(엡 2:8).

하나님 나라는 우리에게 놀라움과 경탄과 감탄을 유발하면서 올 것입니다. 왜냐하면, 하나님 나라는 인간의 손으로 만들어지지 않기 때문입니다. 따라서 우리가 얼마나 영적으로 높이 들려 있느냐 하는 문제는 하나님 나라의 임재와는 아무 상관이 없습니다. 즉, 하나님 나라의 도래는 내가 얼마나 하나님의 신비들을 묵상하고 이해하느냐 혹은 내가 얼마나 성실하게 영적 훈련들을 잘 수행하느냐에 달려있지 않다는 것입니다. 복음은 하나님께서 행하셨고 계속해서 이루실 것에 관한 것이지 우리가 이루고 행하는 일에 관한 것이 아니기 때문입니다.

『일상, 하나님 만나기』

14 October

개혁교회 신자들의 신앙: 하나님과 창조세계에 대해서

"하늘을 창조하여 펴시고 땅과 그 소산을 내시며 땅 위의 백성에게 호흡을 주시며 땅에 행하는 자에게 영을 주시는 하나님 여호와께서 이같이 말씀하시되"_사 42:5

개혁신학은 창조에 대한 광대하고 심원한 견해로 출발합니다. 창조신학에 대한 강조와 이해는 다른 신학적 전통이 그리 강조하지 않거나 간과한 부분으로 개혁신학이 자랑스럽게 내놓을 수 있는 특색입니다. 개혁신학은 하나님이 이 세상을 창조하셨을 뿐 아니라 그것을 붙잡고 계시고 유지하시며, 그것에 필요한 것들을 공급하시고, 무엇보다도 창조의 모든 부분이 각자의 소명과 사명으로 가득하게 채우기를 바라신다고 가르칩니다. 때문에 칼빈은 창조세계를 가리켜 '하나님의 영광을 상영하는 극장'(theatrum gloriae Dei, Theater of God's Glory)이라고 불렀습니다.

개혁교회의 신자들이 이런 억양으로 말한다고 해서 단지 살아 있는 생명체들만을 염두에 두고 하는 말은 아닙니다. 개혁신학이 창조세계 혹은 피조물이라고 말할 때는 사회적 기관과 구조와 제도들을 포함하여 말합니다. 개혁신학은 우리가 살아가는 그런 사회적 구조나 제도들 역시 그것들을 존재하게 하신 하나님의 목적과 소명에 순종함으로써 하나님을 영화롭게 하고 그분께 영광을 돌리게 된다고 가르칩니다. '만유'(萬有)의 창조주로서 하나님은 이 세상을 무한한 가능성의 세상으로 만드셨습니다. 다시 말해, 그 가능성이 점점 펼쳐지고, 발전되고 계발되어 궁극적으로는 창조세계를 향한 하나님의 의도들과 일치되는 방식으로 나아가게 하도록 이 세상을 만드셨다는 것입니다.

그러나 창조에 관해 이렇게 생각하기 위해서, 우리는 먼저 죄에 대한 철저한 이해가 선행되어야 합니다. 죄는 바이러스처럼 창조세계를 감염

시켰습니다. 우리는 우리의 죄악된 방식과 방법을 우리의 사회적 조직과 기관들, 그리고 문화를 구성하고 있는 관습과 습성들 속에 깊이 스며들게 하였습니다. 이것이 우리가 전통적으로 '총체적 부패' 혹은 '전적 타락'이라고 부르는 것입니다.

이러므로 복음의 좋은 소식이 더욱더 좋고 강렬하고 강력해집니다. 왜냐하면, 하나님께서 구속하시는 대상이 단순히 한 개인만이 아니라 온 우주에까지 미칠 정도로 광대하고, 또한 한 개인의 영혼뿐 아니라 인간의 생명과 삶의 모든 영역에까지 이르기 때문입니다.

『일상, 하나님 만나기』

개혁교회 신자들의 신앙:
하나님의 사랑에 대해서

"능히 모든 성도와 함께 지식에 넘치는 그리스도의 사랑을 알고
그 너비와 길이와 높이와 깊이가 어떠함을 깨달아"_엡 3:18-19

하나님의 사랑의 광대함이 엄청나므로 그분께서 감싸시는 팔의 범위 밖에 있는 것은 아무것도 없습니다. 우리의 삶과 활동무대 역시 그분의 팔의 범위 안에 있습니다. 이런 이유로 인해 개혁교회의 신자들은 우리가 사는 사회와 문화 안에서 벌어지고 있는 각종 일들에 대해 지극히 관심을 두게 됩니다.

그렇다면 하나님의 사랑은 얼마나 넓을까? 온 창조세계를 다 포함할 만큼 그분의 사랑은 넓습니다. 하나님의 사랑은 얼마나 깊은가요? 우리의 삶과 우리가 사는 공동체를 세우고 있는 바로 저 밑의 기초까지도 변화시키고 바꾸어 놓을 정도로 깊숙이 내려오셔서 사랑하십니다.

마지막으로 하나님의 사랑은 얼마나 높은가요? 하늘이 땅 위에서 지극히 높은 곳에 있는 것처럼 하나님의 사랑 역시 그렇게 높고 높습니다. 우리는 빈민가의 비천한 존재에서 영화로운 왕궁 속으로 입양된 어떤 어린 아이와 같습니다. 하나님의 사랑의 고귀한 높이 때문에 하나님의 사랑이 궁극적으로 나타나고 증거가 된 실체는 예수 그리스도이십니다. 그는 이 지상으로 내려오셨으며, 십자가에서 죽으셨으며, 지옥에까지 내려가셨습니다.

이것이 개혁교회의 신자들이 반복해서 부르고 또 부르는 장엄한 합창입니다. 이것이 모든 입술과 나라들이 무릎을 꿇고 엎드려 절하며 "예수님은 주님이십니다! 하나님께 영광을 돌려드립니다!"라고, 주의 위대한 날이 도래할 때까지 우리가 힘차게 불러야 할 장엄한 합창입니다.

『일상, 하나님 만나기』

공동체로 대응해야 하는 전투

"우리의 씨름은 혈과 육을 상대하는 것이 아니요 통치자들과 권세들과
이 어둠의 세상 주관자들과 하늘에 있는 악의 영들을 상대함이라." _엡 6:12

그리스도인은 영적 전투에 투입된 군사입니다. 하늘 왕국의 전초기지로, 하늘 나라의 전진기지로 세워진 지상의 교회는 교인을 강력한 군사로 길러야 할 모든 책임과 의무가 있습니다. 훈련소에서 땀을 많이 흘리면 전쟁터에서 피를 적게 흘린다는 말처럼, 하늘 식민지인 지상의 교회는 적과 대치하는 전선이 사방으로 확산하고 있음을 깊이 인식하고, 군사들이 사탄과의 전투에서 승리할 수 있도록 강하게 훈련해야 합니다. 그리스도인들은 자신들이 싸워야 할 대적과 적군이 누구인지, 전략이 무엇인지, 자신들이 가진 무기와 화력이 얼마나 되는지를 점검해야 할 것입니다. 겁쟁이나 소심한 사람으로 구성된 오합지졸을 가지고는 영적 전투에서 승리할 수 없습니다.

영적 전쟁에서 우리가 싸워야 할 대상은 사람이 아닙니다. 이 세상을 장악하고 뒤에서 조종하는 악한 영들입니다. 마귀와 사탄은 분명히 인격적인 영물입니다. 따라서 그들은 그리스도인 각자에게 개별적으로 접근해 공격합니다. 인간관계를 통해, 어떤 사건을 통해, 혹은 마음의 습관을 통해 공격을 시도하기도 합니다. 또한, 개인적 측면을 넘어 사회적, 공동체적으로도 공격을 가합니다. 시대정신(Weltgeist)으로 혹은 구조 악(structural evil)으로 변장하여 나타날 수 있습니다. 어쨌든 우리는 깨어 있어야 합니다.

영적 전쟁은 개인적인 차원에서가 아니라 공동체적 차원에서 대응해야 한다는 것을 잊지 맙시다. 어느 전쟁도 혼자 치르는 전쟁은 없기 때문입니다. 사도 바울이 말하는 영적 전쟁은 어떤 개인 신자로 국한된 것이 아니라, 교회 공동체로서 치러야 할 영적 전투입니다.

『통일의 복음』

교회의 삼위일체: 그리스도인, 제자, 증인

"오직 성령이 너희에게 임하시면 너희가 권능을 받고 예루살렘과
온 유대와 사마리아와 땅 끝까지 이르러 내 증인이 되리라 하시니라." _행 1:8

증인이 되어 증언하는 일은 우리가 부르심을 받은 유일한 목적이며 사명입니다. 증인이 되는 일은 우리가 해야 할 여러 가지 일 중의 하나가 결코 아닙니다. 그리스도인은 증언함으로써 존재합니다.

- 태움으로써 불이 존재하듯이
- 불어옴으로써 바람이 존재하듯이 말입니다.
- 증언하는 일이 없으면 그리스도인도 없습니다.
- 태우지 않는 불? 불지 않는 바람? 증언하지 않는 그리스도인?

성경의 '증인' 혹은 '증언'이라는 단어는 법정에서 사용하는 용어에서 유래하였습니다. 법정에서는 항상 사건의 진실 혹은 문제의 진상을 찾으려 합니다. 그리고 사건의 진상은 결정적으로 신실한 증인들에게 달렸습니다. 두 눈과 귀로 친히 듣고 본 사람들, 즉 목격자라고 부르는 사람들이 바로 증인입니다.

- 교회는 그리스도를 위하여 증언하고자, 그 유일한 존재 이유를 가진 사람들의 모임입니다.
- 여러분이 증언하라는 그 부르심에 대해 '아니오'라고 말한다는 것은, 예수님의 무리로부터 스스로 탈퇴하겠다는 것입니다.

왜냐하면, 예수님의 무리는 기꺼이 그리스도를 위해 이 세상의 법정 증언대에 서겠다고 선서한 사람들로 구성되어 있기 때문입니다.

『아버지를 떠나 자유를』

믿음은 공교회적인 인식 성장이 동반되어야 한다

"거룩한 공회와 성도가 서로 교통하는 하는 것을 믿습니다."_〈사도신경〉

일반적으로 교인들은 개척교회에 출석하는 것을 꺼립니다. 물론 이유가 없는 것은 아닙니다. 그들은 종종 자녀 때문이라고 말합니다. 자체 교회당이 있고, 인적 자원이 풍부한 교회에 가면, 교육 프로그램 역시 잘되어 있어서 자녀의 영적 성장에 도움이 된다는 것입니다. 성인들 역시 자신들의 필요를 그런 교회에서 채울 수 있다고 생각합니다. 그리고 그런 교회에 다니는 것을 명예나 특권 비슷하게 생각하고 긍지를 느끼기도 합니다. 우연히 이런 교인들을 만나는 개척교회의 목사는 참으로 큰 비애를 느끼게 됩니다. 그러다 보니 괜찮은 교인 한 명이라도 출석해 주면 여간 감사하고 기쁘지 않을 수 없습니다.

이런 점에서 조국 교회는 공교회적인 인식에서 좀 더 성장해야 할 필요가 있습니다. 모든 교회가—큰 교회이든, 작은 교회이든, 도시 교회든, 산간벽지의 교회든—함께 하나님 나라의 사역자로 부르심을 입었다는 의식이 있었으면 좋겠습니다. 이웃 교회는 결코 사각(四角)의 링에서 사투하는 경쟁 상대가 아닙니다. 비록 교단과 교파를 달리한다 하더라도 말입니다. 목회자들에 대한 따뜻한 배려와 동반자 의식, 특별히 어려운 처지에 있는 연약한 교회들과 그 사역자들에 대한 영적, 정서적, 물질적 관심이 필요한 때입니다. 그리고 이러한 그리스도적 성품들이 그리스도인들의 몸에 배도록 함께 깨우치고 배워나가야 할 필요가 있습니다.

개척교회 목사들의 애환을 진정으로 이해할 수 있는 넓은 아량과 애정이 있을 때, 조국 교회의 장래는 좀 더 밝아질 것입니다. 강한 자가 약한 자의 짐을 덜어주는 것은 마땅한 일입니다.

『정의와 평화가 포옹할 때까지』

'통일성'(unity)과 '획일성'(uniformity)

"각각 은사를 받은 대로 하나님의 여러 가지 은혜를 맡은
선한 청지기같이 서로 봉사하라." _벧전 4:10

'통일성'(unity)과 '획일성'(uniformity)은 달라도 아주 다릅니다. 전자는 다양성을 이루면서 모든 개체가 조화롭고 사이좋게 공존해서 큰 평화의 그림을 보여주는 상태를 말합니다. 자유로우면서도 질서 있는 상태입니다. 그러나 후자는 전횡을 일삼는 전제 군주 아래서 이루어지는 일사불란한 모습입니다. 북한의 십만 군중이 평양 능라도 운동장에서 펼치는 아리랑 공연을 연상하면 좋을 것입니다. 이만 오천 명이 펼치는 카드섹션과 나머지 칠만 오천 명이 함께 연출하는 집단 체조와 예술 공연은 결코 통일성이 아니라 광기 어린 획일성의 표출일 뿐입니다.

교회는 다양한 은사를 가진 사람들로 구성되어 있습니다. 현악기, 금관 악기, 목관 악기, 타악기를 비롯한 크고 작은 다양한 악기들로 구성된 오케스트라를 연상해보십시오. 단원들은 악보와 각각의 악장과 지휘자의 인도에 따라 각자의 소리를 냅니다. 너무 커도 안 되고, 너무 작아도 안 됩니다. 작곡가가 의도한 화음이 전체적으로 드러나게 하려면 우선 자신을 통제하고 조절하고 절제해야 합니다. 나와야 할 때 나오고, 들어가야 할 때 들어가야 합니다. 이처럼 교회 안에도 다양한 직분이 있습니다. 주일학교 교사, 성가대원, 장로, 권사, 집사, 음향 시설 담당자, 안내 위원, 설교자, 차량 관리원, 식당 봉사자 등 모두가 교회의 주인이시며 영원한 마에스트로이신 그리스도의 지휘 아래 하나님의 악보를 연주하도록 부르심을 받았습니다. 교회 내 직분은 결코 세속적 의미의 계급이 아닙니다. 계급이 아니기 때문에, 다른 교인들 위에 군림하거나 세를 부려서도 안 됩니다. 모든 직분은 주인이 지정하고 맡겨주신 일입니다.

『통일의 복음』

보지도 듣지도 못하는 파수꾼들

"이스라엘의 파수꾼들은 맹인이요 다 무지하며 벙어리 개들이라." _사 56:10

지도자들은 자신의 이익을 위해 공동체를 이용해서는 안 됩니다. 파수꾼과 경계병에게는 날카로운 눈과 귀가 필요합니다. 그러나 이사야 선지자 당시 이스라엘의 지도자들은 불행하게도 앞을 못 보는 장애인들이었습니다. 개념도 없고 아둔하고 무지하여서 지도자로서의 자격이 없는 이들이었습니다. 예언자는 이스라엘의 지도자들을 벙어리 개들, 짖지도 못하는 개들이라고 질타했습니다(사 56:10). 이렇게 타락한 지도자들로 말미암아 이스라엘은 억울한 일들로 무고한 사람들이 죽어가도 눈 하나 깜작하지 않는 사회가 된 것입니다. 영적 감각을 상실한 사회가 된 것입니다.

이것은 지도자들만의 문제는 아닙니다. 백성도 마찬가지입니다(사 57:3-13). 외형적으로 그들은 하나님의 선택받은 자들이고 제의 행사에는 열심을 내었지만, 실제 마음으로는 우상숭배자들이었습니다. 물론 잘못된 우상숭배나 이단에 빠져 사는 일도 많은 에너지와 돈과 시간이 필요합니다. 그래도 그들은 "길이 멀어서 피곤할지라도 헛되다 말하지 아니하였습니다." 그 우상들을 섬기느라 '힘이 살아났기' 때문이었습니다.

이제 하나님께서 몰지각하고 파렴치한 지도자들과 어리석은 우상숭배자들(백성)을 손보시겠다고 하십니다. 그렇습니다. 정의로우신 하나님은 반드시 당신의 정의를 시행하실 것입니다. 그러므로 조심하십시오. 하나님께서 더 이상 잠잠히 가만히 계시지 않을 날이 올 것입니다. 그날이 언제일지는 아무도 모릅니다.

『이사야서 묵상』

부정(不淨)한 땅에서 하나님을 만나기

"웃시야 왕이 죽던 해에 내가 본즉 주께서 높이 들린 보좌에 앉으셨는데"_사 6:1

예언자 이사야가 활동하던 당시 유다에는 웃시야라는 위대한 왕이 있었습니다. 그의 통치 기간에 유다 왕국은 외세로부터 독립을 누렸습니다. 나라는 강성했고 경제 역시 나쁘지 않았습니다. 종교적 열정은 하늘을 찌를 듯이 높았고 예루살렘 성전은 언제나 순례자들로 문전성시를 이루었습니다. 그러나 현미경으로 예루살렘 주민들의 삶을 들여다보면 이야기는 달라집니다. 사회 전반에는 부정부패가 만연했으며 사회지도층 인사들과 종교지도자들의 권력남용과 종교적 조작행위는 도를 넘어섰습니다. 정의로워야 할 하나님의 도시에는 불의와 폭력이 난무했으며 하나님의 백성의 삶에는 언약백성다운 흔적을 찾아보기 어려웠습니다. 엎친데 덮친 격으로 어느 날 위대한 왕 웃시야가 서거합니다. 정국은 패닉 상태였고 국가의 앞날은 어두웠습니다. 주변 강대국인 앗시리아의 군사적 영향력 아래 편입되기 일보 직전이었습니다. 바로 이때 이사야는 하나님의 부르심을 받게 됩니다.

지상의 왕이 죽었을 때 그는 하늘의 성전에 계시는 천상의 왕을 보게 됩니다. 천상의 존재들이 서로에게 화답하면서 "거룩하다! 거룩하다! 거룩하다!"라고 노래할 때 이사야는 거룩한 두려움으로 전율하였습니다. 비로소 그는 자신이 얼마나 더럽고 추한 존재인지를 알게 됩니다.

이처럼 하나님을 만나는 '경험'을 한다는 것은 어떤 외형적이고 감각적인 황홀 상태에 들어가는 것을 의미하지 않습니다. 하나님의 무한한 거룩성 앞에 자신이 얼마나 죄인인지를 알게 되는 것을 말합니다. 부패한 예루살렘에 필요한 종교는 바로 이런 것이었습니다.

『이사야서 묵상』

생명의 떡, 생명의 길

"내가 곧 생명의 떡이니라." _요 6:48

광야에서 토라(말씀)가 주어졌다는 사실은 우리에게 시사하는 바가 많습니다. "무엇을 먹을까? 무엇을 마실까? 무엇을 입을까?"를 걱정하기에 최적의 장소가 광야가 아니겠습니까? 이방인들이 구하는 이런 질문들이 (마 6:31-32) 반복적으로 제기되는 곳이 광야였습니다. 이런 광야에서 토라가 이스라엘 백성에게 주어졌다는 것은, 광야야말로 누가 진정으로 하나님의 백성이고, 누가 이방인인가를 결정짓는 곳이라고 말하는 것입니다.

이곳에서 하나님의 백성은 '사람이 떡으로만 사는 것이 아니라 하나님의 입으로부터 나오는 모든 말씀으로 사는 줄'을 배워야 합니다. 토라야말로 하나님의 백성의 진정한 경건을 구성하는 원리이기 때문입니다.

조국 교회는 '토라-경건', '토라-영성'을 회복해야 합니다. 또한, 토라를 광야에서 받았다는 것은 토라야말로 길이 없는 곳에 '길'을 보여주고, '길'을 안내해 준다는 뜻입니다. 길을 잃어버리고 방황하는 조국 교회에 길을 보여주고 길을 안내해 주는 것은 오직 토라밖에 없다는 사실을 기억해야 합니다.

"내가 곧 길이요 생명이다."라고 말씀하신 하나님의 진정한 토라, 예수 그리스도를 우리는 압니다. 우리는 하나님의 말씀에 전적으로 순종하여 사신 그리스도를 우리의 주님으로 고백하는 자들입니다. 우리는 그리스도를 통하여 나타난 하나님 나라와 하나님의 의를 추구해야 합니다(마 6:33). 하나님의 정의와 공의로 다스리는 나라를 갈망하는 그리스도인과 교회들, 그리고 진리와 진실을 추구하도록 부르심을 받은 사역자들과 신앙 공동체, 이런 하나님의 백성이 있을 때 조국 교회의 앞날은 절대 어둡지만은 않을 것입니다.

『아버지를 떠나 자유를』

성공하라고 부르신 것이 아니라
복이 되라고 부르신 것

"아브라함은 강대한 나라가 되고
천하 만민은 그로 말미암아 복을 받게 될 것이 아니냐?" _창 18:18

유진 피터슨은 그의 책에서 얼마나 많은 교회가 하나님의 부르심의 본질인 '복의 통로'이기를 포기하고 오히려 '성공의 중심부'가 되기를 추구하는지 말하고 있습니다. 그는 말하기를 이러한 교회들은,

- 좀 더 많은 고객(교인)을 유치하는 일에 집착하고 있으며,
- 그들의 고객(교인)의 마음에 행복감을 주려는 일에만 신경을 쓰고 있으며,
- 어떻게 하면 고객(교인)이 다른 경쟁자(다른 교회!)에게 가지 않도록 할까 전전긍긍하고 있으며,
- 어떻게 하면 상품을 잘 포장하여 고객들이 돈을 좀 더 많이 쓰도록 할까 고민하는 데 온갖 노력을 아끼지 않고 있다는 것입니다.

너무도 슬픈 현상입니다. 참으로 우리 교회들이 회개해야 할 실질적 문제입니다.

- 하나님이 우리를 그리스도인으로 부르셨을 때는, '성공'하라고 부르신 것이 아닙니다. 하나님이 우리를 그리스도인으로 부르셨을 때는, '복'이 되라고 부르신 것입니다.
- 하나님이 교회를 부르셨을 때는, 우리가 '성공'이 되라고 부르신 것이 아닙니다. 하나님이 교회를 부르셨을 때는, 우리가 '복'이 되라고 부르신 것입니다.

"너를 통하여, 너를 인하여, 네 덕분에 세상의 모든 사람이 복을 받게 될 것이다!" 이것이 하나님이 우리를 선택하신 이유입니다.

『뒤돌아서서 바라본 하나님』

평화와 통일을 위한 징집(徵集) 나팔 소리

"하늘에 있는 것이나 땅에 있는 것이
다 그리스도 안에서 통일되게 하려 하심이라." _엡 1:10

만유의 통일은 하나님의 선물인 동시에 인간의 사명이기도 합니다. 하나님은 그리스도를 통해 이 세상을 지배하는 영들의 무장을 해제하시고, 평화의 복음으로 천하를 통일하셨습니다. 그러므로 그분의 새로운 백성이 된 그리스도인들에게는 평화와 화해의 복음을 들고 먼저 그들끼리 하나 됨을 만방에 보여야 할 사명을 받았습니다.

우리는 분열이 있는 곳에 통일을, 다툼이 있는 곳에 화해를, 갈등이 있는 곳에 사랑을, 불의가 있는 곳에 정의를, 불신이 있는 곳에 믿음을, 상처가 있는 곳에 치유를, 분쟁이 있는 곳에 평화를 만들어가는 의의 전사(戰士)들로 부름을 받았습니다.

한국 교회와 사회에는 극복해야 할 많은 장애물이 있습니다. 반목과 독선, 허세와 위선, 분열과 파당, 분리와 갈등 같은 괴물들이 교회와 사회를 병들게 하고 있습니다. 그리스도를 주님으로 고백하는 교회라면, 모든 것이 그리스도 안에서 통일되어야 함을 믿어야 합니다. 그러므로 그리스도인들은 개인적, 교회적, 사회적, 국가적, 우주적 차원에서 만유의 통일을 가로막고 있는 모든 세력에 대항하여 분연히 일어나 싸워야 할 것입니다. 이것이 우리에게 주어진 영적 전투입니다. 이런 의미에서 에베소서는 매우 실질적인 영적 전투에 임하라는 소집 나팔 소리입니다.

『통일의 복음』

하나님의 얼굴이 드러나는 때

"주는 기사를 옛적에 정하신 뜻대로 성실함과 진실함으로 행하셨음이라."_사 25:1

'성실과 진실'은 구약성경에서 언제나 언약적인 용어로 사용됩니다. 즉, 하나님은 자기 백성과 맺은 언약에 대해 항상 신실하고 진실하게 지키신다는 뜻입니다. 이사야 25장은 우리에게 하나님의 '성실과 진실'이 언제 어떻게 나타나는지 노래하고 있습니다.

첫째, 정의가 실현될 때 하나님의 성실하심과 진실하심이 드러나게 됩니다(사 25:2-3). 하나님께서 이 세상의 모든 악한 자와 포악한 사람들, 불의를 저지르는 나라들을 심판하실 때 우리는 하나님은 언약에 신실하시고 진실하신 분이라고 고백하게 됩니다. 하나님은 반드시 자기 백성의 쓰라린 눈물들을 씻어주실 것입니다.

둘째, 사회적 약자들이 보살핌을 받게 될 때 하나님의 성실하심과 진실하심이 드러나게 됩니다(사 25:4-5). 하나님은 빈궁하고 가난한 자를 보살펴주시는 요새이시며, 그분은 세상에서 자기의 자녀들을 각종 포악과 강포와 폭력으로부터 보호하시는 후견인이시고, 연약한 자들에게는 변호인이시며, 억울한 자에게 공정한 판결을 내려주시는 의로운 재판장이십니다.

죄로 인한 고난과 환난의 시간이든, 이유도 모른 채 어려움을 겪든 혹은 일이 이상하게 꼬여서 고단한 삶을 살게 되든지 우리 신자들은 하나님을 기다려야 합니다. 기다릴 줄 아는 사람이 하나님을 신뢰하는 사람입니다. 아니 하나님을 신뢰하는 사람만이 하나님의 오심을 기다립니다. 언약에 신실하신 하나님은 반드시 그분의 시간에 우리를 찾아오실 것입니다. 구원에 대한 믿음과 희망은 그런 기다림으로부터 시작됩니다(사 25:9).

『이사야서 묵상』

복음, 생명과 죽음에 관한 서술

"그리스도 예수 안에 있는 생명의 성령의 법이
죄와 사망의 법에서 너를 해방하였음이라." _롬 8:2

- '영(靈) 안에 있는 것'과 '도덕적인 것'을 혼동하지 마십시오.
- 복음을 도덕이나 윤리적 가르침으로 환원 축소시키지 마십시오.
- 교회를 '해야 할 것'과 '해서는 안 될 것'을 여러분에게 말해주는 학교로 축소하지 말아야 합니다.
- 교회의 사명을 기껏해야 사람들에게 선과 악의 차이점을 가르치는 정도로 축소하지 말아야 합니다.

교회의 사명은 복음(福音, Gospel)을 선포하는 것입니다.

- 복음은 생명에 관한 것입니다. 죽은 이들을 위한 생명입니다.
- 복음은 희망에 관한 것입니다. 희망 없는 이를 위한 희망입니다.
- 복음은 죽은 사람들 안에 자기의 영을 집어넣어 그들을 살리시는 하나님의 일에 관한 것입니다.
- 복음은 성 금요일과 부활의 일요일에 관한 것이며, 그리스도와 함께 죽고 그리스도와 함께 살아나는 일에 관한 것입니다.
- 복음은 그리스도의 영이 우리 안에 살게 하는 것이며, 그리스도의 생명이 우리 안에 살게 하는 것입니다.
- 복음은 착하게 사는 것과 악하게 사는 것에 관한 것이 아닙니다.
- 복음은 도덕적인 문제와 비도덕적인 문제에 관한 것이 아닙니다.
- 복음은 죽음과 생명에 관한 것입니다.

『십자가의 복음』

복음의 난청지대에서 주님의 음성 듣기

"아이 사무엘이 엘리 앞에서 여호와를 섬길 때에는
여호와의 말씀이 희귀하여 이상이 흔히 보이지 않았더라." _삼상 3:1

오늘날 교회의 사명은 점차 쇠퇴 혹은 퇴보하는 것처럼 보입니다.

- 고객들의 필요와 요구에 부응하는 일이 본업이 되고 말았습니다.

그런데 바로 이런 사실에 대해 복음은 "절대로 그럴 수는 없다!"라고 외칩니다. 왜냐하면, 우리의 요구와 필요를 결정하는 분은 우리가 아니라 하나님이시기 때문입니다. 복음은 우리에게,

- 철저하게 자기중심적인 요구와 필요를 포기하라고 요청합니다.
- 우리 자신의 전적 주권을 포기하라고 촉구합니다.
- 우리의 삶에 대한 그리스도의 주권을 인정하라고 요구합니다.

누군가가 잘 지적했던 것처럼, 현대의 복음주의 운동은,

- 분노하지 않는 하나님을 설교하되,
- 십자가 없는 그리스도를 통해
- 죄에 대한 언급이 없이 사람을 인도하여
- 심판에 대한 언급 없이 하나님 나라로 데리고 들어갑니다.

현대 복음주의 운동을 보면, 불행하게도 진정 중요한 문제들은 별 볼일 없는 사소한 문제가 되어버렸고, 별로 중요치 않은 일들은 가장 중요한 관심 사항들이 되고 말았습니다. 데이비드 웰스(David F. Wells)는, 우리 세대는 하나님의 부르심에 대해 점점 더 귀먹어 가고 있다고 했습니다. 마치 엘리 시대의 사람들이 그랬던 것처럼 말입니다.

『뒤돌아서서 바라본 하나님』

28 October

새로운 인종은 거짓말하지 않는다

"이새의 줄기에서 한 싹이 나며 그 뿌리에서 한 가지가 나서 결실할 것이요 …… 그의 귀에 들리는 대로 판단하지 아니하며 …… 공의로 가난한 자를 심판하며 정직으로 세상의 겸손한 자를 판단할 것이며"_사 11:1, 3, 4

만일 세상처럼 교회 안에도 인간이 다른 인간을 향하여 대적하고 적대시하는 악들이 존재한다면 어찌해야 한단 말입니까? 자만, 이기심, 질투, 불신, 악성 소문내기, 탐욕, 사람 차별과 같은 악들이 교회 안에도 있다면 어찌해야 한단 말입니까?

기독교인 정치가들이 원칙도 없이 불의하게 정치한다면, 기독교인들이 사업하면서 불순하게 한다면, 기독교인들이 직장에서 일하면서도 게으르게 한다면, 기독교인들이라고 스스로 말하면서도 다른 사람들과의 사회적 관계가 순결치 못하고 시기로 가득 차 있다면, 기독교인들의 삶의 목표가 고상하지 못하다면 어찌해야 한단 말입니까?

만일 기독교인들이 우리 시대의 커다란 악들과 불의들을 극복하려는 노력에 지도적 역할을 하는 대신에 뒤에 처져 서 있기만 한다면 어찌해야 한단 말입니까? 만일 그리스도를 따르는 이들이 오늘날의 세상을 병들게 하는 원인의 일부분이 된다면 어찌해야 한단 말입니까? 그렇다면 그런 기독교인들과 교회는 복음에 대해 거짓말을 하는 것입니다. 그리스도의 제자 중 하나가 다른 인간에 대해 저지르는 모든 죄-그것이 태도이든 말이든 행동이든 상관없다-는 아직 믿지 않는 사람들의 마음속에 복음의 진리에 대해 반대하려는 조건과 이유가 됩니다.

기독교 공동체는 '새로운 인종'이라는 말을 모든 사람에게 분명하게 들어야 합니다. 다시 말해서 교회 공동체는 의로우신 왕 예수님에 의해 선을 위하여 근본적으로 변화된 새로운 인종 집단이어야 합니다. 만일 모든 사람에게 그렇게 보이지 않는다면, 믿지 않는 사람들은 그들의 불신을 정당화하려고 할 것입니다.

『장막 치시는 하나님을 따라서』

위험한 환상가들

"이에 그들이 큰 소리로 부르고 그들의 규례를 따라
피가 흐르기까지 칼과 창으로 그들의 몸을 상하게 하더라."_왕상 18:28

본회퍼는 그의 소책자 『*Life Together*』를 통하여 교회가 교회 안에 있는 이상한 환상가들을 조심해야 한다고 말합니다. 그 이유는 다음과 같습니다.

- 이런 환상가들은 자신들이 꿈꾸는 공동체와 기독교 공동체를 혼동시키기 때문입니다.
- 이런 환상가들은 종종 자신들의 환상과 꿈으로 교회 공동체를 분열시키기 때문입니다.
- 이런 환상가들은 교회를 자신들의 프로그램에 투입시키기 때문입니다.
- 이런 환상가들은 그가 사랑하고 섬기도록 부르심을 받은 공동체 이상으로 자신의 프로그램을 사랑합니다.
- 이런 환상가들은 자신의 프로그램의 성패에 따라 교회의 건강과 질병을 진단합니다.
- 이런 환상가들은 자신의 프로그램이 사람들을 하나로 묶을 수 있다고 착각합니다.

그러나 자신의 프로그램이 반대에 부딪히거나, 자신의 방식대로 일들이 되어가지 않거나, 그가 꿈꾸던 환상이 무참히 깨어지거나, 신앙 공동체가 산산이 조각 날 때, 그들은 주님의 이름으로 반대 세력을 몰아내거나, 아니면 새로운 공동체를 조직합니다.

이런 파괴적인 환상가들은 위험천만한 사람들입니다.

『장막 치시는 하나님을 따라서』

지속 불가능한 사회 증상들

"너희가 사망과 더불어 세운 언약이 폐하며 스올과 더불어 맺은 맹약이 서지 못하여 넘치는 재앙이 밀려올 때에 너희가 그것에게 밟힘을 당할 것이라."_사 28:18

지금도 그렇지만 이사야 선지자 당시의 예루살렘 안에도 "우리는 결코 몰락하지 않을 거야!"라며 호통을 치며 사는 권력가들이 있었습니다. 그들은 하나님에 대해서도 빈정대는 조롱 섞인 말을 내뱉는 불경건한 자들이었습니다. 그들은 "우리는 이미 죽음과 상호보호조약을 맺었거든! 그러니 재앙과 불행이 결코 우리를 덮치지 못한다고!"라며 냉소적으로 말하는 자들입니다. 자신들의 권력과 힘을 믿고 하나님을 우습게 여기는 오만불손한 자들입니다. 그들은 거짓과 사기로 자신들을 위한 보호막과 은신처를 삼았습니다. 그들의 입에는 언제나 거짓과 허위와 위증과 기만이 진을 치고 있었습니다. 그런 부패한 언어와 행동으로, 그들은 자신들의 집과 미래를 건축하였습니다. 외형적으로 볼 때, 그들은 성공한 사람들이었습니다. 비록 부정한 방법이었지만 재물도 모았고, 간사한 방식으로 권력의 사다리를 올라 정상에 서게 되었습니다. 대부분의 사람에게 선망의 대상이 되었습니다. 보통 사람들은 겉으로는 그들을 욕하고 비난했지만 속으로는 그들을 부러워했습니다.

제어장치가 풀린 자동차처럼 예루살렘은 멸망으로 치닫고 있었습니다. 그 사회 안에는 정의니 공의니 하는 용어는 이미 사라진 지 오래되었습니다. 아무도 그런 말을 화두로 삼지 않습니다. 그저 성공과 번영, 권력과 돈, 주식과 투자, 출세와 명예 같은 용어들이 흔해빠진 대화 주제들이었습니다. 그런 사회와 나라가 오래 지속될 수 있을까요? 그 사회를 떠받치고 있는 기초가 단단할까요? 혹시 거품 가정, 거품 교회, 거품 학교, 거품 사회, 거품 국가는 아닌가요? 거품이 빠지면 텅 빈 실체만 보이는 흔들거리는 사회는 아닌지요?

『이사야서 묵상』

참 환상가들

"엘리야가 모든 백성을 향하여 이르되 내게로 가까이 오라 백성이 다 그에게 가까이 가매 그가 무너진 여호와의 제단을 수축하되"_왕상 18:30

참 환상가는 결코 자신의 계획이나 프로그램을 갖고 있지 않습니다. 참 환상가는 항상 원래의 프로그램으로 돌아가려 합니다.

한 예로, 종교개혁자 칼빈이 그러했습니다. 칼빈은 회복자였습니다. 잘못된 것을 다시 원래의 상태로 돌려놓은 사람이었습니다.

- 그는 교회의 본 프로그램을 회복하였습니다.
- 그는 하나님께서 교회에 제정해 주신 원래의 프로그램을 회복시켰습니다. 교회를 위한 칼빈의 프로그램은 오직 한 가지 였습니다.
- 하나님의 말씀을 선포하고 가르치는 것이었습니다.
- 성례(聖禮)를 집행하는 것이었습니다.
- 양(羊)떼를 지극한 정성으로 돌보는 것이었습니다.

이것들을 앞지를 수 있는 또 다른 프로그램들이 교회에는 없습니다. 이 점에서 칼빈은 엘리야와 같습니다. 엘리야 역시 자신의 프로그램이 없었습니다. 엘리야는 자신이 개발하고, 교인들에게 시험적으로 적용하여 보고, 성공의 기대를 해보려는 '자신만의 프로그램'을 갖고 있지 않았습니다. 그는 이스라엘을 위한다는 명목으로 자기만의 독특한 프로그램이나 '노하우'(know-how)를 가진 그런 사람이 아니었습니다.

- 한 하나님 안에서 통일성을 회복하는 것이었으며,
- 한 하나님만을 신앙고백하는 공동체로 회복시키는 것이었으며,
- 이스라엘의 삶과 생활을 여호와 하나님 중심으로 구성하는 것이었습니다.

『장막 치시는 하나님을 찾아서』

11월

감사와 찬양

365 Biblical Meditation for Healing

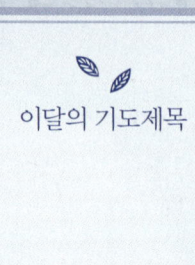

이달의 기도제목

Think 없이는 Thank도 없다

"열 사람이 다 깨끗함을 받지 아니하였느냐 그 아홉은 어디 있느냐?"_눅 17:17

우리는 감사가 없는 곳에서는 우리 삶의 목표를 상실하고 만다는 사실을 잘 인식하지 못하는 것 같습니다.

예수님이 물으십니다. "열 명 모두가 나음을 받지 않았더냐? 나머지 아홉은 어디에 가고 너 혼자 왔는가?" 예수님께 돌아와 "감사합니다."라고 말하지 않은 그 아홉 명 말입니다. 도대체 그들에게 무엇이 문제입니까? 그들의 문제는 예수님을 볼 수 없었다는 데 있습니다. 돌아와서 감사하지 않은 아홉 명은 다른 일이 너무 바빠서 예수님은 안중에도 없었던 것입니다.

물론 아홉 명의 나병환자들이 고침을 받고 감사하지 않은 것은 아니었습니다. 그들은 분명히 감사했을 것입니다. 그러나 그러한 감사 가운데 그들은 자신들의 치료자를 볼 수 없었습니다.

우리도 그렇게 되기 쉽다는 것을 우리의 경험이 이미 말해 주지 않습니까? 그저 감격하여 소리 높여 감사할 뿐, 진정으로 감사해야 할 대상이 누구인지 기억하면서 감사하지는 못하는 경우 말입니다. 영어에서 '생각하다'(Think)와 '감사하다'(Thank)는 같은 단어였다고 합니다. '감사하는 일'은 '생각하는 일'과 관계가 있다는 뜻입니다.

- 우리가 가만히 앉아서 지금과 그때를 생각하지 않는 한, 우리는 하나님이 우리를 위해 행하신 일들을 쉽게 잊어버리게 됩니다.
- 우리가 시간을 내어 과거를 회상하고 생각하지 않는 한, 우리는 우리를 향하신 그분의 은혜로운 행동들을 잊어버리기 쉽습니다.

『아버지를 떠나 자유를』

2 November

헤세드, 구원 극장의 테마

"여호와의 인자하심은 자기를 경외하는 자에게 영원부터 영원까지 이르며
그의 의는 자손의 자손에게 이르리니" _시 103:17

삶은 본질적으로 사람들의 이야기입니다. 살아 있고, 때론 움직이는 사람들의 몸에 관한 이야기입니다. 많은 지체로 구성된 몸, 많은 부분과 지체가 함께 어울려서 '연출될' 드라마 속에 있는 몸입니다. 이 이야기는 인간 자손들의 비극적 추락의 드라마이지만 동시에 자원이 풍부하시고 지략에 뛰어나신 하나님께서 추락한 자기의 백성을 어떻게 들어 올리셔서 두 발로 설 수 있게 하시는지를 보여주는 장엄한 드라마이기도 합니다. 그리고 하나님께서 이렇게 하신 이유는 오직 자신의 '헤세드', 곧 '사랑으로 가득한 친절하심' 때문입니다.

우리의 삶과 인생살이에 의미가 있다면, 그것은 바로 이런 하나님의 '영원하신 사랑'(헤세드)이 부여될 때입니다. 그리고 이 사랑은 우리를 양육하시는 사랑이며, 우리를 보시고 기뻐하시는 사랑이며, 우리에 대해 걱정하시는 사랑이며, 장차 어느 날엔가 우리를 위해 오시는 사랑입니다. 그분이 우리에게 오실 때, 우리를 낫으로 쳐 쓰러뜨리는 냉혹한 추수꾼이 아니라, 잎사귀가 결코 시들지 않는 곳에 나무를 옮겨심기를 원하는 신실한 농부로서 오실 것입니다. 잎사귀가 절대로 시들지 않는 '곳'이 어디겠습니까? 계시록에 따르면 잎사귀들이 '열국(列國)을 치료하는' 약재로 쓰이는 곳입니다. 이런 삶이야말로 하나님에 의해 애지중지 되고 보살핌을 받는 삶 속에서 충만한 의미를 얻는 삶입니다. 그리고 한 걸음 더 나아가, 하나님의 즐거움을 더해 드리기 위해 '사용되는' 충만한 의미로 가득한 인생입니다. 하나님을 진정으로 경배하고 찬양하는 삶입니다. "주님을 찬양(축복)하여라, 내 영혼아!"

『영혼의 겨울에 부르는 희망의 교향곡』

하나님 '만' 하나님이시다

"나는 여호와라 나 외에 다른 이가 없나니 나밖에 신이 없느니라." _사 45:5

십계명의 첫 번째와 두 계명은 뭐라고 말씀하십니까? "너는 나 외에 다른 신들을 네게 두지 말라!" "너를 위하여 새긴 우상을 만들지 말며 섬기지 말라!" 이 계명들은 이스라엘 국가의 기초일 뿐 아니라 모든 영적 이스라엘인이 매일 소리 높여 외쳐야 할 충성서약입니다. 그러나 불행하게도 이스라엘의 전(全) 역사는 우상과의 영적 불륜으로 더럽혀진 수치스런 역사였습니다. 여러분은 당대 최고의 '건강과 번영의 종교'인 바벨종교가 얼마나 깊숙이 이스라엘인의 일상 속에 파고들어 영향을 미쳤는지 알 것입니다. 영적 청력과 시력을 상실한 이스라엘은 지금 그들이 행하고 있는 짓들이 얼마나 비참한 결과를 가져올지 깨닫지도 보지도 못하였습니다. 물론 우상숭배는 개인적인 차원뿐만 아니라 국가적인 차원에서도 이루어졌습니다. '야곱-이스라엘'은 국가적 위기에 처할 때마다 이 나라 저 나라를 찾아다니면서 도움을 청하였습니다. 예언자들은 이것을 우상숭배라고 질타했습니다. 하나님께 궁극적인 신뢰를 바치지 않는다면 모든 행위와 생각은 우상을 섬기는 것이기 때문입니다.

오늘날 우상숭배는 다양하고 미묘한 방식으로 이뤄집니다. 아직도 그리스도인들 가운데 상당수가 우상숭배자란 사실을 아십니까? 권력과 학력과 미모를 숭배하고, 물신(物神)을 섬기고, 성공과 번영의 신들을 가족 신으로 모시고 살고, '긍정의 믿음'이란 핑계 아래 자아실현을 종교의 목적으로 삼는 문화적 그리스도인들이 얼마나 많은지요! 모두가 다 "자기를 위하여" 하는 일입니다. 그러나 우상들은 우리를 속이고 오히려 우리의 어깨에 무거운 짐을 짊어지게 하며, 발목을 잡을 것입니다.

『이사야서 묵상』

참된 예배는 '좋은' 일이다

"이는 내가 불러도 너희가 대답하지 아니하며 …… 내가 즐겨하지 아니하는 일을 택하였음이라." _사 65:12

창조자의 창조적 의도에 따라 살아가는 것이 좋은 것이며 옳은 것이며 선한 것입니다. 그분이 사람을 창조하실 때의 의도는 창조주 하나님과 사이좋게 지내는 것이었습니다. '사이가 좋다.'라는 말은 하나님과 사람 사이에 넘지 못하는 경계를 지키며 그 경계 안에서 살아가는 것입니다. 피조물로서 우리가 '제자리'에 있어야 한다는 뜻이기도 합니다. 달리 말해 창조자의 의도된 방식대로 살아가는 것이 피조물로서 인간이 해야 할 일입니다. 하나님만을 창조주로, 우리를 명품으로 만들어 가시는 토기장이로 그분을 인정하고, 우리를 위한 그분의 디자인과 계획에 따라 사는 것이 '좋은' 일입니다. 이것이 하나님을 섬기는 참된 예배이며, 이 예배는 우리의 삶 전체와 관련을 맺고 있습니다.

그런데 사람들은 창조자의 의도와 계획을 벗어나 자신의 삶을 창조하려고 합니다. 자신이 고안한 방식대로 살려고 합니다. 성경은 이것을 교만이라고 합니다. 즉, 하나님 없이 자기방식대로 살아갈 수 있다고 생각하는 것이 죄의 근본인 교만입니다. 자신의 삶을 위하여 사람들은 예배의식을 고안해 냅니다. 이것이 우상숭배의 시작입니다. 옛날이나 지금이나 우상은 언제나 예배자를 위하여 존재합니다. 예배자는 자신의 이익이나 번영이나 성공을 위하여 우상을 만들기 때문입니다. 이것이 우리가 고안해 낸 방식대로 사는 것입니다. 현대적으로 말하자면 '소비자가 이끄는 교회'(consumer driven church)가 되어버린 것입니다. 그러나 교회는 언제나 '그리스도가 이끄는 교회'(Christ driven church)이어야 합니다.

『이사야서 묵상』

찬양을 받으면서 찬양하는 것은 불가능하다

"그는 흥하여야 하겠고 나는 쇠하여야 하리라." _ 요 3:30

저 멀리 수천, 수만, 수억의 별들이 하늘에 떠있습니다. 그러나 별은 밤에만 빛나는 것은 아닙니다. 낮에도 그렇습니다. 별들은 항상 그곳에 있었습니다. 그리고 지금도 그곳에 있습니다. 단지 우리가 그 별들을 항상 볼 수 없을 뿐입니다. 빛에 둘러싸여 있는 한 우리는 어떤 별도 볼 수가 없습니다.

물론 하늘을 연구할 수는 있습니다. 그러나 고성능 망원경으로 아무리 하늘을 봐도 한낮에 별을 볼 수는 없습니다. 별들을 보려면, 먼저 밤의 어둠이 찾아와야 합니다. 그때에야 비로소 하늘에서 찬란한 빛을 발하는 수많은 별을 볼 수 있게 됩니다. 성경도 이와 같습니다.

- 성경의 각 페이지에서 빛나는 하나님의 영광을 보려면,
- 성경이 증언하는 그리스도를 보려면,

우리는 먼저 우리 자신의 영광을 찾으려는 노력을 멈추어야 합니다.

우리가 우리의 빛 아래서 일광욕을 즐기려고 하는 한, 우리가 다른 사람들이 보내는 찬사 속에 몸을 담그려 하는 한,

- 우리는 결코 성경을 이해할 수 없을 것입니다.
- 우리는 성경이 증언하는 그리스도에 대해 눈이 멀 수밖에 없을 것입니다.

다른 사람의 찬양과 칭송을 받고 있으면서, 유일하신 하나님으로부터만 오는 빛을 바라지도 않으면서, 어떻게 믿을 수 있단 말입니까?

『아버지를 떠나 자유를』

6 November

찬양은 예배의 전체이지 전채(前菜, appetizer)가 아니다

"이 백성은 내가 나를 위하여 지었나니 나를 찬송하게 하려 함이니라."_사 43:21

우리가 이 세상에 창조된 가장 중요한 이유는 하나님을 찬양하기 위함입니다. 하나님을 찬양할 때 우리는 생(生)에서 가장 중요한 목적을 성취하는 것입니다. 찬양은 인간의 창조주이며 구원자인 하나님을 기억하고 그분의 덕을 기리며 노래하는 예배 전체(全體)입니다. 찬양은 그리스도인에게 중요한 일입니다. 단순히 기분 전환을 위한 노래가 아닙니다. 찬양은 주 요리이지 식전 요리(前菜)나 디저트가 아닙니다. 찬양은 교회가 해야 할 가장 본질적인 사업입니다. 찬양은 하나님께서 우리를 창조하신 목적입니다. 우리는 하나님을 찬양하기 위해 지음을 받았습니다. 찬양은 우리 삶의 중요한 목적을 이루는 것입니다. 사람은 찬양할 때 비로소 자신의 피조성의 온전한 의미를 알 수 있기 때문입니다. 우리는 하나님을 찬양할 때에야 비로소 자신이 하나님에 의해 창조된 피조물이라는 사실을 온전하게 깨닫습니다.

하나님을 찬양하기에 적절하지 않은 시간과 장소는 없습니다. 그렇습니다. 하나님은 '언제', '어디서나' 찬양받으시기에 합당한 분이십니다. 적절치 않은 '때'와 '장소'가 어디 있겠습니까? 우리 신앙의 조상은 토굴 속에서, 깊은 산 속 바위 사이에서, 적막한 기도원에서, 광활한 평원에서, 사막 한가운데서 하나님을 찬양했습니다. 우리는 그런 예배와 찬양이 필요로 합니다.

〈주일 설교〉

주 음성 외에는 (새찬송가 446장)

1. 매 순간마다 당신이 필요합니다. 지극히 은혜로우신 주님.
   당신의 부드러운 음성만이 제 영혼에 평안을 가져다줍니다.

   I need Thee every hour, Most gracious Lord;
   No tender voice like Thine Can peace afford.

2. 매 순간마다 당신이 필요합니다. 주님, 제 곁에 가까이 계시옵소서.
   주님께서 가까이 계실 때면 모든 유혹이 힘을 잃습니다.

   I need Thee every hour, Stay Thou near by;
   Temptations lose their power When Thou art nigh.

3. 매 순간마다 당신이 필요합니다. 기쁠 때나 괴로울 때나 늘 계시옵소서.
   빨리 오셔서 저와 함께 계시옵소서. 주님 없는 삶은 헛되기 때문입니다.

   I need Thee every hour, In joy or pain;
   Come quickly and abide, Or life is vain.

4. 매 순간마다 당신이 필요합니다. 지극히 거룩하신 분이시여.
   저를 당신의 것으로 만들어 주십시오. 복된 아드님이여!

   I need Thee every hour, Most Holy One;
   O make me Thine indeed, Thou blessed Son!

후렴 당신이 필요합니다. 오 당신이 필요합니다.
매 순간마다 저는 당신이 필요합니다.
이제 제게 복을 주시옵소서. 내 구주여! 제가 당신께로 나아갑니다.

- 류호준 역

내 몫의 날들을 세는 지혜(1)

"주의 분노가 발산하는 능력을 누가 알 수 있겠으며, 주의 진노가 가져올 두려움을 누가 알 수 있겠습니까? 우리에게 우리의 날 계수(計數)함을 가르쳐 주셔서 지혜의 마음을 얻게 해 주십시오." _시 90:11-12(표준새번역)

우리는 자신의 인생을 측정(測定)할 줄 알아야 합니다. 하나님의 영원성에 대비해 측정할 뿐만 아니라, 하나님의 거룩한 분노에 대비해 우리의 인생을 측정해야 합니다. 우리가 그렇게 할 때, 시인과 함께, 그처럼 부르짖지 않을 수 없습니다.

우리는 우리의 날수를 세어야 합니다. 그러나 대부분의 사람은 마치 영원히 살 것처럼 살아갑니다. 그들은 하나님의 분노가 존재하지 않는 것처럼 살고 있습니다.

시인은 우리에게 진지하고 심각하게 요구합니다. 우리의 날들을 세라고 말입니다. 그리고 하나님께서 우리의 날을 어떻게 세는지, 그 방법을 가르쳐 달라고 기도합니다. 하나님께서는 각 사람에게 일정한 날을 분배하셔서 우리에게는 할당된 날이 있기 때문입니다.

다시 말씀드립니다. 우리 각 사람에게는 얼마간의 날이 몫(quota)으로 할당되었습니다. 그리고 지혜란 이렇게 할당된 몫을 '겸허'와 '감사'로 받아들이는 마음입니다.

『우리의 기도가 천상의 노래가 되어』

내 몫의 날들을 세는 지혜(2)

"우리에게 우리 날 계수함을 가르치사 지혜로운 마음을 얻게 하소서." _시 90:12

시편 90편은 우리에게 '신'이 아닌 '인간'으로 살라고 말합니다. 인간의 한계성 안에서 그 경계를 넘지 말라고 말합니다. 그리고 우리의 날수를 세어 지혜의 마음을 얻으라고 권고합니다. 시편 90편이 추천하고 권고하는 지혜는 인간의 연약함과 그 한계를 아는 것입니다. '날들(days)의 수를 세는 것을 통해 말입니다. 그렇다면 어떻게 날을 셀 수가 있다는 말입니까? 덧셈을 할 것인가요, 아니면 뺄셈을 할 것인가요?

아마 젊은이들은 대부분 더하기를 할 것입니다. 그들은 덧셈을 잘합니다. 그들은 미래를 꿈꿉니다. 그들은 계획을 세웁니다. 그리고 말하기를, "몇 년을 이런 일을 해 보고, 또 다른 몇 년은 저런 일을 하리라." 그러나 여러분은 '더하기' 대신 '카운트다운'(count down)을 해야 하는 인생의 한 지점에 이른다는 것을 기억하십시오. 인생의 어느 지점부터 우리는 덧셈 대신에 열 손가락을 하나씩 접어 가면서 숫자를 거꾸로 세어 내려가야 할 때가 올 것입니다. 더하는 방식보다 빼는 방식이 좀 더 탁월하고 현명한 방식입니다. 왜냐하면, 우리의 하루는 우리가 알지 못하는 할당된 날 수로부터 하루를 뺀 날이기 때문입니다.

- 나의 날 수 계수(計數)하는 법을 내게 가르쳐 주십시오.
  그러면 내가 지혜의 마음을 얻을 것입니다.
- 나의 날 수 세는 법을 내게 가르쳐 주십시오.
  그러면 당신께서 나에게 할당해 주신 날들 하루하루를 감사하고 즐거운 마음으로 사는 법을 배우겠습니다. 아멘.

『우리의 기도가 천상의 노래가 되어』

하나님의 자비에 응답하는 예배(1)

"너희 몸을 하나님이 기뻐하시는 거룩한 산 제물로 드리라." _롬 12:1

하나님의 자비에 고마운 마음으로 응답하는 방식이, 그분을 위해 우리 자신들을 '희생'하는 것입니다. '희생'이란 단어는 아주 값비싼 용어입니다. 돌로 된 제단 앞에 비명을 지르는 짐승, 이 가축들의 목을 따려고 준비하는 제사장의 번뜩거리는 칼을 연상해 보십시오. 바로 이것이 기독교인에게는 핵심이라고 바울은 말합니다.

- 자신의 목숨을 간직하려고 하나님께 나아오는 자는 없다!
- 하나님의 제단에 자신을 드리지 않으면서 하나님께로 나아오는 자는 없다!

어쩌면 막연하고 추상적인 말처럼 들릴지도 모르겠습니다. 그렇다면 로마서 12장의 나머지 부분을 통해, 이 추상적인 말이 구체적으로 무엇을 가리키는지 들어보십시오.

하나님의 자비(긍휼, 신실하심)에 대답하고 산다는 것은,

- 여러분이 가진 은사와 선물이 무엇이든 그리스도께 드린다는 것입니다.
- 여러분이 지닌 각종 은사와 재능들을 그리스도의 몸(교회)의 제단에 바친다는 것입니다.
- 그리스도인들로서 우리는 그리스도의 몸에서 우리의 의미를 얻습니다.
- 가지는 포도나무에 붙어 있을 때만 존재의 의미가 있는 것처럼, 그리스도인도 그리스도의 몸의 지체로서 기능해야 존재의 의미가 있습니다.

그리스도의 몸에 드려야 할 우리의 재능들과 은사들을 드리지 않을 때, 하나님의 자비에 대답하면서 살지 않을 때, 우리는 마치 잘려나간 손가락이나 떨어져 나간 발톱과 같은 것입니다.

『십자가의 복음』

하나님의 자비에 응답하는 예배(2)

"너희 몸을 하나님이 기뻐하시는 거룩한 산 제물로 드리라." _롬 12:1

그러므로 하나님의 자비하심을 기억하면서,

- 언제나 하나님의 자비하심에서 감동과 영감을 받으십시오.
- 봉사하는 것이 당신의 은사라면, 열정적으로 봉사하십시오.
- 가르치는 것이 당신의 은사라면, 그 일을 끝까지 하십시오.
- 다른 이들을 조종하거나 통제하거나 주무르려 하지 마십시오.
- 어렵고 힘든 시간이라고 해서 그만두거나 포기하지 마십시오.
- 여러분의 원수를 축복하십시오.
- 친구들이 낙담하고 힘들어할 때 그 눈물에 동참하십시오.
- 별 볼 일 없는 사람들, 무명의 사람들과 친구가 되십시오.

만일 이런 일들이 도무지 불가능하다고 생각되거든, 그리스도의 행동을 기억하십시오.

- 자기를 미워했던 사람들을 사랑하시고,
- 자기를 저주했던 사람들을 축복하시고,
- 자기를 죽였던 사람들을 위해 기도하셨던 그분을.

미움을 미움으로 갚는 것은 우리에게 보이신 하나님의 자비를 잊는 것입니다. 그러나 미움을 사랑으로 대답하는 것은 하나님의 자비하심을 기억하는 일이며, 감사로 하나님의 자비에 대답하는 것입니다. 이것이 몸으로 드리는 예배이며, 일상의 예배이며, 안과 밖이 동일하게 사는 그리스도인의 삶입니다.

『십자가의 복음』

하나님을 추구함

"너희가 나를 찾으면, 나를 만날 것이다. 너희가 온전한 마음으로 나를 찾기만 하면"
_렘 29:13(표준새번역)

시편 14편은 말합니다. "하나님께서 하늘에서 인생을 굽어 살펴, 현명하여(개역개정 '지각이 있어') 하나님을 찾는 자가 있는가 보신다." 적어도 시편의 시인이 볼 때 '현명' 혹은 '지혜' 그리고 '하나님을 찾는 일' 사이에는 밀접한 관련이 있다는 것입니다. 잠언의 현자도 하나님을 경외하는 일이 지혜의 근본이라고 말하지 않았습니까?

이 말씀을 기준 삼아 볼 때, 별을 따라 왕을 찾아온 점성가들은 진정한 의미에서 동방의 현자(賢者)들입니다. 그들이야말로 진정한 의미에서 박사님들입니다. 왜냐하면, 그들은 하나님을 추구했기 때문입니다.

하나님이 다투시는 대상들은 전적으로 다음과 같은 이들입니다.

- 그분을 찾지 않는 이들,
- 그분을 당연한 분으로 받아들이는 이들,
- 그분에 대해 무관심한 이들입니다.

"찾으라 그러면 찾을 것이라."라고 예수님께서 약속하셨습니다. 만일 여러분이 찾지 않는다면 여러분은 결코 그분을 찾지 못할 것입니다. "하나님께로 나아오는 자는 누구든지 그분이 계신 것과 그리고 하나님께서 진정으로 자기를 찾는 자에게 상을 주신다는 사실을 믿어야 한다."라고 히브리서 11:6은 말씀하고 있습니다.

하나님은 사람들에게 발견되기를 원하십니다. 그러나 오직 그분을 간절히 찾는 사람들에 의해서만 발견되기를 바라십니다.

『하늘 나그네의 사계』

예배는 환대의 삶의 출발지

"또 찾아낸즉 즐거워 …… 그 벗과 이웃을 불러 모으고 말하되
나와 함께 즐기자 나의 잃은 양을 찾아내었노라." _눅 15:5–6

『손대접』(Making Room: Recovering Hospitality as a Christian Tradition)이라는 책에서 크리스틴 폴(Christine Pohl)은 "환대의 삶은 예배로부터 시작됩니다. 즉, 하나님의 은혜와 관대하심을 인식하는 예배로부터 그리스도인의 환대의 삶은 시작합니다."라고 말합니다. 이 말은, 예수님의 제자들은, 자신들이 한때는 잃어버린 바 되었을 때 하나님의 은혜로 발견되었고, 그 은혜에 압도되었고, 그 은혜로 구원받았고, 그 은혜로 되찾은 인생을 살게 되었기 때문에 이제는 하나님을 기쁘게 하는 방식으로 다른 사람들에게 환대를 베푸는 삶을 살게 되었다는 것입니다.

그렇습니다. 우리의 거룩한 포옹, 즉 다른 사람들을 받아들이는 환대는 하나님의 은혜에 대한 우리의 경험에 비례합니다. 풀어 말하자면 하나님의 은혜를 경험한 적이 있어야, 하나님의 은혜에 대해 알아야, 하나님의 은혜를 맛본 적이 있어야, 하나님의 은혜를 느껴본 일이 있어야 우리도 다른 사람을 포옹할 수 있으며, 그런 포옹이야말로 가장 거룩한 행동이 된다는 말입니다.

이런 이유로 우리는 성례의 물두멍 앞에서 우리가 받은 세례를 '기억'하는 것입니다. 또한, 성례의 식탁에서 우리가 받은 하나님의 은혜를 '기억'하는 것입니다.

환대(hospitality)는 바로 거기서 시작됩니다. 즉, 여러분이 누군가를 직접 대면하듯이 하나님의 관대하심과 넉넉하심을 직접 경험하고 느껴보아야 비로소 환대의 양팔을 벌릴 수 있을 겁니다. 양팔을 벌리고 낯선 사람들을 영접하는 사람은 복된 사람입니다.

〈무지개 성서교실〉

하늘과 땅 사이의 최상의 거래

"그 아홉은 어디 있느냐?
이 이방인 외에는 하나님께 영광을 돌리러 돌아온 자가 없느냐?" _눅 17:17-18

하나님은 우리의 감사를 필요로 하십니다. 그분은 우리의 감사로 사시는 분입니다. 감사가 없이는 그분의 은혜가 그분께로 돌아가지 않습니다. 무슨 의미입니까?

- 감사는 그분의 은혜를 그분께 돌려드리는 것입니다.
- 감사는 하나님의 은혜를, 그분을 향한 찬양으로 바꾸는 것입니다.
- 우리에게 내려오는 은혜, 하나님께 올라가는 감사는 하늘과 땅 사이에서 이뤄지는 최상의 거래입니다.
- 우리가 하나님의 은혜와 우리의 감사 사이에서 살지 않을 때
- 우리가 다른 일에 너무 바빠서 감사를 잊어버릴 때
- 우리의 삶은 낭비되고, 우리의 인생은 유실되는 것입니다.

그렇습니다. 우리의 삶은 예수님의 비유에 나오는 '길가, 돌 위, 가시덤불에 뿌려진 씨앗들'과 같습니다. 이 씨앗들은 농부에게는 낭비된 씨앗입니다. 왜냐하면, 이 씨앗들은 결실하지 못하기 때문입니다. 결실하지 못하는 씨앗이 농부에게 무슨 소용이 있겠습니까? 이것이 낭비된 씨앗이 아니고 무엇이겠습니까? 그러나 이와는 대조적으로 좋은 땅에 떨어진 씨앗은 예수님께 돌아와 감사한 나병환자와 같습니다(눅 17:11-19). 그는 열매를 맺은 것입니다. 하나님께 감사를 드리는 사람은 모두 이와 같습니다.

『아버지를 떠나 자유를』

'감사'라는 '희생 제물'

"그러므로 우리는 예수로 말미암아 항상 찬송의 제사를 하나님께 드리자. 이는 그 이름을 증언하는 입술의 열매니라." _히 13:15

하나님은 아무것도 없는 데서 우리를 창조하고 아무것도 없는 데서 우리를 일으키십니다. 이런 일에 대해 우리가 할 수 있는 일은 아무것도 없습니다. 마치 죽은 나사로가 다시 살아나기 위해서 아무런 일도 할 수 없는 것과 같습니다.

예수님이 나사로에게 "나사로야, 나오너라!"라고 하셨을 때, 나사로가 무덤에서 살아 나온 것은 전적으로 예수님의 부르심 때문이었습니다. 생명은 이처럼 일방적으로 주어진 선물입니다. 그가 그 선물을 받기 위해서 할 수 있는 일은 아무것도 없습니다. 그와 같이 우리도 다시 일어났습니다. 하나님의 전적인 은혜에 따라 우리가 다시 살게 된 것입니다.

그렇다면, 문제는 이것입니다. 하나님의 '다시 살리시는 은총', '부활시키시는 은혜'에 대해 우리는 어떻게 갚아야 할 것인가? 이 질문에 대한 유일한 대답은, 우리가 그분께 감사의 희생 제사를 드려야 한다는 것입니다. '감사'라고 불리는 '희생 제물' 말입니다.

여호와께 감사하십시오.
그는 선(토브)하시며
그의 다함 없는 사랑(헤세드)은 영원하기 때문입니다 (대상 16:34).

오, 주님! 주님은 우리를 돕는 자이십니다.
주님은 우리의 슬픔이 변하여 춤이 되게 하시고
우리의 상복(喪服)을 벗기시고 기쁨으로 옷을 입히십니다.
우리의 영혼이 잠잠할 수 없어 주님을 찬양합니다.
영원토록 주님을 찬양하며 감사하겠습니다.   『아버지를 떠나 자유를』

16 November

불의(不義) 아래에서 여호와의 종으로 살기

"당신의 종은 어려서부터 여호와를 경외하는 자라."_왕상 18:12

오바댜는 북이스라엘의 어리석은 아합 왕 밑에서 제2인자로 궁내대신을 지낸 인물입니다. 그의 군주인 아합 왕은 이스라엘의 여호와 신앙을 이교적 바알 신앙으로 바꾸어 놓은 장본인이었습니다. 성경은 "오바댜는 여호와를 지극히 경외하는 자라"(왕상 18:3)라는 말로 설명합니다. 그뿐 아니라, 오바댜도 엘리야에게 자신의 삶을 간증하는 자리에서 이렇게 말한 적이 있습니다. "당신의 종 오바댜는 어려서부터 여호와를 경외하는 자입니다"(왕상 18:12).

오바댜는 자신의 한계와 권한 내에서 그가 할 수 있는 일을 다 했습니다. 아합이 여호와의 선지자들을 핍박할 때, 그 서슬 퍼런 명령에도 불구하고 여호와의 선지자 백 명을 오십 명씩 나눠 광야의 굴속에 숨기고 매일같이 떡과 물을 공급해 주었습니다. 상당한 위험을 감수해야 했던 위험한 일이었습니다. 발각되면 목숨을 부지할 수 없는 위험천만한 일이었습니다.

그는 자신의 힘과 권한과 한계 안에서 최선을 다해서 살았던 사람입니다. 그리고 그는 이 모든 일을 이끌어 가시는 분이 하늘의 하나님이라는 것을 믿었습니다. 그는 악한 왕 아합 밑에서 가장 선하게 사는 법을 우리에게 알려준 경건한 그리스도인이었던 것입니다.

오바댜! 그 이름의 뜻은 '여호와의 종'입니다. 그는 하나님을 어떻게 섬기는 것인지, 어떻게 예배하는 것인지를 보여준 경건한 사람이었습니다. 이름값을 하는 그리스도인입니다. 그렇습니다. 참 그리스도인이여! 힘을 내십시오! 용기를 잃지 마십시오. 끝까지 견디는 자가 구원을 얻을 것이로다! 아멘.

〈무지개 성서교실〉

감사를 통해 모든 환경을 하나님께 드리라

"범사에 감사하라 이것이 그리스도 예수 안에서
너희를 향하신 하나님의 뜻이니라."_살전 5:18

모든 환경 안에서, 모든 처지 가운데서 감사를 드린다는 것은 마치 소를 몰고 쟁기질하는 농부의 행위와 같다고 할 수 있습니다.

- 쟁기질하는 농부는 쟁기를 끌지 않습니다.
- 쟁기질하는 농부는 쟁기를 밀지 않습니다.
- 쟁기질하는 농부는 쟁기를 인도할 뿐입니다.

쟁기질하는 농부처럼 우리는 그 환경들을 인도할 수는 있습니다. 우리는 그 환경들을 하나님께 바칠 수 있습니다.

- 이것이 감사를 통하여 환경을 거룩하게 한다는 뜻입니다.
- 감사로써 그런 것들을 하나님의 방향으로 인도한다는 것입니다.
- 그러면 하나님의 손에 맡겨진 것들은 하나님께서 처리하실 것입니다.

우리가 이렇게 할 때

- 우리는 하나님 나라의 방향으로 환경들을 인도하는 것입니다.
- 우리는 환경들을 붙잡아 예수 그리스도께로 이끌어 가는 것입니다.
- 감사를 바침으로써 모든 환경을 예수 그리스도께로 바치는 것입니다.

그러면 그분께서 책임지실 것입니다.

- 모든 환경에서, 모든 처지에서 감사하십시오. 그 처지와 환경을 하나님께로 이끌어 가십시오. 마치 쟁기질하듯이 그렇게 말입니다. 아멘.

『순례자의 사계』

고백과 경험의 간극

"오 내 영혼아, 어찌하여 슬퍼하는가? 왜 그렇게 속상해 하는가?
하나님께 희망을 가져야 할 것이다."_시 42:11

시인은 그의 입술로 하나님께 고백합니다. "하나님! 당신은 바위처럼 견고하십니다!" 그러나 시인은 그의 삶을 통해서 다른 하나님을 경험합니다. "하나님! 내가 고난 가운데 있을 때 당신은 나를 잊으셨습니다. 내가 당신을 가장 절실하게 필요로 할 때 당신은 내 곁에 없었습니다."

시인의 가슴을 찢어 놓는 것은, 그가 외적으로 고백한 것과 내면적으로 경험한 것 사이의 갈등 때문이었습니다. 시인은 정직한 사람입니다. 신앙과 절망 사이의 해결되지 못한 긴장을 그대로 갖고 살기로 작정한 신앙인이었습니다.

신앙은 결코 단숨에 얻어지는 소유물이 아닙니다. 신앙은 명사가 아니라 동사입니다. 그것도 현재형 동사입니다. 절망이나 의심은 항상 신앙을 뒤따를 것입니다. 마치 그림자처럼 말입니다. 그러나 신앙과 절망 사이의 긴장, 우리가 고백하는 하나님과 우리가 실제로 경험하는 하나님 사이의 이러한 긴장이 우리를 더욱더 하나님께 가까이 가게 합니다. 우리로 하여금 다시금 하나님께로 피하게 하고, 그분만을 신뢰하게 합니다. 그리고 이러한 긴장이야말로, 우리로 하여금 이렇게 외치게 합니다.

어둠 속에서 부르는 노래, 수렁과 늪지대에서 울부짖는 기도, 이런 기도와 노래를 하나님은 절대 잊지 않으실 것입니다. 아멘.

『우리의 기도가 천상의 노래가 되어』

순종의 길(道)에서만 만나는 행복

"복 있는 사람은 악인들의 꾀를 따르지 아니하며
죄인들의 길에 서지 아니하며 오만한 자들의 자리에 앉지 아니하고" _시 1:1

그리스도인들은 모두 천성을 향해 길을 떠난 순례자의 모습입니다. 그리고 길이신 예수님의 일생은 길 위에 있는 우리의 삶이 어떤 모습이어야 하는지 가르쳐 줍니다. 그분의 길이야말로 우리에게 의로운 자의 길이 무엇인지 분명하고 날카롭게 제시해 주시기 때문입니다. 그분은 진정한 행복을 알고 계신 분이었습니다. 가장 절박한 죽음 앞에서도, 사망의 음침한 골짜기를 걸어갈 때에도, '슬픔의 길'(via dolorosa)에 십자가를 지고 올라갈 때에도 그는 내 뜻대로 마시고 아버지의 뜻대로 이루어 달라고 기도하셨습니다.

요약하자면, 신앙 공동체에 신앙교육을 위해 주어진 시편 1편, 시편 전집의 나머지를 이끄는 서론으로서의 시편 1편을 듣는 것은 시편 전체에 걸쳐 전개되고 펼쳐지는 맥을 잡는 것이라 할 수 있습니다. 그리고 시편 1편은 '그 길'로 가는 것이야말로 참다운 행복이라고 포문을 엽니다. 하나님 없이도 행복을 얻을 수 있다고 떠들어대는 사람들, 하나님께 대한 순종을 경멸하고 비웃는 자의 삶의 방식은 피해야 합니다. 행복은 여호와의 가르침에 끊임없는 헌신을 통해 얻어지는 즐거움과 기쁨을 누리는 삶 속에 모여 있습니다. 그러므로 율법은 삶을 죽이는 것도 아니며, 그렇다고 견딜 수 없는 짐도 아닙니다. 오히려 하나님의 은총과 그분의 부르심을 담는 즐거운 말씀입니다.

그리스도인들이라 불리는 이들이 처음에는 "이 길(道)의 사람들"(행 9:2, 개역개정 '그 도를 따르는 사람')로 불렸다는 사실을 우리는 기억해야 합니다.

"주의 말씀은 내 발의 등이요 내 길에 빛이십니다"(시 119:105). 아멘.

『하늘 나그네의 사계』

신앙의 보금자리

"모이기를 폐하는 어떤 사람들의 습관과 같이 하지 말고
오직 권하여 그날이 가까움을 볼수록 더욱 그리하자." _히 10:25

믿음과 소망과 사랑이 잉태되고 양육 받고 자라가는 보금자리는 '공동체' 안입니다. 이러한 연유로 히브리서 저자는 예배 공동체로 모이기를 힘쓰라고 권면하고 있습니다(히 10:25). 그리스도인들이 예배 공동체로 모이는 일은 매우 중요할 뿐만 아니라, 특별히 박해와 그로 말미암은 배교라는 격랑의 파고 속에 처해 있던 초대교회의 성도들에게는 더욱 그러했습니다.

그 당시에 어떤 이들은 다시는 교회 공동체에 오지 않은 것 같습니다. 박해 때문에, 혹은 그리스도의 '오심'(parousia)이 지체되는 것 같아 실망하여서, 혹은 교회의 가르침이나 신조를 받아들일 수 없어서 교회 공동체에 나오는 것을 멈춘 듯합니다. 이런 일들은 마치 전염병과 같아서 다른 구성원들에게도 퍼져 나갔습니다. 따라서 히브리서 저자가 볼 때 공동체의 약화와 쇠퇴는 심각한 문제로 등장하게 되었던 것입니다.

그리스도인들이란 구원 공동체 속의 일원이 된 사람들입니다. 아마 초대교회에서도 그렇듯이 오늘날에도 다양한 이유로 교회의 공동체 의식은 최저 상태에 머물러 있습니다. 초대교회와는 달리 현대 교회의 치명적인 전염병이 있다면, 그것은 개인주의적인 성향입니다. 철저하게 개인 중심적이 된 오늘날의 사회 속에서는 모두가 '내가-나의-나를'(I-My-Me Mentality)이라는 의식구조를 가진 것 같습니다. 더는 '우리가-우리의-우리를'이라는 의식구조는 존재하지 않는 듯 보입니다.

그러나 신앙은 공동체 속에서 자랍니다. 함께 모이고, 서로 격려하고, 서로 소망을 잃지 않게 하며 서로 사랑함으로써만 믿음은 유지됩니다.

특별히 그리스도인들이 믿음과 소망과 사랑을 상실하게 되는 결정적인 원인은 하나님을 경배하고 예배하기를 게을리할 때부터입니다. 하나님과의 교제를 원치 않는 것은 진정한 의미에서 죽음을 의미합니다. 그런 사람의 삶에 생명력이 있을 리 없습니다.

그러므로 우리가 '그날'이 점점 가까이 오고 있다는 사실을 바라본다면, 예배 공동체에 속한 우리는 다음의 세 가지 권면에 귀를 기울여 보아야 할 것입니다. 첫째, 온전한 믿음을 가지고 하나님께 나아갑시다. 서로를 붙들어 주는 믿음입니다. 한 길 가는 올곧은 믿음입니다. 다른 것이 섞이지 않은 순수한 믿음입니다. 둘째, 신실하신 하나님의 약속에 대한 소망을 굳게 붙잡읍시다. 그분의 신실하심에 우리 영혼의 닻을 내려야 합니다. 그래야 요동하지 않습니다. 셋째, 사랑 안에서 서로에게 격려합시다. 격려의 말은 창조적인 말입니다. 하나님께서 창조적 말씀으로 세상을 아름답고 질서 있게 만드신 것처럼 그리스도인의 창조적 언어는 교회 공동체를 에덴으로 만들어 갑니다.

어떤 이에게는 심판의 날로, 어떤 이에게는 구원의 날로 도래할 '주의 날'(여호와의 날)이 가까이 오는 이때에 우리는 우리가 믿는 이치를 늘 소중하게 생각할 뿐 아니라 잘 간직해야 합니다. 하나님의 심판이 단순한 위협이 아니라 실제이며, 그 작렬하는 진노의 잔이 얼마나 쓸 것인가에 대해 생각하는 그리스도인이 되어야 합니다. 마치 진주의 가치를 모르고 그것을 짓밟는 돼지나 개와 같은 자들이 될까 두려워해야 합니다. 이러한 의도적 배교자들이 될까 심히 두려운 마음으로 우리 자신들을 돌아보아야 할 때가 지금입니다.

『우리와 같은 그분이 있기에』

카이로스(kairos)에 뿌리를 내리고
크로노스(chronos)를 살다

"복 있는 사람은 …… 모든 일이 다 형통하리로다." _시 1:1-3

행복은 돈이나 지위나 명예나 학벌 등에 의해 얻어지는 것이 아니라는 것을 시인은 압니다. 시인은 여호와 하나님의 가르침에 지속적으로 순종하며 사는 일은 궁극적으로 영원에 잇대어 사는 것이라는 사실을 알고, 믿고, 확신하고 있습니다. 여호와를 즐거워하며 그의 교훈을 주야로 읊조리는 삶은 흐르는 물가에 옮겨 심겼지만 깊이 뿌리를 내려 항상 신선한 물기를 흡수하는 영속적이며 생산성 있는 나무와 같다는 확신입니다. 이 나무는 자리가 옮겨졌음에도 풍성하게 열매를 맺을 수 있다는 사실에 성도들은 주의를 기울여야 합니다. 안정성, 지속성, 신선함, 생산성이 바로 이 이미지가 전달하는 내용입니다. 여호와의 길을 끊임없이 즐거워하는 사람의 행위와 전도(前途)는 이 나무의 모습과 같습니다.

그는 급하게 서두르지 않습니다. 자연의 이치를 통해서 알고 있기 때문입니다. 즉, 과실나무에 열매가 맺는 것은 철이 지나야만 가능하다는 사실입니다. 창조주 하나님이 정해주신 '철'(때)이 되면 열매를 맺게 된다는 확신은 시인에게 현실적 어려움을 극복할 수 있도록 힘을 줍니다. 그는 하나님의 시간, 즉 크로노스(chronos)가 아닌 카이로스(kairos)가 있음을 믿고 바라보고 기다리는 사람입니다.

하나님 없이 살 뿐만 아니라 그의 가르침을 경홀히 여기는 삶과 인생은 실질적으로는 잠정적이고, 껍데기뿐인 전혀 쓸모없는 겨와 같습니다. 아무도 풍성하고 싱싱한 나무를 제쳐 놓고 죽은 지푸라기를 부러워하거나 질투하지 않습니다.

『우리의 기도가 천상의 노래기 되어』

성소에서 바라본 세상

"하나님의 성소에 들어갈 때에야 그들의 종말을 내가 깨달았나이다."_시 73:17

시인은 한때 악한 사람들을 부러워하고 질투했습니다. 그러나 하나님과의 교제를 통해 그들을 바라보는 시각이 달라졌습니다. 시인은 더 이상 그들이 소유한 것들이 필요가 없었습니다. 그들의 번영과 축복도 더 이상 부럽지 않았습니다. 그는 하나님과의 진정한 교제가 얼마나 능력 있고 힘을 주는지 경험했기 때문입니다.

그분을 멀리하는 사람들, 다른 신들을 따라가는 사람, 자신의 삶을 하나님이 아닌 다른 것에 바치는 사람들, 그들이 누구든, 그들이 얼마나 번성하고 잘 살든 상관없이, 하나님은 그들을 멸하실 것입니다. 시인이 성소에서 바라본 견해가 바로 이것입니다. 이것이 그리스도의 몸이 모이는 회당에서 바라본 전망입니다. 이것이 예배의 진정한 의미입니다.

시인은 성소에서 바라본 세상이 세상 안에서 바라본 것과 너무도 다르다는 사실을 비로소 인식합니다. 예배를 통하여 성도들이 하나님을 만나고, 그리스도와 성령 안에 계신 하나님을 경배할 때, 우리는 하나님의 현존과 임재가 생명이요 삶이고, 그에게서 떨어져 나가는 것이 죽음이라는 사실을 경험합니다. 하나님을 찬양하고, 그분의 말씀이 선포되고, 성찬이 분배되는 성도의 모임에서 모든 것은 명확해집니다. 의심과 좌절과 분노와 비애로 분명치 않았던 모든 문제가 하나님께로 가는 통로인 예배와 성소에서 분명하게 풀리기 시작하는 것입니다. 모든 것을 다 빼앗긴다 하더라도 하나님만을 간직한다면 우리는 생명을 소유하는 것입니다. 그러나 모든 재물과 권력을 다 소유한다 하더라도 하나님의 복된 임재와 동행이 없다면, 그것은 죽음입니다.

『우리의 기도가 천상의 노래가 되어』

선민(選民)이 아니라 선민(善民)이 되리라

"네 씨로 말미암아 천하 만민이 복을 받으리니." _창 22:18

하나님은 아브라함을 선택하셨습니다. 그리고 아브라함 안에서 하나님은 이스라엘과 교회를 선택하신 것입니다. 하나님이 선택하신 것은 아브라함과 이스라엘과 교회를 통해서 세상의 모든 족속과 나라와 민족이 복을 얻게 하기 위해서입니다. 다른 말로 하면, 선택을 받았다는 것은 여러분이 여러분 주위의 사람들에게 고통이나 문젯거리나 골칫거리가 되어서는 안 되고, 그들에게 '복'이 되라고 부르심을 받았다는 뜻입니다.

이것이 창세기 오십 장 가운데 열네 장을 요셉 이야기에 할애하는 이유입니다! 왜냐하면, 요셉 이야기는 어떻게 축복이 아브라함의 후손 중 한 사람인 요셉의 지혜를 통해 사악한 이집트 왕국에까지 오게 되는지를 보여주고 있기 때문입니다. 여호와 하나님은 요셉을 통해 이집트 사람들이 기아와 굶주림에서 벗어날 수 있도록 복 주신 것입니다.

이처럼 선택은 부정적인 이야기가 아니라 매우 긍정적이고 적극적인 이야기입니다. 선택 이야기는 우리에게 하나님이 의도적으로 대부분의 사람을 버리시고(유기) 매우 적은 수의 사람들만 택하신다고 말하지 않습니다. 하나님께서 선택한 사람들이 그들만의 리그를 결성한다고 말하지도 않습니다. 오히려 이와는 반대로, 선택은 하나님이 어떻게 어떤 특정한 사람들을 선택하여 저주 아래 사는 사람들에게 복을 주시는가에 대한 이야기입니다. 하나님이 어떻게 그분이 선택하신 사람들을 통해 모든 민족과 나라를 향해 자신의 넉넉한 손과 팔을 펼치고 계시는지를 들려주는 이야기입니다.

『통인의 복음』

모든 인류의 미래가 매달릴 수 있는 이름

"베드로가 이르되 은과 금은 내게 없거니와 내게 있는 이것을 네게 주노니
나사렛 예수 그리스도의 이름으로 일어나 걸으라 하고"_행 3:6

금 신상을 섬기는 현대인들, 교회들은 이 말씀을 귀담아들어야 합니다. 절망하여 체념 가운데 사는 사람들에게 미래를 주는 교회, 그들이 가장 필요로 하는 것이 무엇인지를 분별하여 그것을 주는 교회, 앉은 자를 일으켜 걷게 하는 교회, 이것이 성령 강림을 경험했던 베드로와 요한이 창조하고 있던 교회, 즉 새로운 인류로서의 교회였던 것입니다.

교회는 그 초창기 때부터 절망하는 인류에게 예수 그리스도를 통한 하나님의 은혜를 선포하고 제공하였습니다. 그들은 새로운 인생을 가능케 한 예수 그리스도를 값없이 주었습니다. 그들이 믿고 신뢰했던 것은 금과 은이 아니었습니다. 나사렛 예수라 불리는 하나님의 '은혜'만이 불구가 된 인류에게 진정한 미래를 제공한다고 믿었습니다.

그들은 나사렛 예수 그리스도의 '이름'을 신뢰하는 이들이었습니다. 이름은 그분 자신을 가리킵니다. 그들은 자신들의 삶의 무게를 예수 그리스도께 맡기고 사는 사람들입니다. 그들은 부활 신앙을 가진 자들입니다. 성령을 통하여 부활하신 예수 그리스도가 그들의 삶에 구체적으로 나타나셔서, 인도하시고 보호하시고 섭리하신다는 것을 온몸으로 아는 이들입니다.

그들은 두려워하지 않습니다. 다른 사람에게 희망을 전합니다. 그리고 그 희망은 오직 부활하신 예수 그리스도밖에 없다고 담대하게 말합니다.

『아버지를 떠나 자유를』

25 November

내가 하는, 나에 의한, 그리고 나를 위한

"너는 이것을 알라. 말세에 고통하는 때가 이르러
사람들이 자기를 사랑하며"_ 딤후 3:1-2

여러분과 제가 살고 있는 문화는 나르시스적인 문화입니다. 이 문화에서 사람들이 묻는 중요한 질문들은 "어떻게 하면 내가 행복할 수 있을 것인가?" "어떻게 내가 만족할 수 있을 것인가?"와 같은 것들입니다. 나르시스적인 문화는 교회의 삶에도 깊은 영향을 미쳤습니다.

- 예수님이 나를 위해 무엇을 해주실 수 있을 것인가?
- 예수님이 어떻게 나를 행복하게 해주실 수 있을 것인가?
- 예수님이 어떻게 나를 도와주실 것인가?

여러분은 지금 무슨 일이 일어나고 있는지 보이십니까? 은혜의 복음이 우리의 나르시스적인 문화, 자기중심적이고 자기도취적인 문화에 어울리게 변형되고 있습니다.

우리 문화에서 우리가 예배하는 이유는 하나님이 찬양을 받기에 합당하시기 때문이 아닙니다. 예배를 통해 우리가 영감 받기를 원하기 때문이며, 예배를 통해 우리가 일주일을 살아가는 원동력을 공급받기 때문입니다. 따라서 초점은 언제나 나에게, 나의 필요에, 나의 행복에 놓여 있습니다.

- 예배의 중심은 나입니다.
- 하나님이 아닌 나를 위해 예배가 존재한다는 것입니다.

우리를 향한 자신의 사랑을 보여주신 하나님, 죄로 말미암아 죽었던 우리에게 그리스도를 보내셔서 우리를 죽음 가운데서 살려내신 하나님이 이제는 지금 여기에서 우리의 필요를 채우시는 하나님으로 바뀐 것입니다.

『통일의 복음』

내가 무엇을 가지고 여호와 앞에 나아갈까

"주께서 내 귀를 통하여 내게 들려주시기를 제사와 예물을 기뻐하지 아니하시며 번제와 속죄제를 요구하지 아니하신다 하신지라." _시 40:6

시편 40편, 특별히 시편 40:1-11은 '감사의 노래'로 분류되는 시입니다. 위험과 절망의 순간으로부터 구출 받은 이가 여호와 하나님께 드리는 감사의 노래라 할 수 있습니다. 무엇으로 하나님께 감사할 것인가? 시인은 예언자적 전통에 서서(암 5:22; 사 1:11; 렘 6:20), 하나님께 드려야 할 진정한 예물은 희생 제사와 예물들, 번제와 속죄제들이 아님을 먼저 천명합니다.

시인이 가리키는 '이 두루마리'는 아마도 시인이 빠졌었던 불행과 그 불행으로부터 구원을 얻었던 경험을 기록한 책인 것 같습니다. 자신을 모든 불행과 재난 가운데서 구출하여 주신 하나님의 구원에 대해 기록한 일종의 고백문 그 자체가 오늘 시인이 하나님께 드리려는 감사의 예물이라고 말하고 있습니다. 아마도 이런 고백문이 성전에 공개적으로 진열되어 있었던 것으로 학자들은 추정합니다.

좌우간 진정한 감사는 외형적 예물들(짐승의 피와 기름, 각종 제사)이 아니라 여호와 하나님께서 자신들을 향하여 베푸신 구원 행위들을 기억하고 그것들을 감사하고 찬양하는 행위라는 것입니다. 그리고 더 나아가 감사의 표현으로 시인은 자신이 하나님의 뜻, 즉 율법(토라)을 행하기를 원한다고 고백합니다. 즉 비참과 재난으로부터 구출 받은 시인에게 보은(報恩)과 감사에 관한 지침으로서, 율법이 새로운 삶의 원리가 된다는 것입니다.

『우리와 같은 그분이 있기에』

나는 배가 고팠습니다. 그러나 당신은

"만일 형제나 자매가 헐벗고 일용할 양식이 없는데
너희 중에 누구든지 그에게 이르되 평안히 가라, 덥게 하라, 배부르게 하라 하며
그 몸에 쓸 것을 주지 아니하면 무슨 유익이 있으리오."_약 2:15-16

필리핀의 한 작은 섬에서 가난한 자를 위한 선교 사역에 종사하고 계시는 한 무명 선교사님의 기도문입니다.

- 나는 배가 고팠습니다. 그러나 당신은 세계를 여행했습니다.
- 나는 배가 고팠습니다. 그러나 당신은 나한테 기다리라고 했습니다.
- 나는 배가 고팠습니다. 그러나 당신은 내가 무식해서 가난하다고 비난했습니다.
- 나는 배가 고팠습니다. 그러나 당신은 내가 게을렀기 때문이라고 했습니다.
- 나는 배가 고팠습니다. 그러나 당신은 평화에 관한 연설을 하고 있었습니다.
- 나는 배가 고팠습니다. 그러나 당신은 호텔들과 대형 회의장을 짓고 있었습니다.
- 나는 배가 고팠습니다. 그러나 당신은 '세상에는 항상 가난한 자가 있는 법이지.'라고 말했습니다.
- 나는 배가 고팠습니다. 그러나 당신은 외국에다 투자하고 있었습니다.
- 나는 배가 고팠습니다. 그러나 당신은 내가 대항한다고 했습니다.

"너희가 이 작은 자에게 냉수 한 그릇을 주는 것을 내가 결단코 잊지 않겠다."라고 말씀하신 예수님! 그렇습니다. 우리는 좀 더 소박하게 살아야 합니다. 그렇게 함으로써 가난한 자들을 그저 생존이라도 할 수 있게 해야 합니다(We must live more simply, so that the poor may simply live).

『옛적 말씀에 닻을 내리고』

'그들'이 아니라 '그분'의 이야기

"리브가에게 이르시되 큰 자가 어린 자를 섬기리라 하셨나니 기록된바 내가 야곱은 사랑하고 에서는 미워하였다 하심과 같으니라." _롬 9:12-13

만일 야곱이 그에게 주신 약속을 이루고자 하나님을 의지했더라면, 야곱은 하나님이 그에게 주시려고 했던 복을 위해 투쟁하지 않아도 되었을 것입니다. 왜냐하면, 하나님은 그에게 복을 '선물'(divine gift)로 주시려고 했기 때문입니다. 그러나 그는 그것을 기다리지 못하고, 성급하게 그 복을 자기 뜻대로 쟁취하려고 투쟁했습니다. 선물은 주는 자 마음대로입니다. 주는 사람이 주고 싶은 사람에게 주는 것이 선물입니다. 신의 선물인 '복' 역시 마찬가지입니다. 따라서 야곱의 이야기는 표면적으로라도 최소한 우리에게 한 가지를 알게 합니다.

하나님이 선택한 자들이라고 해서 하나님이 선택하지 않은 사람들보다 도덕적으로 우수한 것이 아닙니다.

인간을 향한 하나님의 사랑은 인간의 의지나 노력, 분발이나 수고에 달려 있지 않다고 성령은 바울을 통해 로마서 9장에서 말씀하십니다. 그것은 '자비와 긍휼을 베푸시는 하나님'에게 달려 있습니다.

그렇습니다. 하나님은 자비를 베푸시려고 택한 자에게는 자비를 베푸시고, 강퍅하게 하시려고 택한 자에게는 강퍅한 마음을 주십니다. 그래서 야곱과 에서의 이야기는 사실상 그들에 관한 이야기가 아니라는 사실을 알아야 합니다. 그 이야기는 에서가 아닌 야곱을 선택하신 '하나님에 관한 이야기'입니다.

『뒤돌아서서 바라본 하나님』

사명이 남은 동안에 종지부(終止符)는 없다!

"그가 아들을 낳으매 모세가 그의 이름을 게르솜이라 하여 이르되
내가 타국에서 나그네가 되었음이라 하였더라." _출 2:22

모세의 경우, 미디안 광야에서의 삶은 그에게 일종의 쉼표였습니다(출 2-3장). 길 가는 나그네에게 쉬었다가 가는 주막(酒幕)과 같은 시간이었습니다. 물론 그 자신은 그렇게 생각하지 않았을 것입니다. 애굽에서의 영화와 권세의 정상에서 추락한 그에게 초라한 광야의 생활은 마침표였지 결코 쉼표일 수 없었을 것입니다. 그에게 광야의 시기는 실패와 분노, 절망과 체념의 기간이었습니다.

그러나 하나님은 그렇게 생각하지 않으셨습니다. 하나님께는 그 시간이 그를 새로운 사명으로 이끌기 위한 쉼표의 시간이었습니다. 결코, 무익하거나 아무것도 아닌 헛된 시간이 아니었던 것입니다. 모세에게는 휴지부(休止符)가 필요했던 것입니다. 그리고 그는 광야에서 영혼의 눈을 뜨는 시간을 맞이하게 된 것입니다. 양떼를 돌보는 일들, 자녀를 낳고 양육하는 일, 가사를 돌보는 일, 초지를 찾아 이리저리 이동하는 일, 밤하늘의 별들을 보고 희망을 품는 일, 비를 맞으며 천막을 세우거나 접는 일 등 그가 전에 한 번도 경험하지 못한 인간적인 일들을 체험하게 됩니다. 그리고 지극히 일상적인 그런 삶은 그에게 장차 올 하나님의 위대한 사역을 준비하는 기간이 되고 있었습니다. 물론 그는 그런 생각은 꿈도 꾸지 않았을 테지만 말입니다.

대림절(Advent)은 우리로 하여금 소명과 사명의 의미를 깨우치는 시간으로 유용하게 사용될 수 있습니다. 영혼의 개안(開眼)이 필요한 때입니다. 자신의 칼과 창으로, 자신의 힘과 능력으로 하나님의 나라를 이룩할 수 있다는 빗나간 열정과 유약한 망상을 버릴 때입니다.

『일상을 걷는 영성』

비록 밤이 길고 길지라도

"슬기 있는 자들은 그릇에 기름을 담아 등과 함께 가져갔더니"_마 25:4

유엔 총회에서는 1948년 12월 10일에 "전 세계적 인권 선언"을 발표한 일이 있었고, 이 일 후로 전 세계는 12월 10일을 세계 인권의 날(Human Rights Day)로 기념하여 지킵니다. 수많은 노숙자, 폭력과 고문에 의한 비극과 정당한 대우를 받지 못하는 사람들, 그들의 사회적 배경이나 학력이나 외모나 신분이나 재산 정도에 따라 인권이 억압받는 일들이 비일비재합니다.

가깝게는 우리 주변을 살펴봅시다. 가정 폭력에 의해 희생되고 있는 아내와 자녀를 위해 등불을 밝혀야 합니다. 고문에 의한 항거의 목소리를 높여야 할 것입니다. 가난하고 비참한 사람들을 위한 지원 사업에 힘을 쏟읍시다. 정의를 위한 기도를 드립시다. 하나님의 의로우심을 간절하고 애타게 부르짖읍시다. 대림절의 갈망은 반드시 현실이 될 것입니다. 그분의 오심은 아침에 떠오르는 태양과 같이 확실할 것입니다. 그러기에 우리는 그분의 오심을 갈망하고 준비해야 합니다. 이것이 예수님께서 우리에게 가르쳐주신 기도의 핵심입니다.

"당신의 나라가 이 땅에 온전히 도래하기를 소원합니다."

우리의 삶과 가정과 교회와 사회에 하나님의 온전한 통치가 이루어지고 있습니까? 우리 모두를 감쌀 정도로 밤은 길고 깁니다. 그러나 한밤중에 외침이 있습니다. "보라! 여기에 신랑이 오셨다. 나와 그를 맞아라! 등불을 밝혀라! 계속 등불을 환하게 밝혀라!" 예수님께서 말씀하셨습니다.

"깨어 있으라. 너희는 그날과 그 시간을 알지 못하기 때문이다."

『하늘 나그네의 사계』

나의 묵상 | 말씀을 읽고 자신만의 묵상을 기록해 보세요.

12월

믿음과 사랑

365 Biblical Meditation for Healing

이달의 기도제목

첫사랑을 기억하는 일

"여호와께서 이와 같이 말씀하시기를 내가 너를 위하여
네 청년의 때의 인애와 네 신혼 때의 사랑을 기억하노니
곧 씨 뿌리지 못하는 땅, 그 광야에서 나를 따랐음이니라." _렘 2:2

누구에게든지 첫사랑의 상실은 결코 어느 날 갑자기 일어나는 일이 아닙니다. 사랑의 상실은 천천히 점차 일어납니다. 마치 밤 사이 내린 눈처럼, 밀가루 반죽 그릇에 넣은 효모처럼 그렇게 소리 없이 일어납니다. 무더운 여름날이 가고 점점 선선해지듯이 말입니다. 첫사랑도 그렇게 식어 가는 것입니다.

그리고 우리는 첫사랑을 서서히 버릴 뿐만 아니라 의지적으로도 버립니다. 우리는 결코 영적 침체의 희생자들이 아닙니다. 오히려 그 반대입니다. 우리는 언제나 스스로 영적 침체를 불러들이는 적극적인 초청인들입니다. 자신이 바로 가해자입니다.

"내가 이에 대한 책임을 반드시 너에게 물으리라."(계 2:5)라고 부활하신 그리스도께서 에베소의 그리스도인들에게 말씀하십니다. 그분의 진단은 분명했습니다. "네가 너의 첫사랑을 버렸다." 그렇습니다. 우리는 의지적으로 우리의 첫사랑을 버렸던 것입니다.

그리스도인의 신앙이 일상화되고 반복적이고 기계적이 될 때, 모든 일이 반복적이고 예측 가능하고 무의미한 것처럼 보일 때, 성령께서 우리를 떠나 버리신 것처럼 느껴질 때, 바로 그때야말로 그 모든 것이 어떻게 시작되었는지를 기억해야 합니다. 어떻게 그리스도의 영이 초기 그리스도인들 위에 내렸는지를 기억할 때입니다. 그리고 그들이 어떻게 자신들을 헌신하여 사도들의 가르침에, 교제의 떡을 떼는 일에, 기도하는 일들에, 가난한 이들을 돌보는 일들에 힘쓰게 되었는지를 기억할 때입니다. 아멘.

『인간의 죄에 고뇌하시는 하나님』

질투하는 사랑에 관한 팡세(Pensees)

"너희가 어느 때까지 둘 사이에서 머뭇머뭇 하려느냐 여호와가 만일 하나님이면 그를 따르고 바알이 만일 하나님이면 그를 따를지니라." _왕상 18:21

당신은 누구를 섬기고 있습니까? 주일 아침마다 신앙 공동체의 일원으로서 당신이 드리는 신앙고백의 첫 번째 조항을 기억하십니까? "하늘과 땅을 지으신 전능하신 하나님을 나는 믿습니다!" 그러면서도 왜 당신은 또 다른 주인을 쳐다봅니까?

이스라엘의 역사는 바알과의 투쟁의 역사라고까지 불린다는 사실을 기억하십시오. 여호와를 경배하는 엘리야와 바알 선지자 간의 대결 사이에서 주춤거리던 이스라엘의 모습을 우리는 알고 있습니다(왕상 18장). 참 이스라엘은 수많은 이방 신들의 도전 속에서 힘겨운 싸움을 해왔다는 것이 성서 역사의 증언입니다.

"예배와 경배의 대상은 오직 이스라엘의 하나님 여호와뿐이다!" 이것은 단순히 유일신 신앙을 천명하는 것이 아니라 우리를 향한 실제적인 요청입니다. (십계명의) 첫 번째 계명은 나머지 아홉 계명의 기초이며 뿌리로서, 구원받은 공동체의 정체성을 확인하는 시금석입니다. 하나님은 오늘도 우리에게 독점적 관계를 요구하십니다.

하나님의 요구는 결국 우리를 위한 구원의 은총을 계속해서 확장시키려는 호의(好意)입니다. 따라서 우리는 삶의 우선순위를 분명히 밝혀야 할 것입니다. 출애굽 후에 이스라엘에 독점적 사랑을 요구하시던 여호와 하나님의 말씀은 부활절 후에 베드로에게 나타나셔서 "너는 이 모든 것보다도 나를 더 사랑하느냐?"(요 21:15-17)라고 질문하셨던 예수님의 말씀과 좋은 평행을 이룹니다. 신앙 공동체로서 교회는 감사와 보은의 마음으로 그분에게 '사랑'과 '충성'을 고백하는 것이 당연하지 않겠습니까?

『정의와 평화가 포옹할 때까지』

'원하는 것'이 아니라 '필요한 것'을 아는 사람

"우리 주 예수 그리스도의 하나님, 영광의 아버지께서 ······
너희로 알게 하시기를 구하노라." _엡 1:17-19

영적 지도자로서 바울은 에베소 교인들의 필요가 무엇인지 정확하게 짚어내고, 그것이 채워지도록 기도했습니다. 사실 우리는 이런 영적 지도자들이 희귀한 시대에 살고 있습니다. 교인들의 필요가 무엇인지 아는 지도자, 그것을 위해 지속적으로 기도하는 지도자, 이런 영적 지도자가 어느 때보다 더욱 절실하게 요구되고 있습니다. 교회의 지도자들 가운데는 자기 이익을 위해 교인들을 이용하거나, 그런 쪽으로 가르치고 지도하는 사람들이 있습니다. 그들은 교인들의 영적 궁핍과 필요를 분별하는 일에는 별로 관심이 없거나, 그런 일을 위해 잘 준비되지 않은 사람들입니다. 그들은 교인들에게 절실하게 필요한 것보다는, 교인들의 입맛에 편승하여 그런 입맛에 맞는 것을 주려는 사람들입니다. 교인들의 영적 안목을 흐릴 뿐 아니라, 잘못된 것을 구하도록 인도하는 삯꾼입니다.

사도 바울의 기도를 읽으면, 우리는 교인을 진정으로 사랑하고 그들의 영적 필요가 무엇인지 아는 한 지도자를 만납니다. 사도 바울의 간절한 기도는 에베소의 모든 교인이 영적 지식으로 충만해지는 것이었습니다. 세상의 부요나 성공이나 출세와 같은 것들을 위해 기도한 것이 아닙니다. 여기서 말하는 영적 지식이란 '하나님을 아는 지식'입니다. 하나님을 아는 일이 그들에게 가득하기를 바울은 소원했던 것입니다.

『통일의 복음』

모든 길은 베들레헴으로 통한다

"그때에 가이사 아구스도가 영을 내려 천하로 다 호적하라 하였으니"_눅 2:1

어린 아기 예수님이 태어나시던 날, 서방의 모든 사람은 두렵고 떨리는 심정으로 로마를 향해 가고 있었습니다. 당시 로마에는 황제가 신으로 숭배되고 있었습니다. 그가 만왕의 왕이요, 만주의 주님이었던 것입니다. 바야흐로 전 세계 사람들을 다스리고 지배하는 법령들과 규례들이 선포되었습니다. 로마로부터 전 세계를 지배하고 장악하는 로마의 군단이 파견되었던 것입니다. 모든 길은 다 로마로 통하고 있었습니다.

전 세계 어디든지 통하는 로마의 대로(大路, highway)들을 보십시오. 위엄 있는 로마의 권세자들을 보십시오. 전 세계 모든 신민이 추앙하고, 로마인들이 자랑스럽게 누렸던 '로마의 평화'(Pax Romana)가 실현된다고 사람들은 믿고 있었습니다. 평화로 가는 길은 군화와 전차에 의해 닦여질 수 있다고 그들은 생각합니다. 그러나 정말 그럴까요?

대림절의 모든 메시지는 모든 길이 로마로 통하는 것이 아니라고 말합니다. 모든 길은 팔레스타인의 작은 고을 베들레헴으로 들어간다고 선언합니다. 로마의 길은 첫 번째 크리스마스의 소식을 전파하는 일에 커다란 도움이 되었을 뿐입니다. 로마의 길은 베들레헴으로 가는 길을 알려주는 도우미가 되었을 뿐입니다. 장차 베들레헴의 한구석에서 한 아기가 태어나 "내가 곧 길이다." "모든 권세와 권력이 나의 것이다." "나의 평화를 너에게 주노라."라고 말하게 될 줄을 로마의 관료들 혹은 권세가 중에 누가 꿈엔들 생각했겠습니까!

『아버지를 떠나 자유를』

고통이 말해주는 사랑

"그가 찔림은 우리의 허물 때문이요 그가 상함은 우리의 죄악 때문이라.
그가 징계를 받으므로 우리는 평화를 누리고
그가 채찍에 맞으므로 우리는 나음을 받았도다." _사 53:5

당신은 어떻게 생각하십니까? 하나님이 고통을 느끼신다고 생각하십니까? 다시 말해서 하나님은 고통 받으실 수 있는 분입니까? 만약 하나님께서 고통을 느끼실 수 없다고 가정한다면, 그다음에 이어지는 자연스러운 질문은, "하나님은 사랑을 느끼실 수 있는가?"입니다. 즉, "하나님은 사랑하실 수 있는 분인가?"라는 질문입니다. 우리가 알고 있고, 고백하는 것처럼 분명히 하나님은 사랑하실 수 있는 분입니다. 그렇다면 하나님은 사랑은 느끼시면서 고통은 느낄 수 없는 분이신가요? 고통을 느낄 수 없는 하나님, 사람과 함께 고통을 겪을 수 없는 하나님, 고통 받는 사람들과 연대할 수 없는 하나님이시란 말인가요? 그렇다면 그런 하나님이 구태여 자기 아들을 세상에 보내어 우리를 위하여 고통을 당하도록 하실 이유가 있습니까? 그렇지는 않을 것입니다. 자기 아들을 세상에 보내어 우리를 위하여 고통당하도록 하시는 하나님이시라면, 분명히 그분은 고통도 느낄 수 있는 하나님이십니다. 고통을 느끼는 그런 분이라면 그분은 분명히 사람과 함께 고통을 겪을 수도 있는 하나님이십니다. 그러므로 그분은 틀림없이 고통 받는 사람들과 연대하는 분이십니다.

『인간의 죄에 고뇌하시는 하나님』

그리스도의 사랑이 내려갈 수 있는
가장 깊은 심연

"주께서 생명의 길을 내게 보이시리니 주의 앞에는 충만한 기쁨이 있고
주의 오른쪽에는 영원한 즐거움이 있나이다." _시 16:11

그리스도는 죽은 후에 지옥에 내려가신 것이 아닙니다. 하이델베르크 신앙교육서가 잘 요약해 주듯이(제16주일, 44문답), 그리스도는 죽기 전에 지옥에 내려가셨습니다. 이 땅에 살아 계시는 동안, 특별히 십자가의 고통 가운데 그는 지옥에 내려가신 것입니다. 큰 소리로 "나의 하나님, 나의 하나님 어찌하여 나를 버리십니까?"라고 하나님을 향해 절규하셨을 때, 이미 그리스도는 도저히 빠져나올 수 없는 지옥의 한복판에 계셨던 것입니다. 하나님께 '버림받은 것'이야말로 그리스도가 당하신 고난의 '핵심'입니다.

이 짤막한 부르짖음, "어찌하여 나를 버리셨습니까?"라는 절규는 모든 것을 요약하고 있습니다. 지옥이 어떤 곳인지 한 줄로 표현한 말씀입니다. 지옥, 그것은 하나님에 의해 버림받은 절망적 상태입니다.

지옥은 우리를 향하신 그리스도의 사랑의 깊이를 보여줍니다. 왜냐하면, 지옥은 우리를 향한 그리스도의 사랑이 내려갈 수 있는 가장 깊은 심연이기 때문입니다. 그리스도가 겪지 않은 고통은 이 세상에 없습니다. 그가 겪지 않은 공포와 죽음도 없습니다. 무엇보다 중요한 것은 그리스도로 말미암아 그것들은 우리를 결코 파괴할 수 없다는 것입니다.

지옥에 내려가셨던 그리스도로 인해 하나님은 우리를 스올에 내어주지 않으시며, 우리로 구덩이를 보지 않게 하십니다. 그 대신 하나님은 우리에게 생명의 길을 보여주십니다. 그러므로 우리의 영혼은 기뻐하며, 우리의 몸 역시 안식과 평안을 누립니다. 아멘.

『우리의 기도가 천상의 노래가 되어』

그분 자신이 전부이다

"아버지께서 나를 세상에 보내신 것 같이" _요 17:18

만일 예수님이 아버지로부터 오시지 않았다면, 아버지가 보내신 분이 아니었다면, 설령 그분이 놀라운 것을 많이 가르치셨다고 해도 기껏해야 종교 창시자 정도밖에 되지 않았을 것입니다. 또한, 그분이 십자가에 죽으신 것은 종교적인 이상주의자 한 사람이 맞이한 비극적인 죽음에 불과했을 것입니다.

요한복음에서 예수님은 전적으로 '아버지로부터 오신 분', '아버지가 보내신 분'입니다. 예수님은 아버지가 보내신 메시지를 전달하는 우편집배원이 아닙니다. 예수님은 언제라도 바뀔 수 있는 우편집배원이 아닙니다. 예수님은 모세나 이사야나 바울이 메신저 역할을 했던 것과 같은 방식의 메신저도 아닙니다.

모세나 바울이 어쩌다가 일찍 죽었다면 누군가 그들의 역할을 대신할 수 있었을 것입니다. 그러나 예수님은 그럴 수가 없습니다. 하나님은 인류에게 메시지를 보내려고 예수님을 보내신 것이 아닙니다. 하나님 아버지가 보내신 것은 다른 메시지가 아니라 예수님 자신이었습니다.

예수님은 아버지가 이 세상을 향해 말씀하시고자 하는 전부였습니다. 아버지는 예수님 외에 아무런 말씀도 하실 것이 없었습니다. 예수님 자체가 하나님의 말씀입니다. 예수님은 메시지를 갖고 오시지 않았습니다. 그분 자체가 메시지입니다. 예수님은 진리를 전달하시는 분이 아닙니다. 그분이 진리입니다. 예수님은 하늘로부터 오는 떡을 주시지 않습니다. 그분이 하늘의 떡입니다. 예수님은 우리에게 생명을 주시지 않습니다. 그분이 생명입니다.

『생명의 복음』

기꺼이 고통 받으시기에 믿을 수 있는 분

"우리가 사방으로 욱여쌈을 당하여도 싸이지 아니하며
답답한 일을 당하여도 낙심하지 아니하며 박해를 받아도 버린 바 되지 아니하며
거꾸러뜨림을 당하여도 망하지 아니하고" _고후 4:8-9

- 당신은 하나님의 고통을 아십니까?
- 당신은 하나님의 절규를 들어 본 일이 있습니까?
- 아들들 때문에 고통하시는 아버지의 모습 속에서(눅 15:11-32)
- 부정하고 화냥기 있는 아내 때문에 마음의 고통을 당하는 남편의 모습 속에서(호 1-3장)
- 십자가에서 처절하게 부르짖는 예수님의 모습 속에서
- 당신은 하나님의 모습을 본 일이 있습니까?

   그분은 기꺼이, 자발적으로 고통하시는 분이십니다. 아니 우리의 고통 속에서, 울부짖음 속에서 함께 통곡하며, 절망하며, 절규하는 분이시기도 합니다. 그러기에 그분은 우리의 믿을만한 친구요, 남편이요, 아버지요, 하나님이십니다.
   호렙 산에서 하나님의 자기 계시는 모세에게, 아니 '모세 안에' 있는 이스라엘에게 궁극적인 승리와 미래를 보여주셨습니다. 불이 붙어도 결코 불에 타 버릴 수 없는 생명, 하나님이 구원하기로 작정한 생명을 누가 감히 태울 수 있단 말인가요! 이스라엘은 결코 죽지 않을 것입니다. 사도 바울의 고백은 이 사실을 매우 강력한 어조로 우리에게 전해주고 있습니다.
   왜냐하면, 예수님의 생명이 우리 가운데 있기 때문입니다.

『옛적 말씀에 닻을 내리고』

맞춤형 사랑

"내가 너희를 사랑한 것 같이 너희도 서로 사랑하라." _요 13:34

성 아우구스티누스는 예수님이 사람을 사랑하실 때 마치 이 세상에서 사랑할 사람이 그 사람밖에 없는 것처럼 사랑하셨다는 것을 알았습니다. 달리 말해, 예수님은 다른 사람을 향해 애정과 사랑을 쏟으실 때, 철저하게 그 사람 하나를 위해 '개인화'하셨다는 것입니다. 마치 숲은 보지 못하고 나무만 쳐다보는 사람처럼, 그분은 기꺼이 그렇게 어리석어지기를 마다하지 않으셨습니다. 예수님은 각 개인 속에 있는 독특하고 유별난 '개별성'에 초점을 맞추셨습니다.

이렇게 되려면 특별한 헌신과 훈련이 필요할 것입니다. 왜냐하면, 심지어 예수님도 수많은 사람을 집단적으로 만나셨고, 따라서 그들을 한 사람씩 개별적으로 대하기가 어려우셨을 것이기 때문입니다. 우리는 사람들을 만나거나 대할 때 종종 '범주화'시키려는 유혹을 받습니다. 즉, 인종, 성별, 직업, 신분, 외모 등으로 범주화시켜 상대방에 대한 고정관념을 갖고 만나게 됩니다. 마치 숲만 보는 사람처럼, 각 개인이 가진 독특성, 즉 그의 필요와 궁핍, 생김새와 처지 등을 보지 못하기 때문입니다. 이것은 다다를 수 없는 이상적 상태에 대해 말하려는 것이 아닙니다. 그런 사랑을 하는 것이 우리의 가능성 바깥에 있다고 생각하지 않습니다. 저는 여러분이 스스로 다짐을 하고 이런 '개별화된 사랑', '맞춤형 사랑'을 하시기를 바랍니다. 그럴 수 있는 용량과 능력이 커지고 자라기를 소원합니다. 물론 거룩하신 하나님만 우리가 이런 이상(理想)을 완전하게 실행하도록 해주실 수 있을 것입니다.

『생명의 복음』

사랑하는 것보다 이기는 것이 중요한가?

"사랑 가운데서 서로 용납하고 평안의 매는 줄로
성령이 하나 되게 하신 것을 힘써 지키라." _엡 4:2-3

그리스도의 몸으로 교회는 분열과 반목과 편 가르기 같은 행위들과 맞서 싸워야 합니다. 종종 신자들 간의 대화나 상대방에 대한 태도들이 점점 악화되는 경우가 있습니다. 알량한 자존심을 내세울 때, 개인적인 취향이 무시당했을 때, 집단에서의 헤게모니(주도권) 다툼에 휘말릴 때, 개인적인 이익이 걸려 있는 문제들에 봉착했을 때, 혹은 학연·지연·혈연과 같은 것들에 얽혀 있을 때 교회 안에 파벌과 파당이 생기고 반목과 분열이 가속화됩니다. 토론하고 대화할 수 있음에도 언성을 높이고 얼굴을 붉힙니다. 급기야 돌아올 수 없는 다리를 건너는 지경까지 가는 언어를 사용하거나 행동을 하기도 합니다.

모두가 알다시피, 일단 깨어진 관계는 다시 회복하기가 쉽지 않습니다. 설령 깨어진 관계나 서먹서먹해진 관계를 회복하더라도, 그 깊은 상처는 계속해서 남아 있다는 사실을 기억하십시오. 놀랍게도, 형제·자매를 사랑하는 일보다 그들과의 논쟁에서 이기는 일이 더 중요하다고 생각하는 사람들이 뜻밖에 많습니다.

아마 자신들의 '에고'(ego, 자존심)가 상처받는 것을 견딜 수 없을 만큼 자존심이 강하기 때문일 것입니다. '인격 살인'(personality assassination)이라는 말이 있듯이, 말과 글 같은 언어뿐 아니라, 표정이나 몸짓으로, 더 나아가 생각으로 상대방을 모욕하거나 우습게 여기거나 업신여기고 경멸하는 것도 일종의 살인이라고 할 수 있습니다(마 5:21-22).

『통일의 복음』

사망과 생명을 맞바꾸는 자리들

"그러나 우리가 온전한 자들 중에서는 지혜를 말하노니 이는 이 세상의 지혜가 아니요 또 이 세상에서 없어질 통치자들의 지혜도 아니요." _고전 2:6

우리의 자녀는 평균 네다섯 시간 이상을 매일 텔레비전 앞에서 보낸다고 합니다. 그때 그 자리에선 그저 즐기는 일만 있는 게 아닙니다. 자녀가 복음의 가치와 상충하거나 충돌하는 세상의 가치체계에 무방비로 노출됩니다. 보고 듣고 생각하고 열망하는 것들이 얼마나 복음의 가치체계에 이질적인 줄 아십니까? 예를 들어, 물질적 성공주의, 외모지상주의, 향락주의, 부도덕과 이기주의 등의 세속주의 가치체계가 무서운 암과 같이 우리와 자녀의 무의식 세계 속에 깊숙이 침투하여 자리를 잡게 됩니다.

- 우리가 우리의 자녀에게 그들이 누구인지, 그들의 정체성이 무엇인지 가르치지 않는데, 어떻게 그들이 신앙을 가질 수 있겠습니까?
- 우리가 유대인 포로들이 했던 것들, 즉 성경을 귀담아듣는 일, 새 하늘과 새 땅에 대한 환상과 비전에 충격을 받는 일 등을 하지 않는다면, 어떻게 우리의 자녀가 신앙을 가질 수 있겠습니까?

주일에 정규적으로 성경에 귀를 기울이지 않는다면, 우리의 영적인 시력은 흐릿해질 것입니다.

- 결국, 우리가 보고 싶어 하는 것만을 보게 될 것입니다.
- 우리가 생각할 때 가능하다고 생각되는 것만을 보게 될 것입니다.

그러나 우리가 성경에 귀를 기울이고 그 말씀을 듣는다면, 우리 눈에 낀 안개 같은 것들이 사라지게 될 것이고, 사물들을 새롭고 신선하게 보게 될 것입니다.

『통일의 복음』

보이지 않는 것들에 시선을 고정하기

"우리가 간절히 원하는 것은 …… 약속들을 기업으로 받는 자들을
본받는 자 되게 하려는 것이니라." _히 6:11-12

부지런함은 신앙의 순례를 할 수 있게 하는 버팀목입니다. 특히 사랑으로 가득한 섬김의 삶을 끊임없이 계속하는 것은 확실한 소망이 있다는 분명한 증거입니다. 이렇게 하려면 견디고 참아내는 일을 게을리해서는 안 됩니다. 한마디로 '부지런'해야 합니다. 영적 근면성은 하나님의 은총이 우리 안에서 작동하고 있다는 징표입니다.

이런 영적 부지런함을 몸에 배게 하는 좋은 방법으로 히브리서 저자는 '모방'을 권면하고 있습니다. "게으르지 아니하고 믿음과 오래 참음으로 말미암아 약속들을 기업으로 받는 자들을 본받는 자 되게 하려는 것이니라"(히 6:12). 다음의 문맥이 밝히 보여주듯이(13절 이하) 그리스도인들은 그들의 힘을 아브라함의 신앙과 인내를 모방하는 데 집중하라는 권고를 받습니다. 그가 약속의 땅에 들어간 것은 신앙과 인내를 통해서였기 때문입니다. 그를 대표로 하는 수많은 믿음의 영웅들도 우리와 같은 연약한 인간들이었기 때문에 그들의 삶 속에는 수많은 실패와 약점들이 있었습니다. 그럼에도 그들의 삶의 전반적인 방향성에 관한 한 하나님에 대한 신뢰로 특징지을 수 있다는 것이 히브리서 저자의 평가입니다.

산채만 한 파도들에 직면하고 있었던, 박해 아래 놓여 있었던 연약한 작은 신앙 공동체에, 히브리서 저자는 분명한 어조로 그 메시지를 전달합니다. "당신들을 기다리는, 저 하늘의 보이지 않는 실체들에 당신들의 눈을 고정하십시오. 아마 오랫동안 고통당해야 할지도 모릅니다. 그러나 흔들리지 말고 인내하시고 견고하게 서시기 바랍니다. 왜냐하면, 하나님의 약속은 확실하기 때문입니다."

『우리와 같은 그분이 있기에』

반석을 붙잡는 닻

"너희는 길에 서서 보며 옛적 길 곧 선한 길이 어디인지 알아보고 그리로 가라
너희 심령이 평강을 얻으리라." _렘 6:16

어느 날 예수님이 제자들에게 말씀하셨습니다. "사람들이 나를 누구라 하느냐?" 제자들 가운데 "어떤 이들은 당신을 예레미야라고 부릅니다!"라는 대답이 있었습니다. 예수님께서도 예레미야가 말했던 것을 똑같이 말씀하셨기 때문입니다. 사람들에게 가장 절실하게 필요한 것이 있다면 '닻'(anchor)이라고 예수님이 말씀하셨습니다. 하나님 말씀에 닻을 내리는 것이라고 말입니다. 그래서 어느 날인가 예수님은 하나님의 말씀을 설교하시고 나서 두 건축가에 관한 이야기를 들려주셨습니다.

> 나의 이 모든 말을 듣고 그대로 행하는 자는
> 누구든지 그의 집을 반석 위에 건축하는 현명한 사람과 같다.
> 그러나 이 말을 듣지 않고 그에 따라 행하지 않는 사람,
> 다른 사람들이 말하고 생각하는 곳에 삶의 닻을 내리는 사람,
> 이런 사람들은 마치 모래 위에 자기의 집을 세운 어리석은 사람 같을 것이다.

당신은 지금 매우 잘살고 있을지도 모릅니다. 그러나 폭풍우가 몰아치고, 비극이 삶을 내려친다면 어떻게 될까요? 그와 같은 때에 당신에게 가장 필요한 것이 바로 닻입니다. 단단한 바위를 붙잡는 닻, 굳건한 반석을 붙잡는 닻 말입니다. 견고한 반석, 흔들리지 않는 바위. 그것은 예수님의 말씀, 우리 주님의 말씀입니다. 만일 당신의 삶이 예수님의 말씀에 닻을 내린다면 당신의 삶은 굳건히 서고, 견고할 것이며, 생명은 모든 것을 견디어 낼 것입니다.

『인간의 죄에 고뇌하시는 하나님』

우리가 소유해야 할 전부

"하늘에서는 주 외에 누가 내게 있으리요 땅에서는 주 밖에 내가 사모할 이 없나이다.
내 육체와 마음은 쇠약하나 하나님은 내 마음의 반석이시요 영원한 분깃이시라."
_시 73:25-26

시인은 시편 73:25-26에서 하나님과의 지속적인 교제 위에 우리의 두 발이 서기를 권면합니다. 이 교제는 상상을 초월하는 실체로서, 우리에게 얼마나 큰 힘을 주는지 시인은 이렇게 고백합니다.

"하늘과 땅 사이에 하나님 같은 분은 아무도 없습니다. 주님밖에 내가 사모하고 바랄 분이 누가 더 있겠습니까? 내 몸과 마음이 다 시들어 가도 하나님은 언제나 내 마음의 반석이시오, 내가 받을 몫의 전부이십니다!"

우리 역시 그리스도 안에 계신 하나님을 이처럼 소유하고 있습니다. 우리는 하나님만이 우리의 전부라고 고백합니다. 하늘 그 어디에도 그분 외에 우리가 간절히 사모하고 갈망할 분은 없습니다. 그분 없는 삶은 삶이 아닙니다. 우리에게 자신을 값없이 주신 분 외에 우리가 사모할 자가 이 땅 어디에 있겠습니까? 우리의 육체는 시들어 갑니다. 우리의 심장도 언젠가는 멈출 것입니다. 그러나 하나님은 환난의 때에 피할 피난처입니다. 주님은 영원히 우리의 몫이며 기업이십니다. 누구도 탈취해 갈 수 없는 우리의 전부입니다.

하나님과의 동행, 하나님과의 동반, 하나님과의 교제와 교통을 의식하고 느낄 때, 우리는 하나님이 우리의 생명이며 삶임을 인식합니다. 그분과 함께 있을 때, 그분과 깊은 교제를 나눌 때, 우리는 절실하게 필요한 모든 것을 소유합니다. 아무리 많은 재물과 부가 있다 하더라도 그분이 없이는 어떤 것도 도움이 되지 못합니다.

『우리의 기도가 천상의 노래가 되어』

하나님이 받으실 수 있을까?

"너희는 살려면 선을 구하고 악을 구하지 말지어다
만군의 하나님 여호와께서 너희의 말과 같이 너희와 함께 하시리라
너희는 악을 미워하고 선을 사랑하며 성문에서 정의를 세울지어다." _암 5:14-15

하나님을 찾는다는 것의 진정한 의미는 선을 추구하는 것이라고 아모스 선지자는 말합니다. 종교와 윤리, 신앙과 도덕은 함께 가는 것이라고 말입니다. 교회에 열심히 다니면서도, 비윤리적인 사업이나 생활을 계속할 수 있다고 생각하는 사람은 종교인에 불과하고, 교회라는 단체의 일원은 될 수 있어도 하나님과는 상관이 없는 사람들이라고 말할 수 있습니다. 신앙은 구체적인 삶으로 열매를 맺어야 한다는 뜻입니다.

하나님 사랑은 이웃 사랑으로 표현되기 전까지는 진정으로 하나님 사랑이 아니라고 할 수 있습니다. 그러므로 교회와 세상이라는 이원론적 사고방식을 깨뜨리고, 모든 영역에서 하나님의 주 되심과 왕권사상을 널리 선포하는 것이 교회의 중요한 책무라는 것을 잊지 말아야 합니다. 부모를 공경하지 않는 사람의 섬김을 하나님이 받으실 수 있겠습니까? 이웃의 불행에 무감각한 성도의 헌금을 하나님이 기뻐하실 수 있겠습니까? 경건하게 사는 삶, 도덕적 뒷받침이 있는 삶이 하나님을 거짓 없이 경외하고 섬기는 예배라고 성경은 가르칩니다.

하지만 한 가지 잊지 말아야 할 것이 있습니다. 우리가 선을 행한다 하더라도 얼마나 하겠으며, 공의를 행한다 하더라도 얼마나 행하겠습니까? 사람의 의는 더러운 누더기라고 누가 말하지 않던가요? 최선을 다해 선을 행하고도 우리는 겸허하게 그분의 은혜를 기다릴 뿐입니다. 구원받는 것은 전적으로 그분의 긍휼과 호의에 달려있기 때문입니다.

『시온에서 사자가 부르짖을 때』

풍랑에 휩쓸리지 않는 믿음

"히스기야 왕이 듣고 자기의 옷을 찢고 굵은 베 옷을 입고
여호와의 전으로 갔고" _사 37:1

개인적으로, 가정적으로 혹은 교회적으로 견디기 힘든 환난의 때를 만나면 어떻게 하십니까? 아무래도 정밀 검사를 다시 받아야겠다는 진단 결과를 듣게 된다면, 자녀가 나쁜 친구들과 돌아다닌다면, 잘나가던 사업이 어느 날 파산 직전에 있다면, 믿었던 친구나 배우자가 배신하였다면, 갓 결혼한 자녀가 이혼할 생각을 하고 있다면 어떻게 하시겠습니까? 세상을 살면서 위기를 만나지 않는 사람은 없습니다. 아마 해결책을 찾아 동분서주할 것입니다. 좋은 의사를 소개받으려고, 상담사를 찾아 조언을 들으려고, 대학 동문을 찾아가 회사의 위기를 벗어날 길을 찾아보려고 할 것입니다. 이것이 보통 우리가 위기에 처했을 때 하는 일들입니다.

신앙인이라고 해서 어려운 일을 당하지 않는다는 법은 없습니다. 오히려 고난과 역경의 바다에서 표류할 때가 있습니다. 신앙이 제대로 작동하고 있는지를 알 기회가 이때입니다.

위기가 올 때, 마귀의 방해가 있을 때, 신자는 하나님의 은혜의 보좌를 찾아야 합니다. 궁핍과 환난의 때에 그에 맞는 도움을 주시는 하나님의 은혜의 보좌 앞으로 담대하게 나아가야 합니다(히 4:16). 마귀의 방해와 협박과 위협도 하나님의 큰 은혜가 올 것을 보고 더욱 강하게 닥쳐오는 것이니, 뜻있는 신자들은 마귀의 방해에 위축되지 않고 오히려 기도에 전념하여 하나님과의 교통이 막히는 일이 없도록 해야 할 것입니다.

『이사야서 묵상』

전선(戰線)에서 물러나면 삶을 낭비하게 된다

"세월을 아끼라 때가 악하니라 그러므로 어리석은 자가 되지 말고
오직 주의 뜻이 무엇인가 이해하라." _엡 5:16-17

우리의 주님이 공급해주시는 모든 일과 상황에서 하나님 알기를 갈망하고 순간마다 그분의 뜻을 행하려고 애쓰는 것이 "세월을 아끼라."(엡 5:16)라는 사도 바울의 말이 뜻하는 것입니다. 이렇게 사는 것이, 길게 살든 짧게 살든 상관없이, 잘사는 것이고 충만하게 사는 것입니다.

그러면 어떻게 사는 것이 세월을 낭비하지 않고 지혜롭고 슬기롭게 사는 것입니까?

첫째, 매일 하나님께 의존해야 합니다. 모든 일에 하나님께 의지하고 의존한다는 것을 선언해야 합니다(엡 5:20). 우리는 정말로 하나님의 임재와 현존과 놀라운 능력이 필요합니다. 그리고 우리는 성령으로 가득해야 합니다(엡 5:18). 우리의 삶이 성령에 이끌려야 한다는 말입니다.

둘째, 영적 전투에서 동료에게 도움이 필요할 때 기회를 놓치지 말고 도와야 합니다. 여러분의 편에 있는 누군가가 악과 진지하게 싸우고 있을 때 곁에 가서 도움을 주라는 것입니다. 서로에게 책임성이 있는 관계를 맺고 사는 일에 대해서 사도 바울은 "그리스도를 경외함으로 피차 복종하라."(엡 5:21)라고 말합니다. 서로 기도하고, 서로가 서로에게 정직하고 진정성 있게 대하도록 도와주고, 상대방에게 취약점이 있을 때 그 부분을 보완해주고 덮어주는 것이 세상을 지혜롭게 사는 것입니다.

『통일의 복음』

우리가 용서한 것처럼 우리를 용서하소서

"우리가 우리에게 죄 지은 자를 사하여 준 것 같이
우리 죄를 사하여 주시옵고" _마 6:12

최후의 심판을 예상하면서, 우리는 우리가 다른 사람들의 죄(빚)들을 용서했던 것처럼 우리의 죄(빚)들을 하나님께서 용서해 주시기를 간청해야만 합니다.

마태복음 25장에서 예수님께서 묘사하는 최후의 심판석을 한번 생각해 보십시오. 인자가 자신의 영광 가운데에 오실 때, 그가 심판의 보좌에 앉을 것이라고 예수님은 말씀하십니다. 모든 사람이 그분 앞에 소집될 것이며 그분이 최후의 판단을 내리실 것입니다. 그때 어떤 기준으로 그분이 재판하시겠습니까? 그분의 판단 기준은 다음과 같을 것입니다.

- 너희는 서로 어떻게 대하였는가?
- 너희는 헐벗은 이에게 옷을 입혀 준 일이 있는가?
- 너희는 허기진 이들의 배를 채워 준 일이 있는가?
- 너희는 서로 용서하였는가?
- 너희는 너희에게 죄 지은 사람을 용서했는가?

마태복음 25장에서 예수님은 말씀하십니다. 예배란 결코 단순히 하나님과 나 사이만의 문제일 수가 없습니다. 예배는 항상 나의 이웃을 고려해야 합니다. 만일 그렇지 못하면 예배는 환영(幻影, illusion)으로 바뀔 것입니다.

우리가 우리의 배고픈 이웃들을 먹이지 않을 때 예배는 환영이 될 것입니다. 혹은 우리가 우리에게 죄 지은 이들을 용서하지 않을 때 우리의 예배는 착각이 될 것입니다. 그러한 사람 모두를 향하여, 인자는 말씀하십니다. "내게서 떠나라! 내 앞에서 사라지라!"

『옛적 말씀에 닻을 내리고』

고백과 기다림의 간극

"또 죽은 자들 가운데서 다시 살리신 그의 아들이
하늘로부터 강림하실 것을 너희가 어떻게 기다리는지를 말하니
이는 장래의 노하심에서 우리를 건지시는 예수시니라." _살전 1:10

그리스도의 재림은 교회가 예로부터 항상 고백해왔던 내용입니다. 우리 역시 주일 아침마다 고백하기를 "예수님께서 전능하신 아버지 하나님의 오른편에 앉아 계시다가 거기로부터 그가 오셔서 산 자와 죽은 자를 심판하실 것이라."라고 말합니다. 그러나 예수님께서 하늘로부터 오실 것이라고 고백하는 것과 하늘로부터 오실 예수님을 기다리는 것 사이에는 엄청난 차이가 있습니다.

그리스도인들 가운데 하나님께서 종말에 이 창조세계를 깨끗이 소멸할 것이라고 생각하는 이들이 있습니다. 그러나 이것은 정말로 어리석은 말들입니다.

- 하나님의 계획은 우리의 옛 세상을 새롭게 만드는 것이기 때문입니다.
- 새로운 창조세계는 우리가 지금 사는 같은 지구일 것입니다.

그렇다면 무엇이 새로워지는 것입니까?

- 새로워지는 것은 사람들이 사람과 더불어 살아가는 방식입니다.
- 새로워지는 것은 사람들이 하나님과 함께 살아가는 방식입니다.
- 새로워지는 것은 사람들이 서로를 사랑하는 방식입니다.

사람들은 입으로는 예수님의 재림을 고백하지만, 그들의 마음으로는 그리스도의 재림을 기다리지 않습니다.

『순례자의 사계』

기다리는 신앙

"이 백성이 천천히 흐르는 실로아 물을 버리고
르신과 르말리야의 아들을 기뻐하느니라."_사 8:6

하나님은 세상의 세력을 의존하고 하나님을 불신하는 유다를 다시금 꾸짖으십니다. 그것은 유다가 아람(시리아) 왕 르신과 에브라임(북이스라엘) 왕 르말리야의 아들(베가)을 기뻐한 일 때문입니다(사 8:6). 기뻐했다는 말은 아부했다는 뜻입니다. 그러나 속으로 유다는 그들을 심히 두려워하였습니다. 이것은 유다의 왕이 취할 행동은 아니었습니다. 세상 나라들과 역사를 주관하시는 분이 여호와 하나님이시라고 믿는다면 그들에게 닥친 현재의 고난이 결코 오래가지 못한다는 확신이 있어야 하는 것 아닙니까? 또한, 그에게는 하나님의 말씀을 전해주는 이사야가 있었습니다. 그런데 유다의 왕과 백성은 하나님에 대해 믿음을 저버렸습니다. 이사야의 시적 표현에 따르자면, 그들은 "천천히 흐르는 실로아의 물"을 버린 것입니다. 천천히 흐르는 실로아의 물은 분명히 하나님의 보호하심을 상징하는 말일 것입니다. 무슨 의미입니까? 하나님의 일은 고요히, 조용히, 천천히 그 효과를 거둔다는 말입니다. 허영과 허세로 하나님의 일을 이루겠다는 생각은 언제나 실패할 것입니다. 하나님의 일은 세력이 없어 보이고 큰 소리를 내지 않으며 시끄럽지도 않습니다. 때로는 시간이 걸릴지도 모릅니다. 그러나 가랑비에 옷 젖듯이 하나님의 일하심도 그와 같습니다. 그러므로 우리는 모든 허세적이고 외형적인 성취에 목숨을 걸지 말아야 합니다. 하나님의 시간을 잠잠히 기다려야 할 것입니다.

천천히 흐르는 하나님의 보호하심에 조급해하지 않게 하소서.

『이사야서 묵상』

믿음, 수구초심(首丘初心)을 따라가는 순례

"그들이 이제는 더 나은 본향을 사모하니 곧 하늘에 있는 것이라." _히 11:16

안정된 삶을 뒤로하고, 들리지 않고 보이지 않고 만질 수 없는 하나님의 약속에 응답하여 한 치 앞길을 예측할 수 없는 불확실의 미래를 향해 과감하게 발걸음을 내디뎠던 아브라함은 우리에게 믿음이 무엇인지를 분명하게 보여줍니다.

이삭과 야곱과 요셉으로 이어지는 이민자들의 삶과 장막 생활은 믿음이란 길 위에 있는 삶과 같다는 가르침을 전해 줍니다. 오늘은 이곳에서 하룻밤을, 내일은 저곳에서 하룻밤을 지내는 사람들, 많은 것을 소유해야 할 필요를 느끼지 않는 사람들, 인생이 길 위에 있는 순례자의 과정이라면 그들에게 중요한 것은, 반드시 그들에게는 돌아가야 할 본향이 있다고 믿는 사람들, 이들이 진정한 신앙인들입니다.

이 세상에 사는 동안 그리스도인들의 증명서(I.D. Identification)는 무엇입니까? 옛 언약의 조상들은 자신들을 가리켜 이 땅에서 '외국인'(aliens)이요 '나그네'(strangers)라 불리기를 자청하였을 뿐만 아니라 그러한 명칭을 자랑스럽게 생각하였습니다. 그렇다면 하물며 새 언약 안에 사는 오늘의 그리스도인들은 더욱 그러해야 할 것이 아닙니까! 만일 다른 사람이 당신의 고향을 묻는다며, 당신은 무엇이라 대답하겠습니까? "예, 나는 이 땅에 사는 외국인이요 체류자입니다."라고 대답할 수만 있다면 이것은 위대한 신앙고백이 아닐 수 없을 것입니다.

『우리와 같은 그분이 있기에』

바람에 흔들리지 않는 바위처럼

"우리가 이 소망을 가지고 있는 것은 영혼의 닻 같아서
튼튼하고 견고하여 휘장 안에 들어가나니" _히 6:19

구약의 성도들은 하나님께서 그들에게 약속하신 것이 실제로 실현되는 것을 그들 생전에 보지 못했음에도, 하나님은 신실하시고 변함이 없으신 분이시기에 그 약속은 반드시 실현될 것을 확신했던 사람들이었습니다. 바로 그런 믿음과 확신 때문에 그들은 하나님께서 지시했던 방향을 절대 포기하지 않았으며, 일편단심 그 길로만 갔던 것입니다. 그들에게 믿음이란 바라고 소망하는 것들의 실체이며 그들이 보지 못했던 것들의 '봄'이었습니다.

그렇습니다! 우리에게도 마찬가지입니다. 오늘날 유행하는 '번영과 건강의 복음'이 약속하는 내용과는 정반대로, 믿음은 우리의 육체적 건강이나 사업상의 성공이나 번영을 반드시 보장해 주지는 않습니다. 오히려 믿음을 갖고 있기 때문에 사업이 번창할 수 없을 가능성이 많은 세상에 우리는 살고 있습니다. 신앙 때문에 친구들로부터 소외를 당할 때도 있으며, 믿음이 있음에도 질병으로 말미암아 고난을 당할 때도 있습니다. 믿음이란 이런 현실적이고 지상적인 모든 난관과 악조건에도 하나님을 놓치지 않고 그분께 매달리며 그분을 저버리지 않는 것입니다. 오히려 믿음을 통하여 우리는 하나님의 사랑을, 하나님의 성실하심을 만방에 선언합니다. 믿음을 통하여 우리는 담대하게, 줄기차게 '부활'을 체험합니다. 비록 죽음이 우리를 파괴한다 할지라도 그 너머에는 누구도 빼앗을 수 없는 영원한 생명이 있다는 사실을 아는 것입니다.

하나님이 요구하시는 믿음이란 완전한 믿음이 아니라 진정한 믿음, 하나님을 향한 변함없는 모습(integrity), 그분을 향한 성실성(faithfulness)을 가리킵니다.

『우리와 같은 그분이 있기에』

아무도 걷지 않는 길

"헤롯 왕 때에 예수께서 유대 베들레헴에서 나시매
동방으로부터 박사들이 예루살렘에 이르러"_마 2:1

크리스마스의 가장 큰 비극이 있다면 대부분의 사람이 베들레헴으로 가는 길을 선택하지 않는다는 데 있습니다. 이런 일은 특히 처음 대림절을 맞이했던 예루살렘의 종교적, 정치적 기득권 세력들이나 지도급 인사들은 더욱 그러했습니다.

동방으로부터 현자들이 왔습니다. 동방에서 온 현자들―말이 현자들이요 박사들이지, 유대의 서기관들과 제사장들이 볼 때 실상 그들은 하나님 없이 사는 속된 이방인들이며 우상숭배자들에 불과했다.―이 메시아의 탄생 장소를 묻자, 이 예루살렘의 종교지도자들은 단숨에 성경 한 곳을 암송하면서 가르쳐 주었습니다. "유대 땅 베들레헴!" 너무나도 쉬운 질문에 대한 쉬운 대답이 아닙니까! 그러나 예루살렘은 항상 그랬듯이 아무 일도 없었던 것처럼 일상의 시계추에 맞추어 돌아가고 있었습니다. 동방으로부터 온 현자들의 뒤를 이어 순례자 행렬이 늘어서지 않았던 것입니다. 예루살렘의 무관심과 냉담한 반응은 참으로 고통스러운 현상입니다. 왜냐하면, 기나긴 역사 속에서 예루살렘은 하나님과 그의 백성 사이의 로맨스 이야기 가운데 특별한 위치를 차지하고 있었기 때문입니다. 예루살렘은 하나님의 눈에 넣어도 아프지 않을 정도로 애지중지한 사랑의 대상이었습니다. 그러나 그곳 사람들은 베들레헴의 기적을 향하여 한 발짝도 떼지 않았습니다. 불행하게도 그 길은 '아무도 걷지 않은 길'이 되었습니다. 강림절을 위한 준비를 할 때 우리는 '샬롬'(예수님)을 향하여 열려 있는 그 길을 우리가 걷고 있는지 확인해야 합니다. 아무도 걷지 않은 길이 우리 앞에 분명하게 놓여 있습니다.

『아버지를 떠나 자유를』

그 별이 흉조(凶兆)가 될 때

"이에 헤롯이 가만히 박사들을 불러 별이 나타난 때를 자세히 묻고
베들레헴으로 보내며 이르되" _마 2:7-8

하나님께서 자신을 드러내시게 되면, 즉 주현(主顯)이 이루어지면, 별을 따라 이역만리까지 걸었던 점성가들이나 우리의 인생만 변하는 것이 아닙니다. 주님의 오심은 헤롯 가문과 로마 가문을 요동치게 할 것입니다. 그들은 어쩔 줄 모르게 될 것입니다. 혼란스러운 공황 상태에 이르게 될 것입니다. 헤롯 자신 말고 또 다른 왕이 나타났다는 말이 들리기 때문입니다. 로마 말고 또 다른 왕국이 오고 있다는 소식 때문입니다. 그러나 그들 모두 이 일(주현)을 직면하지 않고 지나칠 방법은 없을 것입니다.

헤롯의 후계자 중 한 명이 예루살렘의 종교지도자들과 모의하여 기어코 '유대인의 왕'을 처형시켰던 사실을 기억하십시오. 하나님께서 그들에게 동조하지 않을 왕을 그들 가운데 두셨다는 소식을 들었을 때 그들은 매우 불안했고 어쩔 줄 몰랐던 것입니다. 그 유대인의 왕은 그들과의 타협과 동조를 거부하였고, 그들에 의해 이용당하지도 않았으며 오히려 담대하게 그들과 맞서 재판정에 섰던 분이었습니다.

왕이신 예수님께 충성 서약하는 모든 사람, 그런 충성 서약에 따라 진실하게 사는 모든 사람은 현대판 헤롯과 로마가 품는 적대감을 느끼게 될 것입니다.

그리스도께서 어디서 어떻게 나타나시든지, 한 가지 사실만은 분명합니다. 엄청난 지각변동이 있게 된다는 사실입니다. 현 세상을 흔드는, 우리가 서 있는 세계의 질서를 흔드는, 현 세대의 패러다임을 뒤집는 지각변동입니다. 개인적 차원뿐만 아니라 세계와 우주적 차원에서 그러할 것입니다.

『순례자의 사계』

임마누엘! 하나님에게서 오는 그 이름

"그의 이름은 임마누엘이라 하리라 하셨으니
이를 번역한즉 하나님이 우리와 함께 계시다 함이라." _마 1:23

크리스마스는,

- 우리가 누군가에 의해 사랑받았으면 좋겠다는 시기이며
- 누군가에 의해 사랑받아야 할 필요가 있는 때이기도 합니다.

그러나 너무도 자주 이 시기는 사랑의 시즌이 아니라 외로움의 기간이며 기쁨과 즐거움의 시간이 아니라 고통이 시간이 됩니다. 크리스마스 시즌에 사람들이 아픕니다. 사람들이 죽습니다. 혹은 스스로 목숨을 끊기도 합니다. 아무도 그들을 사랑하지 않고 있다는 사실을 우리에게 확실하게 보여 줍니다. 그들은 "아무도 우리를 돌아보지 않는다." "돌보는 사람은 아무도 없다."라는 비참한 사실을 다시금 깨닫게 해줍니다.

- 돌보는 사람, 돌보는 이웃, 돌보는 마음이 없다는 말입니다.

임마누엘!―이 이름은 분명히 하나님 자신에게서 와야 합니다. 왜냐하면, 하나님께서 스스로 우리에게 헌신하시겠다는 의미가 그 이름 속에 담겨 있기 때문입니다.

- 영원히 우리의 쌍둥이가 되겠다!
- 항상 우리와 함께 있겠다!
- 너 홀로 이 세상에 있게 하지 않겠다.

임마누엘!―이 이름이야말로 복음의 핵심을 요약하고 있습니다. 너무도 현란하고 좋은 소식이기에 어지럼증을 느끼게 하는 복음입니다.

『순례자의 사계』

우리 안에 있는 크리스마스의 영광

"말씀이 육신이 되어 우리 가운데 거하시매 우리가 그의 영광을 보니 아버지의 독생자의 영광이요 은혜와 진리가 충만하더라." _요 1:14

크리스마스는 육신이 되신 말씀의 온전한 뜻을 다 드러내지는 못합니다. 따라서 우리는 너무 오래 구유에 머물러서는 안 됩니다. 예수님의 영광을 보는 일은 예수님의 탄생 때에만 한정될 수 없기 때문입니다. 예수님의 영광을 보려면 그분의 전 생애를 바라보아야 합니다. "은혜와 진리로 가득한" 영광은 요한복음서 안에서 예수님의 생애 전반에 걸쳐 퍼져 있습니다. 심지어 그분의 죽음 안에도 그 영광이 가득합니다. 그리고 그 영광의 나타남은 예수님의 지상 생애와 그것을 기록하는 복음서를 넘어서 계속되고 있습니다.

아버지께로 되돌아가시기 전에 예수님은 자기의 영광을 그의 제자들에게 이전해 주었습니다(요 17:22). 이제는 믿는 자들의 공동체가 하나님의 영광이 거주하는 장소(성전)가 된 것입니다. 예수님과 아버지께서 그들 가운데, 그들 안에 거주하고 계시기 때문입니다. 교회는 하나님께서 이 세상에 현존하고 계신다는 것을 보여주는 가시적인 징표(sign)입니다. 하나님이 계신 곳에 모든 장벽과 나뉨은 극복되어야 하고, 화해와 화목이 번성하고 하나 됨과 통일이 가시적으로 수립되어야 합니다.

예수님을 따라 사는 이들이 아버지와 아들과 하나가 되어 살고, 예수님께서 우리를 사랑하시듯이 서로 사랑한다면 이 세상은 우리 가운데 계시는 하나님의 계속되는 임재와 현존을 지금도 볼 수 있을 것입니다.

크리스마스의 영광은 과거에 국한되지 않습니다. 오늘날 이 세상 안에 현재하고 있습니다. 하나님의 영광은 아직도 우리 가운데 거주하고 있습니다. 우리는 그 영광을 품은 사람들입니다.

『하늘 나그네의 사계』

우리가 '이 땅에서' 재림을 기다리는 이유(1)

"그러나 우리의 시민권은 하늘에 있는지라 거기로부터 구원하는 자
곧 주 예수 그리스도를 기다리노니." _빌 3:20

만일 제가 여러분에게,

- "예수님께서 하늘로부터 오실 것이라고 고백하십니까?"라고 질문한다면, 아마 여러분은 "네, 그렇습니다."라고 대답할 것입니다.
- 그러나 제가 여러분에게, "하늘로부터 오실 예수님을 지금 기다리며 살고 계십니까?"라고 묻는다면, 여러분의 대답 소리는 개미 목소리만큼 작아질 것입니다.

사람들은 입으로는 예수님의 재림을 고백하지만, 그들의 마음으로는 그리스도의 재림을 기다리지 않습니다.

한번은 스미디스(Lewis Smedes)가 그리스도인 모임에서 다음과 같은 질문을 했답니다. "여러분 중에 죽을 때 하늘에 가시고 싶은 분들이 있으면 손을 들어보십시오." 그랬더니 모임에 모였던 모두가 손을 번쩍 들었습니다. 그래서 스미디스가 다시 물었습니다. "여러분 중 오늘 바로 천국에 직행하고 싶은 분 있으면 손을 들어보십시오." 그 순간, 두서너 명만이 주위를 굴러보더니 천천히 손을 드는 것이었습니다.

그렇습니다. 대부분 사람은 얼마 동안은 하나님 나라에 대해 잊고 살기를 원하는 것 같습니다. 그저 하나님 나라에 예약 정도만 해 둔 것으로 만족하는 것처럼 보입니다.

『하늘 나그네의 사계』

우리가 '이 땅에서' 재림을 기다리는 이유(2)

"그 바라는 것은 피조물도 썩어짐의 종노릇 한 데서 해방되어
하나님의 자녀들의 영광의 자유에 이르는 것이니라." _롬 8:21

우리는 입술로는 그리스도께서 산 자와 죽은 자를 심판하러 하늘에서 오실 것이라고 '고백'합니다. 그러나 우리 가운데 대부분은 그분을 '기다리지' 않습니다. 발꿈치를 들고 그분을 기다리지 않는다는 말입니다. 제가 여러분께,

- 여러분은 우리가 사는 이 세상이 똑바른 세상이 되어 새롭게 시작하게 되기를 원하십니까?
- 여러분은 우리가 사는 이 세상이 질병과 범죄와 폭력이 없고, 인종적 차별과 성적 차별이 없고, 기근과 전쟁이 없는 세상이 되기를 바라십니까?

라고 묻는다면 아마 여러분은 모두 "그렇습니다!"라고 대답할 것입니다.

그런데 바로 이것이 성경이 이 세상의 종말에 대해 말하는 방식입니다. 이것이 성경이 그리스도가 오실 때 이뤄진다고 말씀하는 것입니다. 다시 말해, 새로운 창조가 들어설 것이며 그 기초는 평화와 의로움이라는 것입니다.

역설적으로 우리 그리스도인들은 소망을 이 세상에 두어야 합니다.

- 왜냐하면, 이 세상은 하나님이 만드신 세상이기 때문입니다.
- 이 세상은 하나님께서 그의 아들을 보내신 세상이기 때문입니다.
- 그분이 그 아들을 이 세상에 보내신 것은 정죄하거나 파괴하기 위해서가 아니라 구원하기 위해서라는 것 또한 고백하기 때문입니다.

『순례자의 사계』

예언의 종결어

"그날에 여호와의 싹이 아름답고 영화로울 것이요
그 땅의 소산은 이스라엘의 피난한 자를 위하여 영화롭고 아름다울 것이며" _사 4:2

예언자 이사야는 하나님의 백성을 종종 우람하지만 쓰러진 나무들 (사 2:13), 혹은 풍성한 수학을 기대하였지만 다 삼킨 바 된 포도원의 포도나무에 비유하였습니다(사 3:14). 그러나 그는 찬란한 회복에 대해서도 말합니다. 심판이 하나님의 마지막 종결어가 아니라는 것입니다. 즉, 장차 어느 날엔가 여호와의 가지(싹)가 나타나서 큰 나무를 이루어 풍성한 열매를 맺게 될 것이라는 희망의 메시지입니다. 하나님은 심판 가운데서 살아남은 사람들, 즉 지치고 고단한 사람들에게 다시금 활기찬 삶을 선물로 축복하시겠다는 것입니다. 이것이 하나님의 은혜입니다. 하나님의 심판은 자신의 자녀를 죽음으로 몰아가는 것이 아니라 다시 회복시키고 새롭게 하기 위한 정련의 용광로입니다. 때때로 우리 역시 고난을 통과하면서 영혼이 맑아지고 깨끗해지는 것을 경험할 것입니다. 아마 이런 이유 때문에 시편의 한 시인도 "고난당하기 전에는 내가 그릇 행하였더니 이제는 주의 말씀을 지키나이다"(시 119:67), "고난당한 것이 내게 유익이라. 이로 말미암아 내가 주의 율례를 배우게 되었나이다."(시 119:71)라고 고백했나 봅니다.

하나님의 왼손에는 심판의 칼이, 오른손에는 회복과 치료의 약이 들려져 있습니다. 그리고 언제나 마침내 오른손은 왼손을 덮습니다. 재앙과 심판이 하나님의 마지막 말씀이 아니라는 뜻입니다. 여기에 우리의 희망이 놓여 있습니다. 심판 중에서도 궁휼을 잊지 아니하시는 하나님을 기억하십시오. 그는 깨어지고 상처투성이가 된 자기 백성에게, 특별히 하나님을 향한 신실함을 버리지 않고 끝까지 그에게 붙어 있는 '남은 자'들에게 희망의 메시지를 주십니다. 일명 회복의 프로그램입니다. 하나님께서 계획하시고, 꿈꾸시고, 실현하시려는 세상에 대한 그림입니다. 『이사야서 묵상』

신앙의 역설

"사람의 모양으로 나타나사 자기를 낮추시고 죽기까지 복종하셨으니
곧 십자가에 죽으심이라." _빌 2:8

누구든지 먼저 되고자 하는 자는 먼저 종과 하인이 되어야 합니다. 마치 예수님께서 섬김을 받으러 온 것이 아니라 섬기러 온 것처럼 그리고 그의 생명을 많은 사람을 위한 대속물로 드림과 같이 말입니다.

우리는 예수님께서 사셨던 동일한 원리로 살아야 합니다.

- 섬기는 삶의 원칙
- 다른 사람을 위해 기꺼이 희생하는 원칙
- 우리의 이기적 성품을 극복해 나가는 원칙
- 우리의 기본적인 본성들을 부인하는 원칙
- 위로 올라가기 전에 아래로 내려간다는 원칙
- 예수님과 함께 다시 살기 전에 먼저 그와 함께 죽어야 한다는 원칙

다시 말해서, 우리는 '세례의 원리'로 살아야 한다는 것입니다. 우리가 하나님 나라에 들어가기를 원한다면 우리는 먼저 물속에 빠져야 하고, 먼저 죽어야 합니다. 그다음에 우리의 죽음으로부터, 우리의 물에 빠진 죽음으로부터 새로운 생명이 나올 것입니다.

우리는 물로 세례를 받습니다. 물은 죽음의 세계를 상징하기 때문입니다. 예수 그리스도의 새 생명은 죽음의 세계 속으로 들어감으로써 시작됩니다. 우리가 물속에 빠져 죽음으로써 시작된다는 것입니다.

그리스도의 제자가 되려면 우리는 먼저 죽음을 겪어야 합니다. 즉, 우리 자신이 죽는 일입니다. 이것이 우리 세례의 깊은 의미입니다.

『옛적 말씀에 닻을 내리고』

오늘이 마지막 날인 것처럼

"너희는 여호와를 만날 만한 때에 찾으라. 가까이 계실 때에 그를 부르라."_사 55:6

잘나가는 사람은 집에 돌아오기가 쉽지 않습니다. 몹시 어렵습니다. 모든 일이 제 방식대로 잘 풀리면 풀어주는 분이 따로 필요 없기 때문입니다. 때론 교회는 자기 방식대로 잘 풀리지 못한 사람들이 돌아오는 마지막 대피소이며 안식처가 되기도 합니다. 물론 일찌감치 제 집으로 돌아오면 얼마나 좋겠습니까마는 그게 쉽지 않은 모양입니다.

집을 나간 자식은 언제나 이국적(異國的)인 것에 끌립니다. 집에 있을 때는 모든 것이 지루하고 식상하고 재미가 없었지만, 바깥 세계는 흥미진진하고 활력이 있어 보이고 정말 사는 것처럼 보이기 때문입니다. 정상에 선 사람들이 탄 리무진과 하늘을 치솟는 마천루들, 불야성을 이루는 도시의 현란함, 활기찬 거리와 젊음의 향연들은 언제나 초라해 보이는 우리 집과는 거리가 멉니다. 그러나 진실을 말하자면, 그런 것들은 신기루들이며 자신 속의 갈망들의 투사물(投射物)일 뿐입니다. 안락은 살 수 있지만 평안은 살 수 없고, 성취는 얻을 수 있지만 만족은 얻지 못하고, 기대는 많지만 설렘은 없는 삶입니다. 언제나 갈증과 배고픔이 뒤따르게 마련입니다. 성공의 사다리 타기에서 남보다 조금이라도 앞서가는 쾌감은 어디에서도 맛볼 수 없는 가장 짜릿한 경험이겠지만 동시에 불편한 진실들이며 사람의 판단력을 흐리게 하는 마약이 됩니다.

이제 우리는 소박한 마음의 고향으로 돌아와야 할 겁니다. 하늘 아버지께로 돌아오는 것입니다. 우리의 귀향을 기다리시는 하늘 아버지가 계시기 때문입니다.

〈무지개 성서교실〉

나의 묵상 | 말씀을 읽고 자신만의 묵상을 기록해 보세요.